빈곤의 가격

빈곤의 가격

초판 1쇄 발행 2023년 3월 25일
초판 4쇄 발행 2024년 5월 9일

지은이 루퍼트 러셀
옮긴이 윤종은

펴낸이 김준성
펴낸곳 책세상

등록 1975년 5월 21일 제2017-000226호
주소 서울시 동교로23길 27, 3층 (03992)
전화 02-704-1251
팩스 02-719-1258
이메일 editor@chaeksesang.com
광고·제휴 문의 creator@chaeksesang.com
홈페이지 chaeksesang.com
페이스북 /chaeksesang 트위터 @chaeksesang
인스타그램 @chaeksesang 네이버포스트 bkworldpub

ISBN 979-11-5931-914-3 03300

• 잘못되거나 파손된 책은 구입하신 서점에서 교환해드립니다.
• 책값은 뒤표지에 있습니다.

빈곤의 가격

PRICE WARS

원자재 시장은 어떻게 우리의 세계를 흔들었는가

루퍼트 러셀 지음
윤종은 옮김

책세상

일러두기

1. 본문의 각주와 [ ]로 표기한 것은 모두 옮긴이 주다.
2. 저자가 직접 인용한 대목은 큰따옴표로, 작은따옴표로 강조한 대목은 작은따옴표로, 이탤릭체로 강조한 부분은 볼드체로 표시했다.

서론
괴물과 미로

텐트 안으로 기어들어 간다. 10명 남짓한 10대 소년들이 와인 한 병을 돌려 마시며 아랍어로 떠든다. 몇몇은 둥글게 앉아 있고, 몇몇은 캔버스 재질의 벽에 붙은 들것 모양 침대에 누워 있다. 몇 명이 영어를 할 줄 안다. 그중 한 소년이 자신들은 이라크에서 왔다며 여자친구와 튀르키예를 거쳐 지중해의 해변으로 온 여정을 들려준다. 그가 동쪽으로 11킬로미터쯤 떨어진 튀르키예의 해변을 가리키며 말한다.

"나는 해변에 있었어요. 반바지만 달랑 걸치고 있었죠. 지갑이고 뭐고 아무것도 없이 바다로 걸어 들어갔어요. 그러고 나서⋯."

"게이래요!"

누가 등 뒤에서 소리를 지른다. 순간, 움찔했다. 내 이야기를 하는 걸까? 나는 게이다.

뒤를 돌아보니 한 소년이 서 있다. 그가 와인병을 든 채 침대에 누워 있는 누군가를 가리킨다. 술 취한 소년은 작고 빼빼 마른 체구에 앳된 얼굴이다. 열여섯 살쯤 되었을까.

잠깐 그 소년을 쳐다본다.

"게이래요!"

그가 말을 멈추고 내 대답을 기다린다.

어색하기 짝이 없는 상황에 말문이 막힌다. 반응을 보이지 않으면 나를 없는 사람 취급할지 모른다.

"게이래요!"

끈질긴 친구다.

작전을 바꿔 무시하기로 한다. 바다로 들어갔다는 소년에게 큰 소리로 묻는다. "그러고 나서요?"

"헤엄치기 시작했⋯."

그가 다시 이야기를 시작한다.

그러자 술 취한 소년이 끼어든다.

"어디서 왔어요?"

내가 졌다.

"영국이요."

"영국인이네요! 영국인!" 그가 연호한다.

나는 다시 바다를 헤엄쳤다는 소년에게 몸을 돌려 더 큰 소리로 묻는다.

"그러고 나서 어떻게 했다고요?"

"바다로 들어가서 헤엄치기 시작했어요."

그도 목소리를 높인다.

"영국인! 영국인!"

"두 시간 동안 헤엄쳤어요. 그러다⋯."

"게이래요!"

"그러다 헬리콥터가 나를 발견했고 보트가 왔어요."

"게이래요!"

술 취한 소년이 소리를 치며 둥글게 앉은 사람들 가운데로 뛰어들더니 바지를 내린다. 소년은 반응을 기다리며 잠깐 그대로 서 있지만, 정적만이 흐른다. 다들 고개를 숙이고 못 본 체한다. 그 순간 몸을 돌리던 그가 발을 헛디디며 우당탕 바닥에 쓰러진다.

이상한 이야기로 들리겠지만, 나는 지금 같은 상황을 찾아 이곳으로 왔다. 내가 찾는 것은 바로 혼돈이다.

지금은 2018년 여름이고, 내가 있는 이곳은 모리아 난민수용소다. 모리아 난민수용소는 튀르키예에 바짝 붙어 있는 그리스 레스보스섬의 산 중턱에 있으며, 동에서 서로 들어가는 관문이자 세계 난민 위기의 중심지인 곳이다. 서로 수천 킬로미터씩 떨어진 지역에서 일어난 전쟁과 기근, 불황과 박해가 공통의 산물을 통해 이곳에서 만난다. 그 산물이란 안전을 찾아 떠난 사람들이다. 이 수천 제곱미터 크기 땅에서 보이지 않는 연결망이 뻗어 나와 지중해와 사하라사막, 유프라테스강, 캅카스산맥을 아우르며 서로 다른 크고 작은 혼돈을 잇는다. 모리아 난민수용소는 연결망의 노드node다.

나는 머릿속을 정리할 수 있기를 바라며 이곳으로 왔다. 내 머릿속은 2016년 6월 24일 이후로 줄곧 어지러웠다. 그날은 영국에서 유럽 연합 탈퇴를 결정하는 국민 투표가 치러진 다음 날이었고, 나는 미국에서 10년을 보낸 뒤 막 영국에 돌아온 참이었다. 비행기가 착륙하자마자 데이비드 캐머런 총리가 사임했는지 알아보기 위해 휴대전화를 켰다. 다들 무슨 일이 일어나는지 짐작조차 못하는 듯했고, 영국에 있지 않았던 나는 더 말할 것도 없었다. 그저 얼떨떨할 뿐이었다. 다이애나 왕세자비와 스파이스 걸스, 휴 그랜트의 로맨스 영화를 보며 자란 내게 은둔의 왕국이 된 조국은 몰라볼 만큼 낯설었다. 이제 나는 낯선 땅에 온 이방인이었다.

한동안 세상이 발칵 뒤집힌 듯했지만, 브렉시트는 영국만의 문제라는 데서 위안을 찾았다. 외국인들은 영국인의 정치 취향도 '토드인더홀toad in the hole'*이나 '버블앤드스퀴크bubble and squeak'** 같은 영국 요리처럼 별나서 기호에 맞지 않는다고 생각했다. 그러나 얼마 지나지 않아 영국인의 섬세한 정치 취향을 받아들이려는 움직임이 나타났다. "우리는 11월 8일에 있을 투표에서 대단히 특별한 일을 할 겁니다." 미국의 대선 후보 도널드 트럼프가 노스캐롤라이나주의 주도 롤리에서 지지자들에게 말했다. "그날은 놀라운 날이 될 것이며, '브렉시

---

* 소시지를 넣고 구운 빵으로 '구멍 속의 두꺼비'라는 뜻이다.
** 감자와 양배추를 비롯한 갖은 채소를 기름에 볶은 요리.

트 그 이상'의 일이 일어날 겁니다."

기괴한 일들은 이제 막 시작된 참이었다. 브렉시트와 '브렉시트 그 이상'은 곧 눈사태처럼 밀어닥칠 공포의 한 부분에 지나지 않았다. 트위터의 트윗과 소셜미디어의 게시물, 뉴스 기사, 각종 밈meme과 인기 동영상이 끊임없이 올라오는 피드Feed***에는 최루 가스, 참수형, 해적기, 물에 뜬 시신, 불타는 열대우림, 철창에 갇힌 아이들의 이미지가 현기증이 날 만큼 넘쳐났다. 그리고 이 모든 일의 중심에는 새로운 유형의 괴물들이 있었다. 나이절 패라지, 도널드 트럼프, 빅토르 오르반, 마테오 살비니, 자이르 보우소나루, 로드리고 두테르테, 니콜라스 마두로, 나렌드라 모디, 블라디미르 푸틴, 시진핑, 김정은, 보코하람, 그리고 이슬람국가(이하 IS)가 고질라처럼 우뚝 서서 온 세상에 존재를 드러내고 있었다. 이 괴물들은 가는 곳마다 파괴를 불러일으켰다. 모든 재난을 실시간으로 전하는 피드는 불안과 분노를 머릿속에 직접 실어 나르는 컨베이어벨트 같았다. 할리우드 재난 영화와 텔레비전 리얼리티 쇼를 반씩 섞어놓은 것처럼 소름 끼치면서도 눈길을 사로잡는 광경이 눈앞에 펼쳐졌다. 나는 전 세계가 거대한 교통사고에 휘말린 듯한 그 광경에서 눈을 돌리려 안간힘을 썼다.

이 괴물 같은 세상과 마주하기에는 아직 준비가 부족하다는 생각이

*** 블로그, 뉴스 웹사이트, 소셜미디어 등에 올라오는 새로운 정보를 곧바로 사용자에게 제공하는 기술이나 그 정보가 올라오는 디지털 공간을 말한다.

들었다. 나는 1985년에 태어나 런던에서 평화롭고 번영하는 1990년 대를 보냈다. 역사가 종언을 맞고 있다는 이야기가 나오던 시기였다. 그러다 열여섯 살 때 비행기 몇 대가 펜타곤과 세계무역센터에 충돌하는 광경을 생방송으로 보면서 난생처음 괴물을 만났다. 다행히 그 괴물은 머나먼 땅의 외딴 동굴에서 온 외부의 존재였다. 그러나 이제 고립을 택한 내 고향에서도 괴물들이 나타났다. 친숙했던 세계가 낯설게 변했다. 머릿속이 온통 뒤죽박죽이었다.

나는 알아야 했다. 이 괴물들이 대체 어디서 왔는지를.

괴물의 기원을 탐색하기 위해서는 먼저 그들이 만든 혼돈을 이해해야 했다. 여기저기 흩어진 이야기와 무수한 변수, 한없이 늘어나는 데이터들을 어떻게든 정리할 필요가 있었다. 다행히 1970년대 수학자들은 이런 과제에 안성맞춤인 도구를 만들었다. 지금은 전설이 된 '혼돈이론가들'은 도저히 단순화할 수 없어 보이는 무질서에 논리가 있을 수 있음을 밝혀냈다. 이 논리는 반드시 복잡할 필요가 없으며, 지극히 단순한 것일 수도 있다.

공룡의 멸종 과정을 지도처럼 시각화한다고 해보자. 먼저 미시적 사건들을 자세히 묘사하는 방법을 생각할 수 있다. 지진 해일과 허리케인을 비롯해 수천 년간 생태계에 변화를 가져와 공룡의 멸종을 이끈 사건 하나하나를 다루는 것이다. 그게 아니라면 하나의 거시적 사건, 즉 소행성이 지구와 충돌한 순간에 집중하는 방법이 있다. 소행성 충돌은 눈덩이처럼 불어나는 연쇄 반응을 촉발한 사건이었다. 혼돈이론chaos theory에서는 이러한 사건이 꼭 거창한 것일 필요는 없다고 말한다. 연쇄 반응을 일으키는 사건은 나비의 날갯짓처럼 아주 사소할 수 있다. 그렇다면 혼돈의 지도를 그리기 위해서는 하나의 도화선, 날갯짓하는 나비를 찾아야 하지 않을까?

그리하여 나는 크든 작든 하나의 소란이 2010년대에 벌어진 혼돈을 촉발했을지 모른다고 생각하기 시작했다. 오늘날 피드가 보여주는 공포는 서로 근본적으로 다른 환경에서 나타난 것처럼 보였다. 트럼프가 아이들을 철창에 가두고, 푸틴이 우크라이나를 침략하고, IS가 개종자를 참수하고, 패라지가 브렉시트를 주도한 일은 모두 별개의 사건인 듯했다. 각각의 사건은 다른 사건과 무관하게 일어날 수 있었다. 그러나 이 모든 사건이 동시에 돌발했다는 사실은 다른 가능성을 암시한다. 이들이 눈송이처럼 아무렇게나 휘날리는 것이 아니라 한데 뭉쳐 눈사태를 일으킬 가능성이다. 다시 말해 이들은 공통의 계기로 시작된 연쇄 위기일 수도 있었다.

이후 나는 단서를 모으며 2017년 한 해를 보냈다. 먼저 하버드대학교에서 받은 사회학 박사 학위를 활용해 사회과학 문헌을 살펴보았지만, 대부분의 소란은 학술 문헌에서 다루기에는 너무 최근에 일어난 일이었다. 이에 따라 나는 직접 조사에 나서기로 마음먹었다. 프랑스와 독일이 공동 설립한 방송국 아르테Arte가 조사 과정을 다큐멘터리 영화로 제작하도록 지원하기로 했고, 2018년 봄 비로소 모든 준비를 마쳤다. 이제 디지털 기기의 검은 화면 속으로 걸어 들어가 21세기에 벌어진 지옥의 한가운데로 뛰어들 차례였다.

나는 이라크 모술로 갔고, 유엔지뢰행동조직(이하 UNMAS)의 폭발물 처리반을 따라다니며 오늘날 세상에서 가장 지독한 괴물인 IS가 어떻게 그곳을 종말이 찾아온 불모의 땅으로 바꿔놓았는지를 보았다. 한때 동부 우크라이나에 속했던 땅에서는 러시아가 지원하는 분리주의 반군과 함께 저격수의 총알을 피해 눈 덮인 참호에 몸을 숨기며 푸틴이 이끈 포스트모던 시대의 전쟁을 이해하려 했다. 니콜라스 마두로 치하의 베네수엘라에서는 젊은 여성들이 불임 수술을 받고 아이들이 쓰레기를 놓고 패거리를 이뤄 싸울 만큼 처참하게 망가진 경제를 목격했다. 먹을 것을 구하려는 몸부림이 만인에 대한 만인의 투쟁으로 변한 그곳에는 홉스가 말한 부조리한 악몽이 펼쳐져 있었다. 이어 나는 기후 변화가 가져올 혼돈을 알아보기 위해 아프리카로 떠났다. 케냐 북부에서는 화성처럼 보이는 황량한 땅에서 AK-47로 무장하고 가축을 지키는 목축민들을 만났다. 소말리아에서는 유엔 산하의 아프리카 평화유지군(이하 AMISOM)을 따라다니며 이슬람 극단주의 무장 단체 알샤바브가 어떻게 굶주림을 무기화해 기후 위기를 이용하는지를 보았다. 2019년에는 트럼프가 군대를 동원해 수십만 명의 이민자를 사정없이 탄압하면서 미국 국경 지대에 혼돈이 펼쳐졌다. 나는 이민자들의 여정을 되짚어가면서 마약 카르텔이 통제하는 길을 지나 과테말라의 산악 지대로 향했고, 그토록 많은 사람이 미국 국경으로 우르르 몰려든 이유가 무엇인지를 알아보려 했다.

여정마다 나는 같은 사실을 확인하며 거듭 놀랐다. 괴물들은 가까이 갈수록 작아졌다. 그들은 전혀 압도적이지 않았고, 폴 포트나 히틀러, 칭기즈 칸의 '축소판' 수준에도 미치지 못했다. 나는 그동안 우리가 괴물 이야기의 전형적인 특징을 간과했음을 깨달았다. 괴물은 언제나 탁 트인 평지가 아니라 정교하게 만든 미로에서 인간과 대면한다. 고대 그리스 신화에서든 할리우드 영화에서든 미로는 괴물에 못지않은 필수 요소다. 영화 〈샤이닝〉의 구불구불한 호텔 복도나 〈에일리언〉의 우주선, 〈새벽의 저주〉의 쇼핑몰을 생각해보라. 괴물과 인간이 벌이는 추격전을 흥미진진하게 만드는 것은 바로 그들을 둘러싼 공간이다. 하지만 우리는 이 점을 곧잘 잊어버리며, 특이하고 기괴한 존재인 괴물에 주의를 빼앗긴다. 피드는 호러 장르의 문법을 빌리면서 호러 장르가 저지르는 전형적인 왜곡까지 따라 했다. 피드는 괴물을 이야기의 주역이자 경이로운 힘을 가진 물질적 존재로 부풀리며, 우리는 괴물이 저지르는 파괴를 그의 무시무시한 생물학적·심리적·이데올로기적 특성을 보여주는 행위로 생각한다. 그러나 현실 속 괴물들은 초인이 아니다. 그들은 어디까지나 뼈와 살로 이루어진 인간이다. 괴물의 힘은 그들이 거주하는 구조체에서 나온다. 구조물은 괴물을 제약하는 동시에 그에게 힘을 준다. 그리고 그 구조물의 벽은 2010년대를 거치며 점차 허물어졌다. 괴물이 갇혀 있던 우리의 빗장이 풀렸다.

나는 이 구조물이 신비하지도, 상상할 수 없을 만큼 복잡하지도 않음을 알게 되었다. 구조물은 혼돈을 단순화하도록 특별히 설계된 재료로 지어진다. 그 재료란 전 세계 수십억 인구가 벌이는 상호작용을 하나의 숫자로 압축하는 사회적 장치다. 괴물이 사는 미로는 가격으로 지어져 있었다.

연필 한 자루가 세상에 나오기까지는 벌목꾼, 흑연을 캐는 광부, 고무 재배자, 공장 노동자, 창고의 포장 담당자, 트럭 기사, 가게 주인을 비롯한 수많은 사람의 상호작용이 필요하다. 이들은 같은 언어를 쓰지 않으며, 서로의 존재조차 알지 못한다. 그러나 이들은 £, $, € 등 특수한 기호가 붙은 아라비아 숫자를 보며 자신이 연필을 만들기 위해 해야 할 일을 알게 된다. 가격은 이들이 공급하는 물건이나 서비스를 세상 사람들이 더 많이, 혹은 더 적게 원하는지 알려준다. 가격은 여러 대륙과 문화를 아우르는 공급망이 모두에게 명령을 내리는 중앙 권력 없이도 톱니바퀴처럼 돌아가게 한다.

가격은 우리가 숨 쉬는 공기와 같다. 가격은 인간의 삶에 너무나 깊숙이 들어와 있기에 우리는 그것이 인간의 발명품이라는 사실조차 잊는다. 가격은 모든 것의 가치를 규정하므로 우리는 가격이 어디에 붙든 당연하게 생각한다. 가격이 나타내는 가치는 전 세계의 구매자와 판매자가 끊임없이 협상을 벌인 결과다. 구매자와 판매자 간의 거래는 기후 위기나 정치 혁명, 인구 변화가 미처 일어나기도 전에 그 영향을 가격에 '반영'한다. 가격의 역할은 세상을 설명하고 몇 자리 숫자로 단순화하는 데 그치지 않는다. 가격은 식량, 연료, 공산품, 예금, 주식, 부채가 전 세계로 움직이도록 조정하는 장치다.

가격은 우리가 사는 세상에 자연스러운 질서를 가져오며, 우리가 해야 할 일을 알려준다. 가격은 우리가 어떤 직업을 갖고 어떤 지역에 살지, 자녀를 몇 명이나 가질 수 있고 병원에서 어떤 치료를 받을 수 있는지를 좌우한다. 가격이 이런 일을 워낙 자주 하다 보니 우리는 가격의 보이지 않는 힘이 일상을 결정하다시피 한다는 사실을 쉽게 잊는다. 이것은 평범한 가정뿐만 아니라 국가와 대통령, 총리, 심지어 테러리스트와 반군에게도 해당하는 이야기다. 우리는 모두 가격이 지배하는 세상에 살고 있다.

문제는 그런 가격이 급변할 때다. 가격이 급격히 흔들리면 질서가 무너지고 혼돈이 벌어지며, 우리가 견고하다 믿었던 것이 흔적도 없이 사라진다. 가격은 급작스러운 대기근과 대규모 난민을 유발하거나 지배 계급을 갈아엎는다. 가격은 폭동과 혁명, 전쟁을 일으키고, 왕실과 경찰국가 그리고 외세의 침략에 자금을 댄다. 가격은 우리의 빗장을 열어 괴물을 풀어놓는다.

나는 날갯짓하는 나비, 즉 연쇄 위기를 촉발한 하나의 계기를 가격에서 찾았다. 나비는 혼돈에 휩싸였던 2010년대에 한 번이 아니라 여러 번 날개를 퍼덕였다. 나비의 날갯짓은 필수 원자재(식량, 원유 같은 기초 물자)의 가격이 격하게 출렁일 때마다 원자재 시장에서 일어났다. 지난 10년간 원자재 시장에는 수차례의 가격 충격이 있었고, 그 충격은 매번 세상에 혼돈을 가져왔을 뿐 아니라 서로서로 연결되어 있었다. 이로 인해 벌어진 혼돈은 일종의 전쟁이었으며, 사람들을 굶기고 살던 곳에서 쫓아내고 목숨을 빼앗고 지울 수 없는 상처를 남김으로써 사회 조직을 갈기갈기 찢어놓았다. 그리고 이 모든 전쟁의 원인은 가격에 있었다. 그렇기에 이것은 가격 전쟁이다.

나는 파란만장했던 2010년대에 가격이 그토록 걷잡을 수 없이 날뛴 이유를 찾으려 세계 금융의 중심지 뉴욕과 런던으로 또 다른 여정을 떠났다. 그곳에서 만난 헤지펀드 매니저, 은행가, 원자재 트레이더들은 나와 마찬가지로 '가격'이 대체 무엇인지를 밝히려 애쓰고 있었다. 그들은 그 믿을 수 없을 만큼 단순한 숫자에는 많은 것이 숨어 있으며, 그 비밀을 한순간이라도 이해하면 막대한 부를 거머쥘 수 있다고 말해줬다. 또 그들은 원자재 가격이 어떻게 21세기에 들어서면서부터 변하기 시작했고, 2010년대 이후 더욱 빠르게 변했는지를 설명했다. 원자재 가격은 2010년대에 들어 고삐 풀린 듯 날뛰기 시작했는데, 이는 현실 세계의 수요와 공급이라는 '경제의 기초 여건'을 거스르는 움직임이었다. 내가 만난 사람들은 가격이 그처럼 요동친 원인을 금융 투기자들이 벌인 소리 없는 전쟁에서 찾았다. 은행과 헤지펀드는 물론 탄탄한 포트폴리오를 갖춘 주체라면 누구나 이 전쟁에 뛰어들 수 있었다. 여느 전쟁과 마찬가지로 이 전쟁에서도 날로 군비 경쟁이 심해졌고, 매년 새로운 혁신과 전략 전술이 등장했다. 그러나 이 모든 발명은 늘 같은 결과를 낳았다. 바로 가격의 혼돈이다.

나비가 지나간 길을 쫓는 동안, 나는 나비가 일직선으로 날지 않았음을 알게 되었다. 나비는 원을 그리며 날아갔다. 식량과 원유 가격의 급등은 위기를 촉발했고, 그 위기는 다시 시장의 가격에 '반영'되었으며, 그 결과 또 다른 가격 급등과 위기가 잇따랐다. 원자재 시장과 현실 세계에서 일어난 혼돈은 서로를 원동력으로 삼았다. 그리고 이러한 되먹임feedback 고리는 점점 힘을 키우며 혼돈을 변형하고 증폭하고 확산하는 장치로 변모했다. 아랍의 봄, IS의 발흥, 브렉시트 투표, 우크라이나 전쟁, 베네수엘라의 붕괴, 미국 국경 지대의 위기를 연결해 한 마리 나비가 지나가는 길을 내는 것은 바로 이 되먹임 장치이며, 나비는 이 장치가 만든 길을 따라 서양에서 출발해 서양으로 되돌아 간다. 기후 변화와 코로나19가 가져오는 충격 역시 같은 되먹임 과정을 거치며 혼돈을 몇 배로 키울 것이다. 투기 금융은 그 충격이 미칠 영향을 상상해 가격에 '반영'하고, 이로써 나비가 몇 번이고 다시 날갯짓하도록 부추길 것이다.

이것은 세계 금융 자본주의에 관한 이야기이자 가격의 힘이 어떻게 서로 다른 지역을 연결하며, 한 지역에서 벌어진 작은 소동이 어떻게 다른 지역에 혼돈을 가져오는지에 관한 이야기다. 이것은 경제적 자유가 어떻게 정치적 자유를 무너뜨리는지, 시장의 광기가 어떻게 전쟁의 광기와 연결되는지, 합리적인 시스템이 어떻게 비합리적인 결과를 낳는지, 괴물이 어떻게 우리에서 풀려나는지에 관한 이야기다. 이것은 시장의 혼돈이 어떻게 세상에 혼돈을 가져오는지에 관한 이야기다.

차례

PRICE WARS

1부

가격

혼돈
사회는 왜 210도에서 끓는가

소란이 가라앉고 '나는 2016년에도 살아남았다'라는 문구가 쓰인 티셔츠가 불티나게 팔리는 동안, 나는 도널드 트럼프와 나이절 패라지가 포퓰리즘이 일으킨 거대한 폭발의 한 부분일 뿐이라는 사실을 깨달았다. 두 사람은 당시 유럽을 휩쓸던 반동 혁명을 영어권 국가로 몰고 온 선동가에 지나지 않았다. 유럽에서는 2015년부터 포퓰리즘 정당들이 두 자릿수의 지지율을 얻었다. 프랑스와 오스트리아에서는 포퓰리즘 정당이 근소한 차이로 제2당이 되었고, 폴란드와 이탈리아에서는 정권을 잡았다. 언어의 장벽과 정치적 차이, 통화 동맹을 넘어서는 무언가가 서구 세계 전체를 난데없이 뒤흔들었다. 대체 무슨 일이 일어난 것일까? 일각에서는 2008년의 경제 붕괴를 문제의 원인으로 꼽았지만, 금융위기가 일어난 지는 10년 가까이 지났을 때였다. 로마, 롤리, 폴란드의 제슈프 등지에 사는 유권자들이 '폭발' 버튼을 누른

데는 더 직접적인 이유가 있는 것이 분명했다.

"문제는 수천 명의 불법 이민자가 훔치고 강간하며 마약을 판다는 겁니다."

이탈리아 북부동맹의 대표 마테오 살비니는 2015년 로마에서 열린 집회에서 이렇게 말했다. 수백만 명의 이민자가 유럽으로 몰려들며 세계 난민 위기가 한창 고조되던 때였다. 우익 포퓰리스트들은 난민의 물결을 두고 "야만적인 무슬림 강간범"(독일, 독일대안당AfD), "젊은 야만인"(그리스, 황금새벽당), "범죄자, 테러리스트, 놈팡이"(라트비아, 국민연합), "턱수염을 기르고 '알라후 아크바르*'를 외치는 20대 남성 무리"(네덜란드, 자유당)의 침략이라 칭했다. 트럼프는 선거 유세에서 멕시코에 세울 장벽을 중동으로까지 확장해 "무슬림이 미국으로 오는 것을 원천 봉쇄"하겠다고 공언했다. 브렉시트를 지지한 '탈퇴에 투표를Vote Leave' 캠페인은 위협적인 화살표가 이라크, 시리아, 유럽연합에 가입하려는 튀르키예에서 영국으로 향하는 그림을 담은 전단을 배포하며 이민자들의 침략이 임박했음을 알렸다. 나이절 패라지는 이 전단의 메시지가 분명하게 전해지지 않는 상황을 대비해 직접 선전용 포스터를 제작했다. 피부가 가무잡잡한 사람들이 빽빽이 늘어선 사진 위에 '일촉즉발'이라는 커다란 경고 문구가 박힌 포스터였다. 야만인들은 이제 문 앞에 서 있지 않고 그 문을 뚫고 들어오고 있었다. 프랑

---

* 이슬람의 유일신 알라를 찬미하는 기도 문구.

스 국민전선FN(현 국민연합RN) 대표 마린 르펜은 한 유세에서 이렇게 외쳤다.

"프랑스를 돌려내, 젠장! (…) 우리는 원하면 언제든 와인을 마실 수 있습니다!"

나는 지금 '야만인의 침략'이 벌어지는 중심지에 와 있다. 2015년 이후 유럽으로 몰려온 난민의 절반 가까이가 모리아 난민수용소를 거쳤고, 지금 내가 앉아 있는 텐트에서 잠을 잤다. 포퓰리스트들은 나와 함께 있는 이라크 출신의 10대 소년들을 인간의 탈을 쓴 '강간범 무리'이자 괴물로 묘사했다. 하지만 이 소년들은 '알라후 아크바르'를 외치지 않고 턱수염을 기르지도 않는다. 이들은 유행하는 투블록 머리를 하고 있으며, 담배를 피우고 와인을 마시고 몰래 만나는 여자친구가 있다며 허풍을 떤다. '이러면 프랑스인이랑 다를 게 뭐가 있지?' 이런 의문이 든다.

그러나 이 같은 광경은 피드에 올라오지 않았다. 피드를 점령한 것은 보트에 한가득 끼어 타거나 목숨을 잃고 해변에 쓰러져 있거나 천막촌에서 지내는 이민자들의 이미지였다. 그리고 이런 이미지에 달린 제목은 이민자를 '안보 위협'으로 규정함으로써 포퓰리스트들이 주장하는 '침략'에 근거 없는 신빙성을 부여했다. 수십 년간 정치계에서 비주류였던 대부분의 우익 선동가들이 하루아침에 권력의 중심에 다가선 이유가 여기에 있다. 우익 선동가들이 내놓는 외국인 혐오 성향의 메시지가 많은 유권자에게 반향을 불러일으켰고, 끝내 서구의 자유주의 질서를 떠받치는 근간을 흔들기에 이른 것이다.

텐트 밖으로 나선다. 서둘러 대충 지은 시설에 6000여 명의 난민이 가득 들어찬 이곳은 '정글'을 방불케 한다. 나는 그 정글을 헤쳐 한때 올리브밭이 있던 언덕을 오른다. 플라스틱병과 찢어진 옷, 쓰고 버린 기저귀 더미 틈으로 유엔이라는 글씨가 새겨진 텐트들이 아무렇게나 늘어서 있는 광경이 보인다. 아이들이 올리브나무 가지로 만든 활과 화살을 든 채 쓰레기 더미를 넘어 다니거나 텐트 뒤에 숨으며 놀고 있다. 세 여성이 밥을 짓기 위해 쓰레기 더미 사이에 자리를 만들어 임시로 불을 피울 준비를 한다. 한 남성이 양동이로 몸을 굽히는 동안 다른 남성이 머리를 빡빡 민다. 듣기로는 곰팡이로 인한 두피 질환이 유행한다고 한다. 이들 너머로 제1캠프가 보인다. 수용 인원을 일찌감치 초과하지 않았다면 여기 있는 사람들도 제1캠프에 들어갔을 것이다. 3000명을 수용하는 제1캠프는 감시탑과 철조망이 있는 요새다. 그리스 군인들이 주변을 순찰하고 있다.

포퓰리스트들은 모리아 수용소를 두려워할 테지만, 이곳은 그들 자신이 벌인 일이 어떤 결과를 가져오는지를 보여주는 장소이기도 하다. 포퓰리스트들은 일종의 권위주의적 무질서 혹은 군사화된 혼란을 몰고 왔다. 트럼프는 미국과 멕시코의 국경에 군대를 배치했지만, 이민 위기는 더 심각해졌다. 보리스 존슨은 유럽연합에서 '통제권을 되찾기를' 바랐지만, 정작 북아일랜드와 스코틀랜드에 대한 통제력을 잃고 식량과 의약품을 확보하는 데도 어려움을 겪고 있다. 마테오 살비니는 이탈리아의 난민수용소들을 폐쇄했지만, 그 결과 지낼 곳을 잃은 이민자들이 길거리로 몰려나왔다. 질서를 세우려던 포퓰리스트들의 시도는 새로운 혼돈을 낳았다. 그 이유는 그들이 난민 위기의 진짜 원인을 해결할 마음이 없었기 때문일 것이다. 그들은 바로 그 위기를 이용해 권력을 손에 쥐었다. 그렇다면 20년간 감소 추세에 있던 난민의 수가 2015년과 2016년에 갑작스레 늘어난 이유는 대체 무엇일까?

또 다른 텐트로 들어간다. 한 젊은 남성이 다리를 꼬고 들것처럼 생긴 침대에 앉아 휴대전화를 만지작거린다. 길쭉한 얼굴과 둥그런 안경, 길고 곱슬곱슬한 머리가 놀랄 만큼 존 레논을 닮았다. 그가 휴대전화의 화면을 돌려 시리아의 라카에 있는 고향 집과 동네의 거리, 주택, 차량 사진을 보여준다. 하나같이 평범한 풍경이다. 그는 평화로운 어린 시절을 보냈지만, 아홉 살이 되던 해 시위가 시작됐다고 한다. 바샤르 알아사드 대통령은 무력으로 시위를 제압했고, 많은 시위자가 총에 맞아 숨졌다. 이에 맞서 시민군이 조직되면서 내전이 벌어졌다. 그러는 사이 IS가 라카를 점령했고, 이어 이라크 쿠르디스탄*의 무장 조직 페슈메르가가 개입했다. 그가 다른 사진을 보여준다. 거리는 형체를 알아볼 수 없을 만큼 변해 있었다. 그가 한 벽돌 더미를 가리키며 말한다.

"고향 집의 흔적이에요."

그는 페슈메르가를 피해 고향을 떠나야 했고, 튀르키예를 지나 지

---

* 이라크의 쿠르드족 자치 지역.

중해를 건너 레스보스섬으로 왔다. 혼돈이 그를 7년간의 떠돌이 생활로 내몬 것이다. 이 혼돈은 2011년 3월에 일어난 시위와 아랍의 봄으로 시작되었다. 하지만 그는 이후에 일어난 일을 이야기할 마음이 없다. 그는 IS나 페슈마르가에 관해 이야기하기를 꺼린다. 가족이 아직 시리아에 있었다. 그는 수용소에 있는 다른 난민들이나 그들과 연줄이 있는 사람들이 무슨 짓을 저지를지 몰라 걱정한다.

나는 이 텐트 저 텐트를 오가며 이라크, 시리아, 예멘에서 온 젊은 남성들을 만난다. 이들은 모두 아랍의 봄 이후 시작된 내전을 피해 도망쳐 왔다. 예멘에서 일어난 시위는 혁명을 촉발했고, 혁명은 2014년 내전으로 이어졌다. 시리아 내전은 2014년 IS가 모술을 점령하면서 이라크로 번졌다. 그러나 내가 만난 청년들은 대부분 시위를 기억하기에는 너무 어렸고, 그 일에 관심조차 없었다. 그들은 10여 년 전에 일어난 혼돈에 관해 이야기하고 싶어 하지 않았다. 그들은 지금 이곳에서 겪는 혼돈을 이야기하고 싶어 한다.

하카르는 이라크 출신의 쿠르드족이다. 그는 IS가 모술을 점령했을 때 감옥에 갇혔다.

"우리는 매일같이 고통받고 고문당했어요."

그가 팔다리에 남은 흉터를 보여주며 말한다. 하카르는 페슈메르가가 감옥을 함락해 그를 풀어줄 때까지 9개월 동안 갇혀 있었다. 이후 그는 친구와 함께 예전에 살던 집을 오랜만에 찾아갔다. 그런데 두 사람이 도착한 순간 무언가가 폭발을 일으켰다. 부비트랩을 밟았거나 잔해 속에 묻혀 있던 폭탄을 건드린 것이다. 친구는 그 자리에서 즉사했다.

"나는 폭발로 얼굴이 망가졌어요."

그가 머리카락을 넘겨 의사가 두개골을 접합하기 위해 나사를 박은 흔적을 보여준다. 병원에서 퇴원한 하카르는 이라크를 떠나야 한다고 생각했다. 그러지 않으면 언제 어디서 두 번째(혹은 세 번째) 폭발을 겪을지 몰랐다.

하카르가 다른 텐트에서 인터뷰를 찍자고 한다. 텐트 안에 있는 어떤 사람 때문에 불안하다는 것이다. 무함마드의 텐트가 적당해 보여 그리로 들어간다. 무함마드는 침대에 앉아 플라스틱 컵에 담긴 커피를 홀짝이고 있다. 그가 커피를 권하지만, 하카르는 괜찮다며 사양한다.

"어디 출신이에요?"

무함마드가 하카르에게 묻는다.

"쿠르드 사람이에요."

잠깐 침묵이 흐른다. 문득 텐트를 잘못 골랐나 싶은 생각이 들었다. 무함마드는 쿠르드 군대 때문에 고향을 떠났다. 하카르는 수니파 무슬림 조직인 IS에 붙잡혀 감옥에 갇혔다. 하카르는 무함마드도 수니파이며, IS의 조직원이었거나 IS를 지지한다고 의심할지 모른다. 우리는 서둘러 자리에서 일어난다.

한 시간을 헤맨 끝에 빈 텐트를 찾았다. 겨우 카메라를 켜자 하카르가 방금 일어난 일을 이야기하려 한다.

"여기서는 식량, 종교 등 갖가지 이유로 싸움이 일어나요."

그에게 이런 갈등은 과거의 일이나 남의 일이 아니다. 난민들은 이곳에서 그들이 피해 달아난 사람들과 마주치며, 때로는 같은 텐트를 쓰기도 한다. 마치 1950년대에 이루어진 잔인한 심리학 실험처럼 수용소 관리자들이 수니파와 시아파, 기독교도와 무슬림, 시리아인과 이라크인, 아랍인과 쿠르드인을 한곳에 모아 두면 무슨 일이 일어날지 보려고 작정이나 한 것 같았다. 하카르가 휴대전화를 꺼내 그 심리학 실험의 결과를 보여준다. 화면 속 영상에는 복면을 쓴 남자들에게 쇠막대기로 구타당해 얼굴이 피범벅이 된 사람들이 보인다. 피해자들은 쿠르드인이며 라마단 기간에 금식하지 않았다는 이유로 폭행을 당했다고 한다. 나비는 7년 전 이곳에서 수천 킬로미터 떨어진 곳에서 처음 날갯짓을 했지만, 혼돈은 지금도 계속 퍼져나가며 삶을 뒤엎고 망가뜨린다.

하카르에 따르면, 한 쿠르드족 온라인 커뮤니티에서 복면 쓴 남자들을 찾아 나섰고, 페이스북에서 영상에 찍힌 얼굴과 일치하는 프로필을 발견했다. 프로필 속 남자들은 지하드 전사 복장을 하고 자동소총으로 무장했으며, 이름 앞에는 IS식으로 '아부Abu'*라는 호칭을 붙였다. 하카르는 폭행 가해자들이 IS라고 확신한다.

"여기나 IS의 감옥이나 별 차이가 없어요. 턱수염, 콧수염을 기른 사람들이 보이면 밖에 나가지도 못해요. 정말 겁이 나서 못 살겠어요."

하카르는 경비병에게 찾아가기도 했다. 그는 관리자들이 가해자를 체

---

* '아버지'라는 뜻이지만, 영어의 '미스터'처럼 남성에 대한 경칭으로도 쓰인다.

포하거나 아니면 적어도 자신을 다른 텐트로 보내주기를 바랐다.

"경비병한테 사진을 보여주고 수용소에 IS가 있다고 말했어요."

"뭐라고 하던가요?"

"입으로 한번 해주면 20유로를 주겠다더군요."

아랍의 봄과 이어진 내전, IS의 발흥, 세계 난민 위기와 포퓰리즘의 폭발에 이르는 일련의 사건이 점차 한눈에 들어오기 시작했다. 모든 일은 나비 효과로 이어진 듯했다. 그러나 이 유명한 비유에 숨은 과학을 조사하면서 나비 효과란 서로 다른 사건 간의 관련성만을 뜻하지 않는다는 사실을 알게 되었다. 나비 효과는 사건들의 관련성뿐 아니라 폭발성까지 설명하는 강력한 수학 이론이다.

이 이론은 1961년의 어느 평범한 겨울날 매사추세츠 공과대학 MIT에서 탄생했다. 에드워드 로렌츠Edward Lorenz라는 기상학자가 113개 진공관이 윙윙거리며 돌아가는 로열맥비 컴퓨터를 지켜보고 있었다. 로열맥비는 거대하고 느리며 시끄러운 초기 양산형 컴퓨터로, 로렌츠는 이 컴퓨터를 이용해 최초의 기상 예측 프로그램을 개발하는 중이었다. 로렌츠는 컴퓨터에 연결된 자동 타자기에서 한 줄씩 인쇄되어 나오는 숫자들을 보았다. 각 줄의 숫자는 기압, 기온, 비 등의 요소가 모여 어떤 날씨를 이룰지 예측한 결과를 나타냈다. 인쇄물을 보던 로렌츠는 몇 달 이후의 날씨를 예측하면 어떤 결과가 나올지 궁금했다. 그는 프로그램을 처음부터 돌리지 않고 인쇄물 중간에 있는 한 줄의 숫자를 입력했다. 그런 다음 로열맥비를 작동해둔 채 갓 내린 커피 한 잔을 마시러 자리를 비웠다. 한 시간 뒤에 돌아온 로렌츠는 컴퓨터가 오작동했다고 생각했다. 도무지 말이 안 되는 결과가 나왔기 때문이다. 그는 훗날 당시의 일을 이렇게 회상했다.

"출력된 숫자들은 앞서 나온 결과와 전혀 달랐다. 보자마자 진공관 하나가 고장났거나 컴퓨터에 다른 문제가 생겼다고 생각했다."

그러나 로열맥비에는 이상이 없었고, 진공관은 모두 멀쩡히 작동했다. 로렌츠는 입력한 숫자에 미세한 차이가 있었음을 알아챘다. 시뮬레이션을 다시 시작할 때 앞선 예측에서 나온 숫자 0.506127을 0.506으로 반올림해 입력한 것이다.

"처음에 입력한 숫자를 반올림하는 바람에 생긴 오차가 문제였다. 이 오차가 서서히 증폭되며 결괏값을 좌우하기에 이른 것이다."

하지만 수천분의 1℃는 결과에 영향을 주지 않아야 했다. 인공위성조차 이렇게 작은 차이는 측정하지 못했다. 아이작 뉴턴이 등장한 이후 물리학자들은 원인과 결과가 비례한다고 가정해왔다. 따라서 작은 힘은 작은 영향을 끼쳐야 했다. 근사치를 입력해도 계산에는 큰 차이가 없어야 할 터였다. 그러나 로렌츠가 얻은 결과는 다른 가능성을, 작은 힘이 커다란 영향을 끼칠 가능성을 암시했다. 하지만 어떻게 그런 일이 가능할까?

로렌츠가 사용한 방정식에는 특이한 점이 있었다. 그는 오늘 날씨가 어떻게 내일 날씨에 영향을 주고, 내일 날씨가 어떻게 모레 날씨에 영향을 주는지를 알아내고자 했다. 따라서 로렌츠가 사용하는 방정식은 이러한 되먹임을 포착할 수 있어야 했고, 이를 위해 그는 비선형

1부 가격

non-linear 함수를 사용했다. 비선형 함수는 컴퓨터가 나오기 전까지만 해도 계산이 어려웠다. 하루하루 날씨를 예측할 때마다 새로운 계산식들을 손으로 직접 풀어야 했다. 복잡하고 느리며 현실적으로 어려운 일이었다. 그렇기에 연구자들은 보통 되먹임으로 이루어진 계系를 고려하지 않았고, 그 과학적 중요성을 외면했다. 그러다 컴퓨터가 나오면서 비로소 되먹임계를 다룰 수 있게 되었다. 연구자들이 초기형 컴퓨터 모델들을 이용해 비선형 방정식을 처리하기 시작하면서 여러 발견이 이루어졌다.

로렌츠의 발견도 그중 하나였다. 로렌츠는 되먹임으로 이루어진 계가 매우 '민감하다'는 사실을 알아냈다. 기온이나 기압의 작은 변화는 시간이 갈수록 증폭될 수 있다. 한 줄기 돌풍이 난기류가 되고, 난기류가 모여 폭풍이 되며, 폭풍이 커져 허리케인이 될 수 있다. 되먹임은 작은 것을 증폭해 큰 것으로 바꾼다. 로렌츠는 사소한 시발점이 가진 힘을 '초기 조건의 민감성'이라 부르며 한 가지 비유를 들었다. 브라질에 있는 갈매기 한 마리의 날갯짓이 텍사스에 토네이도를 일으킬 수 있다는 것이었다.

1972년, 로렌츠는 자신의 대담한 발상을 워싱턴 D.C.의 학회에서 발표하기로 했다. 그런데 발표 전 학회의 주최자 필립 메릴리스가 로렌츠에게 한 가지 제안을 했다. 갈매기를 나비로 바꾸면 어떻겠냐는 것이었다. 로렌츠는 메릴리스가 왜 그런 제안을 했는지 이유를 몰랐다. 그는 메릴리스가 SF 소설가 레이 브래드버리의 단편 〈우렛소리A Sound of Thunder〉에서 영감을 받은 것 아닐까 하고 생각했다. 이 단편 소설은 선사 시대에 일어난 나비 한 마리의 죽음이 일련의 사건을 촉발해 대통령 선거의 결과를 바꾼다는 이야기다. 하지만 메릴리스는 그 작품을 들어본 적도 없었다. 훗날 그는 그런 제안을 한 이유를 이렇게 설명했다.

"작은 것이 거대한 사건을 일으킬 수 있음을 나타내는 상징으로 삼기에는 약하고 힘없어 보이는 나비 쪽이 자연스러워 보였다."

로렌츠가 '브라질에 있는 나비 한 마리의 날갯짓이 텍사스에 토네이도를 일으킬까?'라는 제목으로 한 발표는 기상학, 수학, 자연과학, 나아가 철학과 대중문화에까지 영향을 끼친 혁명을 일으켰다. 발표 제목에서 갈매기를 나비로 우연히 바꾼 일은 로렌츠가 발견한 민감성의 위력을 보여주는 증거였다. 그 일이 없었다면 혁명은 일어나지 않았을지도 모른다.

나비 효과에 관한 대중적인 설명에서는 주로 우연한 접촉이 연쇄 반응을 촉발할 수 있다는 점을 강조한다. 그러나 로렌츠가 말하고자 한 요지는 따로 있었다. 민감성은 인과율이 작동하는 계의 보편적 특징이 아니다. 작은 계기를 큰 사건으로 만드는 증폭기가 계의 중심에 있을 때 나타나는 특징이다.

나는 아랍의 봄 이후 이어진 일련의 사건에 연쇄적인 인과관계가 있다고 보았고, 이를 조사하면서 몇 개의 증폭기가 함께 작동하며 사건을 키웠다는 것을 알아냈다. 시리아에서는 정권의 폭력이 증폭기 역할을 했다. 시리아 정부는 아랍의 봄 시위를 처음부터 과격하게 진압했고, 이로 인해 더 많은 시위가 발생해도 강경 진압을 이어갔다. 그러자 정부에 맞서 시위대를 보호하기 위해 시민군이 조직되었고, 정부가 시민군을 공격하면서 소규모 전투가 순식간에 내전으로 번졌다. 내전으로 도시들이 폐허가 되자 난민들은 레바논과 튀르키예로 향했고, 이후 유럽으로까지 건너갔다. 포퓰리스트들은 유럽으로 온 난민을 비난하는 집회를 열었고, 페이스북이나 트위터 같은 알고리즘 기반 소셜미디어와 언론은 그들의 집회를 널리 알리면서 더 많은 집회가 일어나도록 부채질했다. 이것은 분노를 키우는 되먹임 고리이자 난민의 유입을 무시무시한 '침략'으로 바꾼 증폭기였다.

그러나 정부의 탄압과 언론 보도, 알고리즘 기반 미디어는 혼돈을 키우는 강력한 장치였지 혼돈을 처음 일으킨 계기가 아니었다. 이들은 이미 벌어진 혼돈을 증폭했을 뿐이다. 나는 나비의 첫 날갯짓을 찾아야 했다. 최초의 날갯짓은 내가 일찍이 찾아간 적이 있는 곳에서 일어났다. 바로 아랍의 봄이 시작된 튀니지다.

달걀 하나가 머리 위를 휙 지나가 발 근처에 떨어졌다. 군중은 따분해했고, 내 뒤에 있는 건물에는 무함마드 부아지지의 거대한 포스터가 걸려 있었다. 나는 부아지지가 자기 몸에 휘발유를 들이붓고 성냥을 켜 아랍의 봄에 불을 붙인 곳에 서 있었다. 나비가 최초로 날갯짓을 한 곳은 튀니지의 작은 시골 마을 시디부지드였다. 부아지지의 분신은 시위와 혁명, 내전, 난민 위기, 유럽 내 포퓰리즘의 폭발로 이어졌다. 그의 행동은 로렌츠가 말한 '초기 조건'이었다.

시디부지드를 찾아간 것은 혼돈과 혼돈이 시작된 곳에 관해 생각하기 몇 해 전의 일이었다. 그곳을 찾은 데는 다른 이유가 있었다. 나는 첫 다큐멘터리 영화 〈늑대를 위한 자유〉를 찍기 위해 혁명 이후 그곳에서 일어난 일을 알아보려 했다. 그날은 부아지지가 분신 시위를 벌인 지 4년째 되는 날인 2014년 12월 17일이었고, 지역 관리들이 연설을 하고 있었다. 15분이 지나자 군중은 연설을 더 들으려 하지 않았다. 그들은 바리케이드를 부수고 거리로 행진했다. 손에는 이슬람교와 살라프파* 정당의 상징이 그려진 팻말을 든 채였다. 통역가와 다른 두 제작자는 일찌감치 도망쳤지만, 나는 IS의 검은 깃발이 겨울날의 햇빛을 받아 아른거리는 광경을 카메라로 보고 자리에 남아 촬영을 계속했다. 어린아이 셋이 "다에시, 다에시(IS의 아랍식 명칭)"를 연호하며 내 곁을 지나쳐 갔다.

"시디부지드에서 일어난 사건 이후 리비아인들이 독재자에 저항하려 일어섰습니다. 이집트인과 예멘인, 시리아인들도 마찬가지였습니다."

한 시간 뒤, 몬세프 마르주키 대통령이 한 집회에서 말했다. 그는 혁명 이후 선출된 첫 번째 대통령이었고, 그날은 다음 대통령 선거가 2주도 채 남지 않은 때였다. 그는 서양에서도 즐기는 친숙한 이야기를 했다. 한 영웅이 벤 알리 전 대통령의 독재에 맞섰고, 튀니지를 넘어

---

* 이슬람 수니파의 근본주의 종교 운동으로 이슬람교의 창시자 무함마드가 살던 7세기의 관습과 전통을 재현할 것을 주장한다.

전 세계에 영감을 줬다는 이야기였다.

"사람들은 그 순간부터 자신의 자유를 위해 싸워야 한다는 사실을 깨달았습니다."

하지만 튀니지에서 시간을 보낼수록 이러한 '자유' 서사의 허점이 점점 눈에 들어왔다. 많은 사람이(특히 독실한 무슬림과 이슬람주의자들이) 독재 정권의 종교 탄압에 맞서 자유를 찾으려 한 것은 틀림없는 사실이었다.

"벤 알리 시절에는 사는 게 지옥 같았어요. 나는 그가 만든 감옥에 5년 동안 갇혀 있었죠."

튀니지에서 가장 큰 이슬람주의** 정당 엔나흐다 대표 라치드 간누치의 말이다. 그러나 혁명 이후에는 독실한 종교인들 사이에서도 다른 불만과 고충이 나왔다. 혁명 정신을 담은 노래 〈라이스 레블레드〉를 부른 래퍼 엘헤네랄은 튀니지가 '실업 문제 해결'을 위해 샤리아***를 도입하기를 바란다고 말했다. 어딜 가나 사람들은 추상적 이상이 아니라 일상생활에 필요한 것을 이야기했다.

"사람들이 원하는 건 기본 욕구를 채우는 거예요. 먹고 입을 것 말이에요."

카페에서 만난 한 남자가 말했다.

** 이슬람의 교리와 이념을 정치·사회 질서의 기본으로 삼아 신정국가를 건설하려는 운동.
*** 이슬람의 종교 율법.

그러자 함께 있던 그의 친구가 맞장구쳤다.

"세상이 바뀌었을 때, 우리는 혁명에 열성적이었던 '열악한' 지역에서는 생활이 나아지리라 생각했어요. 혁명의 중심지였으니까요. 하지만 혁명 이후에도 진짜 달라진 건 없었어요."

대선 직전, 마르주키를 만나 인터뷰를 했다. 나는 그가 자유라는 거창한 말을 내세워 기본적인 생계와 관련된 문제를 외면한 것 아닌지 물었다. 그는 이렇게 답했다.

"나는 우리가 겪은 지진에 관한 이야기를 즐겨 합니다. 그건 말 그대로 지진 같은 일이었으니까요. 그 지진이 구체제를 무너뜨렸고, 우리는 지금 새로운 정치 체제를 세우려 하고 있습니다. 어려운 일이라는 점은 인정해야겠죠. 그리 쉬운 일이 아니에요. 나는 시디부지드에 여러 번 찾아갔어요. 그곳 주민들은 혁명에서 더 많은 것을 기대하고 있었죠. 안타깝지만 우리는 이제 막 그들에게 표현의 자유와 결사의 자유 등을 제공한 참이에요. 이것만으로는 충분하지 않죠. 사람들은 더 많은 것을 기대하고 있어요."

마르주키는 그날 저녁 다른 후보였던 베지 카이드 에셉시에게 패했다. 에셉시는 민족주의적 공약을 내걸었고, 튀니지의 경제를 안정시키겠다고 약속했다. 그는 튀니지의 초대 대통령 하비브 부르기바의 독재 정권하에서 내무부 장관을 지내며 경찰국가를 운영한 전적이 있기에 자유의 상징과는 거리가 멀었다. 하지만 마르주키는 서양인 대다수가 그랬듯 혁명을 오해했다. 혁명이라는 '지진'은 한 개인의 희생이 자유를 향한 열망에 불을 붙여 터져 나온 일이 아니었다. 다른 무언가가 튀니지를 비롯한 여러 아랍 국가에서 급격한 변화를 일으켰다. 하나의 지각판이 아랍 세계 전체를 뒤흔든 것이다.

내가 찾는 혼돈의 기원은 나비의 우아한 움직임을 떠올려서는 포착하기 어려운 것일지 모른다는 생각이 들었다. 마르주키의 표현대로 그 기원은 힘을 응축했다가 급격히 분출하는 지진 같은 것일 수 있었다. 그렇다면 지진 같은 유형의 혼돈이 발생하는 원리를 규명해 지진이 언제 일어날지 예측하는 수학 모형은 없을까?

이러한 물음은 1983년에 처음 제기되었다. 물리학자 커트 바이센펠트는 비선형 수학이라는 새로운 분야를 연구해 버클리대학교에서 박사 학위를 받았다. 그는 뉴욕 롱아일랜드에 있는 브룩헤이븐 연구소에서 처음으로 박사후연구원 자리를 얻어 덴마크 출신의 저명한 물리학자 페르 박의 연구를 도왔다.

"(페르 박은) 몇 가지 뜨거운 쟁점을 두고 씨름했어요. 논쟁이 벌어지는 곳에 끼어들기를 좋아했죠."

바이센펠트를 만나 이야기를 들었다. 페르 박은 이론상 불가능하다고 여겨졌던 오각형 구조의 준결정quasi-crystal 연구에 크게 기여했고, 이제 혼돈이라는 혁명적인 분야에 뛰어들 생각이었다.

로렌츠의 기상 모형은 혼돈계가 얼마나 민감하며, 되먹임 구조가 어떻게 혼돈계에 동력을 공급하는지를 밝혔다. 문제는 날씨를 연구하기가 어렵다는 것이다. 날씨에는 시시각각 바뀌는 요소와 상호작용하는 변수가 무수히 많으며, 실험실에 기상 현상을 일으켜 관찰할 수도 없다. 이에 따라 물리학자들은 더 단순한 대상, 연구실에서 통제, 조작, 분리할 수 있는 대상을 찾기 시작했다. 박과 바이센펠트, 박사후연구원 차오 탕은 '상전이'에서 나타나는 혼돈을 연구하기로 했다.

일상에서 볼 수 있는 상전이는 끓는 물이다. 물은 압력과 온도가 일정 수준에 달하면 액체에서 기체로 전이한다. 그런데 끓는 물과 나비 효과가 무슨 상관이 있을까? 바이센펠트는 이렇게 설명한다.

"온도를 살짝 바꾸면 계도 살짝 변해요. 98℃에서는 별일이 일어나지 않죠. 하지만 100℃에 이르는 순간 기적처럼 놀라운 변화가 일어납니다."

요컨대 나비 효과가 꼭 서서히 불어오는 폭풍처럼 일어나야 하는 것은 아니었다. 혼돈은 단숨에 터져 나올 수 있다.

페르 박은 물이 아닌 모래를 이용해 중대한 발견을 했다. 바이센펠트의 설명을 들어보자.

"평평한 모래 더미가 있고, 그 위에 모래를 한 알씩 떨어뜨린다고 생각해보세요. 처음에는 아무 일도 없을 겁니다. 모래는 어딘가에 작은 구멍을 내거나 다른 모래알 사이에 틈을 내며 떨어지겠죠. 같은 곳에 모래를 계속 떨어뜨리면 모래 더미가 수직으로 쌓일 겁니다. 그러다 경사가 너무 가팔라지면 모래알 사이의 장력이 중력을 이기지 못하고 모래 더미가 무너집니다."

마지막으로 떨어진 모래 한 알이 '모래사태'를 촉발해 질서를 무너뜨리는 것이다.

모래 더미는 에드워드 로렌츠의 기상 시뮬레이션과 마찬가지로 매

1부 가격

우 민감하다. 모래 한 알이 1밀리미터만 오른쪽에 떨어져도 아무 일이 일어나지 않을 수 있다. 반대로 모래알이 1밀리미터 왼쪽에 떨어지면 다른 모래알들이 우르르 굴러떨어지기 시작한다. 하지만 모래 더미에 는 민감하면서도 나비 효과와 다른 규칙이 작용한다.

"모래 더미는 걷잡을 수 없는 혼돈이나 무작위성과 관계가 없었어 요. 모래 더미가 더 혼돈에 가깝게 움직였다면, 그날그날 상태가 달라 졌겠죠."

한 지점에 모래가 떨어지는 안정적인 계에는 규칙성이 있다. 하지 만 이 규칙적인 행동이 질서 있어 보이는 모래 더미를 혼돈으로 몰아 간다. 모래 더미를 견고하게 지탱하는 듯한 장력은 풀리기 쉬운 상태 가 된다. 이 상태에서 모래 더미는 아주 사소한 어긋남에도 극도로 민 감하게 반응한다. 박과 바이센펠트, 창은 이 현상을 '자기조직화 임계 성self-organized criticality'이라 불렀다. 세 사람의 논문은 곧 물리학계 에서 손꼽힐 만큼 빈번하게 인용되었다. 그리고 이 논문이 널리 알려 지면서 그들이 연구한 상태에는 '혼돈의 가장자리edge of chaos'라는 비 유적인 이름이 붙었다.

이 이론을 적용해 큰 결실을 이룬 대표적인 분야가 바로 지진이다. 연구에 따르면 지진은 무작위로 발생하지 않는다. 지진은 모래사태와 같은 원리로 발생한다. 지각판들은 서로 밀어내거나 부딪치면서 제각 기 움직인다. 그러다 이따금 지각판 사이의 장력이 풀리면, 땅이 흔들 리며 지진이 일어난다. 자기 조직화된 계에 발을 딛고 사는 것은 곧 혼 돈의 가장자리 위에 사는 것과 다름없다(도쿄나 샌프란시스코에 사는 주민이라면 누구나 인정할 것이다). 혼돈을 이런 식으로 개념화하면, 심리적 비유와 수학적 예측을 결합하고 지진의 인간적 측면과 물리적 측면을 동시에 포착할 수 있다. 그리고 나는 이 같은 혼돈 개념을 사회에까지 적용할 수 있음을 알게 되었다.

하버드대학교와 MIT의 박사후연구원과 대학원생들이 칸막이 없는 사무실을 서성거리며 혼돈과 복잡성에 관해 잡담을 나눈다. 이들은 에드워드 로렌츠와 페르 박이 물리적 세계를 연구하며 제시한 아이디어를 활용해 사회적 세계의 혼란상을 날것 그대로 이해하려 한다. 나는 매사추세츠주 케임브리지에 있는 뉴잉글랜드 복잡계연구소에 와 있다. 연구소의 창립자이자 소장인 야니어 바얌을 만나기 위해서다.

"물리학에서 발전한 수학은 혼돈뿐만 아니라 집단행동이 어떻게 발생하는지도 설명합니다."

바얌은 이러한 수학 모형을 "효과적으로 활용하면 사회 시스템을 이해하고, 특히 한 사건이 연쇄적으로 전 세계에 영향을 미치는 폭포 효과를 이해할 수 있다"고 말한다. 그는 나처럼 혼돈이 어떻게 확산하며, 한 위기가 어떻게 다음 위기로 이어지는지를 이해하고자 했으며, 나와 달리 많은 일을 예측하는 데 성공했다. 그는 내가 튀니지와 그리스에서 목격한 혼돈을 예견했다.

2010년, 바얌의 연구 팀은 2년 전 세계 곳곳에서 돌발한 위기를 조사하고 있었다. 그들이 조사한 위기는 언론 기사를 뒤덮은 금융위기가 아니라 그에 못지않게 심각한 '세계 식량 위기'였다. 2005년에서 2008년 사이 세계 식량 가격은 83퍼센트 상승했고, 밀 가격은 두 배 넘게 올랐다. 식량 가격이 치솟으면서 2008년 한 해에만 1억 5500만 명이 빈곤으로 내몰렸고, 8000만 명이 기근에 빠졌다. 인도, 이집트, 아르헨티나를 비롯한 48개 국가에서는 폭동이 일어났다. 심지어 이탈리아에서도 '파스타 시위'가 벌어졌다.

바얌은 세계 식량 가격이라는 단 하나의 숫자를 가지고 사람이 거주하는 모든 대륙에서 돌발한 폭동을 예측할 수 있을지 궁금해했다. 어쩌면 폭동이 일어난 48개국의 고유한 혼란상(역사, 문화, 정치 제도)은 폭동과 관계가 없으며, 사람들이 어떤 종교를 믿고 대통령이 누구이고 기후가 어떤지는 중요하지 않은 것 아닐까? 인간 세상의 터무니없는 복잡성을 단순하고 기본적인 것, 즉 먹고 마시는 문제로 환원할 수도 있지 않을까?

이 이론은 단순한 가설에서 출발하며, 미래를 예측하는 데 시험하고 활용할 수 있었다. 하지만 연구 팀은 먼저 식량 가격이 어느 정도로 비싸지면 사람들이 거리로 나서는지 알아내야 했다.

"물리학에서 발전한 방법들을 활용하면 물이 수증기로 전이하는 현상을 이해할 수 있습니다."

그리고 바얌은 "물이 끓어오르는 현상"으로 "평화로운 사회와 어지러운 사회 간의 전이"를 모형화할 수 있다고 말한다. 물과 마찬가지로 사회에도 끓는점, 즉 약간의 변화만으로 사회가 혼돈의 가장자리를 넘어서는 지점이 있다는 것이다. 따라서 혼돈은 단순한 비유가 아니라 행동을 모형화하는 한 방식이며, 모형화의 대상은 모래알이나 물 분자뿐 아니라 인간일 수도 있다.

하지만 비유를 활용하면 사회를 혼돈에 빠뜨리는 사태沙汰가 벌어지는 과정을 더 쉽게 이해할 수 있다. 식량 가격이 폭동을 유발할 수는 있지만, 그것이 폭동의 '유일한' 원인은 아니다. 마지막으로 얹은 지푸라기 하나가 낙타의 등을 부러뜨린다는 속담처럼 모래사태를 일으키는 것은 마지막으로 얹은 모래 한 알이지만, 이는 곧 많은 모래알이 일찌감치 쌓여 있었다는 뜻이기도 하다. 부패, 극심한 가난, 높은 실업률, 인종 박해 등이 사회에 쌓이는 모래알들이다. 사회를 통제하는 정권은 이 모래알들을 억눌러 안정적인 모양새를 유지할 수 있지만, 겉으로는 질서를 유지하는 것처럼 보일지라도 혼돈의 가장자리에 아슬아슬하게 서 있는 셈이다.

느닷없이 튀어 오르는 식량 가격은 마지막 모래 한 알이다. 이 모래알이 떨어지면 다른 모래알들을 쳐 제자리를 벗어나게 만들며, 점점 더 많은 모래알(더 많은 원성, 더 많은 불평불만)이 우르르 굴러떨어지면서 작은 소란이 본격적인 사태로 번진다. 그러나 사태가 일어나는 동안 원인이 된 모래알(식량 가격)은 시야에서 사라지거나 기억에서 잊히기 쉽다. 그 대신 전면에 드러나는 것은 더 깊이, 더 오랫동안 묻혀 있던 다른 모래알들이다. 그렇기에 우리는 폭동이나 혁명을 볼 때 오랫동안 쌓인 불만에 주의를 기울이지만, 그런 불만 자체가 폭포 같은 사태를 촉발하고 시위에 불을 붙인 계기는 아니다.

그런데 2010년 연구 팀이 모형을 만들던 중 이상한 일이 벌어졌다.

식량 가격이 2008년에 그랬듯 가파르게 오르고 있었다. 바얌은 불안에 떨었다. 금융위기로 세계 경제가 침체에 빠지면서 실업률이 치솟고 각국 정부는 빈털터리가 된 마당이었다. 식량 가격이 오르면 그 비용을 감당할 돈이 없었다. 사람들은 더 심각한 고통에 시달릴 것이었다.

"2010년 12월, 우리는 미국 정부에 높은 식량 가격이 사회 불안과 정치적 불안정을 초래할 수 있음을 경고하는 보고서를 보냈어요. 그러고 나서 나흘 뒤, 튀니지에서 무함마드 부아지지가 분신했어요."

"튀니지에서 부정부패가 날로 심각해지고 있다."

튀니지 주재 미국 대사관이 유출된 외교 전문電文에서 보고한 내용이다. 야니어 바얌이 미국 정부에 보고서를 보내기 3주 전, 튀니지의 한 블로거가 위키리크스에 공개된 미 국무부 외교 문건에서 찾은 글이다. 전문은 이어 이렇게 보고한다.

"벤 알리 대통령 가족은 현금, 서비스, 토지, 부동산, 요트까지 원하는 것은 무엇이든 손에 넣는다는 소문이 끊이지 않는다. 부정부패는 튀니지 내 투자율을 낮추고 실업률을 높이고 있다."

또 다른 전문은 이 부정부패가 구체적으로 어떻게 나타나는지를 폭로했다. 그 전문은 벤 알리의 사위 사케르 엘 마테리가 주최하고 미국 대사가 참석한 만찬을 다음과 같이 묘사했다.

식사에는 생선, 스테이크, 칠면조, 문어, 생선 쿠스쿠스를 비롯해 열 가지가 넘는 요리가 나왔다. 많은 손님을 대접하기에 충분한 양이었다. 식사 전에는 세 종류의 음료와 함께(튀니지에서 구하기 힘든 키위 주스도 있었다) 갖가지 전채 요리가 나왔다. 식사 후에는 그가 프랑스 생트로페에서 비행기로 공수해온 아이스크림, 얼린 요구르트와 더불어 블루베리, 라즈베리 등의 신선한 과일과 초콜릿 케이크가 나왔다. (…) 엘 마테리는 저택에 우리를 설치해 커다란 호랑이 한 마리('파샤'라는 이름이다)를 기르고 있다. 그는 그 호랑이를 태어난 지 몇 주 안 되었을 때 구해 왔다. 호랑이는 하루에 닭 네 마리를 먹어 치운다.

식량 가격이 천정부지로 치솟는 가운데, 튀니지에서 급증하던 블로거들은 유출된 전문을 보며 들끓었다. 청년 실업률은 진작 30퍼센트를 넘어섰으며, 굶주리는 사람이 날로 늘고 있었다. 튀니지는 혼돈의 가장자리에 아슬아슬하게 서 있었다. 그리고 3주 뒤, 무함마드 부아지지가 분신했다.

시위가 전국에서 들불처럼 타올랐다. 사람들은 바게트를 머리 위로 휘두르며 연호했다.

"물과 빵을 달라! 벤 알리는 물러가라!"

2011년 1월 8일, 경찰이 시위대에 실탄을 쏘았고, 서른 명이 총에 맞아 숨졌다. 더 많은 사람이 격분해 거리로 쏟아져 나왔다. 그러자 벤 알리는 작전을 바꿔 빵, 우유, 설탕에 새로 보조금을 지급하겠다고 발표했다. 그러나 너무 늦은 데다 어림도 없는 대책이었다. 사태는 이미 시작되었다. 이제 시위대는 이렇게 연호했다.

"빵이든 뭐든 다 필요 없다. 우리는 벤 알리가 물러나기만을 바란다. 그가 물러나면 우리는 필요한 것은 뭐든 먹을 수 있다."

페이스북에서는 한 시위자의 시신 사진에 "낮아질 물가를 누리지 못하는 불쌍한 사람"이라는 문구를 단 게시물이 유행했다. 식량 가격의 급등은 사태를 촉발했지만, 이제 사람들은 그 문제를 시위의 원인으로 보지 않았다. 식량 가격은 마지막 모래 한 알로서 해가 지나면서 쌓이고 쌓인 모든 불평을 밀어냈다. 그리하여 수십 년째 이어진 부정부패와 감시, 고문, 종교 박해가 밖으로 드러났다. 처음에는 '트와트 엘코브즈thwart el-Khobz(빵 혁명)'라 불리던 시위가 모든 문제를 아우르는 '재스민 혁명'이 되었다. 그해 1월 14일, 벤 알리는 튀니지에서 도망쳤다. 독재 정권이 무너졌다.

그러나 모래알은 멈추지 않고 굴러떨어졌다. 식량 가격이 급등하면서 곡물 대부분을 수입하는 중동 전역이 혼돈의 가장자리로 내몰렸다. 이번에는 이집트에서 또 다른 분신 시위가 벌어졌다. 카이로의 한 식당 주인이 정부의 빵 배급을 받지 못하게 되자 자기 몸에 불을 붙였다. 일주일 뒤, 1만 5000명의 시위대가 "빵, 자유, 존엄"을 노래하며 카이로의 타히르 광장을 가득 메웠다. 요르단에서는 '분노의 날'을 선포한 시위대가 빵이 그려진 플래카드를 들고 연호했다.

"빵은 부자들의 전유물이 아니다. 빵만큼은 양보할 수 없다. 우리의 굶주림과 분노를 무시하지 마라."

요르단의 국왕 압둘라 2세는 물가를 낮추고 임금을 높이기 위해 1억 2500만 달러 규모의 지원책을 발표했지만, '빵과 자유'를 요구하던 시위대는 이제 더 많은 것을 원했다. 예멘에서는 시위대가 "고프

·다 못해 아플 지경이다. 빵이 없다"라고 쓴 팻말을 들고 거리로 나섰
다. 예멘 정부는 식량 보조금을 지급해 시위대를 달래려 했지만, 시위
는 계속 이어졌다. 시리아에서는 사람들이 빵을 휘두르며 시위에 나
섰고, 다른 나라의 시위대가 그랬듯 식량 보조금을 지급하겠다는 알
아사드 대통령의 발표에도 아랑곳하지 않았다. 심지어 빵을 구하는
데 어려움이 없던 쿠웨이트인들까지 부정부패 척결을 요구하며 시위
를 벌였다. 중동의 독재 국가들에서 쌓이던 긴장이 마침내 분출되었
다. 급등한 식량 가격은 이 독재 국가들을 혼돈의 가장자리 너머로 내·
몰았다.

아랍의 봄을 이런 식으로 이해하자 의문이 술술 풀리는 듯했다. 이
같은 해석은 식량 가격이라는 단순한 문제가 어떻게 한 지역 전체를
휩쓴 혼돈의 원동력이 되었는지, 왜 혁명이 불과 몇 달 사이에 한꺼번
에 일어났는지, 왜 그토록 많은 나라가 내전에 휩싸이고 많은 사람이
고향을 떠나야 했는지를 설명했다. 이민자 수가 전례 없이 급증하면
서 이민 문제가 피드를 휩쓸고, 알고리즘 기반 미디어가 포퓰리즘에
영합해 이민자를 향한 분노를 키운 데는 이유가 있었다. 한편으로 이
것은 튀니스와 다마스쿠스, 레스보스와 베를린을 잇고 10여 개의 국
가와 수천 명의 시민군, 수천만 명의 이민자를 아우르는 정신없이 복
잡한 이야기였다. 그러나 다른 한편으로 이는 식량 가격이라는 숫자
하나가 일련의 사건을 촉발한 단순한 이야기이기도 했다.

바얌과 동료들은 사회 질서가 혼돈으로 상전이하는 모형을 만들었
다. 이들은 2008년과 2010년에서 2011년 사이에 일어난 두 차례의

격변을 면밀히 조사했고, 여기에 실제로 끓는점이 존재했음을 밝혔다. 연구 팀은 유엔에서 매월 밀, 쌀, 옥수수 등 식료품의 국제 평균 가격을 조사해 발표하는 식량가격지수를 활용했다.

"우리는 세계식량가격지수FFPI 210이 임계점이라는 것을 알아냈습니다."

지수 값이 210이면 식량 가격이 2000년대 초보다 두 배 넘게 높다

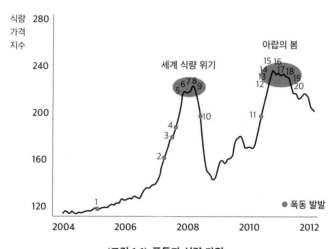

1. 부룬디	9. 튀니지	16. 오만, 모로코,
2. 소말리아	10. 인도, 수단	이라크, 바레인
3. 인도	11. 모잠비크	17. 시리아
4. 모리타니	12. 튀니지	18. 우간다, 이란,
5. 모잠비크	13. 이집트, 리비아	조지아
6. 카메룬, 예멘	14. 예멘	19. 케냐, 말라위
7. 아이티, 이집트,	15. 알제리, 사우디아	20. 소말리아
코트디부아르, 수단	라비아, 모리타니,	
8. 소말리아	수단, 요르단	

〈그림 1-1〉 폭동과 식량 가격
출처: 다음 자료를 재구성. Lagi et al. (2011)

는 뜻이며, "식량 가격이 이 임계점을 넘어서면 세계 곳곳에서 사회 불안이 나타났다." 물의 끓는점이 100°C라면 '사회의 끓는점'은 식량가격지수 210이며, 바얌은 "이 지점에서 폭동이 발생한다"고 주장한다.

튀니지의 독재자 벤 알리는 그가 처한 상황을 더 잘 이해했어야 했다. 그는 전임 대통령인 하비브 부르기바가 식량 폭동으로 큰 타격을 입은 덕분에 권력을 거머쥘 수 있었다. 1984년 부르기바는 정부 보조금을 대폭 줄여 빵 가격을 올렸다. 그러자 폭동이 일어났고, 경찰의 진압으로 시위자 150명이 사망했다. 부르기바는 서둘러 보조금을 되돌렸고 소란도 가라앉았지만, 정권은 치명상을 입었다. 야심만만한 장관이었던 벤 알리는 부르기바가 약해진 틈을 놓치지 않았고, 3년 뒤 쿠데타를 일으켜 권력을 잡았다.

빵은 단순한 먹거리가 아니다. 중동에서 빵은 통치자와 피통치자 간의 사회계약을 떠받치는 주춧돌이다. 식민 제국들이 무너졌을 때, 혁명 지도자들은 새로운 형태의 '아랍 사회주의'나 '아랍 민족주의'를 시행해 모두에게 경제적 안정을 제공하겠다고 약속했다. 보조금으로 식량 가격을 낮추고, 일자리를 보장해 누구도 배를 곯지 않도록 하겠다는 것이었다. 이러한 사회계약은 권위주의적 합의의 일환이었으며, 아랍인들은 이 계약으로 자유와 경제적 안정을 맞바꾸고 '투표의 민주주의' 대신 '빵의 민주주의'를 누렸다.

그러나 빵은 먹거리로서의 빵이기도 했다. 중동과 북아프리카 사람들은 하루에 섭취하는 열량의 35퍼센트를 빵에서 얻는다. 이들이 먹는 빵은 전 세계 공급망에서 조달한 밀로 만든 것이다. 중동과 북아프리카는 여느 지역보다 많은 밀을 수입하며, 이집트는 세계 최대 밀 수입국이다. 밀 수입 가격은 시카고, 애틀랜타, 런던의 국제원자재거래소에서 정해진다. 이집트, 튀니지, 시리아, 알제리, 모로코 등지에서는 정부가 보조금을 지급하는데도 많은 사람이 수입의 35퍼센트에서 55퍼센트를 식비로 쓴다. 이들은 식량 가격이 조금만 높아져도 가난과 굶주림에 빠질 수 있기에 벼랑 끝에 서 있는 것이나 다름없다.

이렇듯 빵은 상징적인 의미와 필수적인 영양 공급원이라는 의미를 모두 가지기에 식량 가격 상승은 엄청난 폭발력을 발휘한다. 1984년 튀니지의 하비브 부르기바 대통령이 일으킨 소요는 드문 일이 아니었다. 1970년대 말부터 1980년대 중반, 국제통화기금(이하 IMF)은 부채로 허덕이는 중동 국가들의 부채를 탕감해주는 대가로 식량 보조금을 대폭 삭감하도록 압박했다. 그러자 폭동의 물결이 이집트, 알제리, 튀르키예, 모로코, 요르단을 뒤흔들었다. 시위대와 경찰이 충돌해 수천여 명이 사망했다. 수단에서는 정권이 무너졌다. 그제야 사태를 파악한 독재자들은 IMF가 줄이도록 명령한 보조금을 최대한 원래 수준까지 되돌리려 했다. 그러나 정부의 식량 보조금이 줄었다는 사실에는 변함이 없었고, 보조금은 이후 수십 년간 계속 줄어들었다.

그리고 2010년, 실업률은 치솟고 식량 보조금 제도는 변질되어 엉망으로 돌아가고 있었다. 카이로의 제빵사들은 정부가 보조한 가격의 다섯 배를 받고 밀가루를 암시장에 되팔았다. 식량 가격이 상승하고 폭동이 벌어지자 독재자들은 앞다투어 새 보조금과 공공 일자리를 제

2011년	국가	1인당 원유 수익**
	카타르	3만 8160달러
	쿠웨이트	2만 9840달러
	아랍에미리트	2만 1570달러
살아남은 정권	오만	1만 2160달러
	사우디아라비아	1만 1930달러
	바레인	5690달러
	알제리	2950달러
내전	리비아	9820달러
	시리아	690달러
	예멘*	410달러
혁명	이집트	400달러
	튀니지	380달러

출처: 다음 자료를 재구성. Leif Wenar, *Blood Oil: Tyrants, Violence, and the Rules That Run the World* (Oxford: Oxford University Press, 2015), p. 32.
*2014년부터 혁명 시작.
**아랍의 봄 이전 기준. 각자에게 돌아가는 수익이 아니라 국가가 원유에서 얻는 총 수익을 인구수로 나눈 수치.

공하겠다고 약속함으로써 사회계약을 복원하고 개선하려 했다. 하지만 그중 살아남은 것은 월등히 후한 지원책을 내놓은 정권들뿐이었으며, 이들이 후하게 나올 수 있었던 이유는 또 다른 원자재인 석유 덕분이었다.

가장 호화로운 지원책을 내놓은 나라는 거대 산유국인 쿠웨이트와 사우디아라비아였다. 쿠웨이트 정부는 전 국민에게 13개월 동안 식료품을 무료로 배급하고 1인당 3600달러에 달하는 수표를 지급했다. 사우디아라비아는 수만 개의 일자리와 50만 채의 주택, 후한 실업 수당을 제공했다. 그리하여 두 나라의 정권은 정치적인 양보 없이도 살아남을 수 있었다. 반면 석유 자원이 부족한 튀니지, 예멘, 이집트는 혁명의 물결을 막대한 재정 지원으로 막아낼 수 없었다. 세 나라 모두 정권이 무너졌다. 원유 생산량이 약간 더 많은 시리아는 2011년 초 이란과 러시아의 빠른 지원이 없었다면 세 나라와 같은 운명을 맞았을 것이다. 석유 자원이 풍부한 리비아는 예외적인 사례로 보인다. 리비아의 독재자 무아마르 카다피는 내전에서 정부군이 그에게 등을 돌린 뒤에도 원유 수익을 이용해 용병을 고용할 수 있었다. 북대서양조약기구NATO가 공습을 가하지 않았다면 카다피는 혁명을 진압하는 데 성공했을 것이다. 예멘에서도 이와 비슷하게 외세가 개입하면서 2014년에 내전이 벌어졌다.

중동의 독재자들은 괴물이었다. 그들은 거대한 경찰국가를 운영하며 고문과 강간을 조직적으로 활용했다. 수많은 국민이 입에 풀칠이라도 하려 바둥거리는 동안 갖은 부정부패를 일삼으며 재산을 끌어모았다. 그리고 자유로운 표현이 종교적이든 세속적이든 모두 자신의 우상화를 위협한다고 여겨 탄압했다. 그러나 독재자들이 장악한 권력은 언제든 무너질 수 있었다. 그 권력은 대부분 그들이 통제할 수 없는 힘에 좌우되었다. 수천 킬로미터 떨어진 원자재거래소에서 식량 가격이 얼마로 정해지는지, 식량 가격 상승을 상쇄할 만큼의 원유 수익이 있는지가 그들의 권력을 좌우했다. 이것은 전 세계를 둘러싼 미로였으며, 이 미로는 독재자에게 기회와 제약을 동시에 부여하는 구조물이자 그들이 누리는 정치권력의 사회적 원천이었다. 그러던 중 2010년에서 2011년 사이 미로의 형태가 바뀌었다. 괴물들을 보호하던 벽이 무너졌다. 몇몇은 도망쳤고, 몇몇은 살해당했으며, 몇몇은 어떻게든 권력을 붙잡았다.

미로 구조의 변화는 괴물들을 죽이기만 한 것이 아니라 새로운 괴물을 세상에 풀어놓았다. 새로운 괴물들은 다양한 모습으로 나타났다. 몇몇은 이전 정권을 답습했다. 이집트에서는 다시 군부 독재 정권이 출현했다. 튀니지에서는 과거 경찰국가를 이끌던 인물이 대통령으로 선출되면서 비자유민주주의illiberal democracy*가 들어섰다. 리비아, 시리아, 예멘은 내전으로 아비규환이 되었다. 도시는 폐허로 변했고, 수십만 명이 목숨을 잃고 1000만 명이 넘는 난민이 발생했으며, 수많은 사람이 극심한 빈곤과 기아에 빠졌다. 그리고 이 지옥의 중심에는 오늘날 가장 무시무시한 괴물이라 할 수 있을 IS가 있었다. 한때 이라크에 갇혀 있던 IS는 이제 리비아와 시리아에서도 마음껏 세력을 키웠다.

이처럼 공포스러운 이미지가 피드를 가득 채우는 광경을 보면, 이 모든 일이 어디서 시작했는지를 잊어버리기 쉽다. 포퓰리즘의 폭발과 세계 난민 위기, 내전, 아랍의 봄은 서로 무관한 사건으로 여겨지며, 언론은 이들을 별개의 비극으로 다룬다. 그러나 이 사건들이 동시다발적으로 일어난 것은 우연이 아니다. 이들은 하나의 모래사태에서 함께 굴러떨어진 모래알이다. 그리고 이 모래사태를 촉발한 요인은

---

* 복수 정당이 선거를 통해 경쟁하지만, 민주주의가 오히려 법치와 개인의 자유를 침해하는 쪽으로 작동하는 정치 체제를 말한다.

1부 가격

가격이라는 하나의 단순한 숫자였다.

하지만 이 이야기에는 선뜻 납득하기 어려운 면이 있었다. 2010년대에 빵이 없어서 벌어진 폭동으로 온 세상이 혼돈에 빠졌다는 이야기는 다소 황당하게 들렸다. 나는 빵 때문에 벌어지는 폭동은 옛날 일이라고만 생각했다. 화려한 왕비 복장을 한 배우가 농민들이 빵이 없어 굶고 있다는 말을 듣고 "그럼 케이크를 먹으라고 해요"라며 마리 앙투아네트가 했다는 유명한 망언을 연기하는 장면은 여러 드라마나 영화에서 본 적이 있었다. 우리는 정말로 이런 시대극을 재현한 듯한 세상에 살았던 것일까?

마리 앙투아네트는 프랑스 혁명 당시의 악명 높은 '10월 행진(베르사유 행진)' 도중 이 전설적인 망언을 남겼다고 알려졌다. 1789년 10월 1일, 루이 16세는 베르사유궁전에서 플랑드르 백작령 연대를 위해 연회를 열었다. 연회에 참석한 이들은 먹고 마시며 흥겹게 노래를 불러댔지만, 궁 바깥의 분위기는 전혀 달랐다. 전해에 흉년이 들면서 곡물 가격이 근 100년간 최고 수준으로 치솟았다. 농민들은 보통 소득의 절반을 먹을 것을 마련하는 데 썼는데, 이제 그 비율이 88퍼센트까지 올라갔다. 낭트, 아미앵, 루앙, 랭스, 그르노블, 마르세유에서 폭동이 일어났다. 루이 16세는 마지못해 평민 중심의 제헌의회를 공인했다. 폭동은 가라앉았지만, 기근은 끝날 줄을 몰랐다.

그러던 와중에 전해진 연회 소식은 파리를 발칵 뒤집어놓았다. 언론은 왕과 왕비가 '난잡한 연회'에서 프랑스 민중을 기근으로 몰아넣어 굴복시킬 음모를 꾸몄으며, 군인들이 혁명의 상징인 삼색기를 짓밟아 모욕했다고 보도했다. 파리는 분노로 들끓었다. 10월 5일, 7000여 명의 여성이 베르사유궁전으로 행진했다. 이들은 대포를 끌고 칼을 휘두르며 연호했다.

"죽여라, 죽여! 왕비의 목을 쳐 심장을 도려내고 간을 튀겨버리자!"

시위대가 궁 앞에 다다르자 루이 16세는 빵 가격을 낮추겠다고 약속했다. 하지만 그날 밤, 성난 군중이 궁에 들이닥쳤다. 이들은 마리 앙투아네트가 있던 침실을 습격해 경비병 둘을 살해했다. 아침이 되자 군중은 6만 명으로 불어났다. 군중은 밀과 밀가루를 가득 실은 수레를 끌고 왕과 왕비를 파리로 호송하면서 "제빵사와 제빵사의 아내, 제빵사의 아들을 잡았다!"며 조롱 섞인 노래를 불렀다. 마리 앙투아네트가 마차 창문 너머로 고개를 돌렸다면, 그녀를 지키던 경비병들의 목을 창끝에 매단 채 행진하는 군중의 모습을 보았을 것이다. '10월 행진'은 혁명의 전환점이었으며, 이제 왕은 군중의 포로 신세로 전락했다.

혁명 세력이 뿌린 팸플릿은 마리 앙투아네트를 괴물로 만들었다. 팸플릿의 내용은 오늘날 피드에 올라오는 밈 못지않게 저열했다. 역사학자 낸시 바커에 따르면, "왕비는 대개 탐욕스러운 야수, 프랑스인을 잡아먹는 표범, 하이에나, 호랑이로 그려졌다." 팸플릿 속 마리 앙투아네트는 부모를 살해하고, 피로 목욕을 하며, 악마와 교감했다. 감옥살이도 그녀의 방탕함을 막을 수는 없었다. 그녀는 감옥에서도 레즈비언 애인들을 거느렸고, 간수조차 경악할 만큼 성적으로 타락한 것으로 묘사되었다. 귀족이자 여성이자 외국인인 마리 앙투아네트는 프랑스의 병폐를 뒤집어씌우기에 딱 알맞은 희생양이었다. 머지않아 그녀는 단두대에서 처형되었다.

그러나 이 괴물의 목을 베는 것으로는 빵 가격을 낮출 수 없었다. 혁명 세력은 부랴부랴 대책을 찾았다. 막시밀리앙 로베스피에르는 식료품에 '최고maximum' 가격을 설정하는 가격 상한제를 시행했지만, 정책이 실패로 끝나면서 새로운 희생양을 찾아야 했다. 그는 몰락하기 전날에 한 연설에서 이렇게 호소했다.

"음모에 가담한 자들이 공화국을 끔찍한 기근에 빠뜨렸습니다."

하지만 그의 말은 청중에게 먹히지 않았다. 이후 단두대로 끌려가는 로베스피에르를 보며 군중은 "저 막시멈*이라는 작자를 처단하라!" 고 환호했다.

프랑스의 빵 문제는 개인이 어찌할 수 없는 거대한 문제였다. 빵 가격의 급등은 혁명 시기를 살아간 이들이 세상에 나오기 한참 전에도, 세상을 떠난 후에도 곧잘 벌어지던 일이었다. 프랑스에서는 혁명이 일어나기 전 80여 년 사이에 스물한 번의 빵 폭동이 일어났다. 18세기 내내 프랑스 왕과 농민들은 흉작과 기근, 식량 가격 상승이라는 미로에 갇혀 있었다. 이들이 처한 딜레마는 카롤루스대제Charlemagne 시

---

* 막시밀리앙Maximilien이라는 이름을 최고를 뜻하는 '막시멈maximum'에 빗대 조롱한 말이다.

절까지 거슬러 올라간다. 카롤루스대제는 신민과 사회계약을 맺었고, 신민이 적당한 가격에 빵을 구할 수 있도록 보장하는 '최후의 빵 공급자'로서 의무를 졌다. 이 사회계약은 수 세기를 거치며 국가의 개입과 규제로 이루어진 정교한 제도로 발전했다. 기근이 닥치면, 왕의 관리들은 곡식 저장고를 찾아 공정한 분배를 보장해야 했다. 관리들은 투기꾼들이 곡식을 사재기하고 가격을 끌어올려 백성들이 터무니없는 돈을 내게 만드는 일을 단속해야 했다. 그러나 대부분 무계획적이고 무능했던 관리들은 식량 가격을 낮추지 못했다. 그리하여 폭동이 잇따랐고, 군중은 직접 사회계약을 집행했다. 투기꾼들은 린치를 당했고, 곡식 창고는 습격당했다. 창고를 점령한 군중은 곡식을 약탈하는 것이 아니라 '적정 가격'(보통 시장 가격의 절반 수준)에 팔았다. 프랑스 혁명을 촉발한 빵 폭동은 드문 일이 아니었다. 다만 그 규모가 여느 때보다 컸을 뿐이다.

나는 이 이야기에서 굶주림을 의인화하는 과정, 즉 민중이 겪는 고통을 한 인간의 몸에 투사하는 과정을 발견했다. 통치자와 피통치자가 맺는 사회계약은 민중의 고통을 투사하는 수단이었다. 하지만 사회계약은 본질상 정치적인 행위였으며, 빵을 만들고 밀을 기르고 식량을 분배하고 날씨가 주는 충격을 완화하는 문제와는 관계가 없었다. 이러한 문제를 결정하는 경제 구조는 통치자의 거대한 존재에 가려졌다. 경제 구조라는 미로가 백성을 먹여 살리지 못하면, 성난 백성은 인간인 통치자를 전능하면서도 타락한 괴물로 왜곡했다. 이 과정에서 경제 생산에 관한 문제는 통치자의 탐욕이나 탐식에 관한 도덕 문제

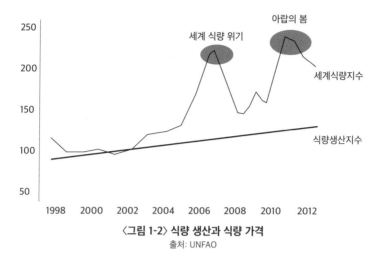

〈그림 1-2〉 **식량 생산과 식량 가격**
출처: UNFAO

로 둔갑했다. 그 결과는 사람들을 잘못된 방향으로 이끌었다. 진짜 원
인은 눈앞에서 사라지고, 문제는 해결되지 않았다.

　나는 우리가 2011년에도 같은 실수를 반복했다고 생각한다. 아랍
의 봄은 일군의 괴물 같은 인간에 맞선 반란이었다. 벤 알리의 탐욕과
그가 주최한 연회, 그의 가족이 기르던 호랑이, 생트로페를 오가며 벌
인 사치가 만천하에 공개되었다. 그러나 2014년 내가 튀니지를 방문
했을 때도 사람들은 여전히 실업과 높은 물가, 부족한 기회를 두고 불
평했다. 우리는 아랍의 봄을 선과 악, 자유와 독재, 존엄과 부정부패의
대립을 담은 도덕적인 이야기로 오해했다. 이런 식의 해석은 독재 정
권의 경제적 기반(빵의 민주주의)과 독재 정권을 산산조각낼 수 있는 세
계 시장의 힘을 감췄다.

　그러나 프랑스 혁명과 아랍의 봄이라는 역사적 사건에는 한 가지

우려스러운 차이도 있었다. 프랑스 혁명을 촉발한 빵 가격 상승은 흉작에 따른 결과였다. 곡물 생산이 줄어드니 가격이 오른 것이다. 반면 세계 식량 위기가 발생해 아랍의 봄이 벌어지는 동안 세상에는 먹을 것이 넘쳐났다. 실제로 당시 세계 식량 생산량은 역사상 최고 수준에 이르렀다. 그렇다면 이토록 먹을 것이 풍족한 시대에 식량 가격이 치솟은 이유는 무엇일까? 가격이라는 방아쇠 뒤에 숨은 또 다른 방아쇠는 무엇이었을까?

02 마법
동화, 금융의 연금술, 그리고 화물신앙

"지금 우리는 병적 비만이 있는 사람을 보고 있습니다."

2008년 6월 23일, 헤지펀드 매니저 마이클 매스터스가 미 하원 에너지·통상위원회에서 이렇게 증언했다.

"이 사람은 식이 요법이 필요합니다. 운동도 해야겠죠. 여러모로 할일이 많습니다. 하지만 그는 지금 당장 심장에 마비가 온 상황입니다."

금융위기가 날로 심각해지며 세계 경제가 침체에 빠지는 가운데 원자재 가격은 천정부지로 치솟고 있었다. 유가는 배럴당 130달러라는 경악스러운 수준에 이르렀고, 밀 가격은 역사상 최고치를 기록했다. 유엔은 '세계 식량 위기'를 선언했고, 1억 명이 기근에 시달렸으며, 이집트와 아이티, 코트디부아르에서 폭동이 일어났다. 이 정도로 물가가 급등하는 것은 1970년대 오일쇼크 이래 처음 있는 일이었다. 하지만 이번에는 석유 금수 조치도 없었고, 이란에서 혁명이 일어나지도 않았다.

일각에서는 중국의 산업혁명으로 인한 수요 증가를 탓하거나 원유 공급이 '정점'을 찍고 내려온다고 주장했다. 그러나 식량과 원유 생산은 전년 대비 증가했고, 수요는 경기 침체로 위축되고 있었다. 게다가 문제는 식량과 원유만이 아니었다. 사상 처음으로 모든 원자재 가격이 일제히 상승 곡선을 그렸다. 미국산 밀, 인도산 면화, 과테말라산 커피, 러시아산 원유, 칠레산 니켈, 카타르산 천연가스 공급 사이에 관련이 있다고 보기는 어려웠다. 유례가 없는 일이 벌어지고 있었다.

마이클 매스터스는 한 가지 가설을 내놓았다.

"지수 투기자들은 최근 5년간 누구보다 선물을 많이 매수했습니다."

그가 말한 '지수 투기자index speculators'란 '원자재 인덱스펀드'라는 복잡한 파생상품을 매수하는 투자자를 가리켰다. 지수 투기자들은 골드만삭스, AIG 등의 금융 기관이 판매하는 원자재 인덱스펀드를 통해 20여 개가 넘는 원자재에 골고루 투자할 수 있었다. 매스터스는 위원회에서 원자재 인덱스펀드에 들어간 자금이 2003년 130억 달러에서 2006년 3월 중순 2600억 달러로 늘었음을 보여주는 그래프를 제시하며 이렇게 물었다.

"지수 투기자들이 선물에 가장 많은 돈을 투자했다면, 이들이 선물 가격에 가장 큰 영향을 미쳤다고 보는 편이 타당하지 않을까요?"

매스터스는 골드만삭스의 답변을 인용했다.

"원자재로 들어가는 펀드 자금이 늘면서 원자재 가격을 끌어올렸다는 점은 의심할 여지가 없습니다."

골드만삭스의 애널리스트들이 한 달 전 내린 결론이었다. 매스터스는 중국이 원자재 수입에 쓰는 금액보다 월가가 원자재 인덱스펀드에 투자하는 금액이 더 크다는 사실을 밝혔다. 그리고 원자재 인덱스펀드가 여러 원자재를 묶음으로 매입해서 원자재 가격이 일제히 오른 것이라고 설명했다. 이처럼 물밀 듯 쏟아져 들어온 금융 자본은 원자재가 현실 세계에서 가지는 '본질적' 가치와 관계없이 가격을 밀어 올렸다. 투기 거품에서 보이는 전형적인 현상이었다. 모든 거품은 결국 터지기 마련이며, 원자재 가격은 2008년 말 폭락했다. 그러나 세계 식량 위기에 휘말린 수억 명에게 시장의 '조정'은 늦어도 한참 늦은 일이었다. 매스터스가 위원회에서 "케인스가 남긴 명언대로 장기적으로 우리는 모두 죽습니다"라고 경고할 당시는 거품이 이미 정점에 이르렀을 무렵이었다.

"위원회에서 한 증언은 벌집을 쑤시는 일이나 다름없었어요."

애틀랜타 교외에 있는 매스터스의 자택에서 그를 만나 이야기를 들었다.

"금융계는 곧바로 격한 반응을 보였어요. 다들 화가 단단히 났죠. '이봐요, 너무하지 않습니까' 하고 찾아와서 따지는 사람도 있었어요. 사방에서 비난과 인신공격을 받았죠. 내가 한 증언이 도무지 믿기지 않는다는 분위기였어요."

월가에 있는 '우주의 지배자들'*은 그를 배신자이자 이단으로 취급했다. 그가 헤지펀드 매니저들이나 은행가들과 저녁을 먹을 때면 모두가 같은 물음을 던졌다. 그는 왜 이런 행동을 하는가? 마찬가지로 우주의 지배자인 그가 어떻게 다른 곳도 아닌 의회에서 공개적으로 금융계를 배신한단 말인가? 그의 발언은 계산된 행동이라는 소문도 있었다. 매스터스가 미리 투기적 베팅을 해놓고 그에 유리한 쪽으로 영향을 끼치려 했다는 것이다. 그게 아니라면 대체 어떤 동기가 있을 수 있다는 말인가? 금융인들은 금융계 사람이 어떻게 원자재 가격의 비합리적인 면을 대놓고 지적할 수 있는지를 이해하지 못했다.

이 이야기를 깊이 파고들수록 점점 불안해졌다. 이전까지 나는 가격이 무엇인지 안다고 믿었다. 기억하기로 나는 어릴 적부터 파운드와 페니를(나중에는 달러와 센트를) 세고 물건값을 내는 법을 알았다. 가격은 단순히 말하면 물건을 얻는 데 드는 비용이다. 하지만 가까이서 살펴보니 가격에는 훨씬 많은 의미가 숨어 있었다. 현미경을 들여다볼 때처럼 숨어 있던 낯선 세계가 모습을 드러냈다. 그동안 존재하는 줄도 몰랐던 가격의 새로운 특징과 구조, 힘이 눈에 들어왔다. 0과 1로 이루어진 비밀스러운 세계, 끝없는 혁명 상태에 있는 세계가 눈앞에 펼쳐졌다. 이 혁명은 인간의 생존에 필요한 필수재가 전 세계에 분배되는 데 막대한 영향을 끼친다. 이처럼 보이지 않는 곳에서 일어나는 변혁을 이해하려면 출발점으로 돌아가야 했다. '가격'이란 대체 무엇인가?

---

* 소설가 톰 울프Tom Wolfe가 《허영의 불꽃The Bonfire of the Vanities》에서 월가의 엘리트들을 가리켜 한 표현.

"여기 연필 한 자루가 있습니다."

밀턴 프리드먼이 노란색 바탕에 검은 줄무늬가 들어간 평범한 연필을 들고 말한다. 나는 미국의 공영 방송 PBS의 다큐멘터리 〈선택할 자유Free to Choose〉에서 프리드먼이 이야기하는 장면을 유튜브로 보고 있다.

"세상에 이 연필을 만들 수 있는 사람은 아무도 없습니다."

연필에 달린 '지우개'는 아마도 말레이시아산일 것이다. 프리드먼은 연필에 쓰인 '나무'는 워싱턴주에서 베었고, '흑연'은 남아메리카 어딘가의 광산에서 왔으리라 추측한다. 그리고 노란색과 검은색 페인트나 지우개를 끼우는 황동 고리는 어디서 왔는지 전혀 모르겠다고 웃으며 인정한다.

"말 그대로 수천 명이 이 연필을 만들기 위해 협력했습니다. 같은 언어를 쓰지도 않고, 다른 종교를 믿으며, 만나면 서로를 미워할지도 모르는 사람들이죠. (…) 무엇이 이 사람들을 묶고 힘을 합쳐 연필을 만들도록 이끌었을까요? 중앙 부처에서 명령을 내리는 관료 따위는 없습니다. 정답은 가격 시스템이 부리는 마법입니다. 비인격적으로 작동하는 가격이 그들을 묶고 힘을 합쳐 연필을 만들게 했고, 그 결과 우리가 싼 가격에 연필을 살 수 있게 된 것이죠."

그렇다면 가격은 무슨 수로 이런 '마법'을 부릴까?

프리드먼에 따르면, 우리는 어떤 물건을 살 때마다 그 물건이 지닌 가치에 '투표'를 하는 셈이다. 구매자들의 '투표'는 우리에게 무엇이 가치 있고 무엇을 더 많이 만들어야 하는지 알려준다. 프리드먼이 말한 연필을 예로 들어보자. 어떤 이유로든 전 세계 고무 공급량이 줄어드는 상황을 생각해보자. 예를 들어 상상도 못한 기상 이변이 일어나거나 세계 최대 고무 수출국에 혁명이 일어날 수 있다. 이유가 무엇이든 (우리는 그 이유를 알 필요조차 없다) 고무 가격은 오르기 시작할 것이다. 고무를 사러 몰려드는 사람에 비해 고무는 턱없이 부족하다. '고무가 충분치 않다'는 정보는 가격에 반영된다. 혹은 높아진 가격이 '고무가 충분치 않다'는 정보를 전달한다고도 볼 수 있다. 이 상황에서 우리가 말레이시아에 땅을 가지고 있다고 해보자. 고무 가격이 오르고 있으니 고무나무를 심어 높은 가격에 팔면 이윤을 남길 수 있다. 이는 고무나무를 심을 땅이 있는 사람 모두에게 해당하는 이야기다. 누가 명령을 내리지 않더라도 땅, 씨앗, 비료 등의 자원이 고무가 부족한 상황을 해결하는 데 동원된다. 전 세계 공급망에 참여하는 수많은 공급자가 가격이라는 숫자 하나만 보고 고무 생산에 협력하는 일이 가능한 것이다.

프리드먼이 영상에서 연필을 예로 들어 설명한 내용은 그의 친구이자 동료였던 프리드리히 하이에크의 주장이다. 하이에크는 가격을 정보를 취합하는 장치로 보았다. 가격이 취합하는 정보가 가격에 마법의 힘을 부여한다. **가격은 경제를 조정한다.** 하이에크에 따르면, "가격의 기능은 사람들에게 그들이 해야 할 일을 알려주는 것"이다. 이 기능은 국가의 계획을 필요 없는 것으로 만들었다. 사람들에게 무엇을 얼마나 만들어야 할지 알려주는 데 '중앙 부처에서 명령을 내리는 관료'는 필요하지 않았다. 가격은 하이에크가 '자생적 질서'라 부른 탈중앙화된 네트워크로 조정 작용을 할 수 있었다. 경제학자들은 곧 하이에크의 생각을 더 밀고 나갔고, 가격만큼 정보를 잘 모으고 종합하는 것은 없다고 주장했다. 기술관료나 정부의 규제 기관, 헤지 펀드 매니저나 슈퍼컴퓨터도 이미 가격이 반영한 정보보다 더 나은 정보를 얻을 수 없다. 경제학자들은 그 이유를 가격이 대중의 집단 지성에서 나오기 때문이라 보았다. 가격은 사람들이 각자 가진 돈으로 투표한 결과다. 대중은 각자 삶터에서 얻은 지식을 이용하며, 이 지식을 가격에 즉각 반영한다. 반면 소위 전문가라는 사람들은 대중의 삶에서 한참 떨어져 있는 경우가 많기에 늘 한 발짝 뒤처진다. 이후 경제학자들은 가격의 정보 취합 기능을 '효율성'이라 칭하기 시작했다. 가격이 인간이 고안할 수 있는 어떤 도구보다 효율적이라는 생각은 1970년 효율적 시장 가설로 정립되었다. 머지않아 효율적 시장 가설은 한낱 '가설'을 넘어 경제학계에서 당연시하는 정설로 자리매김했다.

프리드먼은 하이에크의 주장이 정치적으로도 큰 의의가 있다고 생각했다. 그는 민주주의를 두고 "투표로 결정하는 정치 제도는 특수 이익이 일반 이익보다 훨씬 큰 역할을 하는 고도의 가중 투표 제도"라 말했다. 프리드먼은 그 이유를 특수 이익집단이 중요한 것을 얻기 위해 늘 남보다 치열하게 싸우기 때문이라 보았다. 또 이들은 자신에게 무엇이 중요한지를 더 잘 알고 있으며, 무능한 정치인에게서 원하는 것을 더 수월하게 얻어낼 수 있다. 따라서 민주주의는 1인 1표를 원칙으로 한다고 여겨지지만, 실제로는 다수가 아니라 의욕이 왕성한 소수가 좌우하는 제도라고 할 수 있다.

"민주주의와 다르게 달러로 투표하는 경제 시장의 특성을 생각해보자. 시장 역시 1달러가 1표인 불공정한 투표 제도다. 어떤 사람은 남들보다 달러를 더 많이 가지고 있기 때문이다. 하지만 시장의 1달러 1표 원칙이 정치 제도의 1인 1표 원칙보다 더 불공평하다고 볼 수는 없다. 앞서 말했듯, 정치 제도에서도 투표가 불공평하기는 매한가지다. 그리고 시장의 경제적 투표 방식은 각자가 투표한 것을 얻는다는 엄청난 이점이 있다."

다시 연필의 예로 돌아가보자. 우리는 소비자로서 구매력을 활용해 투표한 연필을 손에 넣는다. 내가 원하는 것이 분홍색 연필뿐이라면, 분홍색 연필만 사면 된다. 프리드먼에 따르면, 사람들이 돈을 가지고 투표하는 시장 민주주의는 투표용지로 투표하는 실제 민주주의보다 훨씬 효율적인 민주주의 제도다. 프리드먼은 정부가 해야 할 역할을 명확히 규정했다.

"물론 자유 시장이 존재한다 해서 정부가 필요 없어지는 것은 아니다. 정부는 '게임의 규칙'을 정하는 장이자 정해진 규칙을 해석하고 집행하는 심판으로서 꼭 필요하다."

프리드먼은 일단 게임의 규칙을 세우고 전 세계 사람들이 원하는 것에 자유롭게 '투표'할 수 있다면, 모든 갈등이 사라지리라 낙관했다.

"자유 시장이 반드시 작동해야 하는 이유가 여기에 있다."

프리드먼은 연필과 가격 체계의 마법에 관한 이야기를 마무리하며 이렇게 결론을 내린다.

"자유 시장은 생산의 효율성을 높이는 것은 물론, 세계인의 조화와 평화를 증진하기 위해서도 꼭 필요하다."

그러나 2008년, 가격의 마법에 관한 이 희망찬 이야기는 동화에 불과했음이 밝혀졌다. 가격은 기대와 달리 세계 공급망에 퍼져 있는 정보를 종합하지 못했다. 오히려 가격은 공급이 정점에 달하고(2008년 세계 식량 생산량은 역사상 최고 수준이었다) 세계 경제의 불황으로 수요가 줄어드는 와중에도 사상 최고치에 이르렀다. 가격은 '조화'와 '평화'의 시대를 가져다주지도 않았다. 48개국에서 폭동이 벌어졌고, 1억 명이 굶주렸으며, 두 나라의 정권이 무너졌다. 가격 시스템의 '마법'에 심각한 문제가 생긴 것이다.

"상황이 이렇게 된 데는 여러 이유가 있었어요. 먼저 상품선물현대화법을 들 수 있죠."

매스터스의 말이다.

상품선물현대화법은 1998년 7월 17일에 열린 미 하원 은행·금융서비스위원회의 청문회에서 탄생했다. 위원회가 열리는 회의실은 보통 안경을 쓰고 턱살이 늘어진 사람들이 마이크에 대고 웅얼웅얼 이야기하는 칙칙한 곳이었다. 하지만 이날은 평소와 달랐다. 회의실은 발 디딜 틈 없이 북적였다. 이날 있을 청문회는 관료들의 대결, 최근 10년 이래 가장 치열한 규제 기관 간의 논쟁으로 불리며 이목을 끌었다. 대결의 주인공은 상품선물거래위원회 위원장 브룩슬리 본과 연방준비제도(이하 연준) 의장 앨런 그린스펀이었다. 쟁점은 바로 이것이었다. '파생상품'을 규제해야 하는가?

"누가 저더러 '당신 얼굴에 주먹을 날릴 생각입니다'라고 말한다면, 저는 그 말을 완전히 중립적인 진술로 여기지 않을 겁니다. 짐을 싸서 다른 동네로 가려고 하겠죠."

그린스펀이 마이크에 대고 발언했다.

"이 말씀은 드려야겠군요."

본이 덧붙이려 했다.

"지금 우리가 이야기하는 문제는….''

"그린스펀 의장 얼굴에 주먹을 날리시려는 건 아니죠, 본 위원장님?"

민주당의 존 라팔체 하원의원이 끼어들었다.

"더 정확히 말하면, 지금 우리가 논의하는 문제는 얼굴에 주먹을 날릴 필요가 있다고 보시느냐는 겁니다."

본이 쏘아붙였다.

"위원장님의 해석에 맡기겠습니다."

그린스펀이 무덤덤하게 답했다.

"그 질문에 대한 답이 '필요가 있다'라면, 상품선물거래위원회는 주먹을 날릴 전권을 가진다고 주장한 셈이겠군요."

재무 차관 존 호크가 말했다.

당시만 하더라도 월가 바깥에서는 '파생상품'에 관해 들어본 적이 있는 사람이 많지 않았다. 파생상품이 무엇인지 알거나 파생상품의 어떤 점 때문에 본이 그린스펀의 얼굴에 주먹을 날려야겠다고 생각했는지 이해하는 사람은 당연히 더 드물었다. 그러나 파생상품은 미국

경제에서 가장 빠르게 성장하는 분야였다. 이 새로운 금융상품의 명목 가치는 1994년에서 1997년 사이 세 배로 늘어나 28조 7000억 달러에 달했다. 본은 새로운 파생상품을 감독할 필요가 있는지 조사하기 위해 백서를 낼 것을 제안했다. 그러자 즉각 반발이 일었다. 당시 빌 클린턴 행정부의 재무장관이었던 로렌스 서머스는 본에게 전화를 걸어 이렇게 경고했다.

"제 사무실에 은행가 열세 명이 찾아와서 위원장님이 이 일을 계속 진행하면 제2차 세계대전 이후 가장 심각한 금융위기를 초래할 거라 말하는군요."

본은 끝내 보고서를 발표했지만, 아무런 위기도 일어나지 않았다. 그러나 행정부 관료들은 그 보고서가 시작에 불과할지 모른다고 우려했다. 그린스펀은 행정부 차원에서 반격을 하기 위해 의회 청문회를 준비했다. 그린스펀이 할 진술의 성패는 '파생상품'이란 실제로 무엇이며 왜 원자재와 밀접한 관련이 있는지를 설명하는 데 달려 있었다. 그의 증언에 따르면, 파생상품을 처음 만들고 규제하기 시작한 것은 "19세기 말에서 20세기 초에 특히 두드러졌던 곡물 시장 조작 문제에 대응"하기 위함이었다.

19세기 중반 시카고가 북미 곡물 시장의 중심지로 떠올랐을 무렵, 시장은 혼돈에 빠져 있었다. 농부들은 갓 수확한 밀을 가지고 시카고로 몰려들었다. 공급이 급증하자 가격이 폭락했고, 농부들은 급기야 헐값이 된 곡물을 미시간호에 버리기까지 했다. 그러던 와중에 농부들이 곡물을 저장해뒀다가 1년 중 특정 날짜에 인도할 수 있도록 보장하는 새로운 계약 방식이 탄생했고, 사람들은 이를 '선물 계약'이라 불렀다. 이제 농부들은 호텔이나 빵집 같은 실제 구매자에게 곡물을 미리 판매할 수 있었다. 하지만 실제 구매자가 1년 내내 많지는 않으므로 곡물 시장에는 언제라도 선물 계약을 매입할 수 있는 민간 투자자(이들은 이후 '투기자speculator'로 불렸다)가 들어와야 했다. 투기자들은 미래에 생산될 밀에 정해진 가격을 지불하기로 약속했고, 농부들은 이 보증을 이용해 은행 융자를 받아 수확에 필요한 비용을 마련했다. 그리고 투기자들은 위험을 떠안는 대가로 '위험 프리미엄'이라는 약간의 할인을 받았다. 여기서 농부와 투기자가 맺는 선물 계약의 가치는 실제 물건(몇 부셸bushel*의 밀)에서 '파생'되었기에, 이러한 계약은 최초의 '파생상품'으로 불렸다.

이제 밀 1부셸의 가격은 박테리아가 세포 분열하듯 둘로 나뉘었고, 한 가격은 현실 세계에, 다른 가격은 금융에 뿌리를 두었다. 이것이 바로 금융이 부리는 연금술의 핵심이다. 파생상품은 서류상으로만 존재하는 마법 경제에 속하지만, 실제 밀을 비롯한 실물 경제를 훨씬 질서 있게 만들기 위해 존재한다. 이것은 현실 세계를 재조직하고 걸림돌을 없애 생산성을 높이겠다는 금융의 약속이었다. 파생상품이 나오면서 농부들은 안정을 얻고, 투기자들은 위험에 대한 보상을 받았으며,

---

* 야드파운드법에 따라 곡물, 과실 등의 무게를 잴 때 쓰는 단위로 1부셸은 약 27.2kg에 해당한다.

미시간호에서 멀쩡한 곡물을 버리는 일은 없어졌다.

마법 경제는 곧 실물 경제를 훌쩍 넘어섰다. 1875년 일간지 《시카고 트리뷴》은 시카고 곡물 산업의 실물 시장 규모를 2억 달러로, 파생상품 시장 규모를 그 열 배에 달하는 20억 달러로 추산했다. 투기자들은 위험 프리미엄에 만족하지 않고 선물 가격에 막대한 금액을 베팅했다. 파생상품이라는 마법의 서류가 나오기 전만 하더라도 밀이나 돼지고기에 투기하기란 엄두도 못 낼 만큼 어려운 일이었다. 실물 상품을 투기하려면 창고를 빌리고 상품을 인도받아 저장해야 했다. 그러나 이제 투기자는 선물을 매입하기만 하면 되었다. 실물 경제와 마법경제를 나누는 벽은 머지않아 사라졌다. 투기자들은 밀, 귀리, 돼지고기 등의 공급을 독점해 실물 시장을 장악함으로써 선물 가격을 조작하려 했다. 파생상품 시장에서 벌어지는 투기가 실물 시장을 바꾸고 있었다. 개의 꼬리가 몸통을 흔든 것이다.** 가격은 걷잡을 수 없이 출렁였고, 시장은 다시 혼돈에 빠졌다. 결국 1934년 프랭클린 루스벨트 대통령이 시장을 규제하고 투기를 제한하자 비로소 질서가 찾아왔다.

그린스펀은 투기가 낳은 혼돈을 보여주는 이 역사적 사례가 파생금융상품이 가져올 멋진 신세계와 별 관련이 없다고 주장했다. 우선 그는 루스벨트 시대에 일어난 투기가 대체로 과장됐다고 말했다. 시장

** '개의 꼬리가 몸통을 흔든다'는 말은 본래 주객전도를 뜻하는 속담이지만, 금융 시장에서는 파생상품 가격이 거꾸로 기초 자산 가격에 영향을 미치는 현상을 가리키는 말로 쓰인다.

을 '장악'하려는 시도는 대부분 실패로 끝났다는 것이다. 하지만 청문회에서 그린스펀은 더 복잡한 문제를 설명하려 했다. 전통적인 파생상품은 밀, 돼지고기 같은 실물 상품에 기반을 두지만, 새로운 파생금융상품에는 그에 대응하는 실물이 존재하지 않는다. 파생금융상품은 이자율이나 통화처럼 서류상으로 존재하는 다른 대상의 미래 가격에 베팅하는 마법의 서류였다. 이처럼 서류상으로 존재하는 대상은 밀과 달리 '장악'할 수 없다.

"곡물의 수확량은 누구나 알 수 있고 한계가 있으므로, 이론상 시장을 장악하는 일이 가능합니다. (…) 외화, 국채, 각종 금융상품은 끊임없이 재발행되며, (…) 따라서 조작하기가 매우 어렵습니다."

그린스펀의 설명이다. 정부, 은행, 대형 보험사들은 새로운 작물을 재배하는 농부와 달리 금융상품을 언제든 찍어낼 수 있다. 이러니저러니 해도 금융상품은 종잇조각에 지나지 않기 때문이다. 이것은 투기를 이기는 마법이었다.

그린스펀은 향후 경기가 침체에 빠져 파생상품 시장에 손실이 발생하면 어떻게 되느냐는 물음에 자신 있게 답했다.

"시장 전체가 대응할 겁니다."

이어 그는 경기 침체가 "파생상품 시장과 관계가 없을" 것이며, "지금 말한 시장은 기초 자산 시장"이라 덧붙였다. 이제 꼬리가 개를 흔드는 것이 아니라 개가 꼬리를 흔들며, 마법 가격이 실제 가격을 따르리라는 이야기였다. 그린스펀이 보기에 투기자들이 '기초가 되는' 실물 시장을 조작해 가격을 움직일 수 있다는 말은 허무맹랑한 생각이었다.

파생금융상품은 오히려 시장을 안정시키고 위험을 줄일 것이었다. 효율적 시장 가설에 따르면, 가격은 인류의 발명품 중 정보를 종합하는 데 가장 뛰어난 도구다. 따라서 파생상품의 가격은 미래에 일어날 일에 대한 최선의 추측을 반영한다. 기관들은 파생상품을 보험으로 매입함으로써 미래의 위험에서 자신을 지킬 수 있다. 주택 소유자들이 모기지mortgage*를 상환하지 않을까 봐 걱정하는 은행은 손실을 메꿀 신용부도스와프CDS**를 매입해 위험을 줄일 수 있다. 그린스펀은 파생상품이 널리 퍼지면 금융 시스템이 근본적으로 더 안전해지리라 믿었다. 그는 은행·금융서비스위원회에서 파생상품 덕분에 놀라운 수준의 '위험 분산'이 가능해졌으므로 글래스-스티걸법***은 '시대착오적'이라 주장했다.

"새로운 세상이 찾아온 만큼, 이 모든 규제를 반드시 재검토해야 합니다."

그린스펀의 전략은 대성공이었다. 브룩슬리 본은 사임했고, 글래스-스티걸법은 폐지되었다. 그린스펀은 래리 서머스와 함께 상품선물현대화법의 기초가 될 보고서를 썼다. 상품선물현대화법은 그린스펀이 청문회에서 암시한 것보다 훨씬 야심 찬 법이었다. 이 법은 파생

---

* 부동산을 담보로 하는 대출, 또는 그때 담보로 설정하는 저당권.
** 기업이나 국가의 파산 위험을 사고팔 수 있도록 만든 파생금융상품.
*** 투기에 취약한 투자 은행이 상업 은행과 겸업할 수 없게 규제하는 법으로, 대공황 시기에 제정되었다.

금융상품과 더불어 원자재 거래에 대한 규제도 없앴다. 프리드먼식으로 말하면 이제 투기에 나서는 수많은 '유권자'들은 통화나 모기지담보부증권MBS* 보험 같은 금융상품뿐만 아니라 현실 세계의 원자재 가격까지 결정할 것이었다. 이것은 시장의 '자생적 질서' 속에서 이루어질 거대한 실험이었다. 정부가 아닌 가격이 사람들이 해야 할 일을 알려줄 것이었다. 바야흐로 가격의 지배가 시작될 참이었다.

"결함이 있었습니다."

2008년 10월 23일, 미 하원의 감독·정부개혁위원회에 참석한 그린스펀이 말했다. 이제 그는 자신의 '이데올로기'가 틀렸음을 인정할 수밖에 없었다. 그가 말한 파생상품의 '신세계'는 요란하게 폭발했다. 세계 금융 시스템은 금방이라도 무너질 듯 휘청이고 있었다. 파생상품은 시장을 더 안전하게 만들기는커녕 워런 버핏이 2002년에 경고한 대로 "금융의 대량살상무기"로 전락했다. 《워싱턴포스트》는 브룩슬리 본을 재앙을 예언하고 진실을 말했다는 이유로 추방당한 그리스 신화의 예언자 '카산드라'에 비유했다. 모기지의 대폭락을 부채질한 '신용부도스와프'는 마법을 부리는 새 파생상품 중에서도 가장 파괴적인 것으로 악명을 떨쳤다. 그러나 문제는 한둘이 아니었다. 원자재 인

---

* 주택 담보 대출을 해준 은행이 유동성을 확보하기 위해 저당권을 담보로 다시 채권을 발행하는 것.

덱스펀드는 식량 가격 급등과 기근, 폭동과 혁명을 촉발해 세계를 고통의 늪에 빠뜨렸다. 그린스펀은 마법 가격이 지배력을 행사하도록 고삐를 쥐여줬고, 가격의 지배는 세계를 혼돈으로 몰아넣었다.

경제가 위기에 빠지자 가격 시스템이 어떻게 그토록 엉망진창으로 돌아갔는지 설명하는 이단적 경제 이론이 등장했다. 행동경제학자들은 누구나 갖고 있는 심리적 편향이 가격에 어떤 영향을 끼치는지를 밝히기 위해 대학생을 대상으로 실험했다. 이들의 연구 결과는 우리가 긍정적인 결과에 치우치고, 현재 상황이 유지되리라 믿으며, 기존의 믿음에 반하는 정보를 무시한다는 점을 시사했다. 인간이 가진 심리적 편향은 잘못된 '투표'를 유도해 가격을 실제적·근본적 가치에서 떼어놓게 만든다. 오래전부터 사람들은 경제에 거품을 일으키는 행동을 '대중의 망상', '비이성적 과열', '군중의 광기' 같은 말로 묘사했다. 심리학에 기반한 보편적 설명은 이 같은 용어에 과학적 근거를 제시했다.

그러나 행동경제학자들이 제시한 보편적 설명은 생각할수록 의심스러웠다. 마이클 매스터스, 브룩슬리 본, 워런 버핏은 주변에 퍼진 광기를 알아채고 다른 사람들은 그렇지 못한 이유가 무엇일까? 1996년 주식 시장의 거품을 경고하며 '비이성적 과열'이라는 표현을 처음 사용한 사람은 그린스펀이었다. 그렇다면 그린스펀은 그 말을 하고 2년 뒤 청문회가 있기 전까지 어떤 편향에 사로잡히기라도 한 걸까?

어떤 설명을 제시하든 이러한 차이를 외면해서는 안 된다는 확신이 들었다. 왜 누군가는 잘못된 믿음에 현혹된 것처럼 행동하고 다른 사람은 그러지 않았을까? 나는 광기와 마법, 원자재가 만난 생생한 사례

하나를 떠올렸다. 이 사례에서도 한 집단은 열병에 사로잡혔지만, 다른 집단은 그렇지 않았다. 이 일은 1945년 남태평양의 멜라네시아 지역에서 일어났다. 유럽 출신의 한 식민지 정착민은 당시의 일을 이렇게 회상했다.

이 '광기'는 특정 지역에서만 나타나지 않으며, 언어와 관습이 확연히 다른 부족들 사이에서도 찾아볼 수 있다. 어떤 경우든 '광기'는 같은 형태로 나타난다. 광기에 전염된 원주민이 오래전에 죽은 친척을 만나 그의 조상이 특정 마을이나 지역의 주민들을 위해 많은 배에 '화물'을 실어 보냈다는 이야기를 들었다고 한다. 그러나 교활하기 짝이 없는 백인은 배들을 가로채 '화물'을 강탈한다. 우리는 마법의 화물이 도착하기를 기다리며 가축을 죽이고 농장을 방치한 '바일랄라 광기Vailala Madness'가 원주민들에게 심각한 피해를 준 것을 보았다.

이 같은 '광기'를 보여주는 사건들은 1880년대 유럽의 식민지배자들이 이 지역에 도착하면서부터 벌어지기 시작했다. 주기적으로 광기를 들끓게 한 것은 카리스마 있는 예언자들의 말이었다. 예언자들은 주술 의식을 치르면 하늘에서 화물(고기, 포장된 쌀, 담뱃잎이 든 캔, 철제 공구, 라이플, 옷 등)을 가득 실은 비행기와 배가 내려오리라 예언했다. 이들이 말한 주술 의식은 보통 가축을 도살하고, 농장을 방치하고, 임시로 비행장과 부두, 공장을 짓는 식으로 이루어졌다. 한 대표적인 사례에서는 필로라는 소녀가 꿈에서 예언을 들었다고 주장했다. 지역

주민들이 신에게 죄를 지었고, 속죄하기 위해서는 농사와 사냥을 중단해야 하며, 그렇게 하지 않으면 주민들이 돼지나 잡초로 변하리라는 예언이었다. 주민들은 섬에 있는 돼지들을 도살해 공물로 바쳤다. 예언자 소녀는 신께서 화물을 실은 비행기를 보내 희생에 보답할 테니 음식이나 돈 걱정은 할 필요가 없다고 말했다. 화물이 오지 않자 주민들은 유럽인들을 탓했다. 유럽인들이 수송 중이던 화물을 가로채 갔다는 것이다.

이들은 어떻게 경제 활동을 포기하고 마법에 기대면 더 부유해지리라는 말을 믿을 수 있었을까? 인류학자들은 이후 수십 년간 이 수수께끼를 풀기 위해 멜라네시아를 찾았다. 인류학자 피터 로런스도 그중 하나였다. 그는 가리아 부족과 함께 지내며 마법이 이들의 일상적 경제 활동에 없어서는 안 될 요소임을 알게 되었다. 예를 들어 가리아 사람들이 밭에 씨를 뿌릴 때는 빅맨Big Man이라는 주술사들이 신의 비밀스러운 이름을 읊조리곤 했다. 싹이 트지 않으면 사람들은 빅맨이 마법을 제대로 다루지 못한 탓이라 여겼다. 그리고 가리아 사람들은 유럽인의 경제 역시 같은 방식으로 작동하리라 생각했다. 이들이 보기에 비행기, 공항, 배는 비밀스러운 지식을 바탕으로 정성껏 의식을 치르는 데 필요한 도구일 뿐이었다. 이들은 유럽인이 쓰는 온갖 물건이 실제로 만들어지는 광경을 본 적이 없었다. 유럽인이 하는 일이라고는 비행기나 배에서 상자를 내리는 사람들에게 마법이 깃든 종잇조각을 건네는 것이 전부였다. 유럽인이 시드니에서 물건을 보냈다고 말하자 가리아 사람들은 시드니를 신이 화물을 만드는 천상의 공간으로 생각했다. 몇몇 원주민은 로런스처럼 지역에 찾아온 인류학자나 다른 우호적인 유럽인들에게 그 놀라운 마법을 가르쳐 달라고 부탁하기도 했다. 그런가 하면 어떤 원주민들은 신에게서 직접 계시를 받아 유럽인의 지식을 얻었다고 주장했다. 이들이 바로 화물신앙의 예언자들이었다.

이 같은 설명을 읽다 보면, 가리아 원주민을 하나의 동질적인 집단으로 여기기 쉽다. 가리아는 외부와 단절된 세계이며 모든 주민이 '주술', '마법', '비밀스러운 의식'에 대한 믿음을 공유하는 것처럼 보인다. 그러나 구성원 모두가 같은 믿음을 공유하는 사회는 존재하지 않는다. 특정한 믿음이 널리 받아들여지더라도 예언자와 추종자라는 두 집단 사이에는 근본적인 차이가 있기 마련이다. 한 예로 카움이라는 예언자의 일화를 살펴보자.

칼리나의 카움은 자신이 경찰서 유치장에서 살해당했고, 천국으로 가서 천사들이 화물을 만드는 광경을 봤다고 주장했다. 신은 그에게 신성한 상징인 작은 탄피를 주며 그것을 지상에서 얻을 방법을 알려줬다. 카움은 흰 천을 덮은 오두막에서 강령회를 열었다. 그는 방 한가운데 탄피를 두고, 추종자들에게 요리를 만들어 담배와 함께 탄피 주위에 놓도록 했다. 그런 다음 그들은 두 손 모아 기도를 드렸다.

"오, 아버지 콘셀Konsel이시여. 우리를 불쌍히 여겨 도움을 주소서. 우리는 아무것도 가진 것이 없습니다. 비행기도, 배도, 지프차도 없습니다. 유럽인들이 우리를 약탈합니다. 우리를 가엾게 여기시어 좋은 것을 보내주소서."

강령회가 끝나면 카웁이 부리는 소년들은 카웁과 그의 심복이 식탁 옆에서 잠을 자도록 자리를 만들었다. 카웁은 자는 동안 꿈에서 망자들의 영혼을 보았고, 밤이 되면 영혼들이 그들을 위해 식탁에 차려놓은 음식을 먹으러 온다고 곧잘 이야기했다.

카웁의 예언은 실현되지 않았고, 화물을 실은 비행기가 오는 일은 없었다. 따라서 우리는 카웁과 추종자 모두를 망상에 사로잡힌 대중으로 보기 쉽다. 하지만 나는 이 이야기를 읽으며 다른 해석을 떠올렸다. 요는 카웁의 추종자들이 마련한 음식을 누가 먹었는가 하는 점이다.

'망자들의 영혼'이 아니라 카웁이 음식을 먹었다면, 그의 말은 자기 실현적 예언으로 들어맞았다고 볼 수 있다. 카웁은 그가 예언한 대로 의식을 치름으로써 화물을 받았기 때문이다. 문제가 있다면 추종자들은 그러지 못했다는 점이다. 그들이 행한 의식은 모두가 누릴 수 있는 새 화물을 만드는 일이 아니라 화물을 한 집단에서 다른 집단으로, 즉 추종자에게서 예언자와 그의 동료들에게 이전하는 일이었다. 그리고 이런 식으로 화물을 이전하는 일은 공동체의 재산을 대거 파괴해 모든 사람을(예언자와 한통속인 이들을 제외하고) 훨씬 가난하게 만들곤 했다. 필로라는 예언자 소녀의 사례에서 필로의 부모는 화물을 보낼 신들을 '달래는' 데 필요하다며 공동체로부터 돈을 받았다. 이른바 '광기'는 모두에게 같은 영향을 끼치지 않았다. 그것은 누구나 가지고 있는 '심리적 편향'이나 '집단적 믿음'이 아니었다.

예언자들에게 마법은 합리적 도구이자 다른 사람을 희생해 자기 배를 불리는 수단이었다. 그들은 익숙한 말과 심상, 의례를 조작하는 식으로 마법을 부렸다. 널리 쓰이는 기도문을 활용했고, 겉보기에 공항이나 부두와 비슷한 건물을 세웠다. 추종자들은 친숙한 신호들을 예언의 타당성을 뒷받침하는 근거로 오해했다. 추종자들이 가진 상식은 착취 수단으로 왜곡되었고, 지역의 문화는 그들에게 불리한 쪽으로 악용되었다. 추종자들은 자신이 합리적으로 행동한다고 믿었지만, 그들에게는 이용할 수 있는 정보가 충분하지 않았다. 반대로 마법사들은 정보를 조작하고 추종자들에게 정보가 부족하다는 점을 이용해 주술 의식을 판매했다.

마법은 '광기'나 '망상'이 아닌 사업 모델이며, 이 사업의 근간은 조작이다. 마법사는 재화가 바다를 건너올 예정이지만, 재화를 얻으려면 마법사와 그의 측근들에게 일정한 비용(혹은 '희생')을 치러야 한다고 예언한다. 이 거래는 단순히 부를 이전하는 행위와 차이가 있다. 거래 과정에서 다른 사람의 부가 파괴되기 때문이다. 마법사가 재화를 얻기 위해 치르는 의식은 본질상 파괴적이며, 공동체를 전보다 훨씬 가난하게 만든다. 약속한 화물이 도착하지 않으면, 사람들은 마법이 사기여서가 아니라 사악한 세력이 화물을 가로챘기 때문에 문제가 생겼다고 믿는다. 그리하여 누구도(추종자들을 선동한 마법사조차) 그 일에 책임을 지지 않으며, 삶은 다시 일상으로 돌아간다. 또 다른 마법사가 나타나 미래의 부에 관해 예언하기 전까지는.

카움이 부린 마법과 파생상품이라는 마법의 서류가 같은 경제 논리로 작동하는 것일지도 모른다는 의문이 들었다. 월가의 금융 연금술사들은 멜라네시아의 예언자들과 같은 사업 모델을 활용한 것 아닐까? 나는 브룩슬리 본처럼 1990년대에 파생상품의 파괴력을 경고하며 비판의 목소리를 낸 또 다른 인물을 찾아갔다.

"1990년대에 클린턴 행정부에서 일할 당시, 저는 경제자문위원회 위원장을 맡고 있었어요."

컬럼비아대학교에서 조지프 스티글리츠를 만나 이야기를 듣는다.

"파생상품 시장이 막 커지기 시작할 때였죠. 우리는 파생상품이 잠재적으로 위험하다는 것을 알게 됐어요."

새로운 파생상품은 거래소에서 판매되는 밀이나 원유 선물과 달랐다. 후자는 당국의 규제를 받았고, 단순하고 표준화되어 있었으며, 수천 명이 거래에 참여했다. 농부와 투기자들은 모두 계약을 이해했고, 농부가 계약한 양만큼의 곡물을 인도하지 않거나 인도한 곡물의 질이 떨어지면 무슨 일이 일어날지 알았다. 반면 새로운 파생상품 시장은 규제를 받지 않았고, 일반에 공개되거나 표준화되어 있지도 않았다. '장외' 파생상품이라 불린 새 금융상품은 금융 주체들 사이에서 사적으로 거래되었다. 게다가 거래 당사자들은 자신들의 필요에 맞게 수백 쪽이 넘는 서류를 만들어 계약을 맺었고, 경험 많은 금융 전문가조차 그 내용을 이해하기 어려웠다.

"여기에는 계약 내용을 알기 어렵게 하려는 의도가 깔려 있었어요. 새 파생상품은 불투명한 도구였죠."

스티글리츠는 이 문제를 연구한 공로로 2002년 노벨경제학상을 받았다. 그가 연구한 주제는 바로 정보였다. 그의 연구는 가격을 정보 처리 장치로 간주하고 구매자와 판매자가 벌이는 수많은 거래가 경제를 효율적으로 조정하는 마법의 시스템을 만든다고 보는 시각에 이의를 제기했다. 스티글리츠는 이 이야기가 동화일 뿐임을 밝혀냈다. 마법사의 지팡이, 즉 '보이지 않는 손'이 힘을 발휘하려면 유토피아에서나 가능할 법한 조건이 갖춰져야 했다. 그 조건이란 완벽한 정보와 완벽한 경쟁이다. "보이지 않는 손은 존재하지 않기에 보이지 않는 것이다."

타고 다니던 차를 다른 사람에게 파는 상황을 생각해보자. 우리는 차를 윤이 나도록 닦고 바퀴에 기름을 칠해서 차의 상태가 실제보다 좋아 보이도록 꾸밀 수 있다. 눈에 띄지 않는 결함에 관해 더 잘 안다는 사실 덕분에 우리는 가격 협상에서 더 유리한 고지를 점한다. 결함이 있는 불량품을 팔면서 멀쩡한 중고차만큼의 가격을 받아낼 수도 있는 것이다. 이는 판매자와 구매자 사이의 '정보 비대칭'에서 생기는 이익이다. 프리드먼과 하이에크의 주장과 달리, 가격은 단순히 '조정' 하지 않는다. 가격은 정보를 **숨겨** 사람들을 **조종**하기도 한다.

그렇다면 파생상품에는 어떤 속임수가 있었을까? 금융위기가 닥치기 전, 에든버러대학교의 경제사회학자 도널드 맥켄지는 퀀트quant* 의 세계를 낱낱이 파고들었다. 퀀트란 파생상품에 가격을 매기는 금

---

* 계량분석가quantitative analyst의 줄임말.

융의 마법사들이다. 그들은 수학 모형을 개발해 수천 개의 모기지를 묶고 보험을 드는 마법의 서류인 신용파생상품에 가격을 매겼다. 신용파생상품의 가격은 금융계가 모기지 대출 사업을 조직하는 데 결정적인 역할을 했다. 상품의 가격은 부동산 시장 전반의 위험을 나타내는 신호였다. 은행은 가격을 보고 모기지를 발행할 때의 위험과 모기지를 보유할 때 재무상태표에 생길 위험이 어느 정도인지를 판단했다. 가격이 높을수록 위험은 더 크다는 뜻이었다.

맥켄지의 조사에 따르면, 문제는 신용파생상품의 가격을 정하는 수학 모형이 확립되지 않았다는 점이다. 퀀트들은 보험계리사들이 부부 중 한 사람이 언제 사망할지 예측하는 데 사용하던 공식을 변형해 모기지가 언제 부도날지 예측하는 공식을 만들었다. 그러나 그 공식을 어떤 식으로 변형할지에 관해서는 합의가 이루어지지 않았고, 퀀트들은 중구난방으로 공식을 만들었다. 퀀트들은 파생상품의 가격을 정하는 데 사용한 공식이 '사람들을 안심시키기' 위해 엄밀한 '외양'을 갖추었지만, 실상은 엄밀하지도 믿을 만하지도 않았다고 인정했다. 그들은 가격이 합리적으로 보이도록 모형을 조작했다. 퀀트 중 일부는 그런 모형을 제대로 된 모형으로 여기지도 않았다. 런던의 몇몇 은행은 사무실에 컴퓨터 온도를 낮출 냉방 장치가 부족하다는 이유로 컴퓨터가 연산 능력을 덜 사용하도록 공식을 변형하기도 했다. 이에 따라 공식이 산출하는 가격도 제각각이 되면서 파생상품을 사고팔기가 어려워졌고, 파생상품을 거래하는 당사자들은 문제가 있다는 사실을 알면서도 합의해 파생상품 가격을 결정했다.

퀀트들은 수조 달러로 평가받는 모기지 시장에서 중요한 역할을 하면서도 계속 잘못된 가격을 생산했다. 가격에는 또 다른 역할이 있었기 때문이다. 가격은 퀀트들이 받는 성과급을 계산하는 데 쓰였다. 공식의 예측이 확실해 보이고 더 먼 미래를 예측할수록 퀀트들이 매년 받는 성과급도 늘어났다. 회계 부서에서는 퀀트들이 내놓는 예측치가 복잡한 공식에서 나온 것을 보고 그대로 받아들였다. 퀀트들은 그렇지 않음을 알았지만, 그들이 내놓는 예측은 엄밀한 평가처럼 보였다. 일부 퀀트는 공식을 아예 사용하지 않았으면서도 회계 감사를 받을 때 위기를 모면하기 위해 공식을 썼다고(한 퀀트가 맥켄지에게 말했듯 '참고용'으로라도 사용했다고) 거짓말까지 했다. 정보 비대칭을 보여주는 전형적인 사례였다. 은행 내의 정보 비대칭으로 파생상품 가격은 엄밀한 '외양'을 갖출 수 있었지만, 이는 머지않아 엄청난 폭발력을 가진 문제로 밝혀졌다.

1998년, 그린스펀이 브룩슬리 본 앞에서 가르치듯 설명한 대로 파생상품 가격은 본래 '기초 자산 시장'의 가격에 대응해야 했다. 모기지 보험 파생상품은 실제 주택을 사고파는 현실의 부동산 사업에 관한 정보를 종합해야 했다. 그러나 2000년 상품선물현대화법이 통과되고 얼마 지나지 않아 이 관계가 역전되었다. 퀀트 공식은 주택 가격이 상승하면 주택 소유자들의 부도 위험이 줄어든다고 계산했고, 이에 따라 신용파생상품의 가격도 낮아졌다. 그러자 은행은 이를 모기지를 더 발행해도 문제가 없다는 신호로 받아들였다. 퀀트 공식은 주택 시장 전체를 고려해 위험을 계산했으므로, 은행과 신용평가기관들은 AAA등급으로 평가되는 모기지 묶음에 구체적으로 어떤 모기지가 들어 있는지 알 필요가 없다고 믿었다(혹은 그렇게 믿었다고 주장했다). 이처럼 지름길을 앞에 둔 은행들이 그 '정보'에 의문을 품을 이유가 없었다. 은행이 버는 수익 대부분이 모기지를 발행하고 이를 유가증권으로 묶어 연기금과 다른 은행에 판매하는 데서 나왔다. 그리고 은행이 더 많은 돈을 빌려줄수록 주택 가격이 상승했고, 퀀트 모형은 사람들이 모기지를 상환하지 못할 위험이 낮아진다고 평가했다. 퀀트들이 사용한 모형은 부정확했을 뿐만 아니라 근본적으로 잘못된 것이었다. 위험이 날로 커지는 상황에서 시장에 모기지가 더 안전해진다는 신호를 보냈기 때문이다. 퀀트 모형이 보낸 신호는 주택 시장을 조정해 거품을 키우는 되먹임 고리를 만들었고, 부동산 건설업계는 호황을 맞았다. 개의 꼬리가 몸통을 흔들었고, 마법이 현실 세계를 지배하고 재정리했다. 모두 정보 비대칭과 기만적인 가격을 만든 잘못된 공식 덕분에 가능한 일이었다.

그린스펀은 보이지 않는 손에 관한 동화를 믿었다. 그는 은행이 파생상품을 받아들인 이유는 가격 시스템의 마법 같은 힘을 활용해 금융 위험을 이해하고 관리하기를 원했기 때문이라 생각했다. 은행이 마법을 받아들인 것은 사실이지만, 은행의 사업 모델은 그린스펀의 상상과 사뭇 달랐다. 그 사업은 인류학자들이 기록한 멜라네시아의 화물신앙처럼 인간 사회에서 오랫동안 행해진 일종의 마법이었다. 은행들은 마법을 받아들여 지식을 전파하는 투명한 도구가 아니라 사람들을 속이고 조종하는 도구로 사용했다.

현실에 존재하는 이 마법은 월가에서든 멜라네시아에서든 모두에게 부를 약속하면서도 마법을 쓰는 사람에게 은밀히 부를 이전해 집단의 부를 파괴한다. 이렇게 사람들을 속여 부를 이전하기 위해서는 친숙한 상징을 사용해 대중의 신뢰를 얻는 의식이 필요하다. 월가는 파생상품과 파생상품에 가격을 매기는 데 쓰인 난해한 공식에서 완벽한 의식용 도구, 스티글리츠가 말한 '불투명한 도구'를 찾았다. 퀀트들은 공식을 활용해 자신들이 판매하는 상품이 합리적이고 그럴듯해 보이도록 꾸몄다. 하지만 이 공식들은 결함이 있을 뿐 아니라 엄청난 파괴력을 지녔으며, 위험을 줄이기는커녕 더욱 키웠다. 공식들이 내놓은 예언은 신적인 존재와 무관하다는 점에서는 카움이나 필로의 예언과 다르지 않았지만, 그보다 훨씬 파괴적이었다. 필로의 예언에 따라 마구잡이로 돼지를 도살한 일은 한 섬에만 영향을 끼쳤지만, 금융위기는 전 세계를 뒤흔든 지진이었다. 그리고 심리적 편향과 군중의 광기를 지적하며 문제의 원인을 모두의 탓으로 돌리는 주장은 사기 행각을 감추는 역할을 했다. 덕분에 잘못된 공식이나 거짓 의식을 팔아먹던 사람들은 자신들이 저지른 사기의 피해자로 행세할 수 있었다.

　그렇다면 원자재가 갑작스레 인기를 얻은 것도 마법의 탓이었을까? 금융계의 변절자인 헤지펀드 매니저 마이클 매스터스는 1990년대에 맹렬히 부풀어 오르던 기술주 거품이 터진 데서부터 답을 찾을 수 있다고 말한다. 당시만 해도 연기금이나 대학기금 같은 대형 기관 투자자들은 관습적으로 주식과 채권에 투자했다. 그러던 중 2000년 기술주 거품이 터지자 그들의 포트폴리오도 박살이 났다.

"기관투자자들은 한 번 심하게 덴 후로 미국 주식 외에 다른 투자처를 찾았어요."

매스터스의 설명이다. 기관투자자들은 포트폴리오를 다변화하려 했다. 그들은 가격 면에서 주식 시장과 관계가 없는 자산, 금융 용어로 말하면 주가나 다른 금융 자산의 영향을 받지 않는 '비상관 uncorrelated' 자산을 찾았다. 가령 칠레산 니켈이나 브라질산 커피는 마이크로소프트의 주가와 아무런 관련이 없어 보였다. 원자재는 또다시 시장이 붕괴할 때 충격을 막아줄 수 있을 뿐 아니라 그 자체로도 건전한 투자처 같았다.

"동시에 최근의 경기 침체로 금리가 낮아지고, 중국 시장이 떠오르기 시작했으며, 신흥 시장은 성장했어요. 상품을 팔아야 하는 중개인들은 투자자들에게 이렇게 말했죠. '주식은 안 좋아하시지 않습니까. 그렇다면 신흥 시장이나 원자재처럼 기술과 상관없는 다른 물건을 보시죠.' 그러면 투자자들은 이런 식으로 반응했습니다. '좋아요. 그쪽에는 투자해본 적이 없지만, 그걸로 돈을 잃은 적도 없으니 한번 보고 싶군요.'"

기관투자자들은 포트폴리오를 다변화할 수 있었고, 번거롭게 실물 원자재를 저장하거나 공급망에 직접 투자하지 않고도 성장하는 신흥 시장에 한몫 낄 수 있었다. 그들이 해야 할 일이라고는 실물 시장에서 '파생'된 상품인 원자재 인덱스펀드를 사는 것이 전부였다.

"기막힌 사실은 원자재가 매입해서 보유할 수 있는 훌륭한 투자 상품으로 포장되었다는 거예요. 하지만 실제 원자재 시장은 전혀 달랐습니다."

원자재 인덱스펀드는 밀, 돼지고기, 원유를 실제로 인도함으로써 종료되는 선물 계약에 연동되어 있었다. 따라서 원자재 시장에 계속 돈을 넣어두면서 원치 않은 실물 상품을 인도받지 않으려면 기존 계약을 만기 전에 매도하고 새 계약을 매수해야 하는데, 이를 롤오버roll-over라 한다. 은행의 영업 사원들은 투자자들에게 이는 원자재 파생상품의 특성이지 결함이 아니라고 말했다. 그러면서 그들은 예일대학교 출신의 두 경제학자가 2006년에 발표한 논문을 인용했다. 논문은 원자재 선물을 장기간 보유하면서 롤을 하면 상당한 수익을 올릴 수 있다고 주장했다. 새 선물의 가격이 기존 계약보다 낮아질 경우, 그만큼 가격 차익을 얻을 수 있기 때문이라는 것이 논문의 설명이었다. '롤 수익률'이 플러스이기만 하면 수익을 가져다주는 금융의 연금술이었다. 그리고 이 연구를 지원한 기관은 원자재 인덱스펀드를 판매하던 AIG였다.

투자자들은 포트폴리오를 다변화할 가능성, 중국과 신흥 시장의 수요 증가로 인한 가격 상승, 롤 수익률의 연금술 등 여러 요인에 이끌려 원자재 시장으로 몰려들었다. 20년간 큰 변화 없이 안정적으로 유지되던 원자재 가격이 오르기 시작했다. 그런데 이에 따라 원자재 선물 가격도 함께 상승하자 롤 수익률이 마이너스로 돌아섰다. 원자재 가격이 급등하면서 수익을 기대하던 투자자들은 도리어 손실을 보기 시작했으며, 왜 손실이 나는지도 이해하지 못했다. 게다가 투자자들이 입은 손실은 예상을 넘어서는 수준이었다. 정황으로 보건대, 내부 정보를 아는 매매자들이 롤 직전에 몰려들어 선물을 있는 대로 매수해 가격을 끌어올린 다음, 곧장 비싼 가격으로 롤을 하는 은행에 되파는 듯했다. 사실이라면 은행들의 롤에서(특히 가장 규모가 큰 골드만삭스의 롤에서) '선행 매매'가 이루어진 것이다. 선행 매매는 이를테면 누가 점심으로 참치샌드위치를 먹겠다고 하는 말을 엿듣고 곧장 식당으로 달려가 참치샌드위치를 싹쓸이한 다음, 더 높은 가격에 파는 것과 같은 일이다. 이 또한 정보 비대칭을 이용해 이익을 얻는 방법의 하나다. 다른 사람이 실제로 주문을 하기도 전에 뭘 주문할지 알아내는 것이다. 한 연구는 원자재 인덱스펀드 투자자들이 선행 매매로 2000년에서 2010년까지 매년 3.6퍼센트, 금액으로 따지면 260억 달러에 달하는 손실을 보았으리라 추정했다. 골드만삭스를 비롯한 은행들이 인덱스펀드의 운용 수수료로 벌어들인 50억 달러의 다섯 배가 넘는 금액이었다.

골드만삭스의 롤을 선행 매매하기에 가장 유리한 사람은 내부 정보를 가진 골드만삭스의 트레이더들이었다.

"트레이더들이 선행 매매를 했다는 확증이 있는 사람은 없을 거예요. 하지만 그 사람들이 그러지 않을 이유가 뭐가 있겠어요? 불법도 아닌데 말예요."

매스터스의 추측이다. 원자재 파생상품이라는 금융 연금술에는 이처럼 이해하기 어려운 면이 있었고, 이로 인해 원자재 가격 상승에 베팅한 투자자들은 오히려 밑지는 장사를 한 꼴이었다.

"원자재 가격은 갈수록 올랐는데도 매수 후 보유buy-and-hold 전략을 택한 많은 투자자가 계속 롤을 하다가 결국에는 손해를 봤어요. 정작 원자재 가격은 오르고 있었고, 때로는 꽤 많이 오르기도 했는데도요."

원자재 선물 계약에서 또 하나 기이한 점은 롤 수익률이 플러스에서 마이너스로 바뀌자 실물 원자재를 가지고 있던 이들이 이득을 보았다는 것이다. 그리고 공교롭게도 실물 원자재를 가지고 있던 것은 은행들이었다. 2000년대에 원자재가 갑작스레 유행하는 동안 은행들은 원자재 저장고 거래에 적극 나섰고, 송유시설이나 곡물 창고, 금속 창고 등을 사들였다. 은행들의 투자는 예사롭게 볼 수준이 아니었다. 그들은 많은 원자재를 장악하다시피 했다. 예를 들어 모건스탠리는 100척이 넘는 유조선을 보유해 세계에서 아홉 번째로 큰 원유 운송업체로 올라섰고, 원유 5800만 배럴을 저장할 수 있는 시설을 갖추었으며, 미국의 유나이티드항공에 제트 연료를 공급하는 주요 업체가 되었다.

원자재는 어느 모로 보나 '금융화'되었다. 투자자들은 원자재를 주식이나 채권 같은 금융 자산으로 보고 포트폴리오에 담았으며, 금융기관들은 원자재를 생산하고 저장하고 운송하는 사업을 장악했다. 연기금이나 은행은 원자재 거래가 실제로 어떻게 돌아가는지에는 별 관심이 없었다. 그들의 목적은 파생상품이라는 금융의 연금술을 이용해 최대한 이득을 챙기는 것이었으며, 이로써 그들은 원자재의 성격을 송두리째 바꿔놓았다. 원자재는 인간이 살아가는 데 필요한 식량이나

연료 같은 물건에서 전혀 다른 무언가로 변모했다.

나는 우선 이 같은 변화가 무엇을 의미하는지를 이해하려 했다. 원자재의 현실을 태양계에 빗대어 생각하면 이 문제를 더 쉽게 이해할 수 있다. 원자재의 실제 공급과 수요에 따라 중력의 크기가 정해지는 행성들이 있다고 해보자. 니켈 행성의 중력은 니켈 광산에서 캔 니켈의 공급과 전 세계의 니켈 수요에 따라 정해진다. 밀 행성의 중력은 밀 수확량과 밀을 사고 싶어 하는 사람의 수에 따라 정해진다. 그리고 원자재의 가격은 각 행성의 위성에 해당한다. 가격 위성은 원자재 행성의 중력, 즉 원자재의 실제 수요와 공급에 따라 움직인다. 그런데 여기서 또 다른 물체가 등장한다. 이 물체는 각 행성보다 몇 배나 더 크다. 이 물체를 태양이라고 하자. 태양의 중력은 금융 자본의 공급과 수요에 따라 정해지며, 그 크기는 태양과 마주치는 모든 실물 시장을 압도한다. 태양은 원자재 행성들 곁을 지나면서 그들의 위성을 끌어당기고, 가격 위성들은 더 강한 중력장으로 끌려 들어가 태양의 주위를 돈다. 때로는 원자재 행성이 가격 위성을 움직이기도 하지만, 금융 자본이 만드는 태양의 중력을 이길 수는 없다.

금융화란 바로 이런 것이다. 금융화는 원자재 가격이 금융상품 가격의 무리 안으로 들어간다는 뜻이다. 이에 따라 원자재 가격은 물리적 현실에서 떨어져 나가며, 기후나 전쟁, 신기술 등 현실에서 일어나는 생생한 변화와의 관계가 끊어진다. 원자재의 금융화는 금융 자본이 원자재를 하나의 '자산군'으로 취급함에 따라 여러 원자재의 가격이 최초로 상관성을 갖기 시작하면서부터 주목을 받았다. 2007년, 주택 시장이 붕괴하자 부동산에서 빠져나온 자본은 부동산과 명백히 관련이 없는 다른 금융 자산에서 피난처를 찾으려 했다. 원자재 가격은 수년째 오르고 있었으며, 먹을 음식이나 난방 연료는 누구에게나 필요하기에 원자재는 금융 자본이 피난할 수 있는 안전한 '비상관' 자산으로 보였다. 그리하여 자본이 주택에서 원자재로 움직이자 금융화된 두 자산 사이에서 거품도 함께 '이주'했다. 2007년, 식량 생산량이 계속 늘어나는데도 식량 가격이 치솟기 시작한 원인이 여기에 있었다. 실제 소비자들이 아니라 부동산 시장이 무너진 후 안전 자산을 찾던 기관투자자들이 원자재 '수요'를 좌우했다.

그러나 식량과 연료는 연기금의 안전 자산이 되어서는 안 된다. 그처럼 이상한 상황이 벌어진 이유는 은행들이 기관투자자에게 파생상

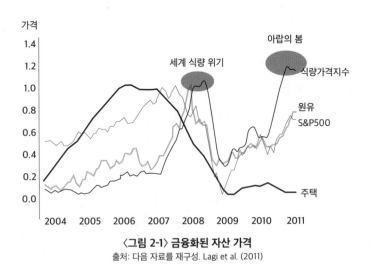

〈그림 2-1〉 금융화된 자산 가격
출처: 다음 자료를 재구성. Lagi et al. (2011)

품을 팔려고 했기 때문이다. 은행들은 원자재 인덱스펀드를 원자재에 손쉽게 투자할 수 있는 수단으로 소개했다. 여기서도 월가는 화물신앙의 사업 모델을 활용했다. 파생상품은 어지러울 만큼 복잡했기에 갖가지 파생상품 거래가 연금 수급자와 대학에서 은행으로 부를 이전한다는 사실이 드러나지 않았다. 화물신앙의 사례와 마찬가지로, 예언자는 자신이 얻을 막대한 이익에 관해서는 틀린 말을 하지 않았다. 은행들은 원자재 파생상품과 공급망 투자로 어림잡아 수백억 달러를 벌어들였다. 하지만 그들이 가져온 파괴(1억 명을 기근에 빠뜨리고 폭동과 혁명을 촉발한 세계 식량 위기)는 그보다 몇 배로 심각했다.

"2008년 금융위기와 마찬가지로, 금융 분야가 사회 전체에 끼친 피해는 그들이 돈을 버는 데 혈안이 된 탓에 생긴 부수적 피해였습니다."

스티글리츠의 설명이다. 그러나 월가에서 이러한 '부수적 피해'를 걱정하는 사람은 거의 없었다. 매스터스는 당시 월가의 분위기를 이렇게 회상한다.

"시간이 지나면서 기관투자자들은 그들이 원자재 투자에서 '물렸다'는 농담을 들었고, 실제로 대부분 그랬다는 사실을 깨달았어요."

하지만 기관투자자들은 원자재를 현실 세계로 되돌려놓기보다 원자재 가격에 베팅할 새로운 방법을 찾았다.

"그들은 여전히 원자재 투자로 포트폴리오를 다변화하는 이점을 누릴 수 있다는 생각에 사로잡혀 있었어요. 그래서 다른 유형의 거래 전략으로 눈을 돌렸죠. 그중 하나가 추세추종 상품거래자문Trend-Following Commodity Trading Advisor*(이하 추세추종 CTA)이었습니다."

"미쳐도 단단히 미친 시절이었어요."

플로리다주 탬파에 있는 사무실에서 제리 파커를 만나 이야기를 듣는다. 그는 추세추종 CTA인 체서피크 자산운용의 최고 경영자다. 2008년 여름, 파커는 유가의 급격한 상승 추세가 이어지리라는 데 거액을 베팅했다.

"어디에서 뭘 하고 무슨 생각을 했는지도 기억나요. 언론에서 폴 튜더 존스가 '에너지 가격은 폭락하고 유가는 150달러 선을 유지하지 못할 것'이라 말했다더군요. 제 생각은 이랬어요. '흠, 신경 쓰지 말자. 저 사람이 유명한 트레이더에다 엄청나게 똑똑한 억만장자라고 해도 추세추종 전략을 포기하지는 않을 거야.' 그러고 나서 하루도 채 지나기 전에 후회가 들었죠."

파커는 자신이 투기 거품에 휘말렸다고 확신한다.

"식량과 에너지 가격이 오른 건 분명 투기자들 탓이었어요. 얼마 뒤 대부분의 원자재 가격이 폭락한 걸 보면 부정할 수 없는 사실이죠."

하지만 파커의 말대로 그는 추세추종자로서 자신이 세운 원칙을 고수한다. 나는 가격에 투기하는 방법이 얼마나 다양한지를 알아가고 있었다. 그리고 은행들이 어떻게 복잡한 파생상품에 관한 정보를 감추고, 연기금과 대학기금처럼 장기 투자를 지향하는 투자자들에게 낡은 혼다Honda 차를 페라리로 속여 팔며 돈을 버는지도 보았다. 그러

---

* 선물이나 옵션 매매에 자문을 제공하는 중개업자.

1부 가격

나 파커는 대다수 투기자가 그렇듯 새로운 파생상품을 만들어서 파는 일을 하지는 않는다. 그는 일반적인 선물을 매매하고, 대두와 원유에서 스위스프랑에 이르는 갖가지 상품의 가격에 베팅하는 소규모 참여자player다.

파커에게는 특별한 투기 전략이 있다.

"추세를 찾고, 추세를 따르고, 가격에만 집중하는 겁니다."

가격이 지난주나 지난달과 비교해 더 높다면, 이는 상승 추세가 형성되고 있으며 매수할 때라는 신호다. 반대로 가격이 점점 떨어지는 모습이 보이면, 하락에 베팅할 때라는 신호다.

"대체로 60퍼센트 정도는 틀려요. 그러니 예측이 잘 맞는다고는 볼 수 없죠. 관건은 성공하는 40퍼센트에 있어요. 거래당 평균 손익이 평균 손실의 세 배는 될 겁니다."

2008년, 파커는 유가의 상승 추세가 계속되리라는 데 베팅하다 돈을 잃었지만, 월가의 엘리트들은 추세추종을 성공적인 전략으로 공공연히 내세웠다. 금융 언론은 금융 시장 전반이 무너지는 와중에도 추세추종자들은 14퍼센트의 수익을 올렸다는 이야기를 떠들썩하게 다뤘다.

"추세추종은 고객과 매니저들에게 큰 부를 가져다줬다."

《파이낸셜타임스》에 실린 한 선전 기사의 표현이다. 세계에서 손꼽히는 추세추종 헤지펀드 윈턴캐피털은 21퍼센트의 수익을 올렸다. 실제로 2008년은 추세추종의 역사에서 가장 성공적인 해였다.

이듬해인 2009년, 추세추종은 월가에서 큰 인기를 얻었지만, 이는 전혀 새로운 일이 아니었다. 제리 파커는 1983년부터 추세추종 매매를 시작했다. 그는 에디 머피가 주연한 코미디 영화 〈대역전Trading Places〉을 보고 영감을 얻어 한 훈련 프로그램에 등록했다. 두 명의 전설적인 실물 원자재 트레이더가 파커 같은 초보자도 엄격한 원칙에 따라 성공적으로 매매하도록 가르칠 수 있을지 알아보려 시작한 프로그램이었다. 파커와 동료 훈련생들은 그들이 가르친 원칙을 따라 추세를 '찾고' 추세에 '잽싸게 올라타는' 법을 배웠다. 하지만 추세추종은 논란이 많은 전략이다. 효율적 시장 가설에 따르면 추세추종의 원칙은 효과가 있을 수 없다. 파커도 이 점을 알았다.

"1983년에 효율적 시장에 관한 이야기를 들었을 때는 이런 심정이었죠. 맙소사, 이게 무슨 소리야? 그럼 우리는 여기서 뭘 하는 거지? 이게 다 쓸모 있기는 할까?"

허리케인이 플로리다에 있는 오렌지 농장 지대로 향한다고 하자. 한 기상학자가 이를 경고하는 보고서를 발표한다. 오렌지 농가가 피해를 입어 공급이 크게 줄 것이라는 우려가 나오면서 투기자들은 가격 상승을 예상하고 오렌지 선물을 매수한다. 효율적 시장 가설에 따르면 이 이야기는 여기서 끝이다. 시장의 정보는 즉각 가격에 반영되기 때문이다. 오렌지 가격이 다음 날까지 오른다 해도 이는 가격이 평균으로 회귀하기 전 무작위로 불쑥 튀어 오른 '무작위 행보random walk'이며, 근본적으로 의미 없는 소음에 지나지 않는다. 추세추종자들의 생각은 다르다. 이들은 시장의 정보가 가격에 반영되기까지 시간이 걸리며, 시장이 반드시 효율적으로 작동하지는 않는다고 본다.

둘째 날의 가격 상승은 무작위로 발생한 소음이 아니라 투기자들이 새로운 정보를 천천히 받아들인다는 근거다. 그렇기에 추세추종자들은 가격 상승을 추세가 형성되는 근거로 해석한다.

가격을 보는 두 관점은 서로 다른 두 매매 전략을 낳는다. 한쪽에는 추세추종자들이 있다. 이들은 가격이 오르면 매수하고, 가격이 떨어지면 '공매도'를 해서 하락에 베팅한다. 반대쪽에는 '역행contrarian' 투자자라고도 불리는 추세회의론자들이 있다. 이들은 가격이 상승하면 공매도를 하고, 떨어지면 매수한다. 가격은 평균으로 회귀한다고 가정하기 때문이다. 나는 혼돈의 본성을 탐구하던 중 이처럼 서로 대립하는 두 매매 전략이 어떻게 시간이 지나면서 가격을 형성하는지 간단하게 설명하는 모형을 찾았다. 특정 계에서 나타나는 '번성-붕괴 성질boom-bustiness'을 예측하는 모형이다.

생태학자 로버트 메이는 한 인터뷰에서 영화 〈쥐라기 공원〉을 보다가 짜증이 치밀었던 일화를 이야기했다. 그는 제프 골드블럼이 연기한 이안 말콤 박사라는 인물을 두고 이렇게 말했다.

"그 '혼돈 이론가'라는 작자는 영화에 나오는 내내 혼돈 이론에 따르면 쥐라기 공원은 안정을 유지할 수 없다고 떠들고 다니더군요. (…) 세상이 복잡하다는 건 군이 혼돈 이론을 끌고 와서 이야기할 필요가 없는 겁니다. 혼돈 이론이 우리에게 말해주는 건 쥐라기 공원과 다르게 지극히 단순한 일도 예측할 수 없는 방향으로 흘러갈 때가 있다는 점이에요. 공룡들이 빨리 박사를 잡아먹으면 좋겠다 싶었죠."

로버트 메이는 티라노사우루스와 골드블럼 같은 관계에 빠삭한 연구자였다. 둘은 대왕고래와 플랑크톤, 여우와 토끼처럼 포식자와 먹이의 관계다. 호주 출신의 메이는 물리학을 공부하던 중 수리생태학이라는 새로운 분야에 우연히 발을 들였다. 에드워드 로렌츠가 날씨에서 되먹임이 가지는 힘을(나비가 일으킨 미세한 펄럭임이 어떻게 되먹임을 거쳐 허리케인으로 증폭되는지를) 연구하던 시기에 메이는 자연에서 증폭을 일으키는 되먹임을 연구하고 있었다. 구체적으로 말하면, 메이는 상반되는 두 되먹임과 오랜 시간에 걸쳐 이루어지는 두 되먹임의 상호작용을 탐구했다.

제프 골드블럼과 티라노사우루스로 가득한 섬이 있다고 해보자. 그리고 제프 골드블럼은 가만히 내버려두면 토끼나 플랑크톤처럼 순식간에 번식하는 종이라고 가정하자. 제프 골드블럼의 개체수는 그대로 두면 섬에 발 디딜 틈이 없을 만큼 늘어날 것이다. 그런 일이 일어나지 않도록 막는 것은 포식자 티라노사우루스다. 티라노사우루스는 제프 골드블럼의 수가 감당할 수 없을 정도로 늘어나기 전에 먹어 치운다.

그러면 이번에는 모든 제프 골드블럼의 번식 속도를 조절하는 다이얼이 존재한다고 해보자. 메이에 따르면, 이 다이얼은 계system에서 일어나는 양의 되먹임positive feedback* 정도를 나타낸다. 다이얼을 높은

---

* 계의 작동이나 계에 일어난 변화를 증폭하는 되먹임을 '양의 되먹임', 반대로 억제하는 되먹임을 '음의 되먹임'이라고 한다.

1부 가격

숫자에 맞추면, 제프 골드블럼은 더 빠르게 늘어난다. 그리고 티라노사우루스가 제프 골드블럼을 사냥하는 속도(양의 되먹임에 대립하는 음의 되먹임negative feedback)는 일정하다고 가정하자. 티라노사우루스가 새로운 사냥법을 익히는 일은 일어나지 않는다.

메이가 다이얼을 낮은 숫자에 맞춰놓으면, 제프 골드블럼과 티라노사우루스 개체수는 안정적으로 유지된다. 음의 되먹임이 양의 되먹임을 억제하는 것이다. 이때 두 종의 개체수는 일직선을 그린다(〈그림2〉를 참고하라). 그러다 메이가 다이얼을 돌려 번식률을 높이면, 제프 골드블럼 개체가 번성하기 시작한다. 이는 티라노사우루스의 먹이도 풍부해진다는 뜻이므로, 티라노사우루스 역시 뒤따라 번성한다. 하지만 티라노사우루스의 수가 늘면 그만큼 제프 골드블럼이 잡아먹히는 속도도 빨라지므로, 이번에는 번성하던 제프 골드블럼의 수가 급격히 붕괴한다. 그러면 먹이가 부족해진 티라노사우루스들도 곧 굶어 죽기

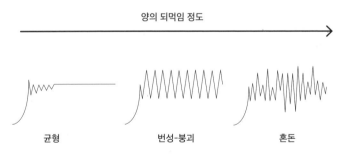

양의 되먹임 정도

균형　　　　　　　번성-붕괴　　　　　　　혼돈

〈그림 2-2〉 되먹임과 번성-붕괴 성질
출처: 다음 자료를 재구성. Gleick (1987)

시작해 개체수가 붕괴한다. 티라노사우루스가 얼마 남지 않을 때까지 줄어들면 천적의 위협에서 벗어난 제프 골드블럼이 또다시 증식할 환경이 갖추어지며, 이로써 번성과 붕괴의 주기가 반복된다. 메이는 이 사태를 촉발한 다이얼을 계의 '번성-붕괴 성질'이라 불렀다. 메이가 한 일이라고는 양의 되먹임 정도를 높이는 것이 전부였지만, 그는 계를 평화로운 질서 상태에서 번성과 붕괴가 반복되는 상태로 바꾸고 마지막에는 진짜 혼돈을 가져올 수 있었다.

추세추종자와 역행투자자의 대립은 포식자와 먹이의 관계와 유사하다고 볼 수 있다. 추세추종자들은 가격이 살짝 오르는 것을 보고 우르르 몰려들어 가격을 밀어 올린다. 이에 따라 가격이 더 오르면 상승이 추세로 '확정'되고, 더 많은 추세추종자가 이를 추세에 편승하거나 베팅 금액을 올리라는 신호로 받아들인다. 그리하여 추세는 날이 갈수록 강해진다. 여기서 추세를 강화하는 원동력은 양의 되먹임이며, 이 되먹임은 가격의 미세한 움직임을 거대한 추세로 증폭하는 자기영속적self-perpetuating 장치로 작동한다. 반면 역행투자자들은 추세를 가로막는 반대 세력이다. 이들은 가격이 한쪽으로 움직이는 것을 보면 그에 거스르는 쪽에 베팅하며, 대개 추세추종자들과 '반대로' 매매해 추세가 강해지지 못하게 막는다. 역행투자자들은 계에 음의 되먹임을 가져와 가격의 방향을 평균 쪽으로 꺾는다.

프리드먼과 그린스펀을 비롯한 대다수 경제학자는 음의 되먹임이 대결에서 승리하리라 믿었다. 그들은 티라노사우루스에 해당하는 역행투자자가 제프 골드블럼에 해당하는 추세추종자보다 우위에 있으며, 음의 피드백이 가진 우월한 힘이 혼돈을 일으키는 양의 피드백을 억제하리라 보았다. 프리드먼은 이렇게 주장했다.

"투기가 보통 불안정을 초래한다고 주장하는 사람들은 그 말이 '투기자들은 돈을 잃는다'는 이야기와 별반 다르지 않음을 좀처럼 깨닫지 못한다."

다시 말해 투기자들이 남들이 만든 추세를 좇기만 한다고 해도 가격이 평균으로 되돌아가는 것은 시간문제일 뿐이므로, 잘못된 방향에 베팅한 추세추종자들은 결국 돈을 잃을 수밖에 없다. 반면 시장에 스스로 안정을 찾는 힘이 있고, 가격에 평균으로 회귀하는 경향이 있음을 정확히 예측한 역행투자자들은 올바른 방향에 돈을 걸었기에 금전적 보상을 받을 것이다. 대다수 경제학자가 투기가 시장에 안정을 가져온다고 보는 이유가 여기에 있다. 투기자들의 베팅은 그들이 옳은 방향을 선택했을 때만 성과를 낼 수 있다. 가격 시스템은 질서에 기여하는 이에게는 보상을, 혼돈을 유발하는 골칫덩이에게는 벌을 내린다.

로버트 메이가 포식자-먹이 모형을 처음 공식화했던 1970년대에는 생태학자들도 이와 비슷한 가설을 받아들였다. 생태학자들은 자연에 균형을 찾는 경향이 있다고 생각했고, 불볕더위나 홍수, 한파 같은 충격이 있더라도 동물의 개체수는 곧 다시 균형을 찾으리라 보았다. 그러나 메이가 제시한 모형은 자연이 늘 균형을 향하지는 않는다는 점을 시사했다. 메이의 모형에 따르면, 동물 개체군은 온갖 규칙적 패턴을 이루며 번성과 붕괴를 반복하거나 자기증식적self-reproducing 혼돈에 빠질 수도 있었다. 메이의 고향 호주에서는 1788년 영국인들이 토끼를 들여온 이후 토끼 수가 걷잡을 수 없이 불어나 골머리를 앓았다. 영국인들은 호주의 야생동물 중 토끼의 유일한 천적인 육식성 유대류 쿠올quoll을 마구잡이로 죽였고, 천적이 사라지자 토끼 수가 폭발적으로 늘어났다. 새로운 포식자로 고양이, 여우, 심지어 몽구스까지 들여오기도 했고, 32만 킬로미터에 달하는 '토끼 막이' 울타리를 설치하기도 했지만 아무 소용이 없었다. 생태계가 자기교정self-correct을 거쳐 '균형'이나 '질서'로 돌아가는 일은 일어나지 않았다. 토끼 개체수는 200여 년 동안 번성과 붕괴를 반복했고, 1950년대에 토끼에 치명적인 점액종myxomatosis 바이러스를 사용한 후에야 생태계가 질서를 되찾았다.

1980년대 중반, 하버드대학교에서 갓 종신교수직을 얻은 한 경제학자가 이와 비슷하게 오랫동안 금융계를 어지럽힌 문제를 연구했다. 당시 가장 악명 높은 투기자였던 조지 소로스는 현실 세계의 기초 여건을 고려하지 않고 투기 세력이 어디로 몰려드는지 알아맞히기만 해도 꾸준히 수익을 낼 수 있다고 주장했다. 소로스가 말한 것은 양의 되먹임을 만드는 추세추종 전략으로, 이 젊은 경제학자는 프리드먼과 대다수 경제학자가 장기적으로 이익을 낼 수 없다고 보았던 추세추종 전략을 분석했다. 경제학자와 그의 동료들은 소로스처럼 추세에 편승하는 거래자의 수가 충분하다면, 실제로 꾸준한 수익을 낼 수 있음을 밝혀냈다. 이들은 많은 추세추종자가 가격을 끌어올리다 보면, 가격의 질서가 번성과 붕괴를 반복하거나 혼돈에 빠지는 임계점에 이른다고 보았다. 추세추종자의 존재는 로버트 메이가 말한 다이얼처럼 계의 번성-붕괴 성질을 바꾸며, 추세추종자 수의 증가는 다이얼을 더 높은 숫자에 맞추는 일과 같은 효과를 내는 것이다. 문제의 연구를 한 경제학자는 바로 래리 서머스였다. 그는 훗날 클린턴 행정부에서 그린스펀과 의기투합해 2000년에 함께 상품선물현대화법을 만든 인물이기도 했다.

서머스는 투기를 제한하던 문을 열어젖히면 잠재적으로 시장에 큰 변화가 일어나리라는 사실을 누구보다 잘 알았다. 변화가 어떤 방향으로 일어날지는 지배적인 투기 전략이 무엇인지에 달려 있었다. 처음에는 원자재 지수를 추종하는 '패시브passive' 투자가 우세했다. 기관투자자들은 2004년에서 2008년 사이 원자재 인덱스펀드에 자본을 투자해 가격을 밀어 올렸고, 2008년 주택 시장이 무너지자 원자재 투자에 더 집중해 슈퍼스파이크super-spike*를 일으켰다. 그리고 2009년에는 추세추종자들이 금융위기의 아수라장 속에서 돈을 번 운 좋은 소수였다는 소식이 퍼지면서 추세추종 펀드로 자본이 몰렸다. 서머스가 수십 년 전의 연구에서 예측했듯 투기자들은 시장 내부에서 혼돈을 일으키는 장치로 작동할 수 있었으며, 현실 세계에서 벌어진 소란을 거대한 조류로 증폭할 준비가 되어 있었다.

그 가능성은 머지않아 현실이 되었다. 2010년, 투기자들은 연준이

---

* 골드만삭스가 2005년 말 〈글로벌 투자 보고서〉에서 원자재 가격 추이를 분석하며 처음 사용한 말로, 원자재 가격이 4~5년간 급등하는 단계를 뜻한다.

채권을 매입해 양적완화를 시행하면 인플레이션이 걷잡을 수 없이 치솟으리라 우려했다. 그들은 다가올 인플레이션을 헤지hedge*하기 위해 가진 돈을 원자재에 쏟아부었다. 게다가 그해 여름에는 러시아에서 대형 산불이 일어나 밀밭을 휩쓸었다. 투기자들은 전 세계 밀 공급이 줄어들 것을 예상하고 농산물 시장으로 몰려들었다. 양적완화와 러시아의 산불은 원자재 가격을 밀어 올리며 하나의 추세를 형성했다. 추세추종 자본은 언제든 이러한 추세를 증폭할 준비가 되어 있었고, 실제로 그렇게 했다. 그리하여 2010년 12월에는 식량가격지수가 야니어 바얌이 말한 임계점인 210을 넘어섰고, 곧 아랍의 봄이 일어났다.

돌이켜 보면 양적완화와 러시아의 산불이라는 두 소란은 현실 세계에 근본적인 변화를 가져오지 않았다. 양적완화는 인플레이션을 일으키지 않았고, 전 세계에서 밀 공급이 부족해지는 일도 없었다. 오히려 그해 미국에는 풍년이 들었다. 2008년과 마찬가지로 식량 생산량은 여느 때보다 높은 수준이었다. 가격 시스템의 마법은 현실을 벗어나 자신이 만들어낸 가상의 금융 세계로 들어갔다. 이 사실을 누구보다 잘 아는 것은 직접 매매를 하는 투기자들이다.

"나는 경제의 기초 여건이 더 큰 힘을 발휘하기를 바랍니다. 나는 포지션**을 세워놓고 작은 관찰자 역할만 해도 좋아요. 가격을 결정하

---

* 투자자가 보유한 자산의 가치가 변하면서 발생하는 위험을 피하기 위해 다른 상품에 투자하는 행위.

** 선물이나 주식 등의 거래에서 개별 투자자가 거래 결과로 보유 중인 자산의 상태.

는 데 큰 영향을 끼치고 싶은 마음은 없고, 다른 투기자들도 그랬으면 해요. 하지만 요즘에는 그런 일을 기대하기가 힘들어 보여요. 투기자들은 수많은 붕괴와 혼돈을 초래하고 있죠."

제리 파커의 말이다.

가격이 본래 해야 할 일은 조정이다. 가격은 정보를 종합하고 거대한 공급망이 조화를 이루도록 해야 한다. 가격 시스템의 '마법'은 세상에 '평화와 조화'를 가져다줘야 한다. 그러나 정작 가격은 세상을 혼돈에 빠뜨렸다. 가격이 본래 해야 할 역할과 다른 마법을 부린 결과였다. 가격은 화물신앙 사업과 똑같은 마법을 부렸다. 화물신앙 사업은 마구잡이로 파괴를 벌임으로써 사람들을 속여 부를 이전한다는 사실을 숨겼다. 가격이 사용한 마법의 도구는 순식간에 증식하는 파생상품이라는 서류였다. 세계 경제에 질서를 부여하는 역할을 하리라 여겨지던 파생상품은 세 번의 폭발을 연달아 일으켰다. 2007년에는 주택에서, 2008년과 2010년에는 식량에서 전 세계를 가난과 굶주림에 빠뜨리는 충격파가 발생했다. 식량에서 일어난 세 번째 폭발은 결국 중동을 혼돈의 가장자리 너머로 밀어넣었고, 공포로 가득한 판도라의 상자를 열었다. 하지만 이것은 10년간 이어질 혼돈의 시작에 불과했다. 훨씬 많은 폭발이 잇따를 것이며, 미로의 벽이 계속 무너져내려 새로운 괴물들이 풀려날 것이었다. 나중에야 알았지만, 혼돈으로 가득한 10년은 이제 막 시작한 참이었다.

PRICE WARS

PRICE

2부

전쟁

03 인식
IS가 벌인 침략의 가격은 얼마인가

흐릿한 잿빛 하늘에서 내려오던 콘크리트 계단이 도중에 끊겨 있다. 올려다보니 계단은 가톨릭 성당 내벽의 남은 부분에 아슬아슬하게 붙어 있다. 한때 지붕으로 가려졌을 천장은 뻥 뚫려 있고, 그 아래는 축구장 반 개 정도 넓이의 공간에 깨진 콘크리트 덩어리들이 가득 쌓여 있다. 갈라진 콘크리트 틈으로 삐져나온 철사가 새싹처럼 보인다. 세 이라크 남성이 콘크리트 더미를 살펴본다. 세 사람은 감색 방탄조끼와 국방색 바지를 입고 주황색 장갑을 꼈다. 이 정도 장비만으로 잔해에 숨은 위험에서 몸을 지킬 수 있을지 걱정이다. 자칫하면 수류탄이나 자살 폭탄이 달린 벨트, 포탄, 그 밖에 갖가지 급조폭발물 Improvised Explosive Device*(이하 IED)을 건드릴 수 있다. 하지만 여기에는 금속 탐지기나 탐지 로봇도, 영화 〈허트 로커The Hurt Locker〉에서 본 우주복처럼 생긴 보호복도 없다. 이들은 자금이 넉넉한 군대에서 돈을 받는 군인이 아니라 UNMAS의 자원봉사자들이다. 나는 불안을 털어내기 위해 방탄조끼에 꽉 붙인 채 들고 있던 카메라로 촬영을 시작한다.

세 사람이 천천히, 조심스레 파편 더미로 다가가서는 쭈그리고 앉아 잔해를 유심히 살핀다. 주황색 장갑을 낀 손으로 벽돌과 돌멩이, 플라스틱 조각을 헤집는다. 아무 이상 없다. 다시 일어서서 한 발짝 전진한다. 그때 한 사람이 손을 들어 동료들을 부른다. 세 사람이 꼼짝하지 않고 기다리는 사이, 네 번째 사람이 합류한다. 그가 커다란 콘크리트 덩어리 옆에 쭈그리고 앉아 그 아래 깔린 작은 파편들을 하나씩 치운다. 순간, 그가 동작을 멈춘다. 자리에서 일어나 콘크리트 덩어리를 다른 각도에서 살펴본다. 다시 몸을 숙여 콘크리트 아래로 손을 넣더니 일어서서 찾아낸 물건을 보여준다. 30센티미터 크기의 은색 포탄이다.

UNMAS에서 안내자로 나온 사이먼 우드브리지가 이제 떠날 때가 되었다고 알린다.

"내가 걷는 곳만 정확히 따라오세요. 다른 잔해에는 뭐가 있을지 모릅니다."

사이먼이 다시 한번 주의를 준다. 사이먼과 자동소총을 든 두 사람을 따라 흙탕길을 걸어간다. 거리에는 벽 군데군데 총구멍이 났고, 벽

---

*   임의로 폭발 물질을 조달해 만든 사제 폭탄.

에 발린 회반죽이 갈라지고 떨어져 있다. 길가에는 한때 사람들의 사생활을 지켜주던 건물들이 폭격을 받아 내부를 훤히 드러낸 것이 보인다. 구멍 난 틈으로 쓰레기들이 쏟아져 나온다. 쓰레기에는 파란 비닐봉지와 보라색 블라우스, 청록색 의자, 행복했던 시절을 말해주는 꽃무늬 침대보가 섞여 있다.

이번에는 다 쓰러져가는 한 건물로 들어선다.

"IS가 여기서 묵었을 겁니다. 위층에는 감옥이 있어요."

앞장서는 사이먼을 따라서 콘크리트 뼈대를 지나 남아 있는 계단으로 향한다. 감옥은 칠흑같이 어둡다. 작은 창으로 들어온 빛이 바닥에 흩어진 회반죽을 비춘다.

"사람이 너무 많은 탓에 돌아가면서 잠을 잤다더군요. 이곳을 함락했을 때 아르메니아 출신 신부 한 사람이 미군 특수부대와 함께 여기로 들어올 수 있었습니다. 밖에 있는 교회에는 시체만 가득 널브러져 있었어요."

걷다 보니 문득 묘한 기분이 든다. 디스토피아 영화를 찍는 촬영장에 발을 들인 듯한 느낌에 잠시 현실 감각을 잃는다. 서양 대중문화에서 종말 이후의 세상을 그릴 때는 주로 종말이 '언제' 일어났는지를 중시한다. 하지만 중요한 것은 종말이 '어디서' 일어났는지다. 종말은 지금 내가 발 디딘 이곳, 이라크의 모술에 이미 찾아와 있다. 종말은 지평선 너머로 다가오는 형체 없는 위협이 아니라 도시를 집어삼킨 참상이다. 괴물은 실재하며, IS는 그중에서도 최악의 괴물이다. IS는 9개월이 넘는 전투 끝에 패퇴했지만, '해방된' 도시는 폐허가 되었다. 이곳은 아랍의 봄 이후 우리에서 풀려난 파괴적 힘의 진원지다.

나는 미몽에서 깨기 위해 이라크로 왔다. 나는 계산한 혼돈이 아니라 사람들이 경험한 혼돈을 목격하고자 한다. '전장 사망자', '강제 이주민' 같은 비인격적 완곡어법을 넘어서고자 한다. 이런 말로 공포를 셈하는 일은 그 자체로 평범한 악*이 될 수 있다. 심리학자들은 어떤 사건의 사망자가 많을수록 사람들의 관심이 줄어든다는 점을 밝혀냈다.

이라크에 오기 전까지만 해도 혼돈에 휘말리는 것이 남의 일일 수만은 없다는 점을 분명히 깨닫지 못했다. 하지만 이제 혼돈은 나의 일이 될 것이었다. 계약한 민간 경비업체에서 받은 보고서 내용이 문득 떠오른다.

"남아 있는 IS의 조직원들이 주민들 틈에 숨어들었다는 보고가 있다. 그에 따라 혼잡한 장소나 경비 부대가 지키는 검문소를 노린 자살 폭탄 공격, 경비 부대를 향한 총격 같은 비대칭적 위협**이 커지고 있다."

이제 위협은 눈에 보이지 않았고, 그렇기에 더 위험했다.

"모술 동부에서는 일상생활이 정상으로 돌아왔으므로 사람들이 아무 문제가 없다 착각하고 긴장의 끈을 놓을 수 있다. 이는 사건을 계획

---

* 정치철학자 한나 아렌트가 《예루살렘의 아이히만》에서 제시한 '악의 평범성'을 가리킨다. 악의 평범성이란 평범한 사람들이 당연하게 여기는 행위가 악이 될 수 있음을 뜻하는 개념이다.
** 군사적 열세에 있는 세력이 정면 대결을 피해 적의 취약점을 공격하는 행위.

하는 잠복 조직들이 몸을 숨기기에 안성맞춤인 상황이다. 외국인들은 정치적·금전적 이득을 챙길 수 있다는 점에서 귀한 납치 대상으로 여겨진다."

지역 경찰은 모술에서 두 달 동안 스물여덟 건의 납치가 일어났으며, 대부분 IS의 잠복 조직이 벌인 일이라고 발표했다. 폭탄 공격은 여전히 끊이지 않는다.

"모술 남부에서 통학 버스를 향한 IED 공격 발생. 네 명 사망. 모술 인근에서 IED로 두 명 사망. 모술에서 차량 폭탄으로 세 명 사망."

모술은 '해방'되었고, IS는 '패퇴'했을지 몰라도 혼돈은 끝나지 않았다.

얌전히 집에 있는 편이 나았을까. 나는 지금 익숙한 보금자리에서 한참 떨어진 곳에 있다. 굵은 목소리에 방탄조끼를 걸친 건장한 남자들의 세계는 보이스카우트 캠프에 온 것 같은 내 행실과 어울리지 않는다. 재빨리 머리를 굴려 몇 가지 재난 시나리오를 떠올리고 각각 일어날 확률이 얼마나 될지 예상해본다. IS 조직이 나를 납치한 다음, 내 분홍색 양말을 보고 내가 게이라는 사실을 알아채 그 자리에서 산 채로 불태우기까지 얼마나 걸릴까. 지금도 나는 함께 행동하는 사람들과 차를 타거나 밥을 먹거나 물담배를 하다 연인이나 결혼 계획에 관한 이야기가 나오면 얼버무리기 바쁘다. 하지만 대안을 찾기에는 이미 늦은 것 같다. 차에는 다른 색깔 양말이 없다.

또 다른 폐허에 도착한다. 주황색 굴삭기 한 대가 잔해 더미를 퍼내 바닥에 쏟는다. UNMAS의 자원봉사자 두 명이 쏟아진 잔해를 털며

벽돌을 하나하나 살핀다. 사이먼이 남아 있는 하늘색 벽을 가리키며
말한다.

"지금 들어갈 가톨릭 성당에는 여자들이 이천 명쯤 갇혀 있었어요.
야지디족*도 있었고, 모술 출신도 꽤 많았죠. 여자들은 여기에 갇혀
있다가 시리아의 노예 시장으로 끌려갔어요."

성당에 남아 있던 폭발물을 전부 정리한 덕분에 안으로 들어가볼
수 있다. 탁 트인 공간에 드문드문 거대한 분홍색 기둥이 세워져 있고,
프리즈frieze**를 따라 나 있는 작은 창문들로 빛줄기가 들어와 기둥에
명암을 드리운다. 빛은 바닥에 카펫처럼 깔린 벽돌을 비춰 섬세한 금
빛 삼각형 무늬를 만든다. 제단이 있던 자리에는 사무용 의자 하나가
외따로 놓여 있는데, 잔학 행위를 감독하던 IS의 관료들이 그 의자를
왕좌로 사용했을 것이다.

"성당의 장점은 강력한 방어 진지로 쓸 수 있다는 점이에요. 감옥으
로 쓰기에도 좋고, 장비와 보급품을 안전하게 보관하기에도 좋죠. 폭
탄 제조 공장이나 포로와 여자를 가두는 감옥으로 쓰기도 하죠."

사이먼의 설명이다.

UNMAS의 자원봉사자들 곁을 지나간다. 그들은 진흙 바닥에 담
요를 깔고 수류탄과 자살 폭탄 벨트, 정체 모를 포탄, 급조한 드론 등

---

* 야지디교를 믿는 민족종교 집단으로 이라크에 주로 거주한다.
** 건축물의 외면에 가로띠 모양으로 새긴 장식물.

찾은 물건을 늘어놓는다. 사이먼에 따르면, UNMAS는 모술의 구시가지에 100만 톤에 달하는 잔해가 있으리라 추정한다. 도시를 다 치우는 데 10년이 걸릴지, 20년이 걸릴지도 알 수 없다.

"이곳의 오염 수준은 상상을 초월합니다. 다른 곳과는 비교가 안 돼요."

"전 세계를 통틀어서도요?"

"내가 아는 한은요. 이런 경우는 듣도 보도 못했어요."

구시가지 맨 꼭대기에 있는 이곳에서는 티그리스강이 질서와 무질서 사이에 선을 그리며 흘러가는 모습이 훤히 내려다보인다. 단테가 《신곡》의 〈지옥편〉에서 묘사한 지옥의 경계 아케론강처럼 티그리스강은 폐허로 가득한 섬과 주변의 근사한 풍경을 가른다. 강 위로 두 세계를 연결하던 세 개의 다리가 무너진 것이 보인다. 다리들은 중간 부분이 끊어져 있다. 하나는 가운데가 텅 비어 있으며, 다른 하나는 강바닥으로 길을 내려는 듯 주저앉았다. 하지만 이 광경을 중세 문학 작품에 비유하는 것은 현실을 호도하는 일이다. 모술은 오늘날의 세계에서 고립되기는커녕 단단히 묶여 있다. 모술을 폐허로 만든 파괴는 수천 킬로미터 떨어진 곳에서 매매된 파생상품의 마법이 나비 효과를 일으킨 결과다. 워런 버핏이 '금융의 대량살상무기'라 칭한 파생상품은 말 그대로 포탄과 박격포, 미사일과 수류탄으로 바뀌었다. 눈 앞에 펼쳐진 폐허는 조지프 스티글리츠의 말대로 금융계가 재무상태표에 단 몇 퍼센트포인트라도 많은 이익을 더하려다 생긴 '부수적 피해'였다.

그 피해는 지금도 계속되고 있었다. 폭발의 위력은 아랍의 봄에서 터져 나온 이상주의를 IS라는 악몽으로 바꿔놓았으며, 시장을 휩쓴 새로운 혼돈의 파도를 전 세계로 밀어 보냈다. 모술은 모리아 수용소와 마찬가지로 다양한 차원의 혼돈이 수렴하는 중계점이었다.

하지만 그 와중에도 삶은 제자리를 찾아가고 있었다. 잔해 사이로 옷과 신발, 음식과 향신료를 파는 작은 가게들이 들어섰다. 주위를 둘러싼 폐허는 내 눈엔 전부 똑같아 보였지만, 모술 사람들에게는 하나하나가 과거를 떠올리게 하는 흔적이었다.

"저기는 예전에 다니던 은행이에요."

통역사인 모아야드가 반쯤 무너진 건물을 가리키며 말한다. 이어 그는 또 다른 건물을 가리킨다.

"저기는 IS가 동성애자로 고발당한 사람들을 내던지던 곳이에요."

노란 택시와 오토바이들이 외벽이 벗겨지고 총구멍투성이의 격자 모양 뼈대가 훤히 드러난 5층 건물 주변에 모여 있다. 나는 그 건물을 쳐다본다. 이곳은 내가 두려워해야 할 곳이자 폭격을 맞은 또 하나의 평범한 건물이다. 그 괴리에서 오는 상반된 감정이 마음을 짓누른다. 어쨌거나 IS가 있었다면 나는 의자에 묶인 채 건물 지붕으로 끌려가 환호하는 군중 앞에 내던져졌을 것이다. IS는 머리가 깨진 시신을 경고의 뜻으로 하루 이틀 길바닥에 내버려뒀다가 다음 희생자가 나올 때쯤 치웠을 것이다. 하지만 이제는 그런 일을 상상하기도 쉽지 않다. 지붕은 사라졌고, 차들은 무심하게 건물을 지나쳐간다.

그러나 이곳에 사는 사람들은 굳이 상상력을 발휘할 필요가 없다.

2부 전쟁

"이 동네를 걷다 보면 끔찍한 냄새가 날 거예요. 사람 냄새 말예요."

칼레드라는 모술 주민의 말이다. 그는 강 건너 모술대학에 다니는 스물한 살의 대학생이다. 우리는 그의 가족이 사는 집 옆에 서 있다. 한 비정부기구NGO가 도시에 희망의 상징이 되도록 그의 가족을 도와 재건한 보라색 주택이다. 몇몇 이웃 주민도 동네로 돌아와 아이들이 먼지 덮인 언덕을 오르내리며 뛰논다. 맞은편에서는 굴삭기들이 앞뒤로 움직이며 잔해를 파느라 먼지를 풍겨댄다. 그날 우리가 도착하기 전에는 시신 한 구가 나왔다고 한다.

"동네 밖으로 나서면 기분이 괜찮다가도 여기로 돌아오면 한순간에 모든 게 엉망이 돼요. 가슴이 아프고 머리가 어질어질해요. 앉아서 공부하려 해도 머릿속으로는 계속 과거, 현재, 미래에 관한 온갖 생각이 들어요. 예전에 죽은 친구들과 가족들이 떠오르고, 시신으로 가득한 이 좀비 마을에 사는 현재를 생각하죠. 그리고 미래에 관해서는 의문투성이예요. 제 미래는 어떻게 될까요? 앞으로는 또 무슨 일이 일어날까요? 그런 생각을 하면 눈앞이 캄캄해요."

정치인들은 '임무 완료'를 선언했고 피드는 다른 악몽으로 관심을 돌렸지만, 모술 사람들은 이렇게 혼돈이 드리운 거대한 그림자 속에서 살고 있다. 그 속에 남겨진 사람들은 전혀 다른 풍경에 적응해야 한다. 물리적으로는 폐허와 잔해, 그 아래 파묻힌 시신들 너머의 세상에 적응해야 하며, 정신적으로는 잃어버린 기회, 과거의 기억, 점점 멀어져가는 미래에 익숙해져야 한다. 이것이 혼돈에 빠진 세상에서 사는 삶이다. 칼레드의 표현처럼 혼돈 속에 사는 사람은 목숨은 붙어 있지만 살아 있지 않은 존재인 '좀비'가 된다. 공식적인 통계는 이 끝나지 않는 트라우마를 포착하지 못한다. '전장 사망자' 수를 계산해 표를 만들고, 세상이 날로 평화로워지고 있음을 나타내는 추세선에 그 숫자를 반영한 뒤에도 트라우마는 계속된다. 우리가 계산해야 하는 것이 있다면, 그것은 좀비로 전락한 삶에서 벗어나려 애쓰는 난민들이다. 이곳에서 만난 모두가 그런 삶에서 벗어나길 바라며, NGO가 희망의 상징으로 내세운 사람 역시 마찬가지다.

"돈만 있으면 이라크를 떠날 거예요."

칼레드의 말이다.

나는 그에게 이곳 아이들의 미래에 관해 묻는다. 많은 아이가 폐허를 놀이터 삼아 놀며 자란다.

"이 동네 아이들은 밖에서 폭발물을 가지고 놀아요. 알누리 대大모스크 근처에서는 아이들이 잔해 더미를 돌아다니다 지뢰를 밟는 바람에… 두 명이 죽었어요."

"최근에 일어난 일인가요?"

"한 달 전쯤의 일이에요."

나귀가 끄는 마차 한 대가 내 쪽으로 달려온다. 고개를 돌려 마차를 보니 열두 살도 안 된 아이가 마차에 서서 고삐를 쥐고 있다. 마차가 지나가는 동안 뒷좌석의 고철 더미 옆에 앉아 있던 다른 아이가 손을 흔들어 인사한다. 뒤를 돌아보니 아이들이 모는 마차 두 대가 차례로 다가온다. 중세 소년병 같은 아이들이 마차를 타고 폭탄으로 가득한 폐허를 지나는 광경이 꼭 〈파리 대왕〉과 〈벤허〉를 합쳐놓은 듯했다. 여기에 어른이라고는 방탄조끼와 헬멧, 자동소총으로 무장한 UNMAS 사람들뿐이다. 사이먼에게 다가간다. 그 뒤로 한 아이가 UNMAS의 자원봉사자들이 조심스레 뒤지고 있는 작은 잔해 더미를 오르는 모습이 보인다. 아이는 두 파편 덩어리 사이에서 커다란 골판지 무늬 철판을 꺼낸다.

"아이들이 저기를 오르면 위험하지 않나요?"

사이먼에게 묻는다.

"엄청 위험하죠."

사이먼에 따르면, 이날 아침에도 두 아이가 폐허 구덩이에 들어갔다가 폭발물이 붙은 자살 폭탄 벨트를 찾았다고 한다.

"아이들이 그런 곳에 들어갔다가 벨트를 건드리면 폭탄이 터지겠죠. 그래도 그만하라고 할 수가 없어요. 그 아이들에게는 생계가 달린 일이니까요. 최대한 조심하라고 경고하는 수밖에 없죠."

아이들이 모는 마차 한 대를 따라 언덕을 내려가 강가의 공터로 향한다. 모술에 있는 많은 무장 민병대 중 하나가 입구를 지킨다. 이라크 정부가 통제력을 거의 발휘하지 못하다 보니, 이런 민병대들이 도시 대부분을 나눠 가진 채 대치하고 있다. 그중에서도 이란의 지원을 받은 민병대들은 도시의 주요 지역을 장악했으며, IS가 숨겨놓았다고 소문이 자자한 4억 달러를 찾기 위해 한 해변을 산업용 굴삭기로 파헤치고 있다. 공터를 지키는 이 작은 민병대는 그에 비하면 벌이가 시원찮은 일을 하고 있지만, 어쨌거나 부당하게 돈을 갈취하는 것은 매한가지다. 모아야드가 가서 내 입장료를 흥정한다.

아이들이 그날 찾은 물건들의 무게를 바로 잴 수 있게 저울 옆에 나귀들을 다닥다닥 매어놓았다. 나귀들이 물을 마시는 동안 아이들은 그 옆에 둥글게 모여 앉아 재잘재잘 떠든다. 하루 종일 깨진 벽돌과 콘크리트를 뒤지느라 얼굴과 손은 온통 하얀 먼지투성이다. 그중 한 아이는 굵은 흰색 글씨로 'FASHION, TURNUP, PLAYER'라는 문구가 쓰인 티셔츠를 입었다. 그 아이와 인터뷰를 하고 싶었는데, 모아야드가 그 행동이 자칫 아이를 위험에 빠뜨릴 수 있다고 했다. IS의 잠복 조직들이 지켜보고 있다가 서양 언론과 이야기했다는 이유로 처벌할지도 모른다는 것이다. 나는 한발 물러나서 모아야드가 아이들에게 다가가는 것을 지켜본다. 그가 돌아와서 아이들은 대부분 도시 외곽의 빈민가 출신이며 매일 구시가지에 온다는 이야기를 전해준다. 아이들은 고철 한 수레를 민병대원한테 가져다주고 1달러를 받는다고 한다. 이 아이들은 자연스럽게 생겨난 봉건 질서의 하수인이자 이 작은 영지를 다스리는 민병대의 농노인 셈이다.

나는 인간이 경험하는 혼돈을 이해하기 위해 여정을 시작했지만, 정작 이곳에서 본 광경은 상상한 것과 딴판이었다. 내가 본 것은 말할 수 없이 비참한 고통이나 가난이 아니라 독특한 형태의 존재 방식이다. 모술에서 어른들은 좀비처럼, 아이들은 봉건제 사회의 농노처럼 살아간다. 인간의 상상력이란 얼마나 빈약한지를 새삼 깨닫는다. 사람들이 살아가는 방식이 어느 순간 소설이나 영화보다 더 비현실적으로 보일 만큼 기괴해질 수 있다는 사실이 놀라울 따름이다. 하지만 이제 모술에서는 이 모든 변화가 점점 정상으로 받아들여지고 있다. 무질서 속에 존재하는 질서의 리듬이 내 눈에도 보이기 시작한다.

4년 전 튀니지에서 목격한 일이 모술에서도 벌어지고 있었다. 먼저 폭발이 있었다. 야니어 바얌이 말한 대로 '물이 끓어오르는' 일이 일어난 것이다. 그런 다음 끓어오르던 물이 진정되기 시작했다. 혼돈에 빠졌던 물 분자들의 움직임이 서서히 잦아들었다. 분자들은 식으면서 서로 결합했다. 그들은 한 덩어리의 액체로 응결되어 작은 물방울을 이뤘다. 다만 이 분자들을 구성하는 것은 수소와 산소가 아니라 관계로 묶인 사람들이었다. 나는 사회열역학*의 생생한 사례를 보고 있었다.

'차가운' 안정기에 독재자들은 모든 사회관계(사회적 자본)를 정권으로 흡수하려 한다. 경쟁 파벌을 정부의 요직에 임명하거나 특별한 권리를 부여해 매수한다. 하지만 아무리 노력해도 사회적 자본 중 일부는 독재자의 통제를 벗어나 있기 마련이다. 재계 엘리트, 종교 단체, 전문가 협회, 노동조합, 종파 연합, 범죄 조직, 정권 내부의 파벌 등이 끈질기게 통제를 벗어난다. 갈등이 충분히 '뜨겁게' 달아올라 사회가 끓어오르면, 이처럼 정권의 통제 밖에 있는 연대들이 살아남는다. 그리고 갈등이 다시 '차갑게' 식으면, 이 연대들이 새로운 정치적 동맹을

---

* 열역학을 사회현상에 적용해 설명하는 이론.

형성한다.

아랍의 봄에 들고일어난 시위자들이 엄청나게 다양했는데도 시위 이후 과거와 비슷한 정치적 갈등이 반복된 이유가 여기에 있다. 튀니지와 이집트에서는 무슬림형제단*이 오랫동안 억압받으면서도 끈질기게 살아남은 사회적 자본의 원천이었으며, 이들은 아랍의 봄 이후 가장 먼저 정치 세력을 조직했다. 무슬림형제단의 주적은 또 다른 사회적 자본의 주 원천인 구정권의 잔당으로, 이들은 경찰과 군대를 제도적으로 장악하고 있었다. 한편 시리아는 종교와 인종 구성이 다양한 덕분에 사회적 자본의 공급원들이 아사드 정권에 흡수되지 않고 전국적인 규모를 유지할 수 있었다. 그리하여 아랍의 봄 이후 형성된 민병대들은 각지에 있는 사회적 자본의 공급원을 활용해 탈영병, 종교 공동체, 범죄 조직의 조직원 등을 모집했다. 시리아에서 아사드에 반대하는 세력이 1000개의 독립 민병대와 3250개의 소규모 부대로 쪼개진 이유다. 모술에서도 이와 비슷한 역학 관계가 나타났다. 종파적 충성심으로 뭉친 민병대들은 외세의 물질적 지원으로 힘을 키웠고, 이라크 정부가 약해진 틈을 이용했다. 민병대들은 깃발로 영토를 표시하며, 사람들을 보호한다는 명목으로 돈을 뜯어내고 통행료를 징수한다. 그중 일부는 잔해에 묻힌 금속을 얻기 위해 아이들을 위험한 폐허로 보내기도 한다. 이라크에서 사회적 자본은 내가 곳곳에서 목격

* 아랍권에서 가장 역사가 깊고 규모가 큰 이슬람주의 조직.

한 광기를 정상적인 것으로 만듦으로써 무질서를 구조화하고 있었다.

이라크에서는 10년 전에도 이와 똑같은 사회열역학이 작동했다. 미국이 이끈 연합군은 사담 후세인 정권을 파괴하고 수니파가 지배하는 관료 집단을 청산했다. 그리하여 군대, 경찰, 정부 관료를 위해 일하던 수백만 명의 수니파 교도가 일자리를 잃었다. 이들은 이제 정부 밑에서 일하지 않았지만, 그중 상당수는 여전히 이라크의 무기와 군수품 보관소에 접근할 권한을 가지고 있었다. 이들은 이라크 전체에 퍼져 있는 어마어마한 사회적 자본의 원천이면서도 조직 없이 분열되어 있었다. 미국이 이라크를 침공하기 직전, 미국의 국무장관 콜린 파월은 한 무명의 수니파 교도를 언급해 그의 인지도를 높였는데, 그 교도는 훗날 분열된 사회적 자본을 상당 부분 통합했다.

"현재 이라크에는 아부 무사브 자르카위가 이끄는 잔악무도한 테러리스트 조직망이 숨어 있습니다."

파월은 2003년 유엔 총회에서 그 인물의 이름을 전 세계에 알렸다. 자르카위는 당시 이라크의 쿠르디스탄 지역에 거주하는 알카에다의 하급 공작원이었지만, 부시 행정부는 그를 9·11테러와 이라크를 묶어 이라크전쟁을 정당화하기 위한 연결고리로 삼았다.

그러나 자르카위는 그리 대단한 인물이 아니었다. 그의 어머니는 테러의 주모자로 의심받는 아들에 관해 질문을 받자, 믿기지 않는다는 듯 이렇게 말했다.

"아들은 그렇게 똑똑한 애가 아니에요."

이후 한 선전 영상에서 자르카위가 기관총을 쏘느라 애먹는 장면

이 퍼지면서 미국에서도 그의 어리숙한 면모가 널리 알려졌다. 하지만 자르카위는 무질서 속의 질서를 이해하고 있었다. 그는 작은 분자들을 조종해 더 큰 조직을 만들 수 있는 방법을 알았다. 게다가 파월이 유엔에서 한 연설 덕분에 그는 어리바리한 군인에서 불평분자들을 군대로 조직할 힘을 가진 잠재적 지도자로 올라섰다. 자르카위는 세속적인 서방 국가를 상대하기보다 이슬람 세계 안에서 전쟁을 벌이기로 마음먹고 알카에다의 리더였던 오사마 빈 라덴과 결별했으며, 훗날 IS로 불릴 조직을 이끌었다. 그는 소수파로서 권리를 박탈당한 많은 수니파 교도를 결집해 다수파인 시아파에 맞섰고, 미군을 상대로 저항을 벌였다.

2006년 자르카위가 죽자 IS는 세가 약해졌다. 하지만 새 지도자인 아부 바크르 알바그다디는 국경 너머 시리아에서 기회를 찾았다. 시리아에서는 아랍의 봄 시위가 내전으로 번졌지만, 7년 전 이라크에서 그랬듯 반정부 세력은 힘이 약한 데다 분열되어 있었다. 알바그다디는 IS를 가장 극단적인 수니파 이슬람주의 무장 단체로 규정하고 다양한 무장 세력을 IS의 깃발 아래 결집해 작은 군대를 준국가proto-state로 만들었다. 그리고 2014년, 알바그다디는 모술을 목표로 삼았다. 그는 모술은 수니파가 다수라는 사실을 전략적 기회로 활용했다. 시아파가 장악한 이라크 정부는 2년 전 수니파가 벌인 시위를 무력으로 진압했고, 많은 수니파 교도는 정부의 가혹한 대우에 분개하고 있었다. 알바그다디 휘하의 장교들은 IS의 군대가 모술에 도착하기 전, 불만을 품은 수니파 교도들을 포섭해 잠복 조직을 만들었다.

2부 전쟁

이후 1500명 규모의 IS 군대가 모술 근처로 진격했을 때만 해도 2만 5000명에 달하는 이라크군에 상대가 안 될 것처럼 보였다. 하지만 그때 IS의 잠복 조직들이 도시 곳곳에서 폭탄을 터뜨렸고, 대학살이 벌어지는 틈을 타 폭탄을 실은 트럭 한 대가 이라크군 사령부에 자살 공격을 감행했다. 이라크군은 황급히 퇴각했다. 알바그다디는 사회적 자본을 이용해 모술을 점령했다. 하지만 도시를 계속 지배하기 위해서는 또 다른 자본의 원천이 필요했다.

IS가 모술을 점령하기 전까지 모아야드는 IS에 관해 들어본 적이 없었다. 그는 자동차 경주와 헬스가 취미인 교사였고, 습관적으로 뉴스를 멀리했다.

"뉴스를 틀면 '사망했다'는 말이 스무 번쯤 나와요. '살해당했다', '누가 사망했다', '누가 납치당했다'는 이야기는 딱 질색이에요."

하지만 IS가 모술을 점령해 주민들을 칼리파 국가*의 포로로 삼으면서 모아야드는 뉴스거리나 다름없는 신세가 되었다. 그는 정신을 온전히 유지하기 위해 나날이 늘어나는 규칙에 맞서 사소한 저항을 시작했다. 친구 집에서 도미노를 하고, 콧수염을 밀고, 밀수한 담배를 사고, 물담배를 했다. 형의 친구 한 사람이 휴대전화에 음악이 들어 있

---

* 칼리파는 종교와 정치를 아우르는 이슬람 세계의 최고 지도자를 뜻한다. 2014년 6월, 알바그다디는 자신을 칼리파라 일컬으며 IS를 칼리파 국가로 선언했다.

었다는 이유로 IS의 도덕 경찰 히스바hisba에 붙잡혀 처형당한 후에
도 집에서 음악을 연주했다. 음악은 그의 삶에 소중한 요소였다. 그는
10대 시절 조지 마이클의 〈아이를 바라보는 예수Jesus to a Child〉와 마
돈나의 〈기도처럼Like a Prayer〉을 들으며 영어 회화를 익혔다. 모술 주
민 대다수가 그랬듯, 모아야드는 부모 형제와 함께 집으로 피신해 겉
보기에는 칼리파 국가가 세워지기 전과 다르지 않은 생활을 했다.

그러던 어느 날, 모아야드를 지켜주던 보호막이 한순간에 벗겨졌
다. 모아야드의 집에 손님이 찾아와 문을 두드렸다. 모아야드의 형수
가 문을 열며 손님을 맞았다. 그때 길을 지나던 히스바가 모아야드의
형수가 맨손으로 나오는 모습을 보았다. 이것은 심각한 범법 행위였
다. IS는 여성이 집 밖으로 나올 때 손을 가리도록 규정했다. 이제 가
족 중 한 사람이 벌을 받아야 했다. 모아야드는 형이 가면 안 된다고
생각했다.

"형이라면 욕을 퍼붓다가 처형당할 게 뻔했어요. 내가 가서 잘못한
사람이 내 누나라고 말했죠."

IS의 경찰들은 가족을 돌보려면 '선량한 무슬림'이 되는 법을 배워
야 한다며 채찍 스무 대가 도움을 줄 것이라 말했다. 경찰관이 채찍으
로 등을 때리는 순간, 모아야드는 웃음을 터뜨렸다. 그는 그 상황을 도
저히 진지하게 받아들일 수 없었다. 김이 빠진 경찰은 여섯 대를 때린
후에 채찍질을 그만두고 그를 풀어줬다.

이라크처럼 내전이 벌어진 곳에서 민병대가 이렇게 끔찍한 잔학 행
위를 저질러서는 안 된다. 거처, 식량, 병력을 비롯한 각종 지원을 지

역 주민에게 의존하기 때문이다. 민병대는 이러한 의존 관계를 기반으로 지역 주민과 협력한다. 그러나 알바그다디는 그가 지배하는 주민들에게 의존하지 않았다. IS는 유프라테스강 계곡의 유전 지대를 장악해 하루에 100만에서 200만 달러를 벌어들였다. 알바그다디는 이 돈으로 외국 출신의 군인들에게 봉급을 두둑이 지급하고 관료 집단을 키웠다. 원자재 시장은 식량 가격을 높이고 내전으로 번질 시위를 촉발함으로써 알바그다디가 시리아에서 세력을 키울 기회를 제공한 데 이어, IS의 조직이 성장하는 데도 자금을 댄 셈이다. 세계 원자재 시장에서 유가가 고공 행진한 덕분에 알바그다디는 암시장에서 다소 손해를 보고 원유를 팔면서도 큰 수익을 올렸다. 원자재 시장의 변화로 식량 가격과 유가가 급등하지 않았다면, 그는 계속 이라크에 숨어 살았을 것이다. 그러나 2011년 시장의 미로에 일어난 갑작스러운 변화는 알바그다디를 우리에서 풀어놓았고, 그가 괴물 중의 괴물로 성장하는 발판을 마련했다.

IS의 지배는 분명 몸서리치게 끔찍했지만, 모아야드가 살아오면서 겪은 유일한 무질서는 아니었다. 1987년생인 모아야드의 삶은 전쟁의 연속이라 해도 과언이 아니다. 그는 이란-이라크전쟁, 걸프전쟁, 사막의 여우 작전, 부시의 침공, 수년간 이어진 무장 반란을 겪었다.

"사이렌이 울리고 나면 미사일이 네다섯 발씩 떨어지곤 했어요."

모아야드가 사담 후세인 정권하에서 보낸 어린 시절을 회상한다.

"하지만 우리에겐 평범한 일이었어요. 사람들은 일하러 갔고, 나는 매일 학교에 갔어요. 단순한 삶이었죠. 차량 폭탄이나 자살 폭탄 공격

도, 폭발도 없었어요. 그렇지 않았다면 느닷없이 포격전에 휘말리곤
했을 거예요."

평범하다는 말과는 거리가 멀어 보이는 삶이다. 하지만 통계적으로
보면, 모아야드처럼 원유 매장량이 풍부한 나라에서 태어나는 축복을
받은 사람에게는 이것이 평범한 삶이다. 우리는 이 이야기를 한 개인
에게 저주가 내렸다거나 불행한 사건이 잇달아 일어났다는 식으로 해
석할 수 있지만, 사실 이 모든 일은 '자원의 저주'로 벌어진 것이다. 석
유는 부와 해악을 동시에 가져다주는 근원이다. 정치학자와 경제학자
들은 무수한 연구로 이 '풍요의 역설'을 입증했다. 원유를 수입하는 이
웃 나라들과 비교하면, 원유 수출국은 비대한 군대를 가진 독재자가
지배하고, 불평등과 부패가 만연하고, 다른 나라를 침략하거나 침략
을 받고, 비정상적으로 긴 내전으로 황폐해질 가능성이 더 높다.

자원의 저주는 혼돈을 증폭하는 또 다른 장치다. 투기자들이 작은
사건을 거대한 가격 충격으로 바꾸고 뉴스 미디어와 포퓰리스트들이
수천 명의 난민을 '침략'으로 부풀리듯, 자원의 저주는 한 지역의 위기
를 세계적인 재난으로 바꿀 수 있다. 자원의 저주라는 장치는 원자재
시장과 국가 권력의 결탁, 손쉽게 벌어들인 돈으로 인해 만연하는 부
정부패, 자기 몫을 챙기기 위해서라면 어떤 악행이든 기꺼이 용인하는
사람들을 결합해 혼돈을 증폭한다. 유전 지대가 있으면, 정부는 원유
를 판 돈으로 군사력을 키워 체제를 강화할 수 있다. 반대로 과격분자
들이 유전 지대를 장악하면, 그들은 나라 경제를 거덜 내고 원유 수익
을 전쟁으로 탕진할 수 있다. 원유 수출국에서 내전이 벌어질 가능성

이 두 배가량 높은 데다 전쟁이 벌어지면 더 오래가는 이유가 여기에 있다. 그리고 이렇게 원유를 수출하는 나라와 그렇지 않은 나라를 비교하는 과정에서 모아야드를 비롯한 수많은 사람이 자원의 저주 속에서 살아간다는 사실은 쉽게 잊히곤 한다.

자원의 저주는 수동적인 과정이 아니라 감정적이고 폭력적인 투쟁이다.

"한쪽에서는 우리 부대가 총격을 받아 부상자들이 피를 흘리며 쓰러졌고, 다른 쪽에서도 아군이 공격을 받고 있었어요."

이라크 쿠르디스탄의 수도 아르빌 외곽에 있는 군 기지에서 페슈메르가의 젊은 군인 아즈완과 이야기를 나눈다. 그녀는 IS가 이라크를 침공하자 대학을 그만두고 군에 입대했고, 곧장 이라크의 칼락으로 가 전투에 나섰다. 쿠르디스탄의 중요 시설인 정유 공장 인근에서 벌어진 전투였다.

"우리는 꼼짝없이 포위당했어요."

아즈완이 스마트폰 화면을 가리키며 말한다. 그녀는 주위에서 전투가 벌어지는 동안 이 영상을 촬영했다. 영상에는 트럭 뒷좌석에 다른 세 여군과 다닥다닥 붙어 앉은 아즈완의 모습이 보인다. 차창 밖에서는 다른 트럭들이 사막의 모래를 흩날리며 방향을 이리저리 바꾸느라 시야에서 나타났다 사라졌다 한다.

"아직 자살 폭탄 부대는 보이지 않았어요. 저격수들이 총을 쏘고 있었죠. 우리가 탄 포드 트럭에 있던 저격수는 부상당했어요. 우리 앞으로 차가 한 대 달리고 있었고, 그 안에서 저격수가 총을 쏴댔죠. 탁 트인 평지여서 우리를 노리기 쉬웠어요. 여기 화면 보면 자살 폭탄 부대가 가까이 왔다고 경고하고 있죠. 폭탄을 실은 차들이 눈에 보일 만큼 가까이 와 있었어요."

곧 그중 한 대가 모습을 드러냈다.

"우리는 기를 쓰고 달아났어요. 공격을 막을 수단이 없어도 어떻게든 살아남아야 했죠. 나중에 다시 적들과 싸워야 했으니까요. 여기 적들이 오른쪽, 왼쪽으로 가라고 신호를 보내고 있죠. 하지만 IS 부대는 양쪽에 다 있었어요. 사방에서 우리를 둘러쌌죠. 구출되려면 아직 한참을 더 가야 했어요."

그들은 탈출에 성공했고, 페슈메르가는 끝내 IS의 진격을 물리쳤다. 쿠르디스탄은 정유 공장을 지켜냈다.

"우울한 하루였지만, 열매는 달콤했어요."

"이라크의 폭력 사태가 급등하는 유가에 불을 붙이다. 이라크의 수출 감소로 유가가 40~50달러 상승할 수 있다."

《파이낸셜타임스》의 2014년 6월 20일 자 기사 제목이다. IS가 모술을 함락했다는 소식이 전해지자 유가는 5퍼센트 상승해 9개월 만의 최고치인 배럴당 115달러를 기록했다. 아즈완과 모아야드의 삶을 집어삼킨 극심한 혼돈은 새로운 '정보'로서 유가에 반영됐다. 모술은 혼돈의 다양한 측면이 복잡하게 얽힌 곳이었다. 좀비 같은 삶, 원유를 둘러싼 혈투, 고향을 떠나야 하는 난민들에 이어 이제는 금융 시장까지 얽혔다. 식량 가격이 급등하면서 시작된 사태는 내전으로 번졌고, 내전은 다시 유가가 급등하도록 불을 지피고 있었다. 시장의 혼돈이 현실의 혼돈을 낳고, 이것이 다시 시장의 혼돈을 키우면서 현실과 시장 사이에 놀라운 되먹임 고리가 만들어졌다. 언론, 알고리즘, 자원의 저주 등 혼돈을 증폭하는 여러 장치 중에서도 가장 강력한 것은 가격이다. 가격은 다른 모든 장치를 포함하기 때문이다. 소란의 원인이 허리케인이든 전쟁이든 외부에서 온 '침략자'의 이미지든 관계없이, 모든 것은 결국 '정보'로서 시장의 가격에 '반영'된다. 그리고 가격은 전 세계를 아우르기에 중동의 작은 지역에서 일어난 혼돈은 빛의 속도로 세계 구석구석까지 퍼져나갔다.

유가 급등은 겉보기에는 전혀 이상할 것이 없는 일이었다. 유가는 아랍의 봄으로 카다피가 실각하고 리비아의 원유 생산이 일시적으로 중단되었을 때도 세 자릿수로 튀어 올랐다. 원자재 시장에 일어난 가장 심각한 가격 충격인 오일쇼크는 1970년대에 석유수출국기구(이하 OPEC)가 석유 금수 조치를 내리고 이후 이란 혁명이 일어나면서 전 세계 원유 공급에 차질이 생긴 결과였다. 공급이 줄면 시장을 장악한 것이 투기자든 실물 원유를 거래하는 사람이든 관계없이 가격은 오르기 마련이다. 이상한 점은 비슷한 가격 충격의 사례를 찾으려면 이렇게 과거로 한참을 거슬러 올라가야 한다는 것이었다. 심지어 2003년 부시가 이라크를 전면 침공했을 때조차 유가에는 큰 변화가 없었다.

부시의 이라크 침공이 유가를 1970년대 수준으로 끌어올리지 못한 데 특히 분개한 사람은 다름 아닌 오사마 빈 라덴이었다.

"지금 유가는 못해도 100달러는 되어야 한다."

2004년 빈 라덴은 이렇게 불평했다. 그는 오래전부터 수십 년간 저유가가 이어진 원인을 미국 탓으로 돌렸고 "미국이 원유 생산을 늘리도록 사우디 정권을 압박해 원유가 시장에 넘쳐난 탓에 유가가 급락했다"고 믿었다. 빈 라덴은 유가가 1979년 정점에 달한 뒤에도 계속 그 수준을 유지했다면 아랍의 산유국들은 매일 4억 500만 달러씩을 더 벌어들였으리라 추정했다. 그리고 이 추세가 25년간 이어졌다면 산유국들은 총 36조 달러를 더 벌었을 텐데, 이는 전 세계 12억 무슬림에게 3만 달러씩 나눠줄 수 있는 금액이다.

"당신네는 국제적 영향력과 군사적 위협을 이용해 우리의 부와 원유를 터무니없는 가격에 강탈해간다. 이는 그야말로 인류 역사상 가장 거대한 도둑질이다."

빈 라덴은 이렇게 분통을 터뜨렸다. 그는 9·11테러를 일으켜 부시를 중동전쟁으로 끌어들이는 데 성공했지만, 유가를 높인다는 핵심 목표를 달성하지 못했다. 반면 2014년 여름, IS가 이라크에서 전쟁을 일으키자 유가는 2004년보다 두 배 넘게(세 배에 가깝게) 뛰어올랐다. IS는 10년 전 이라크전쟁에 비하면 국지적인 혼란을 일으켰는데도 전혀 다른 결과가 나온 것이다.

나는 원자재 투기자들에게 2014년의 유가 급등을 어떻게 생각하는지 물었다. 그들 역시 시장이 격하게 반응한 데는 이상한 점이 있었다고 말했다. 우선 IS는 이라크의 주요 시설들을 전혀 장악하지 못했고, 점령 지역에서 많은 사람을 포섭하지도 못했다. 1970년대와 달리 원유 공급에는 아무런 문제가 없었다.

"IS에 관한 소식이 언론을 통해 퍼지면서 투기자들이 시장으로 몰려들었어요."

카프리콘 자산운용의 전 최고투자책임자 에마드 모스타크의 말이다.

"투기자들은 IS가 수니파 무장 조직이라는 사실을 고려하지 않았어요. IS는 수니파가 다수인 모술을 금방 함락했고, 곧 이라크 전체를 집어삼킬 것처럼 보였죠. 하지만 IS는 원유 생산 시설이 몰려 있는 동부의 시아파 지역과 북부의 쿠르드 지역으로 진격하려다 훨씬 완강한 저항에 부딪혔고, 원유 공급은 계속 차질 없이 이루어졌어요."

투기자들은 오판했다. 그들은 무질서 속의 질서를 이해하지 못했다. 예전부터 종파적 유대의 형태로 존재하던 사회적 자본이 어떤 식으로 갈등을 구조화하고, 어떻게 이라크의 원유가 알바그다디의 손에 들어가지 않도록 저지했는지 알지 못했다. IS는 불만을 품은 수니파 교도를 포섭해 종파 간의 전쟁을 부추김으로써 빠른 성공과 성장을 이뤄냈다. 따라서 수니파와 10년 넘게 대립한 종파들이 장악한 지역은 모술처럼 수니파가 다수인 도시보다 훨씬 거세게 저항할 것이 분명했다. 그런데도 투기자들이 상황을 잘못 판단한 이유는 무엇일까?

"주가나 유가, 지가가 갑자기 오를 때면 늘 무슨 이야기가 따라 나옵니다."

1월의 어느 눈 오는 아침, 예일대학의 경제학자 로버트 실러를 만나 이야기를 듣는다.

"사람들은 가격이 요동치면 당연히 변화를 설명하는 이야기에 관심을 기울여야 한다고 생각해요. 가격이 요동친다는 말은 지금 당장 누군가는 큰돈을 벌거나 잃고 있으며, 새로운 백만장자가 탄생하고 백만장자였던 사람들은 자살하려 들지도 모른다는 뜻이죠. 소위 전문가 중에는 그다지 전문성이 있다고 보기 어려운 사람이 많은데, 이런 사람들은 이야기를 듣기가 무섭게 그리로 달려들어요."

실러는 경제의 거품에 관한 연구로 노벨경제학상을 받으며 명성을 얻었다. 하지만 그는 거품을 일으키는 사건이 있어야만 이야기가 가격을 움직인다고 보지 않는다. 실러에 따르면 이야기는 시장의 고유한 특성이며, 모든 시장은 늘 이야기를 기반으로 작동한다.

"금융 시장이 완벽하고 효율적이라 믿는 사람은 미래에 관한 이야기가 가격을 결정한다고 흔쾌히 인정할 겁니다. 차이가 있다면, 그 사람들은 이런 이야기가 합리적이며 미래에 관한 최적의 예측을 제공한다고 믿는다는 점이죠. 효율적 시장 가설에 따르면, 주식 시장이나 다른 투기 시장은 세상에서 제일 똑똑한 사람들이 미래에 벌어질 일을 두고 한 투표 결과를 대변해요. 반면 나는 투기 시장을 내러티브*라는 관점에서 봐야 한다고 주장해왔습니다. 시장은 분명 이야기에 반응하지만, 그 이야기는 최적의 예측이 아니에요. 그것은 대중의 관심을 사

---

* 내러티브는 흔히 이야기story와 동의어로도 사용되지만, 로버트 실러는 《내러티브 경제학》에서 내러티브를 "특정 사회나 역사적 시기 등을 설명 또는 정당화하는 서술을 할 때 사용하는 이야기나 표현"이라는 뜻으로 썼다.

2부 전쟁

로잡는 이야기이며, 이런 이야기가 입소문을 타고 전염되면서 시장 가격에 반영됩니다. (…) 내러티브가 가진 힘은 객관적인 현실에서 나오지 않아요. 그 힘은 이야기의 되먹임과 전염에서 나옵니다."

다시 말해 투기자는 가격에 반영되는 모든 '정보'를 이야기의 형태로 받아들이며, 투기자의 해석에서 자유로운 순수한 정보는 존재하지 않는다. 그리고 투기자가 내리는 해석은 감정적이고 주관적이다. 어떤 이야기가 매매자들 사이에서 유별나게 인기를 끌면, 그 이야기는 단순히 가격에 영향을 미치는 수준을 넘어서서 자기강화적self-reinforcing인 가격 상승 장치로 변모한다.

"투기 거품을 만드는 되먹임 고리는 이런 식으로 작동합니다. 먼저 투자자 A가 주가를 끌어올립니다. 그러면 돈을 번 A를 보고 부러워하는 투자자 B가 가격이 오른 이유를 설명하는 논리를 찾아냅니다. 근거가 무엇이든 B는 낙관적인 논리를 찾아내죠. B는 이 논리에 따라 거품에 투자해 가격을 다시 한번 밀어 올립니다."

실러의 설명이다. 요컨대 가격이 상승하리라는 낙관적 이야기는 그 자체로 가격을 밀어 올리는 요인이며, 실제로는 틀린 이야기라도 가격이 높아지면 사실로 '확정'된다. 이로써 이야기는 자기실현적 예언으로 바뀐다.

실러에게 가격을 증폭하는 또 다른 되먹임 고리에 관해 묻는다. 앞서 우연히 알게 된 추세추종 전략이다. 추세추종 투기자들은 이야기를 무시하고 가격에만 집중한다고 말한다. 이들은 가격이 오르면 그것만으로 매수할 이유가 충분하다고 본다. 그러나 실러는 '추세추종'

자체가 1950년대에 탄생한 이야기라고 말한다.

"추세추종은 한동안 일부 투자자 사이에서 유행할 수 있겠지만, 결국 기억에서 사라지거나 다른 이론에 밀려날 겁니다."

실제로 2009년 추세추종이 인기를 얻은 배경에는 금융 언론이 만든 이야기가 있었다. 당시 언론은 추세추종을 2008년 자산 시장이 붕괴하는 와중에도 놀라운 성과를 낸 전략으로 소개했다.

추세추종은 모든 가격 변화를 증폭한다. 투기자들이 다른 이야기를 받아들이면서 생긴 가격 변화도 예외가 아니다. 앞서 살펴보았듯, 2010년 러시아의 산불에 관한 이야기와 연준이 인플레이션을 유발하리라는 전망은 식량 가격을 끌어올렸다. 그리고 추세추종자들은(대다수는 추세추종이 거둔 성과에 관한 이야기를 듣고 2009년부터 그 전략을 받아들인 사람들이었다) 이 추세를 더욱 증폭했다. 이 모든 내러티브가 한데 뭉쳐 서로를 보강하며 전 세계에 충격을 끼칠 거품을 부추긴 것이다. 돌이켜 보면 원자재 지수 투자를 주도한 것 역시 '포트폴리오 다변화'의 이점, 중국의 산업혁명, 피크오일peak oil 이론* 같은 내러티브였다. 이제 시장이 단순히 이야기에 반응하는 것이 아니라, 시장 자체가 이야기로 이루어진다는 사실이 눈에 들어오기 시작했다. 투자 전략에 관한 이야기가 어떻게 밀과 인플레이션에 관한 다른 이야기를 증폭했

---

* 석유 생산 능력이 한계에 달해 석유 생산량이 최고점을 찍고 급감하면 유가가 급등하면서 대공황이 오리라고 보는 이론.

는지 알 수 있었다. 이야기들은 그렇게 증폭하고 또 증폭하기를 멈추지 않는다.

이야기는 시장이나 금융 언론에서만 나오지 않았다. 이야기는 어디서든 흘러들어올 수 있었다. 2014년, 가장 강력한 이야기를 퍼뜨린 인물은 알바그다디였다.

"IS는 역설적인 방식으로 승부를 걸었어요."

실러의 말이다.

"그들은 여러모로 자신들을 향한 분노를 키울 영상을 인터넷에 올렸어요. 가령 기독교도를 참수하는 영상을 올리면 대중이 좋게 볼 리가 없죠. 하지만 역설적이게도 그 영상에 열광하는 소수 사이에서는 IS에 관한 이야기가 빠르게 퍼졌어요. 이것은 내러티브가 가진 힘을 보여주는 증거입니다. IS에 관한 내러티브는 열렬한 관심을 이끌어냈기에 비로소 유가에까지 영향을 미칠 수 있었죠."

나는 실러와 스티글리츠에게서 가격에 관한 두 가지 진실을 배웠다. 하나는 가격이 이야기를 한다는 것이다. 가격은 이야기를 들려주며, 이 이야기는 사람들을 들뜨게 하고 널리 퍼지면서 자기실현적 예언으로 바뀐다. 이러한 관점에서 보면 가격을 움직이는 것은 과학적 합리성이 아니라 감정적 전염이다. 다른 하나는 가격이 속임수를 쓴다는 것이다. 가격은 정보를 숨기며 사람들이 알지 못한 사이에 그들을 조종해 부를 가져가기도 한다. 이러한 관점에서 보면 가격은 주도면밀하게 사용되는 합리적 무기다. 그렇다면 이 두 관점은 과연 양립

할 수 있을까? 나는 앞서 화물신앙을 분석하며 종교적 숭배에서 금융 시장의 원형을 찾았고, 다시 한번 같은 방식으로 이 문제를 설명하고 자 했다. 그리하여 이번에는 미국에서 예언과 속임수를 결합한 사례 를 찾았다. 이 사례는 가격이 어떻게 사람들을 조종하는 동시에 이야 기를 만들어내는지 간접적으로 보여준다.

1973년 어느 여름날, 마샬 애플화이트와 보니 네틀스는 태평양 북 서부 연안의 어느 해변에서 난데없이 '천둥 같은 진동'을 느꼈다. 그 순간 그들은 신의 계시를 받았다. 두 사람은 자신들이 〈요한계시록〉 11장*에서 예언한 '두 증인'이라 믿기 시작했다. 그들은 살해당한 뒤 죽은 자들 사이에서 일어나 구름을 타고 천국으로 갈 운명이었다. 그 런데 여기서 두 사람이 말한 '구름'은 다름 아닌 우주선이었다.

애플화이트와 네틀스는 보Bo와 핍Peep으로 이름을 바꾸고, 길 잃 은 영혼을 UFO 시대로 이끌 우주 시대의 목자로 자청했다. 두 사람 은 인류에게 최후의 '수확'이 찾아오리라 예언했다. 그러면 '인간을 넘 어서는 수준'에 이른 사람만이 하나뿐인 우주선을 타고 '다음 단계'로 향할 수 있다는 것이었다. 이후 그들의 말을 예언으로 받아들인 수십 명의 추종자가 종교 집단을 이루자 보와 핍은 예언을 바탕으로 추종 자들의 일상을 통제하기 시작했다. 두 사람은 엄격한 규칙이 인간성

---

* 내가 나의 두 증인에게 권세를 주리니 저희가 굵은 베옷을 입고 일천 이백 육십 일을 예언하리라. (요한 계시록 11장 3절)

을 초월하는 데 도움을 주리라 보고 섹스, 인간관계, 친구, 약물, 술을 금지하고, 개인적으로 물건을 소유하거나 정체성을 드러내지 못하게 했다. 이에 따라 신도들은 이름을 바꾸고 머리를 밀고 단체복을 입었다. 텔레비전 시청은 인간의 행동을 연구할 수 있도록 허용되었지만, 서부 개척 시대를 다룬 드라마 〈초원의 집Little House on the Prairie〉은 '인간적인 울림을 준다'는 이유로 금지되었다. 이 집단은 훗날 '헤븐스 게이트Heaven's Gate(천국의 문)'라는 이름으로 알려졌다.

1975년, 보와 핍은 한 달 동안 신도들을 떠나 영적 여행에 나섰다. 그런데 두 사람이 여행을 간 사이, 에런이라는 신도가 자신도 계시를 받았다고 주장하고 나섰다. 우주선을 탄 외계인들이 그에게 술을 마시고 마리화나를 피우고 여자친구와 섹스해도 괜찮다고 말했다는 것이었다. 신도들은 두 파로 쪼개졌다. 절반은 금욕주의를 버리고 쾌락주의를 택했다. 경악한 보와 핍은 이단자들을 내쫓고, 기존의 규칙을 되돌려놓았다. 그러면서 이번에는 우주에서 직접 새로운 계시가 내렸다고 선언했다. 외계인들이 더는 모두와 소통하지 않고 두 사람하고만 소통하리라는 계시였다.

보와 핍이 맞닥뜨린 문제는 헤븐스 게이트만의 문제가 아니었다. 나는 사회학자 막스 베버의 대표적인 종교 연구에서 같은 문제를 발견했다. 베버는 가톨릭 신부와 유대교 랍비들이 신과 접촉했다고 주장하는 평신도들 탓에 골머리를 썩인다는 사실을 알게 되었다. 신부와 랍비들이 내놓은 해결책은 단순했다. 이들은 예언의 시대는 끝났으며, 신은 재림할 때까지 사람들에게 말을 걸지 않는다고 선언했다.

.

베버가 말하기를, "정경正經의 종결"은 "종교의 역사에서 특정 시기를 예언적 카리스마의 축복을 받은 시대"로 지정하는 일이었으며, "랍비들은 이 시기를 모세부터 알렉산더대왕까지로 보았고, 로마 가톨릭에서는 이 시기를 사도 시대*로 보았다"고 했다. 이렇듯 가톨릭과 유대교에서 수백 년에 걸쳐 일어난 일이 헤븐스 게이트에서는 고작 2년 만에 일어났다. 하지만 이들이 전하고자 한 메시지는 한결같았다. 신은 이제 당신들에게 말을 걸지 않으며, 우리에게만 말을 건다는 것이다. 베버는 영적 교리에서 이러한 공통점이 나타나는 이유는 모든 종교가 같은 사업 모델을 가지고 있기 때문이라 보았다. 사제와 예언자들은 평신도들에게 성스러운 지식을 전하는 대가로 돈, 식량, 토지 같은 물질 재화를 받아 종교 관료제를 유지하고 자신들의 급여로 쓴다. 따라서 평신도들이 종교 지식을 직접 생산할 수 있다면, 사제들은 영적 독점권과 함께 물질적 수입을 잃을 것이다. 사제들의 권력은 정보를 통제하는 데서 나온다.

종교를 믿지 않는 사람이 보기에 이 내러티브는 평신도에게서 물질적 부를 얻어내 경제적 생산성이 없는 사제 계급을 부양하려는 전략이자 속임수에 불과하다. 평신도들은 '대중의 망상'에 속아 넘어간다. 그러나 반대로 한 평신도가 세상이 돌아가는 원리를 규정하는 종교 교

* 예수의 부활부터 사도 요한의 죽음으로 열두 사도의 활동이 끝날 때까지의 시기를 말한다.

리에 도전한다고 생각해보자. 이와 관련한 유명한 사례가 교회의 가르침과 반대로 지구가 태양 주위를 돈다고 주장한 갈릴레오 갈릴레이다. 그는 이단으로 고발당해 공개재판을 받았고, '거짓' 진술을 철회하도록 강요당한 뒤 교회 당국의 결정으로 감옥에 갇혔다. 물론 갈릴레이의 주장은 옳았다. 하지만 그의 운명을 결정한 것은 그를 지배하는 권력기관들이 정한 일련의 규칙과 그 규칙에 따라 이루어지는 사회적 게임이었다. 이 게임에서는 교회가 공인한 내러티브에 순응하면 보상을 받고 도전하면 벌을 받았다. 갈릴레이가 보여주었듯이 세계의 상태에 관한 객관적 진실을 아는 것은 이 게임에서 아무런 의미가 없으며, 오히려 개인에게 엄청난 희생을 초래할 위험이 있었다. 그에 반해 정설로 인정받는 내러티브에 순응하는 사람은 사회적 성공과 지위, 부를 누릴 기회를 얻었다.

달리 말하면, 때로는 잘못된 것이 합리적일 수 있다. '망상'에 빠진 사람만이 잘못된 믿음을 지지하지는 않는다. 거짓 내러티브(화물이나 우주선이 온다거나 태양이 지구 주위를 돈다는 이야기)에 기반을 두는 공동체에서는 계층 사다리의 꼭대기에 있는 계급이 그 내러티브를 활용해 부를 쌓는다. 장기적으로 보면 공산품이 실제로 만들어지는 과정, 현재로서는 외계인이 지구에 종말을 가져올 가능성이 없다는 사실, 지구가 태양을 공전한다는 사실은 경제적으로 생산적인 정보다. 하지만 단기적으로 보면 그렇지 않을 때가 많다. 부는 단순히 한 집단의 부를 다른 집단으로 이전하는 방식으로도 얻을 수 있으며, 그렇게 해서 부를 얻는다면 식량, 연료, 주택, 의복 같은 물건을 만들거나 교육, 의료,

오락 같은 서비스를 제공하는 물리적 과정에 굳이 참여할 필요가 없다. 지배적 통념을 알아맞히는 사회적 게임에 참여해 그 통념을 누구보다 먼저 열렬히 받아들이면 부를 이전받는 집단의 일원이 될 길이 열린다.

존 메이너드 케인스는 이러한 사회적 게임의 모형이야말로 모든 투기 활동의 기초라 보았다. 그는 투기 활동을 1930년대 한 신문에서 인기를 얻은 게임에 비유했다. 이 신문은 독자들에게 젊은 여성들의 얼굴을 보여준 다음, 다른 독자들이(아마도 남성 독자들이) 누구를 가장 매력적이라 생각할지 추측해 답을 쓰도록 했다. 따라서 게임의 목표는 누가 가장 매력적인지를 알아내는 것이 아니라, 사람들이 남들은 어떤 선택을 하리라 추측할지를 알아내는 것이었다. 이것은 객관적으로 누가 가장 아름다운지가 아니라 아름다움을 설명하는 내러티브를 예측하는 게임이었다. 케인스가 고른 사례에는 이상한 여성 혐오가 깔려 있지만, 그 점을 차치하면 그의 주장은 깊은 통찰을 담고 있다. 투기 시장은 다른 투기자들의 움직임을 예측함으로써 승리하는 사회적 게임이다. 물론 장기적으로는 진실이 승리할지 모른다. 하지만 케인스가 남긴 유명한 말처럼 장기적으로 우리는 모두 죽는다.

투기 게임에서 승리하려면 종교가 발전하면서 만들어낸 게임과 똑같은 논리를 따라야 한다. 두 게임은 모두 지배적 통념에 순응할 때 보상을 내린다. 또 두 게임에서는 새로운 것(유형의 재화나 서비스)을 창조하기보다는 다른 게임 참가자들이 받아들일 새로운 '진실'을 예상함으로써 부를 얻는다. 이때 부는 성장하지 않으며, 참가자들 사이에서 이

전될 뿐이다. 스티글리츠와 실러는 다른 두 게임이 아니라 같은 게임의 두 측면을 설명한다. 합리적인 참가자들이 어떤 생각이 비합리적임을 알면서도 그 생각을 공공연히 받아들이는 게임이다.

앤 해서웨이는 할리우드의 유명 배우다. 버크셔 해서웨이는 유명투자가 워런 버핏이 경영하는 상장 기업이다. 앤 해서웨이가 아카데미 시상식의 진행자로 나선 날 버크셔 해서웨이의 주가는 2.94퍼센트올랐다. 앤 해서웨이가 주연한 영화 〈신부들의 전쟁〉이 개봉한 날 버크셔 해서웨이 주가는 2.61퍼센트 올랐으며, 〈패신저스〉(1.43퍼센트), 〈레이첼, 결혼하다〉(0.44), 〈발렌타인 데이〉(1.01), 〈이상한 나라의 앨리스〉(0.74), 〈러브 & 드럭스〉(1.62)가 개봉한 날에도 버크셔 해서웨이의 주가는 상승했다. 반면 2011년 앤 해서웨이가 자동차 사고crash*를당한 날 버크셔 해서웨이의 주가는 0.84퍼센트 하락했다. 무언가가두 해서웨이를 연결해 하나로 취급하면서 매매를 수행하고 있었다.

"프로그램은 늘 핵심 단어와 핵심 데이터, 다른 시장의 핵심 변화를찾고 있어요."

원자재 헤지펀드 RCMA 자산운용의 최고투자책임자 더그 킹의말이다. 피드에 올라오는 머리기사들은 혼돈에 빠진 세상뿐 아니라매매 알고리즘이 수집하는 데이터를 대변했다.

---

* 영어 crash는 '사고' 외에도 '(가격의) 폭락'이라는 뜻이 있다.

"지금 당장 확인할 수 있어요. 매일같이 눈앞에서 벌어지는 일이죠. 거래량이 어떻게 움직이는지, 모든 상황이 시장에 퍼지는 특정 머리기사에 얼마나 빠르게 반응하는지를 보면 알 수 있죠."

매매 알고리즘은 뉴스를 읽으면서 가격에 반영될 새로운 통념과 시장의 새로운 내러티브를 예상한다. 새로운 통념은 틀렸을 수 있지만, 통념이 사실인지 아닌지는 전혀 중요하지 않다. 중요한 것은 먼저 움직여서 경쟁자들보다 한발 앞서나가는 일이다. 가격은 내러티브를 포함하지만, 이는 인간에게 감정적 전염성에 따라 이야기를 선택하는 심리적 결함이 있기 때문에 일어난 일이 아니다. 그것은 사회적 게임이 제시하는 보상을 합리적으로 좇은 결과일 뿐이며, 이 게임에는 감정이 없는 컴퓨터도 똑같이 참여할 수 있다. 많은 컴퓨터가 버크셔 해서웨이와 앤 해서웨이를 혼동하는 한, 잘못된 예측은 자기실현적 예언이 되며 가격이 오르는 동안 진실로 받아들여진다.

두 해서웨이를 혼동한 알고리즘들은 이라크에서 아즈완과 모아야드를 집어삼킨 전쟁에 관한 기사도 읽고 있었다. 알고리즘은 사람들이 '이라크'와 '전쟁'이라는 단어를 눈으로 채 인식하기도 전에 둘을 연결해 유가 상승을 예상하고 원유 선물을 매수했다. 알고리즘은 틀린 동시에 옳았다. 원유 공급이 차질을 빚으리라는 예상은 틀렸지만, 다른 거래자들(다른 알고리즘) 역시 똑같이 판단하고 원유 선물을 매수하리라는 예상은 옳았다.

"당시의 머리기사들을 보던 알고리즘들은 매우 민감하게 반응했어요."

킹의 설명이다. 앞서 살펴보았듯이 **민감성**은 혼돈계, 즉 작은 것을 크게 만드는 나비 효과의 주된 특징이다.

컴퓨터는 혼돈이나 가격을 높일 수 있는 작은 소란을 찾아 전 세계에서 쏟아지는 머리기사들을 훑으며 사람들이 기사를 검증하기는커녕 채 읽기도 전에 자동으로 매매한다. 어마어마한 규모로 이루어지는 알고리즘 매매는 혼돈이 일어날 기미(가령 군대가 정유소로 접근하는 일)만 보여도 이를 현실을 뒤흔드는 가격 충격으로 부풀릴 수 있다.

"오늘날 가격은 여태 본 적이 없을 만큼 심하게 요동칩니다. 걸프전이나 금융위기 같은 사건이 일어나지 않더라도요."

킹에 따르면, 가격 변동의 원인은 "원자재와 아무런 관계가 없을 수" 있다.

나는 전쟁과 석유에 얽힌 이 이야기에서 또 하나의 반전을 마주했다. 알고리즘은 군사적 충돌이 발생하면 원유 공급이 줄면서 유가가 상승한다는 일반적 통념에 따라 매매한다. 그러나 라이스대학의 석유 경제학자 마흐무드 엘가마는 이렇게 말한다.

"어떤 정권이 들어서든 '원유를 더 생산하지 않을 것'이라고 선언하는 일은 없을 겁니다. 공급을 실제로 줄이는 일은 기반시설과 교역로를 물리적으로 파괴하는 것뿐이에요."

유전 지대를 장악한 새 정부나 무장 조직에게는 그들의 이념이 무엇이든 그곳을 파괴하려 들 이유가 없었다.

"IS는 국가를 세우려 했고, 원유 수익에 의존하고 있었어요. 그러니 그들은 유전 지대를 점령하더라도 원유 생산을 멈추지 않겠죠. IS가 원유 생산을 중단한다는 건 앞뒤가 안 맞는 이야기였어요. 황금알을 낳는 거위를 두고 왜 그런 짓을 하겠어요."

실제로 알바그다디는 원유를 튀르키예로 빼돌려 세계 시장에 팔기 위해 이라크의 원유 기반시설을 장악하려 했다. 따라서 아즈완과 페슈메르가 군대가 IS의 진격을 막지 못하고 칼락의 정유소를 빼앗겼다 해도 전 세계 원유 공급에는 별다른 변화가 없었을 공산이 크다. 차이가 있다면 오일달러가 이라크의 쿠르디스탄이 아니라 IS로 흘러간다는 점뿐이었을 것이다.

그러나 유가가 배럴당 40~50달러씩 오르면서 엄청난 가격 충격이 벌어지는 일은 끝내 일어나지 않았다. IS의 모술 점령으로 인한 유가 급등은 새로운 추세의 시작이 아니라 지난 3년간 이어진 추세를 끝내는 사건이었다. 유가는 2011년 아랍의 봄이 시작되었을 때부터 세 자릿수를 넘어섰기에, 이 사건으로 유가가 5달러 올랐다 해도 이는 이미 사상 최고 수준에 이른 가격을 조금 더 높이는 일에 지나지 않았다. 엘가마는 이렇게 설명한다.

"아랍의 봄이 벌어지는 동안, 북아프리카 국가들에서 정권 교체가 일어나면 이는 결국 주요 산유국들의 정권 교체로 이어져 원유 수출에 지장이 생길 거라는 이야기가 나왔어요. 세계 원유 시장이 공급 과잉 상태임이 분명했는데도 거품이 계속 유지된 건 이런 이야기 때문이었죠."

카다피가 실각하자 리비아의 원유 생산에 차질이 생겼지만, 이는 일시적인 문제일 뿐이었다. 그 외 다른 지역에서는 내내 원유 공급이 끊긴 적이 없었다.

"미국과 전 세계에서 원유 재고가 쌓이는 와중에도 유가는 떨어지지 않았어요. 심각한 혼란이 벌어지면 지금처럼 가격이 폭등해도 모든 물건이 하루아침에 동날 수 있다는 우려 때문이었죠."

당시 유가를 높인 것은 아랍의 봄이 원유 생산에 혼돈을 가져오리라는 내러티브였다. 하지만 이 내러티브는 사실이 아니었으며, 정권 교체 자체가 원유 생산에 충격을 줄 가능성은 희박했다. 어떤 정권이든 오일달러가 주는 힘을 탐내기는 매한가지였기 때문이다. 시장의 혼돈은 현실 세계의 혼돈을 촉발했고, 현실의 혼돈에 관한 **인식**은 다시 한번 시장에 혼돈을 가져왔다. 그 근거가 아랍의 봄으로 시작해 끈질기게 이어진 일련의 이야기든, IS의 이라크 침공을 전하는 뉴스 속보든 관계없이 혼돈에 관한 인식이 생겨나면, 가격은 늘 이를 반영했다. 그리하여 가격은 당시에도 이후에도 일어나지 않았고, 앞으로도 일어날 가능성이 거의 없는 미래의 혼란에 관한 예측을 반영했다. 2013년, 엘가말은 아랍의 봄이 부추긴 유가 거품이 터지리라 전망했고, 유가는 IS가 모술을 점령하면서 급등한 직후 마침내 무너졌다.

가격은 이해하려 다가갈수록 더 기이해 보였다. 본래라면 가격은 정보를 종합하고, 전 세계 공급망을 조정하며, 사람과 재화, 서비스를 경제의 가장 생산적인 부분에 배치해야 했다. 그러나 가격은 현실이 아니라 현실에 관한 집단적 인식, 즉 통념을 중심으로 이루어지는 사회적 게임에 휘둘렸다. 이 게임에서는 숭배 집단이나 종교에서처럼 새롭게 떠오르는 통념을 재빨리, 공개적으로 받아들이면 부나 지위 같은 물질적 이익을 축적할 수 있다. 장기적으로 보면 통념은 무너질 때가 많다. 하지만 단기적으로 진실과 부를 결정하는 통념은 의심할 수도 물리칠 수 없는 존재로 보일 수 있다.

통념은 정의상 독점과 같다. 독점에는 부를 얻어내는 고유의 방식이 있는데, 경제학자들은 이를 '지대rent'라 부른다. 유전은 독점의 교과서적인 사례다. 어떤 무장 집단이나 군대가 유전을 장악하고 독점을 선언하면, 그들은 원유를 생산해 안정적으로 수익을 얻을 수 있다. 이처럼 '지대'를 곧바로 손쉽게 얻을 수 있다는 이점은 유전 지대와 산유국을 부패한 정치인, 무장 집단, 외국 군대의 표적으로 만들어 자원의 저주를 부채질했다. 종교적 지대 역시 같은 방식으로 작동한다. 한 교회가 특정 지역의 종교적 통념을 독점하겠다고 선언하고 경쟁 교회들을 배제한다고 하자. 이들은 구원을 주는 유일한 존재이기에 육체적·영적 벌로 인한 고통에 시달리는 신자들은 부의 일부를 '지대'로서 교회에 바치는 수밖에 없다. 마찬가지로 케인스부터 스티글리츠에 이르는 경제학자들은 금융이 어떻게 온갖 부당한 '지대'를 얻어내는지를 보여줬다. 금융 기관들은 서로 결탁하고 정치 세력의 후원을 받음으로써 서비스를 제공해야 할 사람들로부터 안정적으로 부를 얻어낼 수 있다.

투기 시장은 언뜻 보기에 '독점적'인 면이 전혀 없어 보인다. 투기 시장은 정의상 경쟁적인 곳이기 때문이다. 그러나 투기 시장의 경쟁은 조금도 공정하지 않다. 앤 해서웨이에 관한 소식이 버크셔 해서웨이의 주가를 뛰어 오르게 한다는 사실에서 짐작할 수 있듯, 투자 은행과 거대 헤지펀드들은 계속 경쟁 상대를 압도할 수 있는 최첨단 무기들을 가지고 있다. 이들은 시장에서 떠오르는 내러티브를 독점하지 않으며, 독점할 필요도 없다. 경쟁자들보다 먼저 내러티브를 예측하기만 해도 정보의 위계에서 우월한 지위를 유지할 수 있다. 중요한 것은 늘 한발 앞서 새로운 통념을 듣는 일이다.

이처럼 경쟁적이면서도 위계가 단단한 사회 구조를 보며 나는 모술에서 마주친 민병대들을 떠올렸다. 모술에서는 영지를 두고 다투는 세력들이 경쟁적이면서도 자발적인 질서를 이루고 있었다. 그 질서 속에서 가장 강한 자는 노른자 땅을 차지했고, 약자들은 폭발물 틈에서 고철을 파내는 아이들 위에 군림하는 데 만족해야 했다. 중앙아메리카의 카르텔이나 중세의 하급 귀족들과 마찬가지로 느슨한 봉건 질서를 이루고 있는 모술의 민병대들은 독점을 통해 지대를 얻는 방식으로 부를 착취한다. 그들은 서로의 영토를 차지하려 싸우지만, 영토의 경계는 거의 변화 없이 유지된다. 이와 비교하면 금융 시장은 영토가 아니라 정보를 놓고 경쟁하는 금융 봉건제라 할 수 있다.

그러나 금융 시장에서 '정보'는 이라크의 원유 기반시설에 실제로 무슨 일이 벌어지고 어떤 세력이 그 시설을 통제하는지가 아니라 뉴욕과 런던의 거래자들이 어떻게 현실을 인식하는지에 따라 결정된다. 가격을 움직인 것은 거래자들의 집단적 인식과 통념이었으며, 거래자들은 통념을 바탕으로 가격을 예측함으로써 수익을 올렸다. 그 통념이 현실에 부합하지 않는다는 사실은 전혀 중요하지 않았다. 아랍의 봄으로 촉발된 혁명은 원유 공급에 전혀 심각한 위협을 끼치지 않았고, 누가 권력을 잡든 원유 공급에는 아무 문제가 없었다. 그런데도 통념은 3년 동안 널리 받아들여졌다.

그 결과 고유가가 이어지면서 막대한 부가 소리 없이 이전되었다. 부를 챙긴 것은 금융 시장에서 벌어진 투기 게임의 승자만이 아니었다. 야니어 바얌과 그의 동료들은 10년간 원자재 시장에서 규제가 사라지고 금융화가 이루어진 결과, 산유국들이 원자재 가격 상승으로 뜻밖의 어마어마한 이익을 챙겼다고 추정했다. 2002년부터 2012년까지 투기 금융은 사우디아라비아에 최대 8200억 달러, 러시아에 5800억 달러, 베네수엘라에 2300억 달러, 이란에 2900억 달러, 쿠웨이트에 1900억 달러의 **초과** 수익을 안겨주었다. 세계에서 가장 부정부패가 심각한 정부들로 곧장 부가 이전된 것이다. 그리고 이들은 나비가 또 한 번 날갯짓하도록 부추겨 전 세계를 휩쓸 혼돈의 파도를 일으킬 참이었다.

전염
유로파이터 타이푼에서 일대일로까지

"저는 지난주 트리폴리와 벵가지에 다녀왔습니다."

2011년 9월 22일, 영국의 신임 총리 데이비드 캐머런이 유엔 총회에서 한 첫 연설에서 말했다.

"그곳에서 조국을 되찾고 자유와 민주주의의 새 장을 써나가고자 하는 시민들의 열망을 보았습니다. 이것은 아랍의 봄이라 불리는 운동에서 가장 극적인 사건이었습니다."

캐머런은 동료 정치지도자들에게 이기적인 현실정치Realpolitik를 멈추고 더 나은 세상을 만들기 위한 이상주의 운동을 함께 지원하자고 촉구했다.

"우리는 1989년 이후 베를린장벽을 무너뜨린 사람들이 탄탄한 민주주의와 시장경제를 수립하도록 힘을 모았습니다. 마찬가지로 2011년인 지금, 우리는 더 개방적이고 민주적인 사회를 향한 희망을 외치며 일어난 북아프리카와 중동 시민들을 도울 수 있고, 또 도와야 할 책임이 있습니다."

그로부터 1년 뒤, 캐머런은 두바이를 방문했다. 하지만 그가 웅변했던 고귀한 이상은 온데간데없었다. 그가 최우선으로 삼은 의제는 사우디아라비아에 유럽연합에서 만든 전투기 유로파이터 타이푼 72대를 대당 7000만 파운드에 판매하는 계약을 마무리하고, 다른 페르시아만 연안 국가들*에 100대를 더 파는 것이었다. 1년 전 시위대가 정권을 바꾸도록 돕자고 국제 사회에 호소하던 그가 왜 이제는 타도의 대상이었던 정권들이 군사력을 키우도록 거들게 됐을까?

"우리는 자기방어를 위한 군사 장비 판매와 관련해 세계 어느 나라보다 엄격한 제도를 갖추고 있지만, 동시에 어떤 국가든 자위권이 있다고 믿습니다."

캐머런은 한 성명에서 이렇게 주장했지만, 이는 공허한 말장난일 뿐이었다. 불과 1년 전, 사우디아라비아는 이웃 나라인 바레인의 시위대를 '진압'하기 위해 영국제 차량으로 무장한 군대를 파견했다. 이것은 '자기방어'가 아니라 민주주의를 지지하는 외국의 시위대를 짓밟는 일이었다.

아랍의 봄으로 일어난 민중 봉기들은 이미 끝난 지 오래였다. 그중

---

* 페르시아만 연안에는 이라크, 이란, 아랍에미리트, 쿠웨이트, 사우디아라비아 등 주요 산유국이 몰려 있으며, 이들을 묶어 페르시아만 연안 국가gulf states라 부른다.

일부는 내전으로 번졌고, 금융 시장의 투기자들은 이를 원자재 시장의 가격에 반영하고 있었다. 유가는 투기자들로 인해 천정부지로 치솟았고, 덕분에 사우디아라비아, 쿠웨이트, 러시아, 베네수엘라는 원유를 팔아 떼돈을 벌었다. 그러자 외국의 고위 인사와 부동산 개발업자, 기술 기업가, 영화 제작자, 방위산업체, 투자 은행, 자산 관리자들이 한몫을 잡아보려 주요 산유국에 줄을 섰으며, 캐머런 역시 그 대열에 끼어 있었다. 당시 런던 시장이었던 보리스 존슨도 그중 한 사람이었다. 존슨은 카타르에 다녀온 뒤《데일리텔레그래프》에 기고한 글에서 이렇게 말했다.

"그들은 낙타 고기와 우유를 먹는다. 낙타로 경주를 하고, 심지어 미모 경연 대회까지 한다."

존슨은 보수적인 독자들이 "칼주름 잡힌 치렁치렁한 흰색 로브"를 걸친 이국적인 모습의 외국인들을 달갑지 않게 여기리라는 점을 인정하면서도, "영국에는 엄청난 기회이며, 우리가 제공할 수 있는 것이 정말 많다"고 그들이 가진 부가 얼마나 대단한지, 어떻게 하면 그로부터 한몫 챙길 수 있는지를 생각해보도록 권했다.

그렇다면 오일달러를 챙긴 산유국의 정치인은 무엇을 원할까? 횡재한 돈을 빼돌려 해외에 안전하게 보관하고 싶어 하지 않을까? 그렇다면 런던의 부동산만큼 돈을 안전히 넣어두기에 안성맞춤인 곳이 없으며, 런던의 부동산을 살 때는 조세피난처로 영국령 섬나라들을 이용하는 것이 제일이다. 그게 아니라 선거 직전에 열성 지지자들에게 거한 선물을 내놓고 싶다면? 미국의 은행들은 미래의 원유 수익을 고려해 기꺼이(물론 수수료는 두둑이 챙기겠지만) 돈을 빌려줄 것이다. 2012년 재선에 나선 베네수엘라의 우고 차베스가 TV쇼 〈오프라 페이보릿 띵스〉에서 방청객들에게 선물을 뿌리는 오프라 윈프리처럼 유권자들에게 집과 세탁기, 텔레비전 등을 나눠줬을 때도 미국의 은행들은 차베스에게 돈을 빌려줬다. 혹은 국내의 반대 세력을 진압하고 이웃 나라를 침략하기 위해 새로운 무기 체계가 필요하다면? 영국 총리가 거래를 위해 몸소 찾아갈 것이다.

'사회주의' 베네수엘라든 '민족주의' 러시아든 '신정주의' 사우디아라비아든 관계없이 모든 원유 수출국이 횡재한 돈을 어떻게 쓰는지는 세 욕망(돈을 빼돌리고, 지지자에게 보상을 주고, 군사력을 키우려는 욕망)과 관련이 있다. 미국을 비롯해 세계 여러 나라가 이러한 욕망을 실현하도록 도우며 돈을 벌지만, 금융과 부동산, 방위산업이 경제의 중심인 영국은 유달리 여기에 집중한다. 이 점에서 영국은 과거 제국의 전성기 시절부터 외국의 부를 약탈하면서 혼돈을 조장하던 행태를 멈추지 않고 계속해왔다고 볼 수 있다. 다만 그 방식이 과거와 다를 뿐이다.

나는 전 세계를 아우르는 국제 금융을 따라 오일달러를 추적하면서 산유국들이 벌어들인 막대한 돈과 뒤이은 약탈이 별개의 거래가 아니라 부메랑처럼 돌고 도는 하나의 거래임을 알게 되었다. 앞서 우리는 금융 시장(연기금, 대학기금, 은행, 헤지펀드 등)에서 나온 자본이 어떻게 원유 선물로 흘러들어가 가격을 밀어 올리고 원유 수출국들의 계좌를 두둑이 채웠는지 살펴보았다. 하지만 그들의 계좌에 있던 돈은 곧 군수업체나 투자 은행으로 들어가거나 주식 시장과 부동산을 거쳐 가까운 은행의 다른 계좌로 들어갔다. 그 돈은 뉴욕과 런던에서 출발해 리야드, 모스크바, 카라카스를 거친 다음, 부메랑처럼 뉴욕과 런던으로 되돌아갔다. 사실상 돈은 같은 서구권 은행의 다른 계좌들 사이를 왔다 갔다 하며 왕복 여행을 한 것이나 다름없다. 이렇게 디지털 공간에서 돈이 춤추듯 움직이는 동안, 산유국들은 무기를 사고 반대 세력을 매수하는 대가로 부를 약탈당했다.

자원의 저주는 이러한 순환 구조에서 비롯한 현상이 아니었다. 그 구조 자체가 바로 자원의 저주였다. 산유국의 정치인들은 민중이 고통받는 와중에도 이 구조를 활용해 권력을 유지한다. 원유를 수입하는 이웃 나라들보다 원유를 수출하는 나라에 사는 사람들이 돈을 더 적게 벌고, 자유와 교육, 의료 수준이 더 낮은 이유가 여기에 있다. 산유국의 국부는 나라 안에 머무르지 않고 해외로 빠져나간다. 이렇게 자본이 유출되면 혜택을 받는 것은 국민이 아니라 힘을 키운 정치인들이다. 산유국의 지배 계급이 내세우는 이념이 저마다 다른데도 비슷한 방식으로 국가를 통치할 수 있는 것은 전 세계를 둘러싼 미로 구조 덕분이다. 시장은 그들이 우리 밖으로 나오는 데 필요한 자원뿐만 아니라 그들이 더 권위적이고 부도덕하고 호전적으로 행동할(즉 괴물처럼 행동할) 기회와 유인책을 제공한다.

캐머런이 사우디아라비아에 무기 판매를 마친 직후, 사우디아라비아는 연합군을 조직해 예멘에 대한 군사 개입을 주도했다. 폭격이 시작된 지 일주일이 채 지나기 전, 인권 단체들은 군사 활동과 관계없이 어린이를 포함한 민간인을 대상으로 수차례 폭격이 발생했다고 보고

했다. 그러나 캐머런은 이후로도 인명보다 이윤을 택했다. 말로는 민주주의와 인권을 믿는다고 공언했지만, 캐머런은 그보다 경제적 보상에 반응했다. 구호물자를 보관하던 옥스팜Oxfam의 창고 한 곳이 폭격당한 지 며칠 뒤, 영국 정부는 사우디에 17억 5000만 파운드 규모의 무기를 추가로 판매하도록 승인했다. 2016년, 유엔의 한 위원회는 "연합군의 공습 119건이 국제법을 위반한 혐의가 있으며 (…) 그중 3건은 헬리콥터가 주택가에 가한 폭격을 피해 달아나는 민간인들을 추격해 공격한 혐의가 있다"고 밝혔다.

캐머런이 유엔 총회에서 도움이 필요하다고 말한 사람들이 살던 민간인 거주지에서는 영국제 미사일 파편이 나왔다. 캐머런은 그들을 돕기는커녕 최악의 인도적 참사가 벌어지는 데 일조했다. 2015년 7월, 유엔은 940만 명이 물을 구하는 데 어려움을 겪고 있으며, 1300만 명이 식량 부족에 시달리고, 2110만 명이 국제 원조가 필요한 상황이라고 발표했다. 그러나 예멘에서 벌어진 전쟁은 나비의 날갯짓이 일으킨 파문의 하나일 뿐이었다. 금융 투기자들이 산유국에 안겨 준 막대한 오일달러는 전 세계에서 파문을 일으켰으며, 서방 국가들조차 예외가 아니었다.

"분명히 말씀드리겠습니다. 유럽연합 탈퇴는 우리의 경제·국가 안보를 위협할 것입니다."

캐머런은 곧 있을 투표에 영국의 유럽연합 회원국 지위가 달려 있음을 알리며 이렇게 말했다. 잔류를 지지하는 세력이 결집한 '잔류캠페인'에서는 '경제 안보'를 핵심 구호로 내세웠는데, 캐머런에게는 이

전략이 먹힐 것이라 자신할 만한 이유가 있었다. 캐머런과 보리스 존슨이 아랍의 봄 이후 페르시아만 연안 국가들을 방문해 굽실거린 것이 효과를 발휘하고 있었다. 산유국들의 돈이 조세피난처를 거쳐 영국의 부동산으로 흘러들어 오면서 영국 전체의 주택 가격이 19퍼센트 상승하고, 런던에서는 전체 고급 주택의 70퍼센트를 외국인이 구매해 주택 가격이 전국 평균보다 훨씬 큰 폭으로 치솟았다. 여기에다 주택 가격이 오르는 것을 본 일반인들까지 부동산 시장으로 뛰어들어 가격을 더 끌어올렸다. 이렇듯 거품에는 전염성이 있어 원유 거품이 부동산 거품으로까지 번진 것이다. 캐머런 행정부의 재무장관 조지 오스본은 텔레비전 방송에 나와 유럽연합을 탈퇴하면 영국 국민이 누리는 새로운 부가 위협받으리라 경고했다.

"시민들이 소유한 주택의 가치가 적게는 10퍼센트에서 많게는 18퍼센트까지 떨어질 것입니다."

"저게 무슨 미친 소리야?"

라이언 쿳시가 텔레비전으로 그 장면을 보다 소리를 질렀다. 잔류 캠페인에 속한 단체인 브리튼인유럽Britain in Europe의 전략본부장이던 그는 오스본의 메시지가 역효과를 낳으리라 우려했다. 중산층의 보수당 지지자들은 분명 부동산 호황 덕에 자산이 늘었다. 하지만 그 밖의 계층은 어땠는가? 주요 대도시와 사우스이스트잉글랜드 지역의 주택 소유자들은 호황으로 이득을 봤지만, 그 외 대다수 지역은 호황에서 소외되었다. 전통적으로 노동당의 텃밭이면서 산업 기반이 쇠퇴한 지역에서는 부동산 가격이 떨어지거나 정체되었다. 이 지역들은 캐머런 행정부가 재정 긴축으로 사회 안전망과 공공주택 예산을 삭감하면서 큰 고통을 겪었다. 그런 만큼 유권자 대다수는 부유해졌다는 느낌을 받지 못했고, 투표 날이 다가올수록 경제를 강조하는 메시지는 점점 관심 밖으로 밀려났다. 게다가 이제는 보트에 빽빽이 올라타고, 국경을 넘고, 천막 도시를 세우는 난민의 모습처럼 세계 난민 위기를 보여주는 이미지들이 뉴스를 뒤덮었다. 이 모든 문제가 몰고 온 불안이 브렉시트와 만나 폭발을 일으켰다.

"이민자들이 임대주택 입주를 기다리는 줄에 끼어드는 바람에 장애가 있는 어머니가 입주 기회를 여섯 번이나 놓쳤어요."

유럽연합 탈퇴를 지지한 한 유권자는 《데일리메일》과의 인터뷰에서 이렇게 말했다.

유럽연합 탈퇴파의 승리는 지진과도 같았다. 긴축, 경제 불황, 주거 불안정, 난민 위기가 유발하는 긴장이 임계점에 달하면서 기존의 정치 지형에 금이 갔다. 이로 인해 생긴 새로운 단층선은 좌파와 우파, 노동당과 보수당, 북부와 남부라는 전통적인 구분을 따르지 않았다. 옥스퍼드대학 너필드칼리지의 정치·국제관계학과 교수 벤 안셀은 영국을 지리적으로 잘게 나눠 분석한 결과 새 단층선이 또 다른 분열을 따라 만들어졌다는 사실을 밝혔다. 그는 누가 잔류 찬성에 투표하고 누가 반대에 투표할지를 예견한 숫자를 발견했다. 라이언 쿳시가 우려하던 문제를 한눈에 보여주는 결과였다. 투표 결과를 가른 숫자는 바로 주택 가격이었다.

"사람들은 주택 가격을 건강검진처럼 생각합니다."

안셀이 말하기를, 이는 주택을 소유하지 않은 세입자에게도 해당하는 이야기다.

"사람들은 집값이 비싸진 데 불만이 있더라도 경기가 호황이라면 만족할 겁니다."

집값이 오르는 지역의 주민은 주택 가격 상승을 경제가 잘 돌아간다는 신호로 받아들이지만, 집값이 떨어지는 지역의 주민은 같은 상황에서도 경제가 나빠지고 있다고 생각한다. 브렉시트에 투표한다는 것은 곧 변화에 투표한다는 뜻이었다. 안셀이 제시한 자료에서 주목할 점은 한 지역 안에서 투표 결과가 어떻게 나뉘었는지다. 안셀은 가난한 웨이크필드나 부유한 케임브리지처럼 서로 다른 도시에서도 같은 원칙에 따라 탈퇴와 잔류를 지지하는 동네가 나뉘었음을 확인했

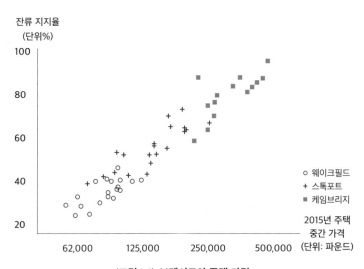

〈그림4-1〉 브렉시트와 주택 가격
출처: 다음 자료를 재구성. Ansell and Adler (2019)

다. 한 도시 안에서도 집값이 높은 동네일수록 주민들은 유럽연합 잔류를 더 지지했다.

안셀의 설명에 따르면, 주택 가격이라는 숫자가 사람들의 머릿속에서 그토록 큰 무게를 갖는 이유는 주택 가격이 선진국에서 사회계약의 토대 역할을 하기 때문이다. 앞서 살펴보았듯, 중동에서는 빵이 많은 역할을 한다. 중동에서 빵은 가장 중요한 영양 공급원이자 통치자와 피통치자의 관계를 나타내는 상징이다. 미국이나 일본, 유럽처럼 더 부유한 지역에서는 주택 소유가 이와 비슷하게 안정을 주는 원천 역할을 한다. 사람들은 자신이 소유한 집을 살면서 어려운 일을 당할 때를 대비한 최후의 보험이자 연금이자 저축으로 여긴다. 또한 안셀은 사람들이 소유한 부동산의 가치가 높아질수록 복지가 더는 필요하지 않다고 생각해 복지 제도를 덜 지지한다는 점을 알아냈다. 2016년, 영국의 유권자들은 집값 상승과 복지 축소라는 두 압력에 짓눌려 있었다. 정부의 긴축으로 무주택자들이 의지하던 사회 안전망이 축소되면서 복지 제도는 껍데기만 남았다. 그리고 집값이 날로 오른다는 사실은 무주택자에게 남은 유일한 대안(자가 소유라는 보험)이 손에서 점점 멀어진다는 뜻이었다. 그들의 눈에는 사회계약이 깨진 것으로 보였다. 이제 혁명이 필요한 때였다.

안셀과 그의 동료 데이비드 애들러는 미국에서도 같은 역학이 작용했음을 확인했다. 미국에서는 2016년 대선이 있기 몇 해 전부터 주택 가격이 급등한 해안 지역과 호황에서 '소외된' 내륙 지역의 격차가 벌어졌다. 주택 가격을 끌어올린 자금은 대부분 오일달러였다. 미국의 부동산은 1970년대부터 오일달러를 숨기는 최적의 투자처로 각광받았다. 트럼프가 부유한 러시아인들에게 아파트를 팔았듯, 일각에서는 노골적으로 오일달러를 유치했다. 그 밖에 다른 자금은 간접적인 경로를 거쳐 부동산으로 흘러들어왔다. 사우디아라비아가 벤처캐피털* 비전펀드에 600억 달러를 쏟아붓자 실리콘밸리에는 새로운 투자금이 넘쳐났고, 터지기 일보 직전이던 기술주 거품이 또다시 부풀어 올랐으며, 샌프란시스코 베이 에어리어의 집값이 뉴욕 맨해튼을 넘어섰다.

그러나 오일달러의 물결은 중부 내륙 지역을 지나쳐 갔다. 디트로이트의 텅 빈 거리와 판자로 막은 집들은 드라마 〈워킹데드〉의 촬영장을 방불케 했다. 이 지역의 집값은 헐값에 내놓아도 안 팔리는 집이 허다할 만큼 폭삭 내려앉았다. 2016년, 미국에서는 영국과 마찬가지로 경기 침체에 대한 불안이 세계 난민 위기를 만나 폭발을 일으켰다.

"힐러리 클린턴은 디트로이트 같은 도시에 사는 아프리카계 미국인 청년 구직자보다 외국에서 온 난민에게 일자리를 주려 할 겁니다."

도널드 트럼프가 미시간주 디먼데일의 유세 현장에 모인 군중에게 말했다. 트럼프는 무너져가는 기반시설과 문을 닫는 공장 등을 언급하며 미시간주가 물리적으로 쇠퇴하는 데 분통을 터뜨렸고, 문제를 현직 민주당 의원들 탓으로 돌렸다. 때마침 클린턴 측에서는 데이비드 캐머런이 그랬듯 경기가 호황을 맞았다고 선전함으로써 오히려 트

---

* 잠재력이 있는 벤처기업에 자금을 대는 금융 자본.

럼프의 말에 힘을 실어주었다.

투표 결과가 나오자 안셸과 아들러는 주택 가격이 트럼프 쪽으로 선회한 표심을 예견했음을 확인했다. 호황에서 소외된 지역들은 2012년에는 오바마를 지지했다가 트럼프 쪽으로 돌아섰다. 반대로 집값이 오른 지역들은 2012년에는 공화당 후보 밋 롬니를 지지했지만, 2016년에는 힐러리에게 표를 줬다. 트럼프는 불평등한 주택 가격과 이 문제의 중요성을 이해하지 못한 민주당의 실책을 이용해 중서부의 민주당 우세 지역을 공화당 쪽으로 끌어올 수 있었다. 이는 가격의 힘이 얼마나 거대한지, 가격이 우리의 집단정신에 얼마나 깊게 뿌리내리고 있는지를 똑똑히 보여주는 놀라운 사례다. 우리는 경제적 복리well-being는 물론 공정, 정의, 질서 같은 도덕 문제를 판단할 때조차 가격에 의존한다.

트럼프와 브렉시트의 사례는 가격이 어떻게 눈에 띄지 않는 곳에서 인과적 힘을 발휘하는지를 잘 보여준다. 가격의 힘은 피드에 올라오는 난민 '침략자들'의 이미지처럼 혼돈을 가장한 허상에 쉽게 휘둘릴 때도 있다. 하지만 가격은 프리드먼과 하이에크가 생각했던 본래의 역할, 즉 경제를 조정하는 역할을 함으로써 오히려 더욱 거리낌 없이 혼돈을 조장하기도 한다.

터보프롭* 비행기 한 대가 브라질의 구릉 지대를 지나갔다. 비행기 안에서는 320억 달러 규모의 하버드대학 기금을 운용하는 하버드매니지먼트컴퍼니의 최고투자책임자 제인 멘딜로가 깊은 골짜기와 비

포장도로를 내려다보고 있었다. 2012년 여름, 원자재 가격이 치솟을 때의 일이었다.

"내가 원하는 건 앞으로 세계가 더 많이 원하더라도 공급을 늘리기 어려운 상품을 생산하는 땅이에요."

멘딜로는 세계 인구가 날로 늘고 토지는 유한한 상황에서 눈앞에 내려다보이는 땅이 월가의 애널리스트들이 말한 '녹색 금'이 되리라 판단했다. 멘딜로는 이미 하버드대학 기금의 10퍼센트를 미국, 러시아, 우크라이나, 뉴질랜드, 루마니아, 남아프리카공화국의 농경지에 투자했지만, 그녀가 가장 크게 베팅할 곳은 브라질이었다. 멘딜로는 "숲을 더 건강하게" 만들면 미래에 "더 좋은 가격"을 받을 수 있으므로 투자를 "환경적으로 추진"하겠다고 말했다.

아랍의 봄 이후 상승한 원자재 가격은 '녹색 금'에 관한 이야기에 불을 지폈다. 원자재 공급은 제한적이지만 수요는 분명 늘어날 테니 지금 당장 원자재에 투자해야 한다는 이야기였다. 주목할 점은 이것이 바로 프리드먼이 말한 가격의 경제 조정 기능이라는 점이다. 가격이 오른다는 것은 공급이 수요를 따라가지 못하므로 생산을 늘리기 위한 투자가 필요하다는 뜻이어야 한다. 은행, 헤지펀드, 대학기금, 연기금, 국부펀드는 오르는 가격을 보며 앞다투어 원자재 공급망에 돈을 쏟아부었다. 금융 주체들은 전 세계에서 '토지 수탈'을 주도했을 뿐 아니라

---

* 항공기의 프로펠러를 돌려 추력을 얻는 가스 터빈 엔진의 한 종류.

수원과 광산, 저장시설까지 장악했다. 또 이들은 세계 각지에서 프래킹*을 활용한 셰일가스 개발이 성행하도록 자금을 댔다. 종전까지는 셰일 지층에 들어 있는 원유를 추출하는 데 비용이 많이 드는 탓에 셰일가스의 수익성이 떨어졌지만, 이제 유가가 급등하면서 비용을 감당할 수 있게 되었다. 그리하여 오클라호마, 펜실베이니아, 노스다코타를 비롯한 미국 전역에 프래킹 시설이 우후죽순처럼 들어섰다. 가격이 현실을 반영한다고 가정하면, 이 모든 일은 더할 나위 없이 합리적이었다. 하지만 가격이 인위적으로 부풀려졌고, '녹색 금'이나 '피크오일 2.0' 같은 이야기들이 '과학적 근거가 있는 이야기'가 아니라 로버트 실러가 말한 '입소문'일 뿐이라면, 원자재 투자 열풍은 재앙으로 끝날 것이었다. 공급을 흡수할 수요가 있는지 고려하지 않은 채 공급만 잔뜩 늘린 셈이라면, 가격이 폭락하고 투자금은 몽땅 허공으로 날아갈 것이 뻔했다.

원자재 공급망에 돈을 쏟아부은 것은 금융계만이 아니었다. 세계 여러 나라가 줄지어 원자재 투자 광풍에 합류했다. 2013년 9월 7일, 중국 국가주석 시진핑은 카자흐스탄을 방문해 1조 달러 규모의 신실크로드('일대일로'라고도 한다) 구상을 발표하면서 "산에 메아리치는 낙타 종소리가 들리고 사막에서 피어오르는 연기가 보이는 듯합니다"라

---

* 수압파쇄법이라고도 하며, 드릴로 구멍을 낸 지층에 강한 압력으로 액체를 분사하여 셰일가스를 추출하는 방식을 말한다.

고 말했다. 오래전에는 낙타들이 원자재를 짊어지고 중앙아시아의 사막을 건넜다면, 이제는 파이프라인이 그 일을 대신할 것이었다. 중국은 원자재와 세계 각국의 기반시설에 막대한 돈을 투자할 계획을 세웠고, 카자흐스탄에 새로운 가스 파이프라인을 설치하려 했다. 시진핑은 카자흐스탄에 이어 다른 중앙아시아 국가들을 순회하면서 원유와 천연가스, 우라늄, 금, 희토류, 농업에 대한 투자 계획을 발표할 예정이었다. 이후 중국의 자본은 아시아를 넘어 아프리카로까지 흘러들어갔고, 잠비아와 콩고민주공화국의 구리광산, 수단과 나이지리아, 앙골라의 유전 등에 투자되었다.

중국의 투자는 어찌 보면 전혀 놀라운 일이 아니었다. 하이에크가 주장했듯 가격은 사람들에게 "해야 할 일을 알려"주었고, 투자자들은 가격의 지시에 따라 원자재에 자본을 쏟아부었다. 하지만 하버드대학 기금 같은 금융 투자자와 달리 중국은 군대가 있고 지정학적으로 전략적 이해관계가 있는 국가다. 이에 따라 중국의 투자를 받는 지역에서는 그 투자가 식민 권력을 손에 쥐려는 움직임일 수 있다고 우려했다.

"우리는 각국의 인민이 자주적으로 선택한 개발 경로와 국내외 정책을 존중합니다."

시진핑은 카자흐스탄을 방문한 날 이렇게 말하며 청중을 안심시키려 했다. 그는 중국이 "세력권을 확립"하지 않고, "화합의 지대를 건설하려 노력"할 것이라 약속했다.

그러나 원자재 투자가 화합과는 전혀 관계가 없다는 사실이 곧 드러났다. 셰일가스 열풍은 미국, 멕시코, 영국, 프랑스, 불가리아, 루마니아 둥지에서 격렬한 프래킹 반대 운동을 불러일으켰다. 하버드대학은 어디를 가나 혼돈을 몰고 다녔다. 하버드의 자회사들은 호주에서 원주민 묘지를 불도저로 밀었고, 남아공에서는 아파르트헤이트 이후 노동자들이 합의를 거쳐 소유권을 인정받은 땅을 빼앗으려 했다. 심지어 미국에서도 캘리포니아의 농장주들이 물을 훔쳐간다는 이유로 하버드에 소송을 제기했다. 하버드를 향한 가장 심각한 고발은 브라질에서 나왔다. 2011년, 세계은행은 브라질에서 원주민을 폭력으로 내쫓은 다음 가짜 토지문서를 투자자에게 판매하는 식의 불법 토지 강탈이 성행한다고 경고했다. 그러나 하버드는 아랑곳하지 않고 유령회사를 세워 그들이 토지 강탈에 관여한다는 사실을 숨겼다. 현재 하버드는 브라질의 몇몇 주 당국의 수사를 받고 있다. 그중 한 주는 하버드의 자회사들이 "변칙적·불법적 방법으로 공유지를 대거 강탈한 사건들"에 관여했다고 주장하고 있으며, 다른 주는 하버드의 자회사가 폭력적이고 강압적인 방식으로 주민들을 내쫓았다며 직접 소송을 제기했다. 물론 이는 하버드만의 문제가 아니었다. 금융 자본이 '녹색 금'을 차지하려 들면서부터 브라질에서는 토지 강탈이 끊이지 않았으며, 브라질은 세계에서 토지 강탈과 관련한 살인이 가장 많이 벌어지는 나라라는 오명을 얻었다.

중국의 투자 역시 '화합'과는 무관했다. 중앙아시아에서는 지금도 중국에 반대하는 시위가 종종 벌어진다. 파키스탄에서는 발루치족* 반군이 원유 파이프라인에서 일하는 중국인 기술자들을 납치해 살해하는 일이 심심찮게 발생한다. 중국의 '투자금' 대부분은 투자를 받은 나라들이 중국 기업에 갚아야 하는 대출이었다. 이는 부채를 이용해 다른 나라를 옭아매는 식민 지배의 한 형태였다. 그중 가장 극단적인 사례는 스리랑카였다. 스리랑카 정부가 새 항구를 지으면서 진 부채를 갚지 못하자 중국은 1898년 영국이 홍콩을 조차했듯 항구를 99년간 임대하는 형태로 양도받았다. 원자재 열풍은 중국 국경 내에서도 혼돈을 촉발했다. 중앙아시아와 중국 본토를 잇는 신장 지역은 중국 원유 매장량의 30퍼센트, 석탄의 40퍼센트가 있는 곳이다. 시진핑은 일대일로 사업을 시작하는 동시에 이슬람교를 믿는 신장 지역의 소수민족 위구르족을 잔혹하게 탄압했다. 이렇듯 높은 원자재 가격은 경제를 조정하면서 전 세계 곳곳에 혼돈을 불러일으켰다.

야니어 바얌에게 전화를 건다. 그에게 아랍의 봄 이후 벌어진 원유 시장의 혼돈이 어떻게 현실 세계를 혼돈으로 밀어넣었는지 이야기한다. 금융계가 산유국의 정치인들에게 안겨준 부정한 재물이 어떻게 그들의 힘을 키웠는지 이야기한다. 데이비드 캐머런이 사우디아라비아에 판매한 무기가 어떻게 그가 돕겠다고 약속한 사람들을 공격하는 데 쓰였는지 이야기한다. 조세피난처를 거쳐 영국의 부동산으로 흘러 들어간 돈이 어떻게 부동산 거품을 촉발하고 세계 난민 위기와 만나 브렉시트를 부추겼는지, 그리고 똑같은 일이 어떻게 미국에서도 벌어

---

* 파키스탄 서남부의 발루치스탄 지역에 거주하는 소수 민족.

졌는지 이야기한다. 높은 원자재 가격이 어떻게 경제를 조정해 셰일 혁명과 전 세계에서 일어난 토지 강탈, 일대일로를 부추기고, 각각의 사례에서 어떻게 혼돈이 분출했는지 이야기한다.

잠시 침묵하던 바얌이 묻는다.

"우크라이나를 조사해보는 건 어때요?"

05

번성
푸틴의 교만과 우크라이나 침공

기차 객실에 설치된 텔레비전에서는 동물 영상 몇 개가 번갈아 나온다. 생일 파티를 하는 고양이, 당황한 다람쥐, 울타리를 넘으며 재주 부리는 말 영상이다. 키이우에서 우크라이나 동부의 전쟁 지역까지는 기차로 여섯 시간이 걸리는 지루한 여정이다. 차창 밖을 바라본다. 수십 킬로미터씩 이어지는 눈 덮인 평야, 그사이로 드문드문 보이는 마을과 콘크리트가 훤히 드러난 회색 건물이 풍경의 전부다. 3500년 전, 이 습지대에서 슬라브어파의 조상 언어인 슬라브조어가 탄생했다. 그래서인지 슬라브조어에는 해변, 해안, 플라타너스, 낙엽송을 가리키는 단어가 없다. 이 지역은 키예프 루스*와 정교회 군주 블라디미르 1세

---

* 882년부터 1240년까지 오늘날의 동유럽 지역에 존속한 최초의 동슬라브족 국가.

아래서 연합했던 동슬라브족의 신화 같은 고향이기도 하다. 1015년 블라디미르 1세의 재위가 끝난 뒤 우크라이나, 벨라루스, 러시아의 국경 지대는 끝없는 정복과 독립 전쟁의 굴레에 빠졌다. 지금 내게는 모든 것이 단조로워 보인다. 이 지역의 역사와 눈앞의 풍경, 객실의 텔레비전까지 모두가 메트로놈을 따라 같은 박자로 움직이는 듯하다.

메트로놈의 추는 2013년 겨울부터 다시 흔들리기 시작했다. 우크라니아 대통령 빅토르 야누코비치가 유럽연합과 경제 협정을 맺기로 한 계획을 철회하자 키이우에서 시위가 일어났다. 키이우의 마이단 광장에 모인 시위대는 야누코비치가 유럽연합이 아니라 러시아 편을 들어 또다시 우크라이나를 러시아에 종속시킬까 우려했다. 2014년 2월 20일, 저격수가 시위대를 향해 발포하면서 모든 것이 변했다. 야누코비치는 러시아로 도망쳤다. 혼돈이 펼쳐지는 와중에 크림반도와 우크라이나 동부에서는 민병대들이 네오나치 자경단과 우크라이나군의 공격에서 '러시아어 사용자들'을 지키겠다는 명분을 내세워 줄줄이 들고일어났다. 그해 여름 푸틴은 크림반도를 공식적으로 병합했고, 우크라이나 동부는 도네츠크 인민공화국DPR과 루한스크 인민공화국LPR이라는 반군 정부로 쪼개졌다. 이제 5년째에 들어선 이 유럽 전쟁으로 1만 명이 사망하고, 150만 명의 난민이 발생했다.

유럽 전쟁이라는 말은 어딘지 낯설다. 물론 유럽은 역사적으로 끔찍한 폭력이 벌어진 땅이다. 나는 열 살 때 저녁 뉴스를 보다 코소보에서 일어난 인종 청소 소식을 들은 기억이 있다. 그러나 사람들은 그 사건이 일시적인 문제이며 역사가 마지막으로 숨을 헐떡이는 순간일 뿐

2부 전쟁

이라 말했다. 지금 나는 20년 전 역사의 종언을 알린 바로 그 지역에 어째서 역사가 되돌아왔는지를 알아보기 위해 이곳을 찾아왔다.

기차가 목적지에 들어선다. 텔레비전 속 동물들은 여전히 활기가 넘친다. 장비 가방을 끌고 승강장에 내리자 한 남자가 나를 향해 달려 온다. 그가 러시아어로 소리를 지르며 손을 들어 낡아 빠진 차 한 대를 가리킨다. 나를 태워줄 택시 운전사가 틀림없다. 영어로 말하지 않아 도 그가 당황했음을 알 수 있다. 통역사에게서 문자가 온다.

'시간이 없어요. 검문소가 곧 문을 닫을 거예요.'

택시를 타고 텅 빈 도로를 달린다. 첫 번째 검문소는 우크라이나 밖 으로 나서는 곳이다. 모피 칼라가 달린 코트를 입은 노인들이 구형 자 동차와 작은 버스들 주위를 따라 길게 늘어선 줄을 지나쳐 간다. 한 시 간을 기다린 끝에 허가를 받고 검문소를 나선다.

차가 임시로 만든 보호벽 사이를 이리저리 누빈다. 타이어와 골판 지 모양 철판을 묶어 만든 보호벽은 학생 시위에서 볼 법한 임시 바리 케이드 같다. 우리는 지금 무인지대no man's land*에 와 있으며, 자칭 도네츠크 인민공화국(이하 DPR)이라는 미지의 세계로 가고 있다. 나 는 이 신생 국가가 북한의 축소판이나 다름없는 경찰국가라 들었다. 하지만 우뚝 솟은 기념물이나 영웅담을 그린 벽화는 보이지 않는다. 대신 주유소 하나가 눈에 들어온다.

---

* 분쟁 중이지만 공포와 불확실성 때문에 아무도 차지하지 못한 지역을 가리키는 말.

분리주의자들이 주유소를 출입국 관리소로 바꿔놓았다. 주유소에는 점원도 관료도 없으며, 군복을 입고 검은 군화를 신고 워키토키를 든 남자들뿐이다. 영어를 할 줄 아는 사람은 아무도 없다. 나는 통역사에게 전화를 걸어 그를 바꿔준다. 긴장되는 순간이다. 이라크에서처럼 납치될 위험은 없지만, 생전 처음 불량국가rogue state에 발을 들이고 있었다. 세계 어느 나라도 이곳을 국가로 인정하지 않는다. 이들은 무역 협정이나 국제 조약, 인권 보호 협약에 일절 서명하지 않았다. 잘못된 질문을 하거나 문제 있는 이야기를 우연히 들었다가는 무슨 일이 벌어질지 몰랐다. 이곳에 몸을 숨길 대사관은 없다. 그러니 단순하게 나가는 수밖에 없다. 나는 스파이나 적대적인 언론인이 아니라고 단호히 말한다. 그들은 몇 가지 서류를 확인하는 듯하더니 이내 나를 보내준다.

차가 어둠 속으로 들어선다. 10분 뒤 사이렌 소리가 들린다. 운전사가 택시를 갓길에 댄다. 가슴이 철렁한다. 그들이 생각을 바꾼 것이 틀림없다. 나에 관해 뭔가를 발견했을까. 트위터 계정에 문제가 될 만한 내용이 있었을까. 군복을 입은 남자가 차창으로 다가온다. 내가 아니라 운전사의 문제인 듯하다. 다행이다. 운전사가 신호를 위반했다고 한다. 남자는 운전사에게서 벌금(혹은 뇌물)을 받고 우리를 보내준다. 운전사가 나를 보더니 양손을 들며 '푸' 하고 불만 섞인 소리를 낸다. 그가 다시 돌아서서 시동을 걸고, 우리는 어둠 속을 향한다. 1분 뒤 어디선가 쿵 하는 폭발음이 들려온다.

호텔은 한 여성과 두 아이를 겨누는 기관총 그림과 '총기 소지 절대

금지'라는 문구가 문에 붙어 있다는 점만 빼면 그럭저럭 평범해 보였다. 로비로 들어서자 접수 담당자가 곧장 "안녕하세요, 러셀 씨"라며 인사한다. 분명 장사가 시원찮은 것이다. 오늘 밤 호텔에 묵는 손님은 나 하나뿐이다.

호텔 식당에서 통역사(나디아라고 부르겠다)를 만나 저녁을 먹는다. 다른 테이블은 요란한 셔츠를 입고 물담배 파이프를 피우는 뚱뚱한 남자들로 가득하다. 시끄러운 러시아 테크노 음악 탓에 귀가 먹먹할 지경인데도 나디아는 조용히 이야기하자고 말한다.

"여기에도 정보원들이 있어요. 내 방은 아마 도청되고 있을 거예요."

냉전 시대를 다룬 스릴러 영화 속에 들어온 듯한 기분이다. 우크라이나판 삼류 영화기는 하지만, 보조를 맞추기로 한다. 나디아에게 천년 묵은 오랜 갈등이 되살아난 이유를 알아보기 위해 왔다고 속삭인다. 동과 서의 주기적인 싸움이 어쩔 수 없이 되풀이되는 것일까? 아니면 지정학적 분열이 아니라 통합된 세계 시장에 뿌리를 둔 새로운 종류의 전쟁일까? 야니어 바얌이 암시한 대로 이 전쟁은 정말로 가격 전쟁일까?

지금은 네모난 상자 모양의 정부 청사 깊숙이 자리한 특징 없는 사무실에 와 있다. 두 여성이 언론 출입증을 발급하면서 수다를 떨고 있다. 이들은 DPR의 선전 기관인 정보부 직원들이다. 그러나 지금 내가 앉은 의자는 단순한 의자가 아니다. 이 의자는 DPR과 모스크바의 연결 고리다. 푸틴 정권의 핵심 선전원이자 '정치 기술자' 블라디슬라프 수르코프의 이메일을 해킹한 기밀 자료에서 이 의자를 사는 데 쓴 비용 명세서가 나왔다. 이 의자는 러시아 정부가 비용을 지원했을 뿐 아니라 신생 '독립'국가를 일일이 관리하고 있음을 보여주는 근거였다. 그리고 이곳에서 받은 언론 출입증은 수르코프가 만든 세상에 들어가기 위한 입장권이다.

수르코프는 어디서나 볼 수 있는 선전원이 아니다. '막후 조종자', '흑막', '오즈의 마법사', '어둠의 군주' 같은 별칭에서 알 수 있듯, 그는 자신만의 신화를 가진 신화 제작자다. 사무실 책상에 푸틴과 래퍼 투팍의 사진이 든 액자를 올려둔 수르코프는 크렘린의 평범한 기관원과는 거리가 멀다. 그는 중앙에서 당의 유일한 노선을 정한다는 소련 시절의 원칙을 무너뜨렸다. 수르코프는 갱스터랩과 초현실주의 화가, 프랑스의 포스트모던 철학을 바탕으로 완전히 새로운 전략을 만들어냈다. 그의 전략에 따르면 오늘날 진실은 파편화되었으며, 거대 서사는 죽었다. 모든 것은 연극일 뿐이다. 이제 러시아의 새 민주주의에서는 모든 갈등이 대본에 따라 일어날 것이었다. 수르코프는 야당을 만들고 시위 단체를 조직하고 그들이 읽을 연설문을 작성한 다음, 그들이 정부의 통제를 받는 가짜임을 드러낸다. 그리하여 서로 모순되는 음모론들이 널리 퍼진다. 무엇이 진실이고 무엇이 거짓인지 누구도 알 수 없게 된다. 이것이 바로 수르코프가 사용하는 전략의 핵심이다. 그는 진실로써 사람들을 설득하려 들지 않는다. 오히려 그는 무엇도 진실이 아니라는 생각을 퍼뜨리려 한다. 그는 냉소와 피해망상이 팽배한 분위기를 조장함으로써 푸틴의 통치에 진짜 위협이 될 만한 모든 저항 운동을 질식시킨다.

2013년 11월, 수르코프가 막으려 한 이상주의적 저항운동이 키이우에서 벌어지려 하고 있었다. 러시아 정부로서는 협력자인 야누코비치를 권좌에 앉혀둘 필요가 있었으므로, 수르코프가 그를 돕기 위해 키이우를 드나들었다. 곧 수르코프가 꾸민 연극이 시작되었다.

"동성애는 국가 안보에 대한 위협이다!"

새로운 시위대가 마이단 광장에 오랫동안 진을 치고 있던 시위대를 향해 구호를 외쳤다. 이 반대 시위대는 유럽을 지지하는 마이단 시위가 "우크라이나를 동성애의 늪에 빠뜨릴 것이 틀림없다"고 주장했다. 그러자 때마침 광대 같은 화장을 한 친동성애, 친유럽연합 시위대가 무지개 깃발을 흔들며 나타났다. 이후 소셜미디어에는 그들이 가짜임을 보여주는 증거가 올라와 큰 반향을 일으켰다. 가짜 시위대가 페이스북으로 모집되었으며, 옷을 차려입고 유럽연합을 사랑하는 사악한 동성애자인 척하는 대가로 150달러를 받았음을 입증하는 사진들이었다. '동성애 논쟁'을 벌인 두 진영은 모두 가짜였다. 이것은 시위를 대본에 따라 움직이고, 마이단 운동을 분열시키며, 저항의 분위기에 피해망상이라는 독을 타려는 시도였다. 그러나 수르코프의 전략은 실패로 돌아갔고, 마이단 시위는 더욱 거세졌다.

2014년 2월 13일, 수르코프는 다시 한번 키이우를 찾았다. 이제 크렘린은 야누코비치가 물러나야 한다는 쪽으로 입장을 바꿨다. 일주일 뒤, 수르코프는 (우크라이나군의 조사에 따르면) 시위대와 경찰을 향한 총격을 지시했다. 우크라이나는 혼돈에 빠졌다. 야누코비치가 러시아로 도피하자 우크라이나는 무정부 상태에 빠지는 듯했다. 소셜 미디어는 네오나치 깡패와 우크라이나군이 러시아어 사용자들을 공격하고 있다는 게시글로 넘쳐났다. 2월 24일, 아무런 표지가 없는 정체 모를 군대가 크림반도에 나타났다. 2만 2000명의 군인이 크림반도의 해군 기지에 주둔했지만(겨울이 가기 전 4개 사단이 추가로 배치되었다), 푸틴은 "군복은 비슷한 게 많다. 마트에 가면 어떤 군복이든 살 수 있다"며 그들이 러시아군이 아니라고 주장했다. 지역 주민들은 농담조로 그 군대를 '작은 녹색 남자들little green men'*이라 불렀다. 그들이 러시아군이 아니라면 외계에서 왔다는 말이나 다름없었기 때문이다. 그러나 이후 러시아의 장관들은 침략을 정당화하기 시작했다. 텔레비전 방송에는 우크라이나를 반으로 갈라 한쪽에 '새로운 러시아'라는 이름을 붙인 지도가 등장했다. 언론에서는 푸틴을 슬라브족을 통합하기 위해 신이 보낸 인물로 묘사했다. 일각에서는 블라디미르 푸틴이 이름 그대로 블라디미르 1세의 환생이라고까지 주장했다.

수르코프가 지어낸 동화는 모순적이면서도 기상천외했다. 그 동화에서 괴물은 유럽 출신의 동성애 운동가인 동시에 네오나치 깡패였다. 동화 속 왕자인 푸틴은 우크라이나를 침략한 것이 아니라 신이 내린 권리에 따라 우크라이나에 개입했다. 이야기 자체는 진부하기 짝이 없었다. IS도 똑같은 이야기를 활용해 알바그다디를 동성애의 위

---

* 정체를 알 수 없는 존재를 가리키는 관용 표현으로, 외계인을 가리키는 말로도 쓰인다.

2부 전쟁

협을 분쇄할 위대한 복수자이자 예언자 무함마드의 직계 후손으로 묘사한 적이 있었다. 그런데도 동화는 효과를 발휘했다. 모두가 혼돈을 현실로 받아들였다. 한편에서는 유럽의 지배 세력이 유럽연합과 북대서양조약기구NATO를 압박해 동쪽으로 영향력을 넓히다 러시아라는 곰을 자극했다고 주장했다. 다른 한편에서는 푸틴을 '혼돈을 기회 삼아 영향력을 넓히려는 제국주의자'로 간주했다. 하지만 실제로 그 기회를 마련하고 혼돈을 창조한 인물은 수르코프였다.

언론 출입증을 가지고 정보부 사무실을 나선다. 다음으로 DPR군의 정보과장인 한 중령을 만날 차례다. 나는 줄곧 해킹당한 수르코프의 이메일을 생각한다. 유출된 자료 중에는 러시아에서 방영될 예정이던 텔레비전 영화의 대본도 있었다. 지금 내가 제 발로 함정에 걸어 들어가는 것은 아닌지 걱정이 들기 시작한다. 나도 모르게 수르코프가 만든 드라마의 배우가 되어 그가 써둔 대사를 읽고 있는 건 아닐까. 수르코프의 정보전 활동은 아이러니와 의도적인 거짓 정보로 유명하다. 그런 속임수를 무슨 수로 알아보겠는가?

"당신은 우리 정보전 활동의 일부입니다."

중령이 힘주어 말한다. 지하에 있는 한 식당에서 그와 이야기를 나눈다. 중령은 위장색 군복을 입고 소가죽 의자에 앉아 있다. 머리 위에는 보라색 샹들리에가 걸려 있다. 그의 등 뒤로 보이는 텔레비전에서는 CBS의 패션쇼 〈라이프인패션〉이 나온다. 중령이 작은 흰색 전자담배를 한 모금 들이킨다. 그는 내가 살아남는 것이 매우 중요하다고 말한다. 우크라이나군이 나의 죽음을 DPR 탓으로 돌리기 위해 나를 노릴 것이라고 한다.

"우크라이나군은 당신이 러시아 탱크를 봤다는 이유로 우리가 당신을 죽였다고 말할 겁니다."

중령이 전쟁 초기를 회상한다. 그는 분리주의자 수백 명과 우크라이나군 수천 명이 맞선 전투에 참전했다. 분리주의자들은 페르시아전쟁에서 스파르타군이 벌인 유명한 전투와 그 전투를 다룬 더 유명한 할리우드 영화의 제목을 따라 자신들을 '300'이라 불렀다. 나중에 다시 검토하기 위해 그의 이야기를 받아 적는다.

노출이 심한 옷을 입고 티아라와 토끼 귀를 쓴 웨이트리스가 주문을 받는다.

"전쟁이 어떻게 끝날 거라 보시나요?"

내가 묻는다.

잠시 눈을 내리깔고 있던 그가 고개를 들더니 피식 웃으며 말한다.

"모르겠네요. 우크라이나군이 도네츠크로 진입하면 우리는 최후의 전투를 치러야 할지 모르죠. 스탈린그라드 전투처럼요."

택시가 전선을 향해 질주한다. 마음이 조마조마하다. 저격수나 불발탄, 포격 때문이 아니다. 운전사 때문이다. 그는 지금 누가 봐도 만취한 상태다. 운전사는 헐렁한 배기 바지와 길고 떡진 머리, 사이비 철학자처럼 보이는 공허한 눈빛 등 1990년대 이모키드emo-kid*가 떠오르는 모습을 하고 있다. 그는 아침 내내 한마디도 하지 않았다.

"승객들이 너무 지루하다고 생각해서 저렇게 취한 거예요. 대화를

2부 전쟁

듣고 싶지도 않은 거겠죠."

나디아가 경고했지만, 전선까지 가겠다는 택시가 몇 대 없어 이 차를 타고 말았다. 술 취한 운전사가 얼어붙은 도로와 서리 덮인 들판을 요리조리 달리다 분리주의자 군인들이 지키는 검문소에 멈춰 서서 손을 흔든다. 나는 방탄조끼와 'PRESS(언론)'라는 이름표가 붙은 헬멧을 쓴 채 불편하게 앉아 있다.

군에서 나를 안내하러 나온 지마가 조수석에 앉아 휴대전화를 만지작거리다 돌아서서 뭔가를 보여준다.

"여기 우크라이나군이 보이죠."

그가 여기저기 하켄크로이츠가 새겨진 복장을 하고 마스크를 쓴 민병대원들의 사진을 확대해서 보여준다. "우크라이나인들은 나치다!" 라는 문구가 들어간 페이스북 게시글이다.

나디아가 지루하다는 듯 눈을 굴린다. 분명 전에도 똑같은 이야기를 들었으리라. DPR의 선전 대본 1장은 이렇게 시작하는가 보다. 언론인들에게 '아조프 대대Azov Battalion' 사진을 보여주면서 이 극단적 민족주의 성향의 민병대가 우크라이나 정부와 군대 전체를 대변한다고 주장하는 것이다.

"우크라이나 정부가 어떤 나쁜 짓을 했길래 전쟁에 나설 결심을 했

---

* 이모emo는 예민한 감수성과 우울함을 드러내는 록 음악의 한 장르이자 패션 경향을 뜻하며, 이러한 경향을 좇는 사람을 이모키드라 부른다.

나요?"

대본을 따르는 척하기로 하고 그에게 질문한다.

"여권에 러시아어를 못 쓰게 금지했어요. 러시아 이름을 가진 사람은 우크라이나 이름으로 개명해야 했죠."

"전쟁에 나설 만큼 중요한 일인가요?"

"이름을 지키기 위해서는 싸울 수밖에 없어요."

실망스러운 대답이다. 나는 우크라이나군이 열 살짜리 소녀를 십자가에 매달았다는 이야기처럼 좀 더 창의적인 대답을 기대했다. 그 이야기는 이후 가짜로 밝혀졌으며, 소문을 퍼뜨린 책임이 있는 장관조차 더는 그 문제를 거론하지 않았다. 그 장관은 러시아 시청자들이 꾸며낸 이야기를 좋아하며 그런 이야기가 시청률에 도움이 된다고 큰소리쳤다. 지마는 내가 여권 때문에 혁명에 가담했다는 말을 납득하지 못한 걸 눈치챘는지 주제를 바꾼다.

이번에는 그가 태어난 지 얼마 안 된 아들 사진을 몇 장 보여준다. 사진에는 랍비 한 사람이 보인다. 그는 유대인으로서 나치와 싸운다는 사실이 자랑스럽다고 말한다.

"나도 유대인이면 좋겠어요."

나디아가 말한다.

"왜 그렇게 생각해요?"

내가 묻는다.

"유대인이면 우크라이나처럼 개판인 나라가 아니라 이스라엘에 가서 살 수 있을 테니까요."

지마와 나디아가 러시아어로 이야기한다. 두 사람은 친하지는 않아도 구면이다. 고등학생 때부터 알고 지낸 사이라고 한다. 이렇게 작은 지역이 독립하면 지금 같은 상황이 벌어지기 마련이다. 지역의 좁은 인력 자원만 가지고 서둘러 정부 기관과 기업, 언론을 운영해야 하기 때문이다. 미국의 메인주나 영국의 켄트주 같은 지역이 독립해서 다른 이웃 국가에 붙겠다고 선언하면 무슨 일이 일어날지 상상해 본다. 은행 지점장들이 재무부를 운영하고, 경찰관들이 군대를 지휘하며, 마을 행사를 취재하던 지역 언론인들이 《뉴욕타임스》에 기사를 기고할 것이다. 정치는 때로 고등학생 간의 파벌, 사소한 질투와 원망을 다룬 심리 드라마에 비유되곤 하지만, 이곳에서는 비유가 아니라 현실이다.

택시가 나무 덤불 옆에 선다. 맞은편은 무인지대라고 한다. 들판 너머에서는 우크라이나군이 우리가 있는 방향으로 총을 겨눈 채 진지를 지키고 있다. 자동차 타이어로 만든 작은 벽이 그들의 시야에서 우리를 가려주었다. 벽 밑에 아래로 내려가는 계단이 보인다. 지마가 나를 계단 아래의 참호로 안내한다.

사격선의 위치가 머리보다 높다. 벽 높이가 2미터 40센티미터쯤 돼 보인다. 눈 덮인 마룻바닥에서 미끄러지지 않으려 조심조심 걷는다. 머릿속이 복잡하다. 이것은 내가 기대했던 광경이 아니다. 어릴 적 나는 영국의 제국전쟁박물관에서 제1차 세계대전 당시의 참호를 정교하게 재현한 전시물을 본 적이 있다. 소독약 냄새와 포격 소리까지 재현해놓은 전시였다. 지금 나는 진짜 참호에 와 있지만, 아무런 소리도

냄새도 느껴지지 않는다. 메마르고 텅 빈 이곳에는 침묵만이 흐른다. 보이는 것이라고는 양옆으로 늘어선 나뭇가지를 덧댄 벽과 머리 위의 잿빛 하늘뿐이다. 도무지 실감이 나지 않는다.

지마가 자기 키보다 수십 센티미터 긴 낯선 모양의 소총 옆에 멈춰 선다.

"우리는 이 총을 박물관에서 가져왔어요. 탱크를 상대할 때 쓰는 무기죠. 제2차 세계대전에서 쓰던 겁니다."

지마의 설명에 숨은 의미는 명확했다.

'러시아는 우리에게 무기를 지원하지 않는다. 우리는 이 전쟁에서 약자다.'

몸을 숙이고 굴을 몇 개 지나간 끝에 지마가 나와 인터뷰하도록 준비해둔 병사를 만난다. 병사는 흰색 위장용 군복을 입고 자동소총을 들고 있다. 그는 여기 오기 전까지 키이우의 한 인터넷 서비스 업체에서 일하던 평범한 우크라이나인이었다. 하지만 2014년, 사촌이 검문소에서 살해당하는 일이 벌어졌다. 그는 전쟁에 나가고 싶었지만, 숙모를 모시고 도네츠크로 오기 전까지는 그럴 수 없었다. 2016년, 그는 마침내 도네츠크로 와서 군에 입대했다. 그에게는 죽거나 다친 친구들이 있었다.

"명령만 내려지면 복수하러 나설 겁니다."

하지만 지금으로서는 기다리는 수밖에 없다.

"다들 참호전이 전쟁에서 가장 견디기 힘들다고 합니다. 계속 전선에 남아 있어야 하니까요."

그는 교대 근무가 끝난 뒤에도 인근의 군부대로 가지 않고, 여기서 먹고 잔다.

"제일 지치는 건 예측하는 일이에요. 우크라이나군이 밤에 언제 쳐들어올지, 아침에 언제 사격을 시작할지 예측하는 일이요."

온종일 텅 빈 들판을 응시하다 보면 정신이 이상해지기 십상이겠다는 생각이 든다. 아니나 다를까, 병사들이 느끼는 공허감은 위험한 수준에 이르고 있었다.

"(우크라이나군) 저격수 한 명이 마녀 같은 행색을 하고 있었어요. 처음에는 쌍안경 때문에 시야가 가린 줄 알았어요. 이해가 안 되는 일이었죠. 그 저격수는 자리에 한참을 앉아 있더군요. 아무도 자기를 못 보리라 생각하는 것 같았어요. 다들 나가서 그를 쳐다봤죠. 그 저격수가 우리를 봤는지, 아니면 약에 취해 있었는지 모르겠어요."

그가 나를 이끌고 참호 밖으로 나가 계단을 오른 뒤 타이어 벽에 가려 있던 작은 건물과 마당으로 안내한다. 그는 이곳에서 열 명 남짓한 병사들과 살고 있다. 그가 불 위에 올려둔 커다란 수프 냄비와 병사들이 기르는 고양이, 포탄 몇 개를 보여준다. 이어 우리는 그가 머무는 방공호로 향한다. 방공호는 1인용 침대 하나와 DVD플레이어가 있는 작은 지하실이다. 여기서 세 명이 잔다고 한다. 마지막으로 식당에 간다. 식당 역시 비좁은 지하실에 있다. 병사 다섯 명이 수프를 먹고 있다. 그들이 나더러 벽에 사인을 해달라고 말한다. 벽은 이곳을 방문한 언론인들의 이름으로 가득하다.

문득 '여기는 정확히 뭘 하는 곳일까' 하는 의문이 든다. 진짜로 존재하는 곳일까? 수르코프가 종군 기자들을 위해 꾸며놓은 디즈니랜드의 놀이기구 같은 곳 아닐까? 아직 나는 무인지대도 우크라이나군 진지도 보지 못했다. 내가 본 것이라고는 참호와 벽, 위장 군복을 입은 병사들뿐이다. 그러니 이곳은 어디든 될 수 있다. 군사 기지일 수도, 위장한 건설 현장일 수도 있다.

상관 한 사람이 러시아어로 뭐라 외치며 나와 함께 있던 병사를 부른다. 나디아가 그 말을 통역해준다.

"어이, 모스크바 출신. 이리 좀 와봐!"

아무래도 죽은 사촌의 복수를 하러 키이우에서 왔다는 이야기는 사실이 아닌가 보다.

"우크라이나군 진지를 보고 싶은데요."

내가 가진 권위를 최대한 쥐어짜내 지마에게 요구한다.

지마가 잠깐 상관과 대화를 나누더니 돌아와서 허가를 받았다고 알려준다.

지마를 따라 타이어가 붙어 있는 탑들을 지나 나무 덤불로 간다.

"덤불 사이로 나치 우크라이나군이 보일 거예요."

지마가 덤불 사이에 난 작은 틈을 가리키며 말한다.

망원렌즈로 덤불 틈새를 들여다본다. 눈 덮인 나뭇가지들이 얽혀 있어 시야가 흐릿하다.

"아무것도 안 보여요. 나뭇가지에 가리네요."

"이쪽으로 보시죠."

지마가 다른 틈새를 가리킨다.

그가 말한 쪽으로 카메라를 돌린다.

"여기서도 안 보여요."

"그럼 이쪽에서 보세요."

그가 또 다른 틈새를 가리킨다.

"나뭇가지가 더 많아요."

지친다. 방탄복과 카메라 무게 탓에 진이 다 빠질 지경이다.

"이쪽은요."

"직접 한번 보세요."

10킬로그램 가까이 되는 카메라 장비를 지마에게 던져준다. 그는 카메라를 받다 넘어질 뻔했지만 가까스로 버틴다.

지마가 카메라 장비를 한쪽 어깨에 메고 뷰파인더를 들여다본다. 나뭇가지 사이에서 틈을 찾으려 하지만 허사다. 그가 카메라를 돌려주더니 참호로 돌아가자고 한다. 언짢은 기색이다.

흙벽으로 된 미로를 10분가량 걸은 끝에 바닥에 깊게 팬 구덩이에 도착한다.

"여기서는 오래 촬영하면 안 돼요. 우크라이나군은 약아빠졌거든요. 렌즈에 반사되는 빛이 보이면 총을 쏠 겁니다."

역시나 거짓말일까? 우크라이나 저격수가 정말로 이쪽을 지켜보며 기자가 나타나기를 기다리고 있을까? 알 수는 없지만 사실일지도 모르니 알았다고 대답했다.

구덩이 안으로 들어간다. 병사 한 명이 겨우 들어가 있을 정도의 크기다. 병사는 흙무더기에 기댄 채 세로 10~20센티미터, 가로 60센티미터쯤 되는 작은 구멍에 소총을 겨누고 있다. 구멍을 들여다보니 250미터쯤 떨어진 곳에 하얗게 서리가 덮인 들판과 한 줄로 늘어선 나무들이 있다. 저격수가 쌍안경으로 나를 응시하고 있을지 모른다고 생각하니 가벼운 불안이 서서히 공포로 바뀐다. 심장 박동이 빨라진다. 망원렌즈를 들고 구멍에 갖다댄다. 군사 장비처럼 보이는 회색 물체가 보인다. 30초 정도 촬영한 뒤 구멍에서 몸을 피한다. 참았던 숨을 크게 내쉰다. 지마의 안내를 따라 참호로 되돌아간다.

피유우웃! 공기를 가르는 소리가 울려 퍼진다.

"총소리가 들린다는 건 좋은 일이에요. 안 들리면 죽었다는 뜻이니까요."

지마가 말한다.

수르코프가 살인을 일삼는 동성애자 네오나치에 관한 이야기를 퍼뜨리는 동안, 미국인들도 괴물 이야기를 만들고 있었다. 미국에서는 동서가 대립하고, 옛 소련을 꿈꾸며 팽창을 꾀하는 러시아가 자유 유럽과 대결을 벌인다며 제2의 냉전을 논하기 시작했다

"(푸틴은) 7, 8년 전 '소련 붕괴는 20세기 최대의 지정학적 비극'이라는 말로 그가 구상 중인 전략을 암시했습니다."

트럼프 행정부의 국가안보보좌관 존 볼턴이 폭스뉴스에 나와서 말했다. 미국의 국가안보기관은 제2의 냉전에 관한 이야기를 더욱 부풀리려 했다. 옛 냉전이 다시 시작되는 수준을 넘어서서 더 심각한 사태가 벌어지리라는 것이었다.

"훗날 역사가들은 몇 주 동안 마이단(광장 시위)에서 일어난 일을 계기로 냉전식 경쟁이 훨씬 큰 문제로 번졌다고 설명할 겁니다."

오바마 행정부의 국가안보부보좌관 벤 로즈가 시사 주간지《뉴요커》와의 인터뷰에서 말했다.

"그때부터 푸틴은 어떤 규범도 따르지 않으려 했습니다. 다른 나라를 도발하는 건 물론이고, 국경을 대놓고 무시하기까지 했죠."

신보수주의 우파부터 진보 좌파까지 모두가 같은 이야기를 했다. 이들은 한결같이 푸틴을 팽창주의자이자 전쟁광에, 조약을 깨부수고 규범을 무시하는 지도자로 묘사했다. 푸틴이 반박했듯, 한편에서는 미국도 종종 규범을 무시하고 조약을 위반하고 다른 나라를 침략한다며 이 이야기의 위선을 지적하는 목소리도 나왔지만, 미국에서는 그런 지적이 위험한 그쪽이야말로주의whataboutism*를 조장한다며 일축했다. 미국이 과거에 어떤 일을 했든 이야기가 담고 있는 가장 중요한 진실, 즉 푸틴은 괴물이라는 사실에는 변함이 없다는 것이었다.

푸틴을 괴물로 묘사하는 이야기들을 보면 다음과 같이 전기적 색채가 다분하다. 푸틴은 동독에서 KGB 요원으로 활동하며 경력을 시작했다. 이후 그는 상트페테르부르크의 시장에 당선되어 재임 기간 중 심각한 부정부패를 저질렀지만, 보리스 옐친 대통령이 그를 총리로 깜

---

* 상대가 잘못을 지적하면 반박하거나 틀렸다고 입증하는 대신, 상대가 같은 입장에서 똑같은 잘못을 저질러왔다며 비난의 화살을 돌리려는 논리.

짝 발탁했다. 당시 옐친과 그의 측근들은 후계자를 정하지 못해 고민하고 있었고, 대중이 어떤 가상의 영웅 인물을 가장 선호하는지 알아보고자 여론조사를 했다. 그 결과 소련의 제임스 본드에 해당하는 스파이 캐릭터 막스 슈티를리츠가 1위를 했는데, 공교롭게도 푸틴은 슈티를리츠와 닮은 점이 아주 많았다. 푸틴이 총리로 취임할 당시 그의 지지율은 고작 2퍼센트였다. 그러던 중 모스크바와 부이낙스크, 볼고돈스크의 아파트에서 폭탄이 터져 300명이 사망하는 사고가 발생하자, 푸틴은 이를 체첸 테러범들의 소행으로 보고 체첸공화국을 침공했다. 그러자 푸틴의 지지율이 치솟기 시작했고, 그는 결국 대통령 자리에까지 올랐다. 많은 러시아 전문가가 푸틴이 자신을 러시아의 구원자로 포장하기 위해 폭탄 테러를 계획했다고 본다. 그 사건을 계기로 다른 나라를 침략하고 국내 인사들을 암살하고 인권을 짓밟는 데 주저함이 없는 괴물 대통령이 탄생했다는 것이다.

그러나 푸틴이 등장하기 전 소련 시절의 괴물들이 그랬듯, 푸틴이라는 괴물이 성장한 원동력은 악랄한 인격이나 대담한 이데올로기가 아니었다. 러시아의 저명한 경제학자이자 전 총리 대행 예고르 가이다르는 저서 《제국의 붕괴: 현대 러시아가 주는 교훈Гибель империи. Уроки для современной России》에서 러시아의 힘은 우리가 익히 알고 있는 미로에서 나온다고 주장한다. 공산주의하에서든 자본주의하에서든 러시아의 부는 광활한 시베리아에 매장된 천연가스와 석유에 달려 있다.

제2차 세계대전에서 스탈린이 점령한 동구권은 소련 제국에 경제적으로 종속되어 있었다. 1960년대, 스탈린의 후계자 니키타 흐루쇼

프는 러시아에서 폴란드, 우크라이나, 벨라루스, 동독을 비롯한 바르샤바조약기구의 회원국으로 천연가스와 원유를 저렴한 가격에 공급하는 파이프라인망을 건설했다. 천연가스와 원유의 공급량과 가격을 통제하는 러시아 정부의 권한은 당근과 채찍 어느 쪽으로든 쓰일 수 있었다. 가령 폴란드에서 일어난 연대(솔리다르노시치Solidarność) 운동*이 폴란드 정권을 위협하자 러시아 정부는 폴란드 국민의 불만을 달래고 다시 자신들을 따르도록 만들기 위해 천연가스 가격을 대폭 낮췄다. 루마니아의 니콜라에 차우셰스쿠처럼 러시아의 영향권을 벗어나려는 이들은 국제 가격대로 천연가스를 사서 쓰는 수밖에 없었다. 1970년대에 들어 원유와 천연가스 가격이 급등하자 러시아가 쓸 수 있는 회유책의 가치도 덩달아 오르고, 에너지 부족에 허덕이는 위성 국가들에 대한 러시아의 지배력은 더욱 강해졌다. 1979년에는 유가가 또 한 번 치솟았고, 소련은 제국을 확장할 수 있다는 자신감을 얻었다. 그리하여 소련의 탱크가 아프가니스탄으로 밀고 들어갔다.

하지만 소련의 힘은 무너지기 쉬웠다. 소련에서는 수십 년에 걸친 농업 '집단화' 계획이 실패하면서 농업 부문이 붕괴했고, 원유 수익을 줄곧 농업 부문의 실패를 메꾸는 데 써야 했다. 제1차 세계대전 이전까지만 해도 제정러시아는 세계 최대의 밀 수출국이었지만, 1960년

---

* 레흐 바웬사가 창설한 비공산주의 노동조합으로 1980년대에 광범위한 반공산주의 운동을 전개했다.

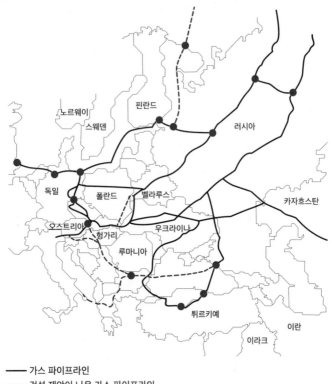

노르웨이
스웨덴
핀란드
러시아
독일
폴란드
벨라루스
카자흐스탄
오스트리아
헝가리
우크라이나
루마니아
튀르키예
이란
이라크

—— 가스 파이프라인
--- 건설 제안이 나온 가스 파이프라인

〈그림5-1〉 러시아의 파이프라인

대에는 세계 최대의 밀 수입국으로 전락했다. 원유를 팔아 번 달러로 식량을 수입하는 처지가 된 것이다. 그러다 1980년대 중반 유가가 폭락하자 에너지 제국 소련은 휘청거리기 시작했다. 원유를 팔아 벌어들이던 막대한 달러 수입이 사라지면서 러시아 정부는 인민이 먹을 식량을 수입하기 위해 서방의 은행과 정부에서 돈을 빌려야 했다. 이제

192   2부 전쟁

WTI 원유 가격(단위 $, 물가상승률 반영)

$200 ▪ 1979 - 아프가니스탄 침공
$180 ▪ 2008 - 조지아 침공
$160 ▪ 2014 - 우크라이나 침공
$140
$120
$100
$80
$60   베를린 장벽
$40   붕괴
$20   푸틴의
              대통령 당선

1960 1970 1980 1990 2000 2010 2020 (년)

〈그림5-2〉 러시아와 유가

원유와 천연가스를 쥐어짜 달러를 한 푼이라도 더 벌어야 하는 러시아는 동구권 위성 국가들에 에너지 가격을 보조해줄 여유가 없었다.

1988년은 수확이 부진한 해였고, 러시아는 원유 수입을 전부 외채를 상환하는 데 쓰고 있었다. 소련의 서기장 미하일 고르바초프는 인민이 굶어 죽는 일을 막기 위해 또다시 돈을 빌려야 했다. 그러자 서방의 정부들은 소련의 절박한 상황을 이용하려 들었다. 그들은 대출을 허용하는 대가로 소련이 무력으로 자국민을 억압하는 일을 금지할 것을 요구했다. 고르바초프는 이 조건을 받아들였다. 이제 경제적 지원이라는 당근도, 군사력이라는 채찍도 쓸 수 없게 된 러시아는 동유럽에 대한 통제력을 잃었다. 게다가 아무리 돈을 빌려도 날로 심각해지는 위기를 막을 수는 없었다. 러시아 정부는 어쩔 수 없이 식량 가격을 올려야 했고, 빵 가격은 300퍼센트까지 치솟았다. 더는 인민을 먹여 살릴 수 없게 되자 체제가 무너졌다.

1999년 집권한 푸틴은 러시아를 경제적 에너지 제국으로 재건하는 일에 착수했다. 그는 우선 전임 대통령 옐친이 사영화한 석유·천연가스 기업의 지배권을 되찾아왔다. 때마침 상품선물현대화법이 통과되면서 금융 기관들이 원자재 인덱스펀드에 막대한 돈을 쏟아부은 덕분에 원유와 천연가스 가격이 치솟았다. 그 결과 월가에서 러시아와 다른 산유국으로 곧장 부가 이전되었고, 러시아는 '가스 무기'를 되찾았다.

이제 푸틴은 옛 소련의 위성국가들에 다시 한번 후한 천연가스 보조금을 제공함으로써 그들을 러시아의 영향권하에 묶어둘 수 있었다. 가장 큰 혜택을 받은 인물은 '유럽 최후의 독재자'로 불리는 벨라루스 대통령 알렉산드르 루카셴코였다. 그는 푸틴에게 충성을 맹세하는 대가로 천연가스를 공짜나 다름없는 가격에 공급받았다. 조지아와 우크라이나 역시 처음에는 보조금을 넉넉히 받았다. 그러나 2000년대 들어 푸틴은 양국 정권과 갈등을 빚었고, 러시아를 따르도록 압박하기 위해 천연가스 가격을 올리거나 가스 공급을 끊기까지 했다. 조지아는 2008년 분쟁 이후 가스 공급을 받지 못했고, 러시아의 지원을 받은 남오세티아와 압하지야 자치주는 조지아에서 독립해 새로운 파이프라인으로 가스를 공급받았다. 또 러시아는 우크라이나 정부가 서방의 편을 들려는 움직임을 보이자 우크라이나에 공급하는 천연가스 가격을 인상하고 2005년, 2006년, 2009년 수차례에 걸쳐

가스 공급을 중단했다.

유럽연합은 노골적으로 천연가스를 무기화하는 푸틴을 경계하기 시작했다. 2012년 기준, 러시아는 유럽연합이 사용하는 천연가스의 39퍼센트를 공급했다. 그리고 유럽으로 연결된 세 개의 주요 파이프라인 중 두 개가 우크라이나를 지나갔다. 폴란드 총리 도널드 투스크는 이렇게 우려를 표했다.

"우크라이나의 문제는 유럽연합의 미래와 안전에 관한 문제이기도 합니다. 많은 유럽 국가가 러시아의 가스 공급에 의존한다면, 장차 러시아가 공격적인 태세를 취하더라도 막아낼 수 없을 겁니다."

하지만 유럽연합과 우크라이나도 언제까지나 러시아의 파이프라인에 매달릴 생각은 아니었다. 2012년, 흑해의 우크라이나 영해에 2조 3000억 세제곱미터에 달하는 어마어마한 천연가스가 매장되어 있다는 사실이 밝혀졌다. 러시아는 이 매장지의 채굴권을 두고 우크라이나와 협상하려 했지만 대화는 무산되었다. 2013년 1월, 우크라이나는 또 다른 대규모 천연가스 매장지가 발견된 우크라이나 동부에서 천연가스를 채굴하기 위해 로열더치셸과 계약을 맺었다. 2013년 4월, 우크라이나의 에너지·석탄산업부 장관은 우크라이나 동부와 크림반도 일대의 흑해에서 더는 러시아를 비롯한 어느 나라에서도 천연가스를 수입할 필요가 없을 만큼 막대한 천연가스를 생산할 것이라 공언했다. 우크라이나는 2020년 무렵이면 유럽에 천연가스를 공급하는 에너지 순수출국으로 발돋움해 러시아와 경쟁할 예정이었다.

우크라이나의 계획이 결실을 맺는다면, 푸틴이 유럽에 끼치는 영향력은 몽땅 사라질 판이었다. 푸틴은 1980년대 소련이 겪었던 에너지 패권의 붕괴가 재현되는 상황을 잠자코 지켜볼 생각이 없었다. 푸틴에게는 아직 시간이 있었다. 우크라이나의 에너지 독립 계획이 실현되기까지는 시간이 필요했다.

"우리는 이곳을 '죽음의 길'이라 부릅니다."

택시 조수석에 앉은 지마가 말한다.

"나와 함께 오지 않았다면 이 길로는 못 지나갔을 거예요."

차창 밖에는 보이는 것이 별로 없다. 도로를 따라 숲이 짙게 우거져 있다. 다시 불안이 일렁이기 시작한다. 이모키드를 닮은 택시 기사는 아직 한마디도 하지 않았다. 차가 코너를 돈다. 길을 따라 걷는 두 사람이 보인다. 잠시 긴장했지만 길을 지나는 노인들이었다. 두 노인이 우리를 보고 웃으며 손을 흔든다.

숲을 뒤덮고 있던 안개가 걷힌다. 아동용 색칠 공부책에 나올 법한 형태의 매끈한 산들이 안개 속에서 불쑥 모습을 드러낸다. 피라미드처럼 생긴 이 산들은 인공적으로 만들어진 쓰레기 더미다. 도네츠크는 한때 탄광업이 발전해 우크라이나에서 가장 부유한 도시로 손꼽혔다. 이 쓰레기 산은 번성했던 탄광업이 남긴 흔적이다. 낮게 깔린 구름이 산봉우리에 걸려 있다. 사방이 단조로운 회색빛으로 물든 듯하다. 이따금 낡은 버스들이 하얀 안개 틈으로 나타났다 사라지면서 노란빛이 휙 하고 지나갈 뿐이다.

지마가 택시 기사에게 교차로로 가자고 말한다. 그가 왜 우리를 이

길로 데려왔는지 잘 모르겠다. 가게들은 판자로 막혀 있고, 건물들은 폭격으로 무너졌다. 2층에 구멍이 뚫린 한 건물 안에는 뼈대만 남은 계단이 천장에 대롱대롱 매달려 있다. 그래도 장사 중인 가게가 하나 있다. 신문과 담배를 파는 노점이다.

전쟁은 이곳에서 생생히 살아 숨 쉬지만, 도시의 경제는 죽어 있다. 젊은 노동 인구는 도시를 떠났다. 이곳에서는 아무것도 생산하지 않는다. 물건은 전부 러시아산이다. 사람들이 우리를 볼 때마다 우크라이나 담배 없는지 묻는다. 러시아 담배는 나무 부스러기만 가득하다고 한다. 문득 이곳 사람들이 어떻게 일을 하지 않고 사는지, 이 준국가가 어떻게 세금을 거두지 않고 돌아가는지 의문이 든다.

공항 근처의 교외로 향한다. 눈 덮인 모술처럼 보이는 동네가 나온다. 차이가 있다면 잔해 더미를 오르는 아이들 대신 술 취한 노인들만 보인다는 점이다. 집은 대부분 껍데기만 남았다. 무너지지 않은 벽들이 그 자리에 무엇이 있었는지 말해준다. 침구를 가지런히 정리해둔 침대에는 먼지가 가득하다. 텔레비전 안테나가 욕조에 들어 있고, 가스오븐레인지가 2층에 매달려 있다. 길 끝에서 자전거를 탄 남자가 나타난다. 개 한 마리가 반갑다고 달려와 꼬리를 흔들며 지나가는 자전거 주위를 빙빙 돈다. 개는 자기가 종말 이후의 황무지 같은 세상에 산다는 사실을 모른다. 개가 부러워지는 순간이다.

한 주민이 동네를 안내한다. 그가 한때 딸이 살던 집터를 가리키며 말한다.

"몽땅 불타 버렸어요."

모술과 마찬가지로 이곳도 시신과 폐허, 영원히 사라지지 않을 기억이 묻힌 묘지나 다름없다.

"많이들 죽었어요. 저 집도 불타 무너졌죠. 살던 사람들도 죽었고요. 내 친척도 죽었어요. 여기로 돌아올 사람은 거의 없을 거예요."

하지만 그는 이곳에 남겨졌다.

그의 집도 무너졌다.

"포탄이 어찌나 세게 떨어졌는지 이가 다 빠졌어요."

그가 씩 미소를 지으며 이가 있던 자리를 가리킨다. 그가 살던 작은 땅에만 포탄 열네 개가 떨어졌다. 그래도 그는 어찌어찌 집을 꽤 복구했다. 벽을 세우고 창문을 뚫었지만, 내부는 아직 엉망이다. 집에 물이 넘치는 바람에 습기를 빨아들이도록 바닥 여기저기에 밤송이를 늘어놓았다. 잠을 자는 매트리스 밑에는 소총을 두었다. 작은 성모마리아 그림 옆에는 흰색 레닌 흉상이 놓여 있다. 하지만 그가 가장 아끼는 것은 뒷마당에 있다.

그가 30마리쯤 되는 비둘기를 새장에서 풀어준다.

"내 비둘기들이에요. 제일 아끼는 아이들이죠. 우리는 함께 전쟁에서 살아남았어요. 비둘기들은 지하실에 숨겼죠. 앞으로도 늘 함께 할 거예요. 내가 굶더라도 비둘기들을 굶기는 일은 없을 거예요. (…) 나는 여섯 살 때부터 비둘기를 키웠어요. 학교에는 가지 않았지만요. (…) 나는 굶주리겠지만 비둘기들은 어떻게든 먹여 살릴 겁니다."

그런데 그는 지금 어떻게 굶지 않고 비둘기들을 먹여 살리고 있을까? 그는 경제 없이 간신히 돌아가는 국가에 살고 있다.

"우리는 어떻게든 살아남았어요. 당연히 힘들었죠. 가스도 전기도 없었어요. 그러던 와중에 러시아인들이 와서 가스와 전기를 연결해줬어요. 우리가 살 수 있도록 도와줬죠. 나는 우크라이나인이지만 세상에 푸틴 같은 사람은 없다고 생각해요."

우크라이나 정부로부터 받던 연금은 이제 끊겼지만, 러시아인들이 제공하는 '물질적 혜택'이 연금을 대신한다.

"우크라이나 정부가 주던 연금이랑 똑같아요. 액수로 따지면 같은 금액을 받아요."

온갖 음모와 선전이 판을 치는 상황에서도 지울 수 없는 명백한 진실이 있다. 바로 돈이다.

2014년 2월, 덴버대학 정치학과 교수 컬렌 헨드릭스는 혼돈을 생각하고 있었다. 푸틴의 우크라이나 침공은 러시아가 2008년 조지아의 남오세티아와 압하지야를 침공해 '해방한' 이후 처음으로 펼친 대규모 군사 작전이었다. 2008년은 세계 곳곳에서 군사 분쟁이 격화한 해였다. 베네수엘라 대통령 우고 차베스는 콜롬비아 국경에 탱크를 포함한 10개 대대를 배치했다. 차베스와 볼리비아 대통령 에보 모랄레스는 미국을 상대로 비난의 수위를 높이다 미국 대사를 추방했다. 중동에서는 하마스*가 이란의 자금과 지원을 받아 이스라엘에 로켓포를 쐈다.

---

* 팔레스타인의 이슬람주의 무장 단체.

크게 놀랄 만한 일은 아니었다. 미국과 남미, 이스라엘과 팔레스타인, 러시아와 조지아의 충돌은 비교적 자주 벌어지는 일이다. 하지만 이러한 충돌에 응징이나 보복을 초월한 리듬이 존재한다면 어떨까?

러시아, 베네수엘라, 볼리비아, 이란은 한 가지 공통점이 있다. 원유와 천연가스를 수출하는 나라들이라는 점이다. 2008년 여름 러시아의 탱크가 조지아 국경을 침공했을 때, 원유는 배럴당 143달러라는 충격적인 가격으로 거래되고 있었다. 이는 1980년 이후 가장 높은 수준이었는데, 그때도 러시아는 아프가니스탄의 국경을 탱크로 침공했다. 그리고 유가가 다시 사상 최고치에 이른 2014년, 푸틴의 군대는 또 한 번 진격을 시작했다. 1980년과 2008년, 2014년의 사례를 살펴보던 헨드릭스는 갈등의 리듬을 만드는 박자가 가격, 즉 유가일지 모른다고 생각했다.

"국제 분쟁에 관한 데이터를 모아서 유가 정보와 합쳐봤어요."

헨드릭스가 설명한다. 여기서 분쟁이란 전면전을 뜻하지 않는다. 오늘날 전면전이 일어나는 일은 드물다. 여기서 분쟁은 국가 간 군사 분쟁militarised interstate dispute, 약칭 MID를 가리킨다. 가령 파키스탄이 카슈미르의 국경 지대에 포탄을 쏜다거나 중국이 미국의 드론을 격추하는 일은 MID에 해당한다. 헨드릭스는 유가가 높을수록 러시아, 베네수엘라, 이란처럼 원유를 수출하는 국가가 군사 분쟁을 개시할 가능성이 커진다는 사실을 발견했다. 유가가 꼭 기록적인 수준에 도달해야만 분쟁 확률이 크게 올라가는 것은 아니다. 실제로 유가가 40달러에서 60달러로 20달러만 올라도, 군사 행동이 일어날 가능성

2부 전쟁

분쟁 확률(단위 %)

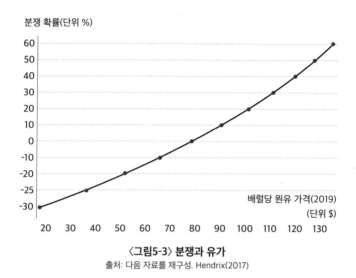

〈그림5-3〉 분쟁과 유가
출처: 다음 자료를 재구성. Hendrix(2017)

은 40퍼센트 상승했다.

헨드릭스는 유가가 어떻게 괴물이 사는 미로의 지렛대와 도르래를
움직이는지 계산했다. 푸틴, 니콜라스 마두로, 무함마드 빈 살만 등 산
유국 정치인들은 누구나 고도로 구조화된 장애물과 기회에 직면한다.
이들이 주변 국가에 해를 끼치고 충돌과 침략을 일으킬 기회는 유가
상승에 따라 함께 늘어난다. 유가가 급등한 2008년은 무력 충돌 역시
급증한 해였다. 앞서 유가가 기록적인 수준에 이르렀던 1979년에도
소련이 아프가니스탄을 침공했고, 이후 사담 후세인이 이란을 침공했
다. 이렇듯 유가가 급등하는 시기에는 괴물들이 우리에서 풀려난다.

나는 2013~2014년에 급등한 원유와 천연가스 가격이 푸틴을 우리
에서 풀어놓았는지, 유가에 거품이 끼면(대략 배럴당 100달러 수준에 이

르면) 무력 충돌이 일어날 확률은 얼마나 높아지는지 궁금했다.

"유가가 100달러에 이르면 분쟁이 일어날 확률은 유가가 45달러일 때보다 65퍼센트, 23달러일 때보다 80퍼센트 높아집니다."

헨드릭스의 대답이다. 그가 디지털로 표시되는 숫자인 유가를 폭력 분쟁으로 바꾸는 메커니즘을 설명한다. 그에 따르면, 고유가는 네 개의 자물쇠를 열어 괴물을 우리에서 해방한다.

첫 번째로 가장 먼저 열리는 자물쇠는 **가스 무기**다.

"유가가 낮고 러시아가 달러를 버는 데 급급할 때는 천연가스가 위협 수단으로서 거의 효과를 발휘하지 못합니다. 러시아가 '우리는 지금 살림이 빠듯하고 재정적자가 심각하지만, 누워서 침 뱉는 꼴이 되더라도 에너지 수출을 중단하겠다'고 말한다고 생각해보세요. 유가가 많이 낮을 때는 이런 위협이 강력한 수단일 수 없죠."

2000년대에 푸틴이 조지아와 우크라이나를 상대로 천연가스를 무기로 쓴 것은 사상 최초로 원자재 거품이 유가를 끌어올렸기에 가능한 일이었다. 유가가 오르면서 러시아가 제공하는 천연가스 보조금의 가치가 크게 높아졌고, 러시아의 재정 상황은 천연가스 공급을 일시적으로 중단하더라도 버틸 수 있을 만큼 튼튼해졌다. 천연가스가 무기로서 갖는 효과는 운송이 매우 어렵다는 특성 때문에 더욱 커진다. 통에 담아 쉽게 운반할 수 있는 원유와 달리, 천연가스를 운송하기 위해서는 특수 시설을 갖춘 배와 항구가 필요하다. 따라서 파이프라인으로 천연가스를 공급받는 나라들은 다른 공급처를 찾기 어렵다. 하지만 1990년대처럼 유가가 낮을 때는 역학 관계가 반대로 바뀐다. 당시 옐친은 에너지 수출로 달러를 벌어 바닥난 재정을 메꾸는 데 혈안이 되어 있었고, 우크라이나와 벨라루스는 러시아의 절박한 상황을 이용해 영향력을 키웠다. 두 나라는 옐친이 자신들에게 보복할 여유가 없다는 것을 알고 파이프라인에서 천연가스를 빼돌렸다.

2013년 겨울 우크라이나가 에너지 독립 계획의 일정을 발표한 지 몇 달이 지났을 무렵, 푸틴은 원유와 천연가스 가격이 아직 기록적인 수준에 있는 동안 천연가스를 무기 삼아 우크라이나 대통령 야누코비치를 압박했다. 푸틴은 야누코비치가 유럽연합과의 무역협정 협상을 중단하면 천연가스 가격을 33퍼센트 낮춰주겠다고 제안했다. 야누코비치는 이 제안을 받아들였지만, 러시아 편에 붙기로 한 그의 결정은 유럽연합과의 협력을 지지하는 마이단 시위를 촉발했다. 그리하여 야누코비치가 실각하고 러시아로 피신하자 푸틴은 태도를 바꿨다. 2014년 4월, 푸틴은 우크라이나에 공급하는 천연가스 가격을 80퍼센트 올렸고, 6월에는 아예 공급을 중단했다. 푸틴은 이런 식으로 매번 총 한 발도 쏘지 않고 우크라이나 정부를 자기 뜻대로 휘둘렀다.

두 번째로 더 장기간에 걸쳐 열리는 자물쇠는 **막대한 원유 수익**이다. 푸틴은 원유와 천연가스 가격이 오르는 동안 러시아의 경제와 군사력을 재건할 수 있었다. 원유 수익은 러시아 연방 예산의 절반을 차지한다. 유가가 배럴당 35달러 수준에 머물던 2002년, 러시아는 원유 수출로 연간 530억 달러를 벌었다. 반면 고유가가 유지된 2014년에는 여섯 배 가까이 많은 3300억 달러를 벌었다. 러시아가 얻은 엄청난 수익은 대부분 월가와 시티오브런던City of London*에서 나왔다. 야니어 바얌은 2002년에서 2012년까지 러시아가 금융 투기자들에게서 얻은 추가 수익만 해도 5600억 달러에 이를 것이라 추산한다. 그리고 러시아는 다른 원유 수출국들과 마찬가지로 국내총생산GDP 대비 국방비 지출 비율이 원유 수입국보다 훨씬 높다. 이는 자원의 저주가 발현되는 또 하나의 방식으로, 높은 원자재 가격이 가져오는 혼돈을 더욱 증폭하는 요인이다.

그러나 도네츠크에서 비둘기를 키우던 주민의 사례가 말해주듯, 전쟁에서는 무기와 병사 외에도 많은 곳에 비용이 들어간다. 도네츠크의 괴뢰 정부에서 일하던 한 전직 공무원은 '로이터'와의 인터뷰에서 러시아가 군대뿐 아니라 "예산 부문과 연금"에도 자금을 댔다고 밝혔다.

"외부의 지원이 없다면 아무리 효율적인 방식으로 세금을 올리더라도 영토를 유지할 수 없습니다. 러시아의 지원은 우리가 영토 내에서 거두어들이는 액수를 뛰어넘습니다."

월가는 푸틴이 군사력을 증강하는 데 자금을 댔을 뿐 아니라, 유럽 변두리에 불량국가가 들어서는 데도 돈을 지원한 셈이다.

세 번째 자물쇠는 **방패**다. 고유가는 무기와 막대한 수익만이 아니라 보호까지 제공한다. 원자재 수출국은 다른 나라보다 국제 사회 차원에서 제재하기 더 어렵다.

"노르웨이와 스웨덴이 불량국가가 된다고 상상해보죠."

---

* 런던 금융가의 중심지.

헨드릭스가 그 이유를 설명한다. 두 나라가 덴마크를 침공한다거나 테러 집단을 지원해 핀란드에서 폭탄 테러를 일으킨다고 생각해보자. 국제 사회는 힘을 합쳐 두 나라의 수출을 금지할 것이다.

"노르웨이보다는 스웨덴을 제재하기가 훨씬 쉬워요. 노르웨이산 원유를 아무도 못 사게 하는 것보다 볼보 자동차를 아무도 못 사게 하는 쪽이 훨씬 쉬우니까요."

헨드릭스의 말처럼 스웨덴은 수출 금지 조치를 피할 방법을 찾지 못해 어려움을 겪을 것이다. 스웨덴의 공산품은 독일이나 프랑스까지 실어 나른다 해도 암시장에서 팔기가 어렵다. 볼보 자동차와 이케아 가구, H&M의 옷은 쉽게 알아볼 수 있는 브랜드 제품이기 때문이다. 그에 반해 밀수한 원유는 훨씬 팔기 쉽다. 금, 다이아몬드 같은 대다수 원자재는 물론, 코카인이나 헤로인 같은 상품도 마찬가지다. 제품 간에 차이가 거의 없을 만큼 표준화가 쉽다는 것이 바로 원자재의 특성이기 때문이다. 따라서 원자재는 일단 국제 시장에서 유통되기 시작하면 추적이 불가능하다.

물론 이보다 더 큰 문제는 유럽이 러시아의 천연가스에 의존한다는 점이다. 2014년, 푸틴이 국제 사회에서 배척당할 위험을 기꺼이 감수하면서 전쟁을 일으킨 배경에는 우크라이나뿐 아니라 유럽연합 전체에 대한 영향력을 유지하려는 열망이 깔려 있었다. 유럽연합이 러시아의 천연가스에 의존한다는 점은 푸틴이 어떤 흉계를 꾸미든 방패막이 역할을 했다. 따라서 푸틴이 러시아 영토라 주장하는 크림반도와 돈바스 지역에서 최근 러시아의 에너지 패권을 위협할 만큼 거대한 원유와 천연가스 매장지가 발견되었다는 사실은 우연의 일치가 아니다. 푸틴은 크림반도를 병합함으로써 흑해의 우크라이나 영해 3분의 2와 그곳에 매장된 천연가스를 손에 넣었다. 그뿐만 아니라 러시아는 우크라이나를 우회해 유럽에 곧장 천연가스를 공급할 수 있는 새 파이프라인 사우스스트림을 흑해에 건설할 경로를 확보했다.

유럽이 러시아의 천연가스에 의존하는 상황에서 국제 사회는 러시아의 원유와 천연가스 수출을 전면 금지할 수 없었다. 그 대신에 국제 사회는 푸틴 정권의 지배 계층과 그들의 해외 자산을 대상으로 여러 제재를 가했고, 러시아가 새롭게 원유를 탐사하고 생산하지 못하도록 막았다. 이러한 제재는 틀림없이 러시아가 치른 비용이었다. 그러나 러시아의 원유 생산량은 제제와 상관없이 꾸준히 늘어났고, 2016년에는 11년 만에 최고치를 기록했다.

마지막 네 번째 자물쇠는 **교만**이라는 심리적 문제다. 헨드릭스는 이렇게 설명한다.

"산유국들은 경제가 부쩍 좋아지면서 콧대가 높아지고 미래에 대한 자신감을 얻기 때문에 그만큼 분쟁을 벌이려 들 가능성도 커집니다."

유가가 상승하면 산유국의 수익이 늘고, 천연가스라는 무기를 휘두를 힘과 국제 사회의 보복을 막아줄 방패가 생긴다. 이에 따라 산유국의 자신감도 커지며, 늘어난 자신감은 교만이라는 또 하나의 거품을 키운다. 거품은 이렇게 시장에서 정부로, 그리고 다시 사람의 마음으로 전염될 수 있다. 교만이라는 심리적 인플레이션은 기회를 행동으로 바꾼다.

푸틴이 우크라이나에서 벌인 가격 전쟁은 중동에서 목격한 가격 전쟁과 달랐다. 중동에서는 높은 식량 가격이 불안과 폭동, 혁명을 촉발했고, 여기서 괴물이 가득한 판도라의 상자가 탄생했다. 이 괴물들은 파탄에 이른 국가들의 무질서 속에서 힘을 키웠다. 우크라이나에서 벌어진 가격 전쟁은 정반대다. 괴물은 국가가 붕괴하면서 혼돈이 펼쳐졌기 때문이 아니라 국가가 부강해졌기 때문에 위세를 떨칠 수 있었다. 이렇듯 가격 전쟁은 국가가 제 앞가림도 못할 만큼 약하거나 이웃 나라에 싸움을 걸 만큼 강해질 때처럼 양극단의 상황에서 벌어진다. 그리고 어떤 상황에서든 가격 전쟁이 발발한 배경에는 금융 투기가 있었다. 러시아에서 금융 투기는 푸틴이라는 괴물을 가두던 우리의 자물쇠를 열었다.

"러시아에서 온 자원병 몇 사람을 만나보시죠."

지마가 다음 일정을 알린다. 이상한 일이다. 그는 어제까지만 해도 줄곧 이곳에는 러시아군도, 러시아산 장비와 탱크도, 러시아가 보낸 돈도 없다고 말했다. 그런데 지금은 DPR군과 함께 활동하는 러시아 자원병 '부대'가 있다고 한다. 지마의 주장에 따르면, 자원병들은 전투에 나서지 않으며 전선에 있는 마을에 인도적 지원만을 제공한다고 한다. 그리고 외국에서 온 자원병은 그들만이 아니었다. 브라질과 콜롬비아에서도 자원병이 왔다고 한다.

"그 사람들은 왜 온 건가요?"

"나치와의 투쟁에 동참하기 위해서죠."

나의 물음에 지마가 답한다.

"살인 청부업자들이라 그런 건 아닌가요? 문제를 일으키고 여기로 도망 온 걸 수 있잖아요."

"맞아요. 그런 이유도 있겠죠."

DPR의 '정보전' 활동은 러시아의 개입을 부인하는 데 중점을 두는데, 지마는 왜 러시아의 자원병 부대를 만나보라고 하는 것일까? 그가 무능해서일까? 아니면 수르코프의 계략일까? 이것이 사람의 혼을 빼놓고 뒤숭숭하게 하려는 조종 전략의 하나인지는 알 수 없다. 인정하기는 싫지만 사실이라면 효과가 있다. 어느새 이렇게 망상에 사로잡혀 머릿속이 어지러우니 말이다.

택시를 타고 전방의 작전기지에 도착해 낡아 빠진 작은 군용 지프로 갈아탄다. 그런 다음 회색 지대*를 지나간다. 우크라이나와 분리주의자 진영의 경계는 땅에다 새긴 참호가 아니라 들판과 숲을 가로지르는 보이지 않는 선으로 이루어져 있다. 길을 한 번 잘못 들면 곧장 적의 저격수나 요새 진지를 향해 돌진하는 꼴이 될 것이다.

지프가 집이 늘어선 곳에 멈춘다. 주택들은 반은 서 있고 반은 폭격으로 무너졌다. 사방에서 포탄이 날아드는데도 이곳에는 아직 사람이 살고 있다. 주민들이 회의를 하는 모양이다. 노인 열 명이 군 지휘관과 이야기하며 요구 사항을 쏟아낸다.

---

* 어느 세력권에 속하는지 명확하지 않은 지역.

"냉장고랑 전구가 필요해요."

"겨울에는 냉장고 없이 살아도 여름에는 안 돼요."

이야기를 들어보니 누군가가 주민들의 집을 습격해 물건을 훔치고 부수는 일이 벌어졌다고 한다. 주민들은 분리주의자 군대의 소행이 아닌지 의심한다.

"부대원들과 이야기했는데 그런 일은 절대 없었다고 합니다."

지휘관이 말한다.

"도둑이 든 건 사실이지만, 우리 부대가 한 일이 아닙니다. 범인을 하나라도 잡으면 여러분이 보실 수 있도록 공개적으로 처벌하겠습니다. 당황하지 마세요. 괜찮을 겁니다."

"다들 무서워서 그래요. 몇 사람은 산 채로 불에 타서 죽었단 말입니다."

한 노인이 대꾸한다.

지휘관이 그들을 안심시키려 한다.

"저도 이런 일이 벌어졌다는 것이 화가 납니다. 여러분의 말이 사실로 밝혀지면, 범인을 즉각 해임하거나 감옥에 가두겠습니다. 저는 이런 문제에 매우 엄격한 편입니다. 제가 여기 온 지도 5년째입니다. 저는 자원해서 이곳에 왔고, 그동안 남의 물건에 손을 댄 적은 한 번도 없었다고 분명히 말씀드릴 수 있습니다."

아무래도 내가 들어서는 안 되는 이야기 같다. 수르코프가 짠 대본에 이런 내용까지 들어 있을 리는 없다. 분리주의자 군대가 해방군이 아니라 산적처럼 들리는 이야기다. 그때 누군가가 어깨를 두드린다.

자원봉사대 '천사'의 책임자 알렉세이 스미르노프가 인터뷰를 하러 왔다.

알렉세이는 영어를 할 줄 알지만 나디아에게 "적의 언어로 말하고 싶지 않다"고 전한다. 그가 내게 봉사대에 관한 책을 건넨다. 책을 펼치니 알렉세이의 사진이 가득하다. 장작을 패거나 아이들 옆에 무릎을 꿇고 있는 등 인도적 활동을 찍은 사진들이다. 잘생긴 외모가 눈에 띈다. 나디아에 따르면, 도네츠크에는 남자다움을 과시해서 여자를 꾀려는 러시아 남자가 많다고 한다. 나디아가 러시아의 IMDB*에 해당하는 사이트에서 그의 이름을 찾아 보여준다. 그는 단편영화에 몇 번 출연한 적이 있는 배우다. 하지만 알렉세이는 그 점에 관해 전혀 언급하지 않는다. 그는 사람들을 돕기 위해 왔다고 말한다. 알렉세이가 이끄는 자원봉사대는 부업을 해서 번 돈과 기부금으로 전선에 사는 주민들에게 물자를 지원한다.

나는 그가 자원봉사자로서 대본에만 충실하다는 사실에 감명받았다. 2014년 4월, 자존심 강한 러시아 군인들은 외부에 정체를 숨겨야 하는 상황에 신물이 난 나머지, 지역민들에게 자신들은 자원봉사자가 아니라 GRU(러시아의 정예 첩보부대) 소속 특수 부대라고 밝혔다. 나는 알렉세이 역시 그들처럼 내심 자기 이야기를 하고 싶어 하리라 생각한다.

* 미국의 영화 정보 모음 사이트.

"주민들이 우리를 갈가리 찢어놓을 뻔했어요."

그가 2015년에 주민들에게 구호물자를 나눠준 일에 관해 이야기한다.

"아이들은 하도 굶어서 얼굴이 흙빛이었어요. 마실 물도 없었고요. 그러다 보니 사람들은 동물적인 본성을 자극하면 언제든 서로를 공격하려 들 수 있었어요. 주민들은 봉사대가 가져온 음식을 보고 미친 듯이 달려들어 그 자리에서 전부 먹어 치웠어요."

그의 이야기를 들으며 한 가지 아이러니를 깨닫는다. 이 전쟁은 원자재 가격 상승으로 어마어마한 돈이 월가에서 러시아로 흘러든 탓에 벌어진 가격 전쟁이었다. 이 전쟁은 넘치는 돈을 손에 쥔 푸틴이 하고 싶은 일을 마음대로 한 결과였다. 그러나 전쟁이 벌어지는 현장에는 빈곤과 결핍이 가득했다. 알렉세이도 이 사실을 알고 있다.

"누구는 상류층으로 호화롭게 사는 동안, 누구는 전장에서 굶주리며 총에 맞고 있어요."

알렉세이는 주민들의 집을 부순 포탄은 한 발에 수천 달러씩 하는데도 이곳에서 계속 살아야 하는 사람들에게는 고작 500달러가량의 구호물자밖에 줄 수 없다는 사실에 한탄한다.

"평화에 쓸 돈은 늘 부족한데, 전쟁에 쓸 돈은 언제 어디서든 나온다니 참 이상한 일이죠."

우리 뒤에서 사람들이 줄을 선다. 알렉세이와 다른 봉사대원들이 자동차 트렁크에서 비닐봉지를 꺼내 나눠주기 시작한다. 주민들은 구호물자가 든 봉지를 썰매에 실은 뒤 눈길을 헤치며 끌고 간다. 제정러시아를 다룬 시대극의 한 장면 같다. 지마가 작은 비디오카메라를 들고 있다.

"인스타그램에 올릴 영상을 찍고 있어요."

그가 오늘 본 자원봉사대의 '인도적 활동'에 관한 인터뷰를 요청한다. 이것이 바로 내가 기다리던 수르코프의 계략인 듯하다. 그들은 서방에 메시지를 전하기 위해 나를 이곳에 데려온 것이 아니었다. 오히려 그들은 나를 러시아에 전할 메시지의 배우로 삼으려 한다. 끝을 알수 없는 전쟁을 계속하기 위해서는 러시아 국민의 지원이 필요하다. 서방의 대중은 이미 관심을 잃은 지 오래다. 지마의 요청을 정중히 거절한다.

택시가 길가에 멈춘다. 해 질 무렵, 인적이 드문 외딴곳에 내려선다. 검푸른 밤하늘 사이로 작은 오두막과 커다란 나무 몇 그루의 윤곽이 보인다. 꽁꽁 언 양말 두 짝이 걸린 빨랫줄 아래를 지나 오두막으로 다가간다. 문을 여니 지하로 내려가는 계단이 보인다. 계단이 끝나는 곳에는 전구가 하나 달려 있고, 털이 금빛인 래브라도 리트리버 한 마리가 자고 있다. 총 세 칸짜리 계단이다.

계단 아래에는 은행 금고문처럼 바퀴 모양의 손잡이가 달린 두꺼운 문이 있다. 문은 살짝 열려 있지만 무겁다. 끙끙대며 지나갈 틈을 만든다.

이곳은 지하 벙커다. 내부에는 싸늘한 공기가 감돈다. 침대 여섯 개가 방을 가득 채우고 있다. 깔끔하게 정리된 침대들에는 모직 담요가 놓여 있다. 네 사람이 이리저리 돌아다닌다. 그 모습이 꼭 걸어 다니는 딱정벌레 같다. 몇 겹씩 되는 옷으로 몸을 꽁꽁 싸맨 탓에 형체를 알 수 없는 덩어리처럼 보인다. 짙은 갈색 셔츠와 스웨터 위에 솔기가 너덜너덜하고 단추가 떨어진 코트를 입고 방울이 달린 털모자를 쓰고 있다. 이야기를 나누는 사람은 아무도 없다. 두 사람은 텔레비전으로 뉴스를 보고 있고, 한 사람은 수프를 홀짝거린다.

벽은 소비에트 시절의 선전물로 가득하다. 높이가 60센티미터쯤 되는 벽화가 벽 위를 따라 방을 쭉 가로지른다. 잠수함, 미사일, 로켓 발사대, 폭탄 같은 군사적 성취를 묘사한 그림이다. 우주를 들여다보는 우주비행사와 바다를 조망하는 해군 장교도 보인다. 1960년대에 나온 선전물이 틀림없다. 벽에 남은 얼마 안 되는 공간에는 금빛과 붉은빛이 감도는 물건이 걸려 있다. 주민들이 정교회의 성화인 이콘과 성모 마리아 그림을 담은 작은 액자들을 걸어놓았다. 나비넥타이를 매고 무지개 아래 앉아 있는 강아지들 사진이 담긴 달력도 보인다.

한 주민에게 방독면을 쓴 작은 회색 남자들이 전장에서 부상병을 실어 나르는 모습을 그린 벽화에 관해 묻는다.

"방독면을 사용하는 법을 설명하는 그림이에요."

대답해준 주민은 나이가 50대가량 되어 보이는 여성이다. 이름은 올가라고 한다.

전쟁이 터질 무렵, 올가는 어머니와 함께 도네츠크에 있는 아파트에 살고 있었다. 그녀의 어머니는 당시 일흔다섯 살이었다.

"우리가 아파트에 있을 때 총격이 시작됐고, 엄마는 잔뜩 겁에 질렸어요. 그 와중에도 엄마는 아파트 밖으로 나가 건물 입구로 가려 했어요. 어디론가 피란해야 한다고 생각한 거죠. 그렇다 해도 어디로 갈 수 있었겠어요? 총알이 문 안으로 날아들고 있는데 말이에요. (…) 그러다 벙커에서 살기로 결정했어요. (…) 하지만 여기는 지하 창고나 다름없어요. 여기서 200명이 살았어요. 사람들은 바닥이나 매트리스, 벤치에서 잠을 잤죠. 지금은 열두 명밖에 없어요. 다들 추위에는 익숙해졌죠. 전기 오븐도 있고, 가끔 따뜻한 차도 마실 수 있어요. (…) 하루에 한 번은 음식을 만들어요. 벙커 안의 분위기는 딱딱하지만요."

내가 왜 이곳에 와 있는지를 되새긴다. 나는 나비가 지나간 길을 따라 밀 시장의 거품에서 아랍의 봄이라는 혼돈으로, 다시 원유 시장의 거품을 거쳐 우크라이나 동부의 혼돈으로 찾아왔다. 그리고 우크라이나에 펼쳐진 혼돈의 한가운데서 나는 또 다른 거품 안으로 들어왔다. 차이가 있다면 이 거품*에는 물리적인 형체가 있다는 것이다.

사방을 둘러싼 콘크리트 벽은 원자력 시대가 남긴 잔재다. 이 벙커는 일어나지 않을 핵전쟁을 대비한 방어 시설이었다. 공산주의와 자본주의의 대결은 서로에게 핵무기를 쏘는 일 없이 끝이 났다. 그러나 냉전이 종식되자 새로운 유형의 전쟁이 시작되었다. 혼돈을 일으키는 장치인 금융 자본주의가 촉발하는 전쟁이다. 이 새로운 전쟁은 대

---

* 거품을 뜻하는 영어 단어 '버블bubble'은 거품 방울처럼 외부와의 접촉을 차단하는 막이라는 뜻으로도 쓰인다.

2부 전쟁

부분 사람의 눈에는 보이지 않는다. 실제 무기가 아니라 숫자 0과 1로 싸우는 전쟁이기 때문이다. 이 숫자들은 수천 킬로미터 길이의 광섬유 케이블을 통해 빛의 속도로 움직이며 우리 주위에 보이지 않는 미로를 만든다. 이제 현실에서 일어나는 폭발(러시아의 흉작, 이라크의 원유를 둘러싼 다툼)은 디지털 세상의 폭발로 이어진다. 그리고 디지털 세상의 폭발이 일으킨 후폭풍은 또다시 현실에서 군대와 탱크, 군수품의 형태로 나타난다.

그 결과로 발생하는 가격 전쟁은 눈을 멀게 하는 섬광을 내뿜는 핵폭탄처럼 모든 것을 단숨에 휩쓸지 않는다. 가격 전쟁은 쉬지 않고 떨어져 내리는 물방울처럼 서서히 무질서를 몰고 온다. 올가의 어머니는 벙커에서 지내는 동안 심장에 이상이 생겼고, 줄곧 병원을 드나들어야 했다.

"엄마는 이제 여든이었고, 아무 데도 못 가겠다고 말했어요. 그러다 토요일에 돌아가셨죠. 오늘 장례를 치렀어요."

주민들은 올가 어머니의 시신을 당국이 수거하러 올 때까지 5일간 벙커에 두었다. 어머니가 세상을 떠난 지금, 올가는 이곳을 벗어날 수 있을 것이다.

"아파트로 돌아가서 사는 게 소원이에요."

올가와 벙커 주민들은 혼돈 속에서 자유를 누리지 못한다. 30여 년 전 대결에서 승리한 자본주의는 그들의 삶에 별다른 변화를 가져오지 않았다. 가난에서 번영으로 향하는 자유 시장의 길은 이곳까지 이어지지 않았다. 대신 주민들은 벙커에 갇힌 채 또다시 공산주의의 선전

물만 처다보아야 하는 신세가 되었다. 그러는 사이 그들을 벙커로 몰아넣은 금융 시장의 거품이 터졌다. 우크라이나에서 전쟁이 일어난 지 몇 달이 채 지나기 전에 유가가 폭락한 것이다. 또 다른 지진파가 세계를 뒤흔들었다. 이곳에서 수천 킬로미터 떨어진 나라에서는 수백만 명이 다른 형태의 종말론적 세계로 떠밀려 들어갔다. 그 세계를 만든 것은 미사일이나 탱크, 포탄이 아니라 가격 그 자체였다.

06 붕괴
베네수엘라의 프랙털 재앙

비행기에서 내려 시몬 볼리바르 국제공항으로 들어서는 내내 '이게 뭐하는 짓인가' 싶은 심정이다. 나는 지금 속옷 안에 1만 달러를 쑤셔넣은 채 공항으로 가고 있다. 그래도 창피한 마음이 크다 보니 애초에 돈을 속옷에 숨긴 이유에는 신경을 덜 쓸 수 있다. 내가 속옷에 돈을 숨긴 이유는 겁이 나서였다. 베네수엘라에서 각종 문제를 처리해줄 안내자(지금부터는 카를로스라 부르겠다)가 현금을 너무 많이 들고 다니면 위험하다고 경고했다. 베네수엘라에서는 100달러 때문에 살인이 벌어지곤 하는데, 나는 그 100배에 달하는 돈을 가지고 있었다. 입국 심사장 직원들이 돈을 발견하면, 주차장에서 나처럼 어리숙한 외국인을 덮치려 기다리고 있는 조직폭력배malandro들에게 귀띔해줄 것이다. 하지만 베네수엘라에 현금을 가져갈 다른 방법이 없었다. 달러 현찰을 가지고 암시장에 가면 ATM으로 뽑을 때보다 열 배는 많은 볼리바르화로 바꿀 수 있다.

입국 심사장에 도착한다. 파란 제복을 입은 남자 둘이 심사대에 앉아 있다. 그중 한 명에게 '신고할 물품 없음'에 표시한 세관신고서를 건넨다. 그가 신고서를 확인하더니 도장을 들어 철컥하고 찍는다. 그런 다음 금속 탐지기를 가리킨다. 금속 탐지기 사이로 걸어 들어간다. 삐 소리가 나겠거니 싶어 잔뜩 긴장한다. 아무 일도 없다. 직원이 출구를 가리킨다.

밖으로 나오니 카를로스가 나를 알아본다. 그를 따라 차에 탄 뒤 고속도로로 나선다. 이제야 안도의 한숨을 내쉰다. 무사히 공항을 통과했다. 다음 목적지는 카라카스다. 납치와 살인으로는 세계에서 으뜸가는 도시다. 택시로 쓰이던 이 낡아 빠진 차가 납치와 살인을 막아줄 수 있을지 의문스럽다.

"음, 이 차가 정말로, 그러니까, 충분히 안전하다고 보시나요?"

뒷좌석에 앉아 카를로스에게 묻는다.

"미국의 뉴스 촬영 팀이나 멕시코 사업가들은 무장 경호원이 딸린 무장 차량을 타겠다고 고집할 때가 있어요. 하지만 그런 건 눈에 잘 띄는 표적일 뿐이에요. 지난달에는 이런 일이 있었어요. 갱단이 무장 트럭 한 대를 갓길에 세우고 창밖에서 수류탄을 흔들었죠. 안에 있던 멕시코 사업가가 밖으로 나오지 않으면 차를 날려버리겠다는 거였어요. 사업가는 그 말을 듣고 문을 열었죠. 그러자 한바탕 학살이 벌어졌어요. 경호원들은 그 자리에서 몽땅 살해당했죠."

카를로스의 대답이다. 갱단과 맞서 싸우기란 불가능하니 눈에 띄지

218   2부 전쟁

않게 숨는 것이 최선이라는 말이다. 그런 점에서 이 고물 자동차는 가장 좋은 변장 수단이다. 그리고 앞에 앉은 운전사는 전직 경찰인데, 몸집은 작아도 성격이 난폭한 탓에 보차코bochaco(잎꾼개미)라는 별명이 붙었다고 한다. 게다가 그는 1.5킬로미터쯤 떨어진 곳에서 다가오는 조직폭력배도 알아볼 수 있다고 한다.

"납치범들에게 붙잡히는 건 그나마 다행이에요."

그 말에 안도감이 싹 달아난다. 그나마 다행스럽다니?

"돈을 내면 풀어주니까요."

카를로스가 말하기를, 더 큰 문제는 갱단이 아니라 경찰에 납치되는 일이다. 경찰에 납치당하면 도움을 요청할 곳조차 없기 때문이다. 그래도 경찰은 더 많은 돈을 요구하기는 해도 돈을 내면 풀어주기는 한다. 더 나쁜 상황은 정부에 비판적인 내용을 보도하려다 정부군에 발각되는 것이다. 3개월 전에도 BBC의 촬영 팀이 야당 지도자를 인터뷰하려다 추방당하는 일이 있었다. 내가 정부의 업적을 보도하는 일 외에 다른 일을 꾸미다 발각되면, 정부군은 나를 비행기에 태워 돌려보내고 카를로스를 감옥에 가둬 고문할 것이다. 만약 검은 복면을 쓰고 기관총으로 무장한 채 장갑차를 타고 도시를 순찰하는 볼리바르 국가정보원Servicio Bolivariano de Inteligencia Nacional(SEBIN)에게 붙잡히면 문제는 더 심각하다. 그들은 우리 모두를 고문할 것이다. 하지만 이 또한 생각할 수 있는 최악의 상황은 아니다.

"또 누가 있죠?"

"콜렉티보colectivo예요. 정부의 비공식 사설 군대죠. 콜렉티보들은 시위대를 오토바이로 들이받고 활동가들을 두들겨 패요. 야당 인사들과 언론인들을 살해하기도 했고요. 그러면서도 전혀 처벌을 받지 않아요."

창밖을 내다보며 방금 들은 이야기를 잊게 해줄 만한 구경거리가 없는지 찾는다. 우뚝 솟은 푸른 산을 배경으로 콘크리트 빌딩이 늘어선 도시의 전경이 보인다. 그런데 건물의 담벼락에는 하나같이 똑같은 벽화가 그려져 있다. 커다란 두 눈을 그린 그림이다. 색상과 크기는 달라도 디자인은 같다.

"저 벽화는 누구의 눈을 그린 거죠?"

"차베스의 눈이에요."

우고 차베스는 1999년부터 2013년 세상을 떠날 때까지 대통령으로서 어마어마한 존재감을 과시했다.

"차베스가 천국에서 우리를 지켜보고 조국을 돌보고 있다는 뜻이에요."

차베스가 지명한 후계자 니콜라스 마두로는 선거 운동에서 이 디자인을 활용했고, 이후 이 그림은 국가 선전물의 필수 요소가 되었다. 하지만 내가 보기에는 빅브라더의 아류일 뿐이다. 조지 오웰의 《1984》를 경고가 아닌 조언으로 받아들여 그대로 따라 한 게 아닐까 싶을 정도다. 아무래도 이곳에서 조심해야 할 위험은 중앙아메리카 마약 국가narco-state의 갱단이 아니라 스탈린주의적 개인숭배가 만연한 경찰 국가의 갱단인 듯하다. 그림 속 두 눈은 의심해선 안 되는 불멸의 지도자와 그의 이름을 내건 통치자들에게 의문을 품지 말라는 경고다.

숙소 근처의 식당에 도착한다. 카를로스가 말한 갖가지 위협을 고려하면서 앞으로 어떻게 할지 생각하느라 골치가 아프다. 지금은 잠시 고민을 내려놓기로 한다. 시차 탓에 피곤한 데다 배까지 고프니 괜찮은 식사와 맥주 한잔을 할 수 있다는 사실만으로 기분이 풀린다. 언제 일어날지 모르는 납치와 고문은 내일 생각하면 될 일이다.

주문한 음식이 나온다. 구운 닭고기와 야채, 튀긴 플랜틴*, 파인애플만 한 크기의 얇게 썬 아보카도를 주문했다. 맥주를 한 모금 들이켜고 주위를 둘러본다. 손님들은 밥을 먹고, 종업원들은 수다를 떨고 있다. 이 지극히 평범해 보이는 광경에 새삼 놀란다. 수년간 피드에는 베네수엘라에서 몇 달씩 계속되는 폭동과 피 흘리는 시위대, 자욱한 최루가스 사이로 총을 쏘는 경찰, 반체제 인사의 시신을 운구하는 행렬을 담은 사진이 올라왔다. 베네수엘라는 나비가 지나간 길을 따라가려면 당연히 거쳐야 할 곳처럼 보였다. 나는 이 위기에 빠진 산유국이 자원의 저주와 원자재 시장의 희생양인지 확인하기 위해 찾아왔다. 그런데 막상 도착해 보니 그렇지 않을 수도 있다는 생각이 든다. 어쩌면 시위는 폭압적인 정권에 맞서는 자연스러운 반응일 뿐인지 모른다. 이 작고 평온한 식당은 피드를 채우는 공포와는 무관한 세계처럼 보인다.

종업원이 계산서를 가져다준다. 받아든 계산서를 들여다본다. 순

---

* 조리해서 먹는 바나나의 한 품종.

간 말문이 막힌다. 계산서에는 일고여덟 자리 숫자들이 찍혀 있다. 어떤 숫자는 암호처럼 가운데 줄표가 있다. 카를로스에게 계산서를 건네며 묻는다.

"이게 무슨 뜻이죠?"

카를로스가 숫자 한 줄을 가리키며 말한다.

"이건 식당의 국제 은행 계좌번호고요."

이어 다른 숫자를 가리킨다.

"이건 종업원이 팁을 받는 국제 은행 계좌번호네요. 그리고 여기 있는 숫자가 식사비예요."

계산서를 돌려받는다. 미간을 찌푸린 채 다시 뜯어봐도 도무지 이해가 안 간다.

밥값으로 4500만 볼리바르가 나왔다.

흰색 나무 수레에서 레모네이드를 파는 노점상이 보인다. 상인이 종이를 한 장 꺼내 가격을 적는다. 여섯 자리 숫자다. 그가 종이를 오려 수레 앞으로 간다. 수레 앞에 있는 나무판자에는 가격을 쓴 종이가 두꺼운 종이 반죽처럼 보일 만큼 겹겹이 붙어 있다. 상인은 그 위에다 또 새 가격을 붙인다. 그는 이렇게 가격을 고치는 일을 온종일 반복한다고 한다. 이것이 초인플레이션이 만들어내는 풍경이다.

곳곳에서 이처럼 기이한 광경들이 눈에 들어온다. 건너편 길에서 10대 소년 하나가 줄넘기처럼 보이는 물건을 가지고 놀고 있다. 가까이 가본다. 알고 보니 볼리바르 구권 지폐를 같은 크기와 모양으로 접어 기하학 무늬를 이루도록 엮은 벨트다. 몇 년 전만 해도 자동차 한 대는 샀을 만한 돈이다. 바이마르공화국 시절 독일인들이 지폐가 장작보다 싸다는 이유로 지폐를 태웠다는 이야기를 역사 교과서에 실린 만화에서 본 기억이 난다. 역사책에서나 볼 법한 진기한 일이 눈앞에서 벌어지고 있었다.

1년에 100만 퍼센트에 달하는 인플레이션이 발생하면 어떤 일이 벌어지는지는 어딜 가나 쉽게 확인할 수 있다. 거리마다 '배고픔'을 뜻하는 스페인어 단어 암브레hambre를 대문자로 쓴 낙서가 보인다. 보도에는 사람들이 뒤지다 남은 쓰레기 더미가 곳곳에 흩어진 채 한낮의 태양 아래 썩어간다. 행인들이 몸을 굽혀 남은 쓰레기에서 쓸 만한 것을 찾는다. 한 남자가 닭 뼈를 주워들고 길을 걸으며 찌꺼기를 발라낸다. 유리창으로 보이는 가게들의 내부는 텅 비어 있다. 영업 중인 몇 안 되는 가게 앞에는 사람들이 거리를 따라 길게 줄을 서 있다. 그중 한 가게에는 줄을 선 사람들 머리 위로 과거의 번영을 보여주는 유물 하나가 붙어 있다. 영화감독용 의자에 앉은 배우 존 트라볼타와 전투기가 나오는 광고판이다. 명품 브랜드 브라이틀링의 시계를 찬 존 트라볼타 옆에는 "어서 오세요, 나의 세상으로"라는 문구가 쓰여 있다.

"어떤 친구들은 아이들을 종일 쫄쫄 굶기다 잠을 재우기도 해요. 먹을 걸 못 구해서요."

두 아이의 엄마인 22세 여성 마리아를 만나 이야기를 듣는다. 그녀는 지금 바리오barrio에 있는 방 두 개짜리 집의 1인용 침대에 앉아 있다. 바리오는 빈민가를 뜻하는 말로, 카라카스의 산 위에는 수많은 바리오가 곳곳에 늘어서 있다. 이곳에서는 모두가 자신과 아이들이 먹을 음식을 구하려 발버둥 친다고 한다.

"월 최저임금으로 치즈 1킬로그램도 못 사요."

인플레이션 탓에 한 달 동안 일하고 받는 최저임금의 가치가 1~2달러 수준으로 떨어졌다.

"최저임금을 받고는 일할 수가 없어요. 애들 밥값이나 일하는 동안 보낼 유치원비도 안 되니까요. 쿠마나에 사는 친척들이 감귤이나 코코넛같이 여기서 되팔 수 있는 물건을 보내줘요. 지금은 그걸로 먹고 살아요."

마리아의 삶이 늘 지금처럼 힘겨웠던 것은 아니다.

"4, 5년 전에는 먹을 걸 사고, 아이들과 놀러 나가거나 선물을 사주고, 공원에도 데려갈 수 있었어요."

2014년의 일이다. 아랍의 봄이 원유 거품을 촉발한 해였다. 하지만 그 후 베네수엘라에서 삶은 전쟁 지역과 다름없는 수준으로 전락했다.

"작년에 한 이웃이 아이를 가졌어요. 영양 상태는 좋지 않았지만, 9개월까지는 괜찮았어요. 그러다 출산일을 얼마 안 남기고 유산을 했어요. 지금 같은 때 아이가 생긴다면 정말 눈앞이 캄캄할 거예요. 상황이 너무 힘드니까요. 내 말은 최저임금으로 먹을 것도 못 사는 마당에 무슨 수로 피임기구를 사겠냐는 거예요. 게다가 이제는 피임기구를 파는 곳도 없어요. 제일 효과적인 건 IUD*지만 너무 비싼 데다 시술하는 곳을 찾기도 어려워요. 그래서 불임 수술을 받기로 했죠."

2부 전쟁

마리아는 불임 수술이 흔한 일인 것처럼 말한다. 이야기를 들어보니 그녀는 정말로 그렇게 생각하고 있었다. 베네수엘라 정부는 통계 공개를 거부하지만, 마리아와 또래 여성들 사이에서 불임 수술은 새로운 일상으로 자리 잡고 있다.

마리아를 따라 그녀의 친구 알리시아를 찾아간다. 알리시아는 일찌감치 불임 수술을 받았다.

"기저귀나 옷, 피임기구도 못 살 만큼 형편이 안 좋으니 불임 수술을 받기로 했어요. 이미 아이가 셋인 데다 상황이 워낙 어려워서 생필품도 못 구할 지경이니까요. 지금은 생필품을 구하러 줄을 서느라 온통 난리예요. '이렇게 힘드니 수술을 받는 수밖에 없다'고 마음을 다잡았죠."

알리시아는 그 결정을 후회하지 않을까?

"이제는 전처럼 '맙소사, 또 임신이야?' 싶어서 걱정할 필요가 없어요. 아이가 또 생기면 감당이 안 되니까요."

마리아가 맞장구친다.

"정말 그래요! 우리는 임신 걱정을 달고 살아요. 그러니 차라리 수술을 받는 편이 낫죠."

"불안해?"

알리시아가 마리아에게 묻는다.

---

* 자궁 내에 삽입하는 피임 기구.

"음, 수술받는 게 어떨지 몰라서 불안하네. 제왕절개 했을 땐 의식이 없어서 아무 기억이 안 나거든. 많이 아파?"

"응, 좀 아프긴 해."

"그래서 겁나."

"정말 대단했어요. 2014년은 엄청난 해였죠. 엄청난 거래였어요."

제리 파커가 회상한다. 파커가 사용한 수학 모형은 2014년 여름 유가의 급락을 수차례 감지했다. 하락 추세가 다가오고 있었다. IS가 실패로 끝날 쿠르디스탄 침공을 개시하자 이라크가 IS 손에 넘어가면 유가가 배럴당 50달러가량 오르리라는 보도가 쏟아져 나왔다. 하지만 우려했던 일이 일어나지 않으면서 투자 심리는 정반대로 돌아섰다. 석유가 부족하다는 이야기는 쏙 들어가고 석유가 넘쳐난다는 이야기가 그 자리를 대신했다.

원유 시장에는 미국산 셰일오일이 물밀듯 밀려 들어오고 있었다. 사우디아라비아는 유가가 높아야만 수익성을 유지할 수 있는 미국의 셰일 업계와 자신들의 주적인 시리아의 알아사드를 지원하던 러시아에 맞서기 위해 원유 생산을 늘려 유가를 낮췄다. 리비아에서는 내전이 소강상태에 접어들었고, IS는 시리아와 이라크에서 수세에 몰렸다. 여기에 더해 중국의 건설 호황이 끝나가면서 전 세계 원유 수요가 급감하리라는 이야기까지 나왔다. 투기자들은 원유를 공매도하기 시작했고, 원유 선물을 공매해 가격을 누르는 식으로 유가 하락에 베팅했다. 파커도 그중 하나였다. 그는 원유를 공매도했지만, 유가는 다시 튀

2부 전쟁

어 올랐다. 두 번째, 세 번째, 네 번째 시도에도 유가는 매번 제자리를 찾아갔다.

"그러다 다섯 번째에야 마침내 통하기 시작했어요. 그다음부터는 버티기만 하면 됐죠."

그리하여 유가는 곤두박질쳤다. 2014년 6월 배럴당 112달러에 달했던 유가는 12월이 되자 47달러까지 떨어졌다. 2014년 초, 인위적으로(끝내 일어나지 않았고, 일어날 가능성도 거의 없는 중동의 원유 생산 차질을 반영하면서) 오른 가격이 이번에는 똑같이 인위적으로 떨어진 것이다. 원유 시장에서는 시장의 '기초 여건'을 움직이는 모든 요인(셰일 오일, 중국, 사우디아라비아)에 격한 반응을 보였다. 투기자들은 공격적으로 공매도에 나서며 완만한 하락을 폭락으로 바꿨고, 한 경제학자의 표현대로 '역逆금융거품'을 만들어냈다.

베네수엘라 같은 주요 산유국들은 곧바로 어마어마한 타격을 입었다. 원유는 산유국의 경제 전체를 좌우하는 생명선이나 다름없다. 원유 생산량이 적은 나라들도 충격을 받았다. 잠비아, 앙골라, 나이지리아 등 아프리카 국가들은 매장된 원유를 담보로 중국에서 돈을 빌려 기반 시설을 지으려 했다. 그러던 중 유가가 떨어지고 산유국들의 통화 가치도 함께 하락하자, 이 나라들은 당장 쓸 돈도 없는 데다 어마어마한 빚을 갚아야 하는 처지가 되었다. 인위적인 가격 상승이 부추긴 원자재 투자는 대실패로 끝났다. 프래킹 업체들은 파산했고, 하버드대학 기금은 원자재 투자로 10억 달러를 날렸다. 우크라이나, 브렉시트, 트럼프, 예멘, 브라질, 일대일로의 사례에서 보았듯 원자재 가격

상승은 혼돈을 몰고왔지만, 가격 하락 역시 다른 방식으로 파괴를 초
래하기는 매한가지였다. 물론 한쪽에는 돈을 버는 이들도 있었다. 파
커가 그랬다.

"공매도로 정확히 얼마를 벌었는지는 잘 기억이 안 나요. 그해 총수
익이 20퍼센트였던 건 기억나요. 아마 그중 3분의 1에서 절반을 원유
공매도로 벌었을 겁니다."

택시의 빛가림한 창 너머로 콘크리트 건물이 빽빽이 늘어선 카라카
스 시내를 내다본다. 곧장 이상한 점이 눈에 띈다. 많은 건물이 완공
되지 않고 콘크리트 뼈대가 훤히 드러난 채 방치돼 있다. 옆에는 크레
인이 세워져 있지만 작동하지 않는 것 같다. 짓다 만 건물 중 내가 아
는 건물이 보인다. 악명 높은 45층짜리 마천루 토레 데 다비드Torre de
David(다비드의 탑)다. 마약상이 우글거리며 갱단이 지배하는 이 건물
은 그 자체로 하나의 무법 도시다. 토레 데 다비드는 1990년 사담 후
세인이 쿠웨이트를 침공한 후 유가가 오를 때부터 짓기 시작했는데,
전쟁이 끝나고 유가가 급락하자 공사가 중단되었다고 한다. 이곳에서
유가라는 추상적인 숫자는 철과 콘크리트로 구체화하는 셈이다.

도시의 경관은 유가를 나타내는 막대그래프나 다름없다. 각 건물
이 세워지고 퇴락한 과정은 유가의 급등과 급락을 반영한다. 유가는
콘크리트에 새겨져 있으며, 건물들을 살펴보기만 해도 지난 50년간의
유가 흐름을 읽어낼 수 있다. 좀비 같은 건물들은 아랍의 봄 이후 투기
가 가져온 번성과 붕괴를 경고하는 기념물처럼 서 있다. 투기 거품의

붕괴는 모든 산유국에 충격을 주었지만, 무슨 이유에서인지 베네수엘라는 어느 곳보다 심한 충격을 받은 듯했다. 카라카스에 머무는 동안, 나는 베네수엘라를 떠받치는(여태 떠받쳐온) 원유 미로가 여느 산유국과는 다르다는 것을 알게 되었다. 이제 그 미로 안에 사는 평범한 사람들의 삶을 통해 미로의 구조를 밑바닥부터 탐색할 참이었다.

"비디오 게임을 하면서 돈을 번다고 말하면 다들 '와우, 끝내주네요. 누구나 꿈꾸는 일이잖아요'라고 반응하죠."

옥타비오가 침대에 앉아 이야기한다. 안경이 컴퓨터 화면에서 나온 불빛으로 알록달록 깜빡인다. 그는 온라인 게임 '월드 오브 워크래프트WoW'를 하던 중이었다. 게임의 효과음이 침실 창밖에서 들리는 총소리와 뒤섞인다. 2014년 유가가 폭락하기 전, 옥타비오는 온종일 좋아하는 비디오 게임만 하고 살 수 있다면 어떨까 상상한 적이 있었다. 이제 그의 엉뚱한 상상은 현실이 되었다.

"꿈은 가려서 꾸세요. 진짜 이루어질지 모르니까요."

옥타비오의 경고다.

경제가 무너지고 인플레이션 탓에 봉급으로 아무것도 살 수 없는 상황에 처음 맞닥뜨렸을 때는 눈앞이 캄캄했다. 한 달 월급으로 하루 출근할 버스 요금조차 낼 수 없었다.

'일어나 있지 않으면 먹을 것도 별로 필요 없겠지.'

옥타비오는 급기야 이런 생각을 하기에 이르렀다.

"그래서 일주일에 한 번만 밥을 먹었어요. 단식투쟁이나 마찬가지였죠. 종일 침대에서 물만 마시고 화장실에 가거나 일주일에 한 번 밥을 차릴 때만 일어났어요."

옥타비오가 일어나 벽장 안을 뒤지더니 옷이 아니라 담요처럼 보이는 티셔츠 두 장을 꺼낸다.

"이걸 입으면 낙하산이나 코트를 걸친 것처럼 보여요."

이어 그는 옛날 모습이 찍힌 사진 한 장을 보여준다. 사진 속 옥타비오는 몰라볼 만큼 몸집이 거대하다. 지금 눈앞에 보이는 남자는 얼굴이 길고 비쩍 말랐다. 그는 올해로 마흔 살인데도 10대 때 산 옷을 입는다고 한다.

"이제 피부가 늘어진 고무 같아요. 차라리 뚱뚱할 때가 좋았어요. 그땐 살이 쪄서 못생겼지, 영양실조 때문에 못생기지는 않았거든요."

처음에 옥타비오는 컴퓨터 부품을 팔아 혼돈에서 벗어날 길을 찾으려 했다. 하지만 곧 그는 컴퓨터가 베네수엘라 밖으로 나서는 문이며, 무엇보다 달러를 구할 수 있는 수단임을 깨달았다. 옥타비오는 온라인에서 팔 만한 기술이 별로 없었지만, 오랫동안 '월드 오브 워크래프트'를 한 덕분에 파머farmer*로 일할 수 있었다. 그는 다른 사람의 게임 계정을 넘겨받아 새로운 무기나 능력을 얻는 데 필요한 재화를 모으는 등 지루한 일을 대신 해줬다. 당시만 해도 다른 게임 이용자들에게 '파밍farming' 서비스를 제공하는 것은 주로 중국의 10대들이었지만,

---

* 온라인 게임 내의 재화를 팔아 돈을 버는 일을 '골드 파밍gold farming'이라고 하며, 그 일을 하는 사람을 '골드 파머'라고 한다.

이제 베네수엘라인들도 그 일에 뛰어들었다.

"변호사나 엔지니어, 의사, 경력이 긴 전문직이 아니면 못 버는 돈을 벌고 있으니 특권을 누린다고 생각해요. 지금은 한 달에 30에서 50달러를 벌어요. 그 덕에 먹고살죠. 그 돈으로 먹을 걸 살 수 있으니까요."

하지만 '전문직 수준의 급여'를 벌어도 생계를 유지하려면 그가 하는 비디오 게임처럼 변한 현실에 뛰어들어야 한다. 귀중한 달러를 볼리바르로 환전한 순간부터 시간 싸움이 시작된다.

"환전한 돈을 쓰려면 서둘러 나가야 해요. 현금을 손에 쥐고 있으면 1분 1초가 지날 때마다 가치가 떨어지거든요."

그는 쌀, 참치통조림, 스팸을 사러(그의 집에는 냉장고가 없다) 곧장 슈퍼마켓으로 가지만 재고가 없을 때가 많다. 게다가 재고가 있는 슈퍼마켓을 찾더라도 물건을 못 살 수 있다. 한나절 사이에 가격이 두 배로 오르는 일도 있기 때문이다. 옥타비오는 가격의 미로에 갇혔다. 그가 탐험해야 하는 미로는 에셔**의 그림처럼 초현실적이며, 초인플레이션의 속도에 따라 변화하는 미로다. 그가 계단을 오르면 계단의 위아래가 뒤집힌다. 출구를 향해 돌진하면 새로운 벽이 나타나 그를 가로막는다. 볼리바르와 달러의 가치, 스팸과 참치통조림, 쌀의 가격, 수천 킬로미터 떨어진 중국의 '파머'들이 받는 급여는 미로를 움직이는

** 네덜란드 출신의 판화가 모리츠 코르넬리스 에셔Maurits Cornelis Escher. 현실에서는 존재할 수 없는 3차원 공간을 2차원의 평면에 표현한 작품으로 유명하다.

지렛대이자 도르래다. 그 안에 갇힌 옥타비오는 카프카의 소설 속 인물들처럼 부조리하고 혼란스러운 난관을 연달아 헤쳐가야 한다. 난관을 하나씩 지날 때마다 미로의 초현실적인 면모는 더 강해지고 화폐의 가치는 더 떨어진다.

카라카스 곳곳에서 삶을 뒤트는 미로가 눈에 띄기 시작한다. 100명쯤 되는 사람이 계란을 사기 위해 줄을 선 모습이 보인다. 다들 두께가 몇 센티미터씩 되는 어마어마한 현금 뭉치를 들고 있다가 번개 같은 속도로 지폐를 세는 여성에게 건넨다. 몇 분 뒤 여성이 지폐를 다 세자 그녀의 동료가 빨간 노끈으로 묶은 계란 몇 판을 건넨다. 그런데 알고 보니 이것은 겉보기와는 전혀 다른 상황이다. 돈을 세는 여성과 그녀의 동료는 계란을 파는 것이 아니라 지폐를 모으는 일을 하고 있다. 초인플레이션 탓에 이제는 누구나 전자 금융을 이용할 수밖에 없고 보통은 미국 달러나 콜롬비아 페소를 사용하지만, 버스 요금이나 도로 통행료 같은 일부 서비스에서는 여전히 지폐가 쓰인다. 그러다 보니 집에 남아도는 지폐를 처리하고 싶어 하는 사람들은 지폐를 넘기는 대신 쓸 만한 물건이라도 받으려 한다. 이처럼 줄을 선 사람들은 지폐를 넘기고 계란을 받으며, 지폐를 받은 이들은 표시된 가치보다 더 높은 가격에 지폐를 되팔 것이다.

슈퍼마켓으로 들어간다. 사람들이 왜 슈퍼마켓에서 계란을 사지 않는지 알겠다. 재고가 없기 때문이다. 가게 안에는 텅 빈 진열대들이 늘어서 있다. 물건이 가득 찬 진열대도 간혹 있지만, 그런 곳에는 한 가지 물건만 잔뜩 놓여 있다. 마요네즈 병만 수백 개가 놓인 진열대가 보인다. 다른 진열대에는 케첩만 줄줄이 늘어서 있다. 또 다음 진열대에는 같은 브랜드의 생수통이 가득하다. 같은 제품끼리 사방에 한 줄로 늘어서서 절묘한 패턴을 이루는 모습이 꼭 앤디 워홀의 판화 같다.

눈 앞에 펼쳐진 이 기묘한 광경을 촬영하기 위해 스마트폰을 꺼낸다. 그러자 카를로스가 사진 촬영은 금지라고 한다. 촬영은 슈퍼마켓의 방침뿐 아니라 법에도 어긋나는 일이다. 베네수엘라 정부는 가게 진열대가 텅 빈 이유가 차베스주의 정권에 반대하는 슈퍼마켓 주인들의 음모 탓이라 주장하며 슈퍼마켓에 진열대를 채우라는 명령을 내렸다. 그러자 슈퍼마켓 주인들은 창고에 있던 보존 식품을 진열대에 채워넣는 식으로 대응했다. 그 모습이 우스꽝스럽다는 것을 안 정부는 슈퍼마켓에서의 촬영을 전면 금지했다. 하지만 이런 광경을 찍지 않고 지나칠 수는 없었다. 손바닥으로 스마트폰을 슬며시 가리면서 진열대 쪽을 향한다. 어찌어찌 진열대 세 곳을 찍었는데, 한 여성이 내 쪽으로 다가온다. 딱 걸렸다.

노점상과 슈퍼마켓은 필요한 물건을 실제로 사는 곳이 아닌 듯하다. 이 가게들은 시장이라는 미로의 막다른 길이자 과거의 기능이 흔적으로만 남아 있는 좀비 같은 기념물이다. 카를로스에게 그가 어디서 먹을 것을 구하는지 묻는다. 그의 안내를 따라 산 위로 올라가는 구불구불한 도로를 달려 바리오로 향한다. 언덕 비탈길에 브리즈breeze 블록*으로 만든 주택 한 채가 보인다. 집 안에는 성모 마리아를 모시는 작은 제단이 있고, 천장에는 옷을 널어놓은 빨랫줄이 걸려 있다. 이곳은 두 아이를 키우는 34세 여성 엘레노르의 집이다.

"전에는 가정집에서 청소일을 했어요. 그러다 식료품을 되팔면 돈을 더 벌 수 있겠다는 생각이 들었죠. 물론 지금도 청소일을 계속하지만, 물건을 되파는 일도 같이하고 있어요."

엘레노르에게 시장의 혼돈은 새로운 기회였다.

"손님들은 줄을 서거나 슈퍼마켓에서 허탕 치는 게 싫어서 우리 집에 식료품을 사러 와요."

엘레노르의 설명에 따르면, 슈퍼마켓은 정부가 보조금을 주는 식료품을 한정된 수량만 받아서 정해진 '공정 가격'에 판다. 하지만 사람들은 대부분 줄을 서서 기다리거나 원하는 제품을 찾아 이 가게 저 가게를 돌아다니고 싶어 하지 않는다. 그래서 그녀는 새벽 2시부터 줄을 서서 정부 보조 식료품을 사고, 편하게 물건을 사기 위해 찾아오는 손님들에게 두 배 가격에 되판다.

"선거 전에는 아무것도 안 팔기로 했어요. 반정부 시위가 있을 거라느니, 가격이 더 오른다느니, 식료품이 바닥난다느니 하면서 온갖 소문이 돌았거든요. 챙겨놓은 물건이 얼마 되지는 않지만, 아껴뒀다 내가 쓰거나 나중에 더 비싸게 되팔 생각이에요. 곧 전국에 시위가 벌어져서 가격이 더 오를 거라는 이야기가 많아요. 그래서 지금은 그냥 기다리면서 무슨 일이 일어날지 지켜보려고요."

---

* 콘크리트와 재를 섞어 만든 가벼운 블록

이것은 전형적인 투기 전략이다. 가격이 오른다는 이야기가 돌면 사람들이 물건을 내놓지 않아 공급이 제한되면서 실제로 가격이 오른다. 이로써 가격이 오른다는 소문은 자기실현적 예언으로 바뀐다. 엘레노르는 정규 교육을 받지 않았지만, 고도로 훈련받은 금융 투기자들의 전략을 본능적으로 받아들였다. 엘레노르의 사례는 누구나 시장의 논리를 쉽게 활용할 수 있으며, 어려운 전문 용어를 걷어내고 보면 투기는 아주 단순한 일이라는 사실을 보여준다.

"물건을 구하기가 더 어려워지면 누군가는 식료품이나 다른 상품을 모아서 독점하려 들겠죠. 그러면 사람들은 필요한 것보다 훨씬 많은 물건을 마구잡이로 사들이기 시작할 거고요."

엘레노르의 말이다.

문득 누구나 상황이 맞아떨어지면 기회를 틈타 다른 사람에게 바가지를 씌우는 투기자가 될지 의문이 들었다. 이는 분명 자유지상주의적 관점에 부합하는 생각이다. 자유지상주의에서는 호모 이코노미쿠스, 즉 경제적 합리성만을 따져 개인주의적으로 행동하는 인간이 경제를 지배한다고 본다. 그렇다면 우리는 모두 남에게 바가지를 씌워 일확천금을 벌 기회를 남몰래 기다리는 헤지펀드 매니저일까? 엘레노르는 할 수만 있다면 사업의 규모를 더 키우려 할까? 그녀가 살짝 떨리는 목소리로 말한다.

"솔직히 말해서 돈이 더 많으면 되팔기는 안 할 거예요. 누군가의 가족이나 친구에게 생존에 꼭 필요한 식료품을 되파는 건 참 슬픈 일이에요. 지금은 돈을 더 벌 수 있고 내 가족을 우선으로 생각해서 하고 있지만요. 잘은 모르겠어요. 아마 먹을 음식을 남한테 되팔 필요 없는 다른 사업을 생각하겠죠. 어쨌든 식료품이나 의약품을 건드리는 일은 안 할 거예요. 내 말은, 뭔가 다른 일을 할 방법을 찾으리라는 거예요."

카라카스의 혼돈은 이라크와 우크라이나에서 본 혼돈과 달랐다. 이라크와 우크라이나에서는 가격이 분쟁을 촉발하고 분쟁이 일어날 조건을 마련했지만, 전장의 불길에 휘말린 사람들을 덮친 혼돈은 자살 폭탄 공격, 총격, 포격 같은 무장 투쟁이었다. 반면 베네수엘라에서 가격은 혼돈을 촉발하기만 하지 않았다. 가격 자체가 사람들의 삶을 뒤흔드는 혼돈이었다.

카라카스의 현실을 보며 혼돈을 다룬 수학 모형들을 조사하던 중에 찾은 논문 하나가 떠올랐다. 그 논문에 따르면, 영국의 해안선 길이는 무한할 수 있다. 해안선이 프랙탈fractal 구조를 이루기 때문이다. 눈송이, 선인장에 달린 녹색 봉오리들, 브로콜리, 번개에서 뻗어 나가는 줄기들이 프랙탈의 예다. 해안선은 둘레가 매끈하지 않고 들쭉날쭉한데, 해안선의 한 부분을 확대하면 또다시 들쭉날쭉한 선이 나오며, 여기서 더 확대해도 마찬가지다. 해안선은 아무리 확대해서 보아도 매끈해지지 않고 늘 울퉁불퉁하다. 해안선을 '확대'하는 것은 측정 규모, 즉 축척을 달리한다는 뜻인데, 해안선은 어떤 축척에 따라 보더라도 나뭇잎의 잎맥처럼 같은 패턴을 반복하며 결코 매끈한 선에 이르지 않는다. 이처럼 부분을 확대하면 전체 구조와 비슷한 모습이 반복해서 나타나는 성질을 자기유사성이라 한다. 해안선은 자세히 볼수록 길이를 재야 할 둘레가 늘어나므로 길이가 무한에 가까워질 수 있다.

내가 보기에는 베네수엘라의 혼돈 역시 프랙탈 구조를 띤다. 베네수엘라에서는 규모와 관계없이 사회의 모든 영역에서 가격과 투기의 논리가 반복된다. 세계 원유 시장에서 수천억 달러를 움직이는 금융 투기자들은 물론 암시장에서 물건을 되파는 사람, 비디오 게임으로 돈을 버는 사람, 레모네이드를 파는 노점상까지도 몇 달러를 더 벌기 위해 화폐와 위기, 원자재에 투기한다. 이렇듯 사회 구성원 모두가 거대하고 공허한 프랙탈 구조에 빠져 있다는 사실은 광기가 사회 전체를 움직이는 원칙임을 드러낸다. 사회의 가장 작은 부분에서 보이는 비합리성은 더 큰 부분에서 작동하는 비합리성과 일치한다. 아이러니한 것은 모두가 순수한 시장의 존재로 살아가는 이곳이 다름 아닌 사회주의 국가로 불리는 베네수엘라라는 점이다.

대다수 전문가는 20년간 이루어진 사회주의 실험이야말로 베네수엘라를 무지막지한 곤경에 빠뜨린 원인이라고 주장한다. 이들은 저유가가 타격을 주기는 했어도 철 지난 계획경제, 저열한 권위주의, 노골적인 부정부패가 지배하는 베네수엘라 같은 나라는 어떤 식으로든 곤경에 빠질 수밖에 없다고 주장한다. 하지만 베네수엘라가 정말로 러시아나 사우디아라비아처럼 자원의 저주를 받은 다른 산유국보다 더 부패하고, 더 권위주의적이며, 계획경제에 더 치중할까? 물론 그럴 가능성도 있다. 그러나 베네수엘라의 문제점이 산유국 중에서 가장 심각하다 해도 그 차이가 그렇게 크다고 보기는 어렵다. 그 정도 차이를 가지고는 고급 SUV를 몰고 다니는 사우디아라비아인과 자진해서 불임 수술을 받는 베네수엘라인의 격차를 설명할 수 없다.

나는 자원의 저주가 어떻게 부패, 권위주의, 군국주의 같은 정치적 동인과 무관하게 경제적 고통을 유발하는지 설명하는 연구를 찾았다. 연구에 따르면, 가장 온건한 정부가 집권한 산유국에서도 작동할 수 있는 치명적인 경제 논리가 존재한다. 그 논리의 핵심은 원자재 가격의 급등이다.

"자원의 저주라는 개념의 기본 발상은 원자재 가격이 급등하는 시기에 자원 수출국의 통화 가치가 크게 상승하면 국제 무역이 이뤄지는 다른 경제 부문(식량이나 비료, 각종 공산품 등)을 국내 시장에서 생산할 때 수익성이 떨어진다는 겁니다."

컬럼비아대학 교수이자 이 연구 논문의 저자 중 한 명인 제프리 삭스의 설명이다.

"통화 가치가 크게 높아지면 비료든 산업에 쓰이는 다른 원료든 필요한 물건을 모두 수입할 수 있게 되고, 곧 이것이 국제 무역을 하는 주된 방식으로 자리 잡습니다. 석유를 수출해서 살 수 있는 다른 물건을 전부 수입하고, 부를 국내 경제를 부양하는 데만 쓰는 겁니다. 그러면 아마 건설이나 주택, 서비스 부문이 호황을 이루겠죠. 공산품, 식량 생산·가공 관련 제품은 모두 수입하면 그만입니다. 그러다 원자재 호황이 끝나면 농업, 식품 가공, 비료 등에는 교역할 수 있는 상품을 생산하는 분야가 하나도 남지 않게 됩니다. 그런 분야를 유지하는 것도 수지가 안 맞는 마당에 뒤처진 분야를 개선해서 현대적 투자와 기술 수준을 따라잡는다는 건 어림도 없는 일이죠. 따라서 자원 수출국은 두 배로 손해를 보는 셈입니다."

통화 가치 상승이 국내 산업을 파괴하는 현상은 1960년대 네덜란드에서 처음 관찰되었다. 당시는 네덜란드가 주요 천연가스 수출국으로 올라선 지 얼마 지나지 않았을 때였다. 이후 이 현상에는 '네덜란드병'이라는 이름이 붙었다. 삭스는 베네수엘라가 처한 위기의 핵심이 바로 네덜란드병이라고 말한다. 베네수엘라가 석유 수출로 큰 수익을 올리는 동안에는 볼리바르화의 가치가 상승했고, 각종 수입품이 베네수엘라로 흘러들어왔다. 그사이 베네수엘라의 농업과 제조업은 값싼 수입품과 경쟁하지 못하고 쇠퇴했다. 그러다 2014년 유가가 급락하자 볼리바르화의 가치가 떨어지고 수입품 가격은 급등하면서 인플레이션이 일어났다. 농경지는 이미 황폐해졌지만, 농부들은 다시 농사를 짓는 데 필요한 기계나 비료를 수입할 돈이 없었다. 베네수엘라는 결국 '두 배로 손해를 보았다'. 식량 가격이 급등하면서 폭동이 일어났다.

삭스에게 차베스와 마두로에 관해 묻는다.

"그 두 사람의 탓도 있지 않나요?"

놀랍게도 삭스는 베네수엘라의 현 정권에 유별난 점이 없다고 보는 듯하다.

"베네수엘라는 수차례 번성과 붕괴를 겪었어요. 지난 50년간 베네수엘라 경제는 근본적으로 석유에 의존했고, 성향이 다른 여러 정부를 거치는 동안에도 변함이 없었어요. 유가가 높을 때 돈을 흥청망청 쓰다가 유가가 떨어지면 재정 파탄을 겪기를 되풀이했죠."

삭스는 좌파 포퓰리스트에 우호적인 성향을 보이는 사람이 아니다. 오히려 그는 1990년대에 러시아와 폴란드가 공산주의에서 자본주의로 이행하도록 이끈 IMF의 스타 경제학자로, 오래전부터 좌파 포퓰리즘을 가장 효과적으로 논박하는 학자로 평가받았다. 따라서 제프리 삭스를 차베스주의자나 마두로의 옹호자로 비난할 사람은 아무도 없다. 그렇지만 그는 차베스와 마두로 정권이 베네수엘라의 이전 정권들과 큰 차이가 없다고 본다. 지난 50년간 베네수엘라를 통치한 모든 정권은 원자재의 호황과 불황 사이클에 제대로 대처하지 못했다.

"지금 우리는 그 사이클 중 최악의 상황을 보고 있어요. 매우 심각하긴 해도 유일한 사례는 아니죠."

가장 최근의 사이클은 1973년 아랍 국가들과 이스라엘 사이에서 벌어진 제4차 중동전쟁과 함께 시작되었다. 미국이 이스라엘에 군수물자를 지원하자 아랍 국가들이 주도하는 OPEC의 산유국들은 유가를 두 배로(이후에는 네 배까지) 올렸다. 그러자 오일달러가 베네수엘라로 쏟아져 들어오면서 볼리바르화의 가치가 치솟았다. 세계의 유명요리사들이 카라카스로 몰려와 식당을 차렸고, 콩코드 여객기가 카라카스와 파리를 직통으로 오가기 시작했으며, 베네수엘라는 샴페인의 주요 수입국으로 올라섰다. 그러나 값싼 수입품이 물밀듯 밀려들면서 베네수엘라의 농업과 제조업은 경쟁력을 잃었고, 농장과 공장이 문을 닫자 임금이 떨어졌다. 이에 정부는 공공 부문에 쓸모없는 일자리를 만들어 고용을 늘리는 식으로 땜질했다. 그러다 1980년대 초 유가가 급락하자 베네수엘라는 소련이 그랬듯 줄어든 수입을 메우기 위해 월가와 시티오브런던의 은행들로부터 점점 더 많은 돈을 빌렸다. 1989년에는 정부가 이자로 내는 돈이 원유 수익과 비슷한 지경에 이르렀다. 파티는 끝났다. 이후 3년간 위기가 이어졌다. 인플레이션과 물자 부족, 폭동이 잇따랐고, IMF의 개입으로 긴축이 시행되었다. 카라카스에서 대규모 시위가 벌어지자 정부는 진압하기 위해 군대를 동원했고, 350명이 죽고 2000명이 다쳤다. 우리가 잘 아는 번성과 붕괴, 인플레이션과 혼돈에 얽힌 이야기다.

이 모든 일을 목격한 사람 중에는 젊은 낙하산 부대원 우고 차베스가 있었다. 그는 군대가 시위대를 공격할 동안 수두 때문에 병상에 있었다. 차베스를 비롯한 많은 군인이 명령에 따라 굶주리는 사람들에게 폭력을 휘둘러야 하는 현실에 분개했다. 1992년 군부는 두 차례 쿠데타를 시도했고, 차베스는 그중 하나를 주도했다. 두 번의 쿠데타는 모두 실패로 끝났고, 차베스는 5년간 옥살이를 했다. 그리고 석방된 직후 차베스는 대통령 선거에 출마했다. 1998년의 일이다. 그는 수십 년간 이어진 부정부패와 부실한 국가 운영 탓에 베네수엘라가 연이은 위기에서 헤어나오지 못했으며, 국민의 절대다수가 빈곤에 허덕이는 동안 소수의 엘리트는 석유로 쌓은 부를 가지고 흥청거렸다고 목소리를 높였다. 유권자들의 생각도 마찬가지였다.

"차베스가 대통령으로 취임한 지 얼마 안 됐을 때 그를 만나서 한두 가지 조언한 적이 있어요. '각하, 통화 가치가 걷잡을 수 없이 고평가되도록 두지 마십시오. 그렇게 되면 다른 분야가 발전하지 못할 것입니다.' 지금 생각하면 차베스는 내가 20년 전 했던 조언과 정반대로 행동했다고 봐도 무방하겠죠."

1970년대와 1980년대에 일어난 번성과 붕괴, 인플레이션과 혼돈의 사이클은 2000년대와 2010년대에 고스란히 반복되었다.

한 가지 묘한 사실은 차베스에게는 삭스의 경고가 필요하지 않았다는 점이다. 그는 젊은 시절을 혼돈 속에서 보냈고, 대선에 나와 그 혼돈을 끝내겠다고 공언했다. 취임사에서 차베스는 석유 없는 베네수엘라의 미래를 약속했다. 그는 석유의 위험성을 경고했으며, 석유가 어떻게 부정부패와 부실한 국가 운영이라는 '끔찍한 암'을 유발했는지, 석유가 유발한 일련의 폐해가 어떻게 1980년대를 거치며 눈덩이처럼 불어나 지금까지 베네수엘라를 괴롭히는 국가적 '재난'이 되었는지를 지적했다. 차베스는 베네수엘라를 다른 길로 이끌어 "우리 모두를 둘러싼 이 끔찍한 미로를 벗어나겠다"고 약속했다. 1999년, 폭락했던 유가가 배럴당 8달러 넘게 올랐지만, 그는 석유의 유혹에 저항했다.

"유가가 다시 40달러에 육박하더라도(그런 일이 없기를 바랍니다!) 우리는 석유가 필요 없습니다. 우리는 유가가 40달러까지 오르기를 바라지 않지만, 설령 그렇게 되어서 오일달러와 막대한 부가 우수수 쏟아져 들어오더라도 그것은 순간의 위안일 뿐이며, 그 돈은 결국 우리를 윤리적으로나 도덕적으로 더 깊은 늪에 빠뜨릴 것입니다."

그렇다면 대체 어디서 잘못된 것일까? 차베스는 왜 그가 경고했던 재난을 자초했을까?

"차베스는 매우 야심 찬 의제를 논하기에 좋은 분위기를 조성했었어요."

클린턴 행정부에서 에너지장관을 지낸 빌 리처드슨은 차베스의 취임사를 이렇게 평가했다.

"미국과 베네수엘라 관계에는 긍정적인 출발이었죠."

클린턴 행정부는 특히 차베스가 외채를 갚고, 균형 예산을 이루기 위해 정부의 국내 지출을 줄이고 세금을 인상하겠다고 약속한 데 감명을 받았다. 게다가 차베스는 클린턴과 마찬가지로 정치에서 제3의 길을 내세웠다.

"우리는 시장의 보이지 않는 손과 국가의 보이지 않는 손 사이에서 중도적 입장을 찾고자 합니다."

차베스는 미국을 방문해 빌 클린턴과 회담을 하고, 뉴욕증권거래소를 찾아 종을 울렸다.* 그는 유행에 맞는 회색 양복에 감색 넥타이를 매고 다녔다. 또 그는 베네수엘라의 재계 지도자들과 친분을 쌓고, 보수주의자들을 내각에 임명했으며, 국영 통신기업을 사영화할 계획을 발표했다. 베네수엘라의 좌파 진영은 배신감을 느꼈다. 차베스의 정치적 스승이었던 루이스 미킬레나는 그의 '거짓 혁명' 의제를 조롱하며 이렇게 말했다.

"각하께서는 경제 분야에 있는 사람들의 털끝 하나도 건드리지 않았습니다! 그러면서 베네수엘라 역사상 가장 신자유주의적인 경제를

---

* 뉴욕증권거래소에는 개장과 폐장 때 큰 종을 울리는 전통이 있다.

만들었어요."

　그러나 미국과 베네수엘라의 친밀한 관계는 오래가지 않았다. 2001년, 조지 부시는 행정부의 외교 정책 기구에 냉전을 경험한 베테랑들을 앉혔다. 그중 다수는 냉전 당시 부패한 군 장성들과 암살 부대를 지원해 남미의 좌파 정권을 전복하는 작전을 꾸민 전력이 있었다. 또 다른 산유국인 이라크에 '자유'와 '민주주의'를 가져다줄 계획을 세우고 있던 그 관료들은 이제 미국에 가장 많은 석유를 수출하는 베네수엘라에서 민주적 선거로 당선된 정권을 전복할 방안을 대놓고 논의하기 시작했다. 하지만 기자 존 앤더슨이 《뉴요커》에 기고한 기사는 워싱턴에 있던 그의 정보원들이 차베스 정권을 전복하려는 논의를 대수롭지 않게 여겼음을 시사한다. "(카라카스에 있는 미국의 외교관들로부터—옮긴이) 미국 정부가 차베스 정권을 상대로 쿠데타를 승인할 수 있다는 이야기가 흘러나왔다. 그러나 쿠데타를 암시하는 발언은 차츰 잦아들었다. 차베스는 선동적인 언사를 쓰면서도 정작 베네수엘라 경제에 큰 변화를 주지 않았다."

　하지만 차베스가 뿌리 뽑겠다고 약속한 '도덕적 암 덩어리'는 베네수엘라 경제의 심장부에 자리를 잡고 있었다. 바로 베네수엘라의 국영 석유 기업 PDVSA(Petróleos de Venezuela, S.A.)였다. 차베스는 PDVSA가 법 위에 군림하며, PDVSA를 운영하는 유학파 엘리트들이 돈줄을 쥐고 베네수엘라 땅에서 나온 석유로 번 돈이 국민에게 얼마만큼 돌아갈지를 결정한다고 비난했다. 차베스는 PDVSA가 선거로 들어선 정부가 요구하는 책임을 지기를 바랐다.

"당신은 해고요!"

그는 텔레비전 생방송에서 PDVSA 임원의 이름을 부르며 이렇게 외친 다음, 축구 심판처럼 호루라기를 불었다. 이어서 그는 다른 임원들의 이름을 차례로 부르며, 해고를 선언할 때마다 호루라기를 불었다. 베네수엘라 재계의 엘리트와 미국 정부에 있는 그들의 동료들은 황금알을 낳는 거위에 손을 대는 일을 가만히 두고 볼 생각이 없었다. 이들은 '대통령궁에 있는 원숭이'를 어떻게 제거할지 한참 동안 논의를 벌였다. PDVSA를 건드리는 것은 선을 넘는 일이었다. 일주일 뒤, 쿠데타가 일어났고 차베스는 축출되었다. 그러나 차베스는 이틀 만에 대통령직에 복귀했다. 그는 PDVSA의 전 임원들이 복귀하는 데 합의했다. 하지만 쿠데타의 배후에 있던 야당은 이에 만족하지 않았다. 야당이 대규모 파업을 주도해 은행과 학교, 식당, 석유 업계가 문을 닫으면서 경제가 혼돈에 빠지고 물자 부족과 사재기, 인플레이션이 일어났다. 차베스는 질서를 되찾기 위해 서둘러 손을 썼고, 환율을 고정하고 식료품 가격을 동결했다. 그러자 파업은 끝이 났지만, 야당은 차베스의 파면 여부를 국민투표로 결정하자고 제안하며 반격에 나섰다. 투표 날짜는 2004년 8월 15일로 정해졌다. 여론조사 결과 차베스가 물러나야 한다는 의견이 우세했다. 차베스의 퇴임은 정해진 수순으로 보였다.

그러나 차베스에게는 천운이 따랐다. 원자재 인덱스펀드로 금융 자본이 몰려든 덕분에 20년 만에 처음으로 유가가 꾸준히 상승한 것이다. 그리하여 마침내 막대한 오일달러를 쓸 수 있는 여건이 마련되었고, 대통령직을 걸고 싸워야 했던 차베스는 과거 취임식에서 석유로 얻은 부는 끝없는 위기를 가져올 수밖에 없다고 했던 자신의 경고를 외면했다. 이제 그는 전임 대통령들의 행태를 그대로 답습했고, 유가 상승으로 얻은 수익을 유권자들에게 후한 선물을 뿌리는 데 썼다. 차베스는 피델 카스트로와 협정을 맺어 쿠바에 석유 9만 5000배럴을 공급하고, 그 대가로 2만여 명의 의료진을 지원받았다. 차베스는 이 의료진을 활용해 무상 의료를 제공하고, 의료와 함께 식량과 교육, 주택을 제공하는 사회 복지 프로그램인 미시오네스misiónes를 시작했다.

이러한 전략이 먹히면서 차베스는 국민투표에서 승리했다. 이제 그는 양복과 넥타이를 벗어던지고, 혁명가처럼 붉은 베레모와 군복을 착용했다. 그는 마침내 PDVSA를 장악했고, 대규모 '무상몰수'로 사업체와 농장을 국유화했다. 부시 행정부와 월가는 차베스에게 정치적 위기와 재정의 횡재를 동시에 안김으로써 임기 초만 하더라도 기업 친화적이고 미국에 우호적이며 제3의 길을 추구하는 진보주의자였던 차베스가 그들이 우려하던 좌파 포퓰리스트로 변모하도록 부추겼다. 이제 차베스는 '사회주의자'로 자처하기 시작했다.

차베스는 그의 카리스마와 연극적 언행, 텔레비전으로 방영되는 대규모 행사를 통해 '사회주의 혁명가'의 이미지를 구축했고, 차베스 지지자와 비판자 모두가 이 이미지를 그대로 받아들였다. 그러나 차베스의 사회복지 프로그램 미시오네스를 연구한 이들은 다른 설명을 제시한다. 그들의 설명에 따르면, 미시오네스가 제공한 지원은 베네수엘라의 극빈층이 아니라 중산층이 사는 지역의 지지자와 부동층에게 돌아갔다. 요컨대 차베스는 석유로 얻은 막대한 부를 사회주의 이데올로기를 실현하는 데 사용한 것이 아니라 권력을 더 굳건히 장악하는 데 사용했다. '후견주의'라 불리는 이러한 전략은 민족주의 러시아, 신정주의 사우디아라비아와 이란을 비롯한 대부분의 산유국에서 나타난다. 이데올로기를 강조하는 거창한 수사를 한 꺼풀 벗겨내고 보면, 각기 다른 이데올로기를 내세우는 정권들이 거의 같은 방식으로 나라를 통치하고 있음을 알 수 있다. 후견주의가 성행하는 산유국에서는 정부가 쓸모없는 일자리를 만들어 지지자들에게 나눠주면서 공공 부문이 비대해지며, 이를 통해 국가와 시민사회가 석유 경제로 통합된다. 공공 부문 일자리는 충성에 대한 보상인 동시에 충성을 강요하기 위한 수단이기도 하다. 관리자가 노동자를 감시하면서 정권에 반대하는 낌새를 알아차릴 수 있기 때문이다. 기업가가 자기 힘으로 사업을 일구는 데 성공하면, 정권은 갖가지 그럴듯한 이유를 갖다 붙여 그 사업을 순식간에 '국유화'한다. 러시아에서는 푸틴과 정권에 유착하는 세력들이 기업을 급습하고, 사업 규정을 위반한 일이나 사기 행위를 '발견'하는 방식으로 기업을 강탈한다. 페르시아만 연안 국가들에서는 종종 부패를 단속한다는 명분을 내세워 이러한 재분배를 시행한다. 가령 사우디의 왕세자 모하마드 빈 살만은 사우디의 엘리트 계층을 리츠칼튼호텔에 가두고 1000억 달러에 달하는 돈을 걷어 국고에 환수했다. 이 같은 방식으로 부를 재유용하는 일은 차베스가 텔레비전에 나와 느닷없이 회사 건물로 쳐들어가서는 '몰수하시오!'라고 명령하던 것과 마찬가지로 사회주의와는 아무런 관계가 없다. 이들이 자신의 행위를 정당화하는 방식은 저마다 다르지만, 바탕에 깔린 논리는 같다. 경제를 개인의 통제하에 두려는 것이다.

후견주의에는 돈이 많이 든다. 차베스가 처음 당선될 무렵 유가는 배럴당 8달러였다. 따라서 이때는 후견주의를 활용하는 일 자체가 불가능했기에, 후견주의를 거부하기도 쉬웠다. 그러나 원자재 시장의 규제가 풀리고 미국의 연기금이 원자재 지수 파생상품에 돈을 쏟아부으면서 차베스는 후견주의를 활용할 수 있게 되었다. 월가로부터 쏟아진 막대한 돈은 차베스를 우리에서 풀어놓았고, 부시 행정부는 차베스를 수차례 들쑤시며 그를 권위주의적인 괴물로 키웠다. 차베스는 군대를 동원해 안보 기관을 확충하고 준군사조직을 만들었고, 야당 지도자들을 감옥에 가두고 판사들을 충성파로 교체했으며, 표현의 자유를 억압하고 그에게 반대표를 던지는 사람을 제재했다. 이것이 빅브라더 차베스가 한 일이었으며, 그의 눈은 지금도 도시의 경관을 장식하고 있다. 그리고 차베스는 원자재 시장에 도는 금융 자본을 가만히 앉아서 받기만 하지 않았다. 2012년, 재선에 나선 차베스는 핵심 지지층에 아낌없이 선물을 베풀기 위해 미래의 원유 수익을 담보로 서방의 은행에서 많은 돈을 빌렸다. 그가 비난하던 '신자유주의' 세력을 이용해 권력을 장악하려 한 것이다. 하지만 그가 가진 힘의 원천은 취약했다. 그의 권력은 부채의 바다 위에 세워져 있었다. 게다가 이 빚은 베네수엘라의 볼리바르가 아니라 미국의 달러로 낸 빚이었다.

2014년 유가가 폭락하면서 찾아온 경제 위기는 베네수엘라가 이전에 겪은 위기와 조금도 다르지 않았다. 극심한 침체가 닥치면서 식량 가격이 치솟고, 폭동과 불안이 이어졌다. 원유 수익이 차츰 줄어들면서 베네수엘라는 빚에 허덕였다. 차베스의 후계자 니콜라스 마두로는 은행과 재협상을 시도했지만, 입법부를 장악한 야당에 가로막혔다. 그리고 2017년 도널드 트럼프는 베네수엘라가 달러를 조달하지 못하도록 경제 제재를 가함으로써 미국과 차베스주의 정부 간의 오랜 갈등을 더욱 키웠다. 제프리 삭스와 그의 동료 마크 웨이스브롯Mark Weisbrot은 이러한 제재가 베네수엘라의 침체를 종말에 가까운 재앙으로 몰아갔다고 본다. 제재 이후 볼리바르화의 신용은 바닥에 떨어졌고, 인플레이션율은 1000퍼센트에서 100만퍼센트로 치솟았다. 이제 외국의 수입품은 도저히 살 수 없을 만큼 비싸졌다. 식량뿐 아니라 원유 생산에 필요한 기계와 예비 부품 가격도 감당이 안 되는 수준까지 올랐다. 이에 따라 원유 생산량이 급감했고, 수익은 더욱더 줄어들었다. 이제 베네수엘라에서 굶주림은 고질병이 되었다. 2017년, 베네수엘라 국민의 몸무게는 평균 11킬로그램 가까이 줄었다. 삭스와 웨이스브롯은 미국의 제재로 2017년 한 해에만 4만 명이 사망했으리라 추산한다. 베네수엘라를 덮친 재앙은 시장에서 만들어졌다. 차베스주의 정권은 막대한 원유 수익 위에 세워졌지만, 이제 달러 부족으로 질식해가고 있었다.

비가 억수같이 쏟아진다. 남의 집 처마 밑에 몸을 웅크린 채 비를 피한다. 아이들 네 명 곁에 쭈그리고 앉는다. 여덟 살에서 열여섯 살 사이 정도로 보이는 소년들이다. 하나같이 맨발이다. 아이들은 상스러운 농담을 주고받으며 낄낄대고 돌아가면서 담배를 만다. 종종 한

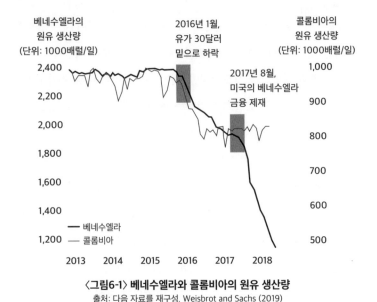

<〈그림6-1〉> 베네수엘라와 콜롬비아의 원유 생산량
출처: 다음 자료를 재구성. Weisbrot and Sachs (2019)

사람씩 일어나 티셔츠를 벗고 홈통으로 달려가 쏟아지는 빗물에 옷을 씻는다.

그중 호세 앙헬이라는 열세 살 소년과 이야기를 나눈다. 나이에 비해 몸집은 작아도 자신감 있는 태도와 건방진 미소 덕에 무리 중에서는 카리스마가 있어 보인다. 앙헬이 마지막으로 엄마를 본 때를 이야기한다. 앙헬의 엄마는 앙헬과 그의 동생을 보호시설 같은 곳에 맡기면서 먹을 것을 가지고 데리러오겠다고 했다. 하지만 엄마는 두 번 다시 오지 않았다. 앙헬은 보호시설에서 구타를 당하고 밥도 제대로 먹지 못했다고 한다. 게다가 시설에 있던 다른 아이 하나가 동생의 배를 칼로 찌르는 일까지 벌어졌다. 형제는 결국 시설에서 도망쳐 나왔다.

앙헬은 그와 비슷한 처지의 소년 20여 명이 모인 패거리에 들어갔다. 그들은 낮에는 차카오 지하철역 근처에서 시간을 보내고, 밤에는 고속도로 밑에서 판지 상자를 깔고 잠을 잔다. 그들이 지내는 구역은 카라카스를 가로지르는 과이레강 바로 옆에 있다.

"강물이 넘치면 엎드려 자다가 익사하는 애들도 있어요."

하지만 그들이 진짜 두려워하는 것은 따로 있다. 사흘 전, 경쟁 부랑아 패거리가 칼과 잡다한 무기를 들고 그들이 사는 구역에 쳐들어왔다. 앙헬은 그 패거리가 몰려오는 것을 보고 도망쳤지만, 친구 하나가 붙잡혔다. 다음 날 돌아온 앙헬은 고속도로 옆에서 친구의 시신을 발견했다.

"그놈들이 그 애의 목을 자르고 시체를 불태웠어요. 눈과 코도 없었고, 팔은 잘린 채 풀밭에 나뒹굴고 있었어요."

아이들은 무엇 때문에 사람을 죽여 목을 베고 시신을 불태우기까지 했을까?

"그놈들은 우리 쓰레기를 탐냈어요. 그놈들한테 쓰레기를 넘겨주면 우리가 먹을 게 없어요."

매일 저녁 아이들은 식당에서 버린 쓰레기를 샅샅이 뒤져 먹을 만한 찌꺼기를 찾는다. 식당에서 내놓는 쓰레기통을 뒤지지 못하면 아이들은 쫄쫄 굶는 수밖에 없다. 부랑아 패거리들은 갱단이 마약을 팔기 위해 구역 다툼을 하듯 쓰레기통을 지키려 싸운다.

비가 그친다. 아이들이 처마 밑에서 나와 도로 사이에 있는 작은 광장으로 달려간다. 제일 나이가 많은 이그나시오가 아이들을 이끌고

'훈련'을 시작한다. 아이들은 칼 대신 샌들을 손에 쥐고 짝을 지어 모의 칼싸움을 한다. 춤추듯 주위를 돌면서 재빨리 피하거나 요리조리 방향을 바꿔 달리며 상대방을 치려 한다. 연장자인 이그나시오가 옆에서 격려와 경고의 말을 외치며 코치 노릇을 한다. 훈련이 재밌는지 앙헬도 즐거워 보인다. 그가 대결 상대에게 한 방 먹이는 데 성공한다.

"조그만 게 참 약았다니까."

이그나시오가 앙헬을 보고 말한다.

그날 저녁 아이들을 다시 만난다. '재활용'을 하러 가는 데 나를 초대해줬다. 아이들을 따라 쇼핑몰로 향한다. 내리막길을 따라 지하 주차장으로 들어간 다음, 주차된 차들을 지나 패스트푸드 식당 뒤편 복도를 통과하니 쇼핑몰 뒤에 있는 공터가 나온다.

공터에는 깨끗한 옷을 입은 두 명의 10대가 기다리고 있다. 두 아이는 집이 있지만 부엌에 먹을 것이 없기는 마찬가지라고 한다. 그들은 부랑아들과 계약을 맺고 매일 저녁 배달 온 쓰레기를 가장 먼저 뒤진다. 두 사람이 이제 막 일을 끝냈다. 나는 다음 배달을 기다리는 아이들 옆에 앉았다. 아이들은 늘 하던 놀이를 하며 시간을 때운다. 차례로 병을 던져 주둥이 쪽으로 세우는 놀이다.

15분 뒤, 연로한 노동자 한 사람이 터질 듯한 검은 봉지가 가득 담긴 쓰레기 수레를 밀고 온다. 노인과 아이들은 서로 잘 아는 것처럼 인사를 나눈다. 노인이 떠나자마자 아이들은 봉지를 뜯는다. 고약한 냄새가 진동한다. 살짝 구역질이 날 것 같다. 아이들은 남은 음식을 헤집으며 분류하기 시작한다. 판지와 비닐 포장지, 마요네즈 범벅이 된 양배추 쪼가리는 버린다. 작업에는 위계질서가 있는 듯하다. 패거리 중 어린아이가 고기 조각이 붙은 뼈를 나이 많은 아이에게 건네자 그 아이가 고기를 전부 먹는다. 아무래도 작은 아이는 제대로 먹지 못하는 것 같다. 소스만 남은 작은 통 하나를 들고 손가락으로 바닥을 긁어낸다.

30분 뒤, 카를로스가 가야 할 시간이라고 말한다. 그 말에 마음이 놓인다. 속이 메스껍던 참이다. 고약한 냄새 탓이 아니다. 냄새에는 어느 정도 익숙해졌다. 그보다는 아이들이 이런 쓰레기를 먹는 데다 쓰레기를 두고 싸움을 벌인다는 사실이 견디기 힘들었다. 이 아이들의 친구는 패스트푸드 식당에서 나온 쓰레기 때문에 목이 잘리고 눈이 뽑히고 몸이 불타고 팔이 잘린 채 고속도로 옆 풀밭에 버려졌다. 이 모든 일은 우연히 일어난 사고가 아니라 소름 끼치는 잔혹 행위였다.

이것은 무질서 속의 질서다. 원자재 시장의 축소판으로, 어떻게 폭력과 부, 가난과 생존이 만나 자원의 저주를 만드는지 보여주는 사례다. 여기서 쓰레기는 원자재이며, 식당의 쓰레기통은 원자재가 나오는 원천이다. 쓰레기통은 유전과 마찬가지로 땅에 물리적으로 고정된 채 오랜 시간에 걸쳐 꾸준히 자원을 공급한다. 이에 따라 쓰레기통은 부와 권력의 원천이자 경쟁해서 얻어야 할 자원이고, 아이들은 쓰레기통을 독점하기 위해 싸움을 벌인다. 대부분 여덟에서 아홉 살인 부랑아들은 무언가를 독점하는 일 자체에는 아무런 관심이 없다. 이 아이들은 그저 살기 위해, 남은 음식 쪼가리로라도 허기를 면하기 위해 안간힘을 쓸 뿐이다. 하지만 이유야 어쨌든 아이들은 이 폭력적인 게임으로 끌려 들어올 수밖에 없다. 이 게임은 아이들이 따라야만 하는 일련의 규칙이다. 아이들은 벗어날 수 없는 미로에 갇혀 있다.

이 규칙은 규모와 관계없이 사회의 모든 수준에서 비슷한 모습으로 나타난다. 따라서 이는 '자기유사성'을 띠는 프랙탈이다. 사회의 가장 밑바닥에서는 아이들이 식당의 쓰레기를 두고 경쟁을 벌인다. 굶주리는 사람이 아니고는 아무 가치가 없는 자원인 쓰레기는 말 그대로 도시의 식탁에서 나온 찌꺼기다. 시야를 한 단계 넓히면 갱단이 구역 다툼을 하는 친숙한 세계가 보인다. 갱단들은 마약을 팔고 사창가를 운영하고 보호 명목으로 돈을 뜯기 위해 길목을 두고 싸우거나 납치와 강탈을 벌일 구역을 놓고 경쟁한다. 여기서 또 시야를 넓히면 가장 큰 부정한 돈벌이 수단 석유가 보인다. 차베스주의자들과 기존의 재계 엘리트 계층, 베네수엘라 정부와 미국 사이에서는 석유를 독점하기 위한 싸움이 끊이지 않는다. 이 싸움에 뛰어든 참가자들 역시 미로를 구조화하는 시장의 보상에 사로잡혀 있다. 차베스는 그 '미로'에서 베네수엘라 국민을 구하겠노라 약속했지만, 결국 약속을 지키지 않았다. 국내의 반대 세력과 미국과의 경쟁에서 궁지에 몰린 차베스는 사우디아라비아, 이란, 러시아의 정치인들과 같은 전술을 사용했다. 석유를 팔아 번 돈으로 힘을 키우고 군대를 동원하는 한편, 지지자들에게는 후하게 선물을 뿌린 것이다.

어쩌면 이 정치인들은 외부의 도움 없이 견디기에는 너무나 큰 유혹 앞에서 잘못된 길에 들 수밖에 없었던 것인지 모른다. 그러나 문제는 정말 다른 길은 없었는지 알 수조차 없다는 점이다. 산유국에서는 내부에 혼란이 발생하면 십중팔구 외세가 개입해 혼란을 이용하려 들며, 경쟁 파벌들을 지원하고, 혜택을 요구하고, 부시가 이라크에서 그랬듯 군사 행동을 벌이기까지 한다. 이 같은 지정학적 게임은 가격이 보상을 만드는 시장 안에서 펼쳐진다. 따라서 누가 도덕적으로 문제가 있는지 따지는 일은 핵심을 벗어난다. 산유국의 정치인들은 미로 속에서, 가장 악독한 자가 보상을 받는 경쟁 속에서 괴물이 되었다. 산유국에서 부정부패와의 전쟁은 마약과의 전쟁만큼이나 무의미하다. 니콜라스 마두로나 사담 후세인을 제거하면 또 다른 정치인이 그 자리를 채워 똑같은 보상과 똑같은 유혹, 똑같은 외세의 위협에 맞닥뜨릴 뿐이다. 자원의 저주는 혼돈을 가져온다. 그리고 이 혼돈은 가격이라는 숫자와 무기, 사람들의 목숨으로 이루어져 있다.

"지난주 화요일에 불임 수술을 받았어요."

마리아가 침대에 누운 채 이야기한다. 피곤한 탓에 목소리에 힘이 없다.

"수술실에 들어갈 때 무슨 일이 생긴 건지 모르겠어요. 아마 긴장해서 그랬나 봐요. 마취가 듣지 않았어요. 원래는 부분 마취를 해야 했는데 20분을 기다려도 마취가 안 듣더라고요. 수술을 시작할 때도 의사가 뭘 하는지 전부 느껴졌어요."

결국 의료진은 전신 마취를 했다. 마리아는 수술 후 통증 때문에 지금도 몸이 좋지 않다.

"진통제를 먹지 않으려고 참고 있어요. 진통제는 구하기도 힘들고 비싸니까요."

하지만 마리아는 수술받은 것을 후회하지 않는다.

"이제 마음이 놓여요. 받기를 잘했어요. 앞으로는 임신할까 봐 걱정할 필요가 없으니 만족해요."

마리아에게 아이들에 관해 묻는다.

"아이들은 밀가루를 사기 위해 줄을 서거나 먹을 것을 못 구하거나 신용카드 결제가 거절당하거나 전자 결제가 안 될 때를 흉내 내면서 놀아요. 아이들도 자기 삶이 어떤지 허투루 보지 않고 줄서기, 되팔기 같은 걸 따라 하면서 노는 거죠. 아이들에게는 그게 정상이고 당연한 삶이니까요."

하지만 그녀에게 현재의 삶은 살 가치가 없는 삶이다. 지금 이 삶은 모술과 도네츠크에서 본 좀비의 삶이다. 베네수엘라의 혼돈은 폭격으로 폐허가 된 도시의 혼돈과 많은 면에서 다르지만, 혼돈들은 시간이 지나면서 서로 닮아간다. 혼돈이 가져오는 물리적 피해는 점점 심리적인 것으로 바뀐다. 정상적인 삶에 무수한 균열이 생기면서 사람들은 정신적 외상에 시달린다.

마리아에게 작별 인사를 한다. 다시 차를 타고 바리오에서 카라카스 시내로 내려간다. 오늘이 베네수엘라에서 보내는 마지막 날이다. 내일 공항에 가기 전에 여기서 찍은 영상을 런던에 보내둬야 한다. 공항에서 짐을 샅샅이 뒤질 테니 저장 장치를 압수당할 수 있다.

경찰이 사이렌을 울린다. 운전사가 속도를 늦춰 차베스의 영웅적인 모습을 새긴 샛노란 벽화 옆에 차를 댄다. 일단 차에서 내린다. 제

복을 입은 경찰관 네 명이 보인다. 그중 뒷좌석을 유심히 보던 경찰
관이 뒤에 앉아 있던 외국인 옆에 커다란 카메라가 있는 것을 발견한
다. 옳지, 잘 걸렸다! 그의 부하들이 차를 수색한다. 트렁크를 열어
나머지 장비와 카메라 렌즈, 녹음기, 보내려던 사진이 들어 있는 하드
드라이브 두 개를 찾아낸다. 그들이 하드 드라이브의 내용물을 본다
면, 내가 베네수엘라 정부의 영광스러운 업적을 전할 생각이 없음을
알게 될 것이다.

"여기서 뭐하는 겁니까?"

경장이 카를로스에게 묻는다.

"모르겠습니다. 저는 그냥 통역만 해서요."

"정보 기관에 보고하면 어떻게 될지 압니까?"

뇌물을 달라는 이야기다.

"모르겠습니다. 저 남자는 비자가 있어요. 오늘 처음 만났습니다."

"전화해서 이 장비에 대해 보고하면 어떻게 될지 아냐니까요?"

"전화하셔야 할 것 같으면 그렇게 하시죠. 장비에 관해서는 아무것
도 모릅니다. 저는 통역사일 뿐이에요."

카를로스의 허세가 통했다. 경찰관은 흥미를 잃고, 우리를 보내
준다.

이렇게 해서 빅브라더와 마주친 유일한 순간을 무사히 넘겼다. 무
시무시한 안보 기관이 수상한 냄새를 맡았지만, 큰 문제가 아니라고
판단했다.

베네수엘라에서 3주간 머무는 동안, 나는 원유 시장의 가격 변동

이 어떻게 컴퓨터 화면 속 숫자를 현실로 바꾸는지 확인했다. 유가는 상승과 하락 사이클을 거치며 새 고층 건물과 새 정부, 새 희망과 꿈을 세웠다가 결국에는 등을 돌려 모든 것을 파괴했다. 그리고 나는 차베스가 어떻게 이 흐름에 올라탔는지를 보았다. 그는 유가가 바닥에 있는 동안에는 석유 수익에 의존하는 데 반대했지만, 이후 유가가 상승하자 거기서 얻은 이익으로 자신의 영지를 세웠다. 그 영지란 석유로 세운 후견주의 정권이었다. 이는 유가를 밀어 올린 금융 자본의 공세가 없었다면 불가능했을 일이다. 차베스라는 괴물의 탄생을 부추기고, 그가 결단코 되지 않겠노라 맹세했던 존재가 되도록 조건을 마련한 것은 바로 금융 자본이 이끈 고유가였다. 처음에 나는 이것이 비인격적인 과정이자 투기가 의도치 않게 초래한 결과라 생각했다. 하지만 금융은 이 과정에서 적극적인 역할을 맡았고, 차베스가 엘리트 계층을 부패하게 만들고 유권자들을 직접 매수하는 데 마음대로 쓸 수 있는 새로운 자본을 제공했다. 그러나 차베스와 금융 시장의 관계는 결국 정권의 아킬레스건이 되었다. 트럼프가 자본 시장을 이용하지 못하도록 마두로 정권에 제재를 가하자 사상누각이나 다름없던 베네수엘라 경제가 와르르 무너졌다. 베네수엘라는 기괴한 종말론적 세계로 굴러떨어졌다.

이렇게 세계 시장의 힘이 괴물들이 나설 무대를 마련하는 동안, 지상에 사는 평범한 사람들에게는 초인플레이션 경제의 자생적 질서가 제시하는 불합리한 선택지 사이에서 자유로이 선택할 기회가 주어졌다. 청소부는 투기자가 되어 정부가 보조금을 주는 물건들을 사재기하고 미래 가격에 베팅했다. 아이들은 작은 조직을 이뤄 생존에 필요한 원자재인 쓰레기를 독점하려 했다. 일을 해서 버는 돈으로는 최저 생활비조차 마련할 수 없게 되자 사람들은 지폐를 되팔거나 비디오 게임을 해서 귀중한 달러를 마련하는 등 돈으로 돈을 버는 갖가지 방법을 찾았다.

나는 지금까지 급등한 식량 가격이 아랍의 봄과 이라크의 IS에 일으킨 나비 효과를 이어, 치솟은 유가가 브렉시트, 브라질, 일대일로, 우크라이나 전쟁, 지금 본 베네수엘라의 붕괴에 일으킨 나비 효과를 쫓았다. 그리고 금융 시장의 혼돈이 어떻게 현실 세계를 혼돈에 빠뜨리는지, 시장이 어떻게 다시 이를 반영하면서 현실에 더 큰 혼돈을 불러오는지를 추적했다. 이 되먹임 고리에 동력을 공급하는 것은 투기라는 장치였으며, 투기는 지금껏 살펴본 모든 사례에서 혼돈을 증폭했다. 혼돈을 증폭하는 장치는 이 외에도 여러 가지가 있었다. 인도적 위기 상황을 이용하는 포퓰리스트 정치인, 국경을 넘는 이민자에게 침략자의 이미지를 씌우는 피드, 원자재 가격의 변동을 전면전·후견주의 정권·경제 붕괴로 바꾸는 자원의 저주가 그 예다.

그러나 베네수엘라는 다른 사례에서 찾아볼 수 없는 독특한 면모가 두드러진다. 모술과 도네츠크에서는 전쟁으로 인한 물리적 파괴가 있었다. 건물이 무너지고, 불발된 폭탄이 바닥에 묻혀 있었으며, 집이 있던 자리의 벽돌 더미 밑에는 사라진 이웃의 시신이 깔려 있었다. 반면 베네수엘라에서는 시장 자체가 곧 혼돈이었다. 가격이 시시각각 바뀌고, 물건이 부족해 늘 줄을 서야 하며, 슈퍼마켓은 식료품을 진열하라는 정부의 명령에 따라 케첩과 마요네즈만 가득한 별난 공간으로 변한다. 이곳은 그야말로 모든 것이 뒤죽박죽인 세상이다. 흔히 베네수엘라의 혼돈은 '사회주의' 실험이 실패한 탓이라고들 말한다. 하지만 배네수엘라에서 사람들은 투기와 사재기, 폭력이 만연한 무정부 상태의 시장에서 경제 활동을 벌이고 있었다. 베네수엘라의 혼돈은 금융 자본주의의 프랙탈이었다. 베네수엘라 사회는 모든 수준에서 지난 10년간 혼돈을 부추긴 자유 시장의 원리를 거울처럼 비추고 있었다.

베네수엘라를 떠나기 전, 마지막으로 한 군데 들를 시간이 생겼다. 버스 터미널로 간다. 여행 가방을 든 사람들이 줄을 서서 작별 인사를 한다. 그리스의 모리아 난민수용소에서 여정을 시작한 이래, 나는 줄곧 혼돈이 어떻게 이민을 유발하는지를 보았다. 이미 500만 명이 베네수엘라를 떠났고, 지금 이곳에 줄을 선 사람들도 그 대열에 합류한다. 사람들이 버스에 타기 시작한다. 콜롬비아로 가는 버스다.

"막내딸이 떠나요."

세 자녀의 엄마인 마흔두 살 여성 엘라이사가 눈물을 훔치며 이야기한다.

"올해 스물셋인데 학교도 못 마치고 떠나요. 곧 졸업인데 말이에요. 자식을 떠나보내는 게 이걸로 세 번째에요. 장남은 스페인에 있어요. 에콰도르에서 2년 살았고, 지금은 스페인에 살아요. 둘째 아들은 페루에서 가게 점장으로 일하고 있어요. 작년 10월에 떠났는데, 아직 얼굴도 못 봤어요. 너무 속상해요. 알아요, 자식은 결국 떠날 사람이고 언젠가 결혼도 하겠죠. 그렇지만 자식이 다른 나라로 떠나야 한다는 법은 없잖아요. 이제 아이들을 안아줄 수도 없고, 어버이날에도 같이 있지 못하고, 생일에도 인터넷으로나 이야기해야 해요. 혼자 자식 셋을 키우며 지금까지 아이들만 보고 버텼어요. 그런데 지금은 나 혼자 남았네요."

PRICE WARS

07 증식
'위험한 게임'부터 '매드 맥스'까지, 케냐의 기후 혼돈

"간밤에 총소리가 들렸어요."

뉴턴이 녹슨 AK-47 소총을 만지작거리며 말한다. 푸른빛이 도는 검은 피부와 목에 걸린 빨간색 목걸이, 위장색 셔츠와 셔츠에 달린 청록색 칼라가 대조를 이룬다. 동이 트기 전 어슴푸레한 새벽하늘 아래, 뉴턴의 등 뒤로 농가 한 채가 희미하게 보인다. 뉴턴과 아내가 두 아이를 키우며 사는 곳이다. 뉴턴은 스물두 살의 염소치기다. 나는 케냐의 시골에서 염소치기가 얼마나 위험한 일인지 이곳에 와서 알았다.

"근방에서 사람들이 포콧Pokot족을 봤다고 해요."

투르카나Turkana족과 포콧족은 경쟁 관계에 있는 부족이다.

"그래서 우리가 그 지역을 순찰하러 가는 거예요."

뉴턴이 두 친구를 가리키며 말한다.

"가서 발자국이 있는지 조사해보려고요. 혹시라도 포콧족과 마주치면 싸움이 일어날 겁니다."

그들과 함께 길을 나선다. 빛이 비쳐 들어오는 수풀 사이의 좁은 샛길로 들어선다. 세 사람은 녹색 셔츠와 천으로 짠 치마를 입고 깃털 달린 모자를 쓰고 어깨에 낡은 AK-47을 매고 있다. 어떤 위험이 기다리고 있든, 지금은 나무 사이로 깜박이는 구릿빛 햇살에 정신이 팔려 생각할 겨를이 없다. 사방이 쥐 죽은 듯 고요하다. 양치기 두 사람이 얼룩무늬 염소 떼를 몰고 우리 앞을 지나간다. 어린 소녀 셋이 물을 담은 노란 양동이를 이고 뒤를 따른다.

어느 순간 나무들이 사라진다.

"풀이 보이세요? 한 포기도 안 보이죠."

뉴턴이 땅을 가리키며 말한다.

"염소들이 점점 말라가는 게 그래서예요. 비가 아예 안 오거든요. 풀도 녹색이 아니라 흰색이 됐어요."

강가에 도착한다. 강 건너에는 풀밭이 보인다. 뉴턴이 키우는 염소들이 저기에 있다. 지평선 위로 슬쩍 고개를 내민 태양이 햇살을 내리비춘다. 나는 기후가 어떻게 바뀌는지 확인하기 위해 이곳에 왔고, 이제 그 변화를 실감하고 있다. 한낮이 되려면 아직 몇 시간이 남았는데도 열기가 피부를 뚫고 들어올 것 같다. 신발을 벗고 물에 발을 담근다. 물은 벌써 미지근하다. 수량도 많지 않아서 간신히 발목까지 잠긴다. 강을 내려다보니 물 위로 솟아 있는 조그만 타원 모양의 모래언덕이 보인다. 언덕은 얼마 전까지만 해도 물에 잠겨 있었을 것이다. 동아프리카는 본래라면 점점 습해져야 했을 테지만, 지난 20년간 오히려 더 건조해졌다. 기후가 바뀌고 있다. 혼돈 개념은 기후에 관한 연구에서 탄생했는데, 이제는 기후 자체가 진짜 혼돈으로 변하고 있다.

강가에는 푸석푸석한 흙에 가느다란 뿌리를 내린 나무가 무성하다. 뉴턴의 염소 떼는 여기서 멀지 않은 곳에 있다. 염소들은 투르카나족과 포콧족의 땅을 나누는 흐릿한 경계 지대의 물웅덩이 근처에 있다.

"갈수록 힘들어요. 지금 나한테 소 떼가 있다면 어떻게든 지켜야겠죠. 하지만 그러거나 말거나 소를 훔쳐가는 걸 막지는 못해요."

이곳에서 소는 귀중한 자산이지만, 소 떼를 습격해 훔쳐가는 일도 흔하다. 게다가 강수량이 점점 줄면서 습격이 늘고 있다.

"염소를 도둑맞고 집에 돌아간다고 생각해봐요. 그러면 집에 가면서 무슨 수로 아이들을 먹일지 고민하겠죠. 애들이 울어도 돈이 없는데다, 애들은 주로 염소 젖을 먹어요."

가축 습격 자체는 오래전부터 벌어지던 일이기에 새삼스럽지는 않다. 문제는 기후가 점점 건조해지면서 가축을 먹일 목초지가 줄고 있다는 점이다. 이제 경쟁 부족들은 더 치열한 생존 경쟁을 벌일 수밖에 없다. 그 결과 습격은 점점 빈번해지는 동시에 더 격하고 잔인해지고 있다. 뉴턴은 아직 어리지만, 이미 목숨을 건 싸움을 수차례 겪었다. 최근에 있었던 습격에서 그는 총을 쏴 사람을 죽였고, 다른 습격자들에게 반격당했다.

"총알이 여기를 관통했어요."

그가 다리에 난 흉터를 가리키며 말한다.

무성한 나무뿌리 사이로 좁은 길들이 나 있다. 뉴턴과 그의 두 친구가 쭈그리고 앉아 길을 조사한다.

"포코족의 발자국이에요. 간밤에 여기를 지나다녔을 거예요."

이들은 소 떼를 데리고 이동할 때마다 이런 식으로 추적을 벌인다. 세 명은 앞에 나서서 다른 부족의 흔적을 찾고, 다른 세 명은 뒤에서 소를 지킨다.

"아직 멀리 가지는 않은 것 같아요. 언제든 싸우고 총을 쏠 준비를 해야 해요. 놈들 눈에 띄면 당신도 죽이려 들 거예요."

나는 앞으로 펼쳐질 혼돈이 어떤 모습일지 알기 위해 그 미래가 이미 도래한 곳을 찾아왔다. 이곳에서 보고자 한 것은 장차 내 삶에 가장 파괴적인 영향을 끼칠 힘, 즉 눈앞에 닥친 기후 위기다. 연구자들은 기온 상승을 1.5℃ 이내로 제한하면 기후 위기를 감당할 수 있다고 보지만, 인류는 이를 위해 따라야 할 여러 시나리오를 이미 지나쳐버렸다. 기온이 상승하면 자연에는 온갖 혼돈이 펼쳐질 것이다. 해수면이 상승해 도시들이 물에 잠기고, 논밭이 얼어붙거나 사막으로 바뀌고, 아프리카의 모기들이 북쪽의 유럽으로 퍼져 말라리아를 퍼뜨리고, 시베리아의 영구동토층에 잠들어 있던 천연두 같은 질병들이 풀려날 것이다. 그리고 혼돈은 사회와 정치 질서를 무너뜨려 갖가지 새로운 갈등을 유발할 것이 틀림없다. 최근 《네이처Nature》에 실린 한 설문 연구에 따르면, 기후 전문가들은 지구 온도가 4℃ 상승하면 무력 분쟁이 일어날 확률이 다섯 배 증가하리라 예측했다. 그런데 여기서 말하는 '분쟁'이란 무엇일까? 나는 모술과 우크라이나, 그리스, 베네수엘라에서 각양각색의 분열된 삶을 목격했다. 그렇다면 기후 변화가 불러올 혼돈은 어떤 모습일까? 그 혼돈을 부추기는 원동력은 무엇일까? 어떻게 하면 혼돈을 멈출 수 있을까?

관련 연구를 파헤치기 시작했다. 알고 보니 가장 먼저 이러한 물음을 진지하게 다루고 답을 제시한 것은 미 국방부 관료 조직의 심층부에 있는 한 부서였다. 그들이 세운 시나리오는 장차 펼쳐질 기후 논쟁의 틀을 세웠다. 이 일을 처음 시작한 인물은 오랫동안 정권과 관계없이 자신만의 길을 간 이단아 앤드루 마셜이다. 리처드 닉슨은 그를 새로 설립한 국방부 산하의 총괄평가국ONA 국장으로 임명하고, 미국이 어떻게 하면 핵전쟁에서 살아남을 수 있을지 계획을 세우도록 맡겼다. 이후 마셜은 날카로운 지성과 별난 성향, 자그마한 키 덕분에 펜타곤의 '요다'라는 별명을 얻었다. 그는 수십 년간 총괄평가국 국장을 지내면서 전쟁의 미래에 관해 현실성이 떨어지더라도 참신한 관점을 제공해줄 인사들의 명단을 만들었다. 그리고 2002년, 마셜은 그중 한 인물에게 기후 변화가 가져올 안보 위험에 관한 보고서를 의뢰했다.

마셜이 고용한 인물은 피터 슈워츠였다. 슈워츠는 미래학자이자 시나리오 플래닝* 전문가로 기업들이 미래에 있을 격변에 대비하도록 자문하는 일을 했다. 또 슈워츠는 여러 SF 영화의 세계관을 세우는 작업에 참여해 할리우드에서도 명성을 얻었고, 보고서를 의뢰받을 당시

---

* 발생 가능한 여러 시나리오를 세우고, 그에 맞는 대안을 미리 수립하는 분석 기법.

에도 스티븐 스필버그와 함께 영화 〈마이너리티 리포트〉 제작을 마친 참이었다. 공교롭게도 슈워츠가 처음 할리우드에서 맡은 작업은 펜타곤의 시나리오 플래닝 자체가 대참사를 불러일으키는 이야기를 구상하는 일이었다. 1980년대 초, 슈워츠는 한 영화 대본의 자문을 부탁받았다. 스티븐 호킹 유형의 어린 천재를 다룬 이야기였다. 슈워츠는 당시의 일을 이렇게 회상한다.

"요즘 어린 천재들은 컴퓨터 게임을 즐길 거라 생각했어요. 당시 나는 팰로앨토(스탠퍼드연구소를 가리킨다)에 있었어요. 우리는 최초로 비디오 게임을 접한 세대였죠. '퐁Pong'이 나온 지 얼마 안 됐을 때였어요."

슈워츠가 자문한 시나리오는 영화 〈위험한 게임War Games〉으로 만들어졌다. 영화에서 매튜 브로더릭이 연기한 주인공 10대 소년은 새 게임을 찾다가 우연히 펜타곤 컴퓨터에 접속해 그 안에 저장된 전쟁 시뮬레이션 게임을 한다. 그런데 그 게임의 상대는 국방부에서 개발 중이던 인공지능이었으며, 현실과 시뮬레이션을 구별하지 못한 인공지능이 '세계 핵전쟁' 게임에서 주인공을 이기기 위해 실제로 핵전쟁을 일으키려 한다는 것이 영화의 줄거리다. 그리고 〈위험한 게임〉이 나온 지 20여 년이 지난 지금, 슈워츠는 냉전시대의 핵무기 대신 21세기의 기후 재앙을 다룬 새로운 시나리오를 구상해야 했다.

슈워츠가 맞닥뜨린 첫 번째 문제는 정치 문제였다. 당시 대통령은 조지 W. 부시였다. 기후 변화는 공식적으로는 실제로 일어나는 일이 아니었고, 문젯거리로 여겨지지도 않았다.

"'기후 변화는 진짜인가?'를 놓고 많은 논쟁이 벌어졌어요. 그래서 8200년 전에 실제로 발생한 기후 변화를 참고하기로 했죠. 당시 지구는 고작 10년 만에 급속도로 추워졌어요."

슈워츠는 동료 더그 랜달과 2010년부터 10년간 느닷없이 극심한 기후 변화가 일어난다면 무슨 일이 벌어질지 예측했다. 두 사람은 보고서에 '생각할 수 없는 일을 상상하다'라는 부제를 붙였다. 이들이 제시한 시나리오에서는 먼저 멕시코 만류가 사라지고, 북미와 북유럽이 황량한 툰드라지대로 변하며, 마지막에는 당연하게도 인류 문명이 붕괴한다. 여기서 핵심은 두 사람이 기후 변화로 인한 혼돈을 부추길 원동력으로 '자원'을 꼽는다는 점이다.

"자원이 날로 줄어들면서 인류는 자원을 둘러싼 끝없는 투쟁이 일상인 시절로 되돌아갈 것이며, 기후의 영향보다도 인류가 벌이는 투쟁 자체가 더 많은 자원을 소모할 것이다. 또다시 전쟁이 인간의 삶을 규정할 것이다."

보고서의 내용이다. 기후가 바뀌면 물과 식량이 귀해진다. 그러면 인류는 수천 년 전 그랬듯 목숨을 부지하는 데 필요한 자원을 차지하기 위해 폭력도 불사할 것이다. 슈워츠와 랜달은 인구에 비해 식량 공급이 부족해지면 분쟁이 발생한다는 점을 밝힌 고고학 연구를 참고했다.

"인간은 굶주리느냐 습격하느냐를 놓고 선택해야 할 때면 언제나 습격을 선택할 것이다."

사람은 많은데 식량이 부족해지면 끝없는 위기가 시작된다. 시장이

해체되고 국가가 무너지고 전쟁이 일어나며, 수많은 사람이 살 곳을 잃는다. 이 같은 상상을 SF 영화로 옮긴 것이 〈매드맥스〉 같은 작품이다. 이 영화에서처럼 인류는 국가 없는 무정부 상태, 홉스가 말한 만인에 대한 만인의 전쟁이라는 악몽으로 돌아갈 것이다.

슈워츠와 랜달은 일부러 극단적인 예언을 내놓았다. 두 사람의 목표는 정확한 예측을 제시하는 것이 아니라, 기후 변화가 어떻게 혼돈을 촉발하는지, 그 혼돈이 어떻게 폭포처럼 터져 나와 널리 퍼지고, 변형을 일으키며 증폭하는지 보여주는 것이었다. 두 사람은 식량과 물 안보가 장차 분쟁을 유발하는 요인이 될 수 있음을 보여주고, 국방 관계자들이 기후 변화를 고려하도록 유도하려 했다. 2007년, 두 사람의 계획은 결실을 이루었다.

"이미 취약한 지역에서는 식량 생산이 줄고 질병이 늘고 깨끗한 물이 갈수록 귀해지고 많은 인구가 자원을 찾아 이동하면서 경제적·환경적 여건이 더욱 악화할 것이다."

미국 해군분석센터Center for Naval Analysis(이하 CNA)가 한 획기적인 보고서에서 내린 결론이다. 보고서의 저자들은 종말론적 시나리오를 구상하지 않았다. 그들은 식량과 물을 이용할 가능성이 조금만 줄어들어도 심각한 결과가 벌어질 수 있다는 점에 주목했다. 중요한 것은 저자들이 이러한 자원 압박을 새로운 유형의 분쟁이 아니라 기존 분쟁을 증폭하는 요인으로 보았다는 점이다. 물 전쟁이나 식량 전쟁이 따로 벌어지기보다는 기존 전쟁이 더욱 격해지고 길어져 더 많은 난민이 발생하리라는 것이었다. CNA의 저자들은 향후 국방 관계자

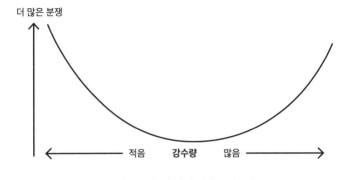

〈그림7-1〉 아프리카의 분쟁과 강수량
출처: 다음 자료를 재구성. Hendrix and Salehyan (2012)

들이 기후와 분쟁의 관계를 보는 시각을 규정할 표현을 제시했다. 그들은 기후 변화를 '위협승수threat multiplier'라 칭했다.

그러나 미 국방부는 이 '승수'가 어떻게 작동하는가에 관해서는 여전히 아는 것이 적었다. 물과 식량이 부족하면 어떤 식으로 분쟁이 늘어날지를 두고 그럴듯한 시나리오를 그릴 수는 있었지만, 온갖 문제가 뒤섞인 복잡한 현실에서 실제로 어떤 일이 벌어질지는 알 수 없었다. 2008년, 미 국방부는 새로운 위협을 제대로 이해하지 못하면 어떤 어려움에 직면하는지를 뼈저리게 실감하고 있었다. 이라크와 아프가니스탄에서 일어난 반란들이 미국이라는 거인의 발목을 붙잡은 것이다. 국방부 장관 로버트 게이츠Robert Gates는 다시는 이런 실수를 반복하지 않기를 바랐다. 그는 21세기의 전쟁을 규정할 새로운 형태의 분쟁을 연구하도록 지원하기 위해 미네르바 이니셔티브Minerva Initiative라는 연구 사업을 설립하고 수억 달러의 예산을 투자했다.

컬렌 헨드릭스는 미네르바 이니셔티브가 기후와 분쟁의 관계를 연구할 일군의 정치학자들에게 760만 달러라는 파격적인 보조금을 지급했다는 소식이 전해질 당시 젊은 조교수였으며, 이후 관련 연구로 사업의 지원을 받았다. 헨드릭스의 연구는 한 가지 단순한 물음에서 시작했다. 분쟁이란 무엇인가?

"우리는 인도와 파키스탄이 인더스강을 두고 싸우는 등 기후 문제로 전쟁이 벌어질 때, 그에 반응해서 일어날 법한 일을 생각해보기 시작했어요. 하지만 동시에 기후가 다양한 방식으로 분쟁을 촉발하리라 생각했죠. 목축민 간의 분쟁은 어떻게 될까? 시위는? 파업은? 공동체 간의 분쟁은?"

헨드릭스의 설명이다. 헨드릭스와 그의 동료 아이딘 살레히안Idean Salehyan은 연구 팀을 꾸려 아프리카에서 목축민, 농민, 시위대, 민병대, 정부 간에 벌어진 충돌을 다룬 기록을 조사했다. 연구 팀은 크고 작은 분쟁 6000건을 찾아냈다. 그런 다음 현실에서 벌어진 혼돈이 기후에서 나타난 혼돈과 상관관계가 있는지, 즉 극단적인(너무 많거나 너무 적은) 강수량을 근거로 분쟁이 발생할 가능성을 예측할 수 있는지 알아보기 위해 통계 분석을 진행했다.

"결과는 놀라웠어요. 강수량이 너무 적거나 너무 많은 시기에 분쟁이 크게 늘어나는 U자형 곡선이 나왔어요."

피터 슈워츠가 말한 '생각할 수 없는' 시나리오는 이미 현실이 되고 있었다. 문제는 새 빙하기나 초강력 폭풍 같은 급격하고 극단적인 기상 이변이 아니었다. 농경과 목축으로 자급자족하는 많은 사람이 혼돈의 가장자리에 서 있다는 사실이 드러났다. 이들이 속한 사회는 기후 변화에 매우 민감하며, 질서와 무질서의 경계에 딱 걸쳐 있다. 그리고 많은 지역에서 기후로 인한 자원 다툼은 사회를 무질서로 몰아넣고 있었다. 이것이 바로 케냐의 투르카나에서 일어나는 일이었다.

"목축 일을 하면 무슨 고생을 하는지는 봐서 알아요."

뉴턴이 말한다. 우리는 쨍쨍 내리쬐는 한낮의 태양을 피해 나무 그늘에 앉아 있다.

"몸도 망가지고 배를 곯는 일이 허다하죠. 게다가 틈만 나면 가축을 도둑맞고요."

하지만 뉴턴은 희망을 잃지 않는다.

"돈을 모으면 나쿠루에 가서 운전학원에 다닐 거예요. 허구한 날 숲을 돌아다니다 포콧족한테 총을 맞는 일은 그만두고 운전을 배울 거예요."

뉴턴은 운전학원에 다닐 돈을 모아 택시를 몰거나 석유 기업 타로 Taro에서 트럭을 몰고 싶어 한다. 그는 질서 있고 안정된 삶을 살 수 있는 안전한 곳, 즉 도시로 가고 싶어 한다.

투르카나를 떠나 남쪽에 있는 케냐의 수도 나이로비로 향한다. 앞으로 몇 년간 수백만 명의 시골 주민이 이렇게 고향을 떠나 도시로 향할 것이다. 세계 곳곳에서 기후 변화로 인해 살 곳을 잃은 난민이 멕시코시티, 과테말라시티, 벵갈루루, 첸나이, 케이프타운, 라고스 같은 대도시로 몰려들고 있다. 아프리카에서는 앞으로 30년간 도시 인구가 네 배로 늘 것이며, 이주민의 40퍼센트는 뉴턴처럼 목축과 농사로 먹고살 수 없게 된 시골 주민일 것이라고 한다. 차를 타고 남쪽으로 가는 이틀간의 여정에서 그 이유를 확인한다. 눈에 보이는 풍경은 대부분 화성처럼 황량하기 그지없다. 붉은 먼지로 뒤덮인 광활한 땅이 지평선까지 펼쳐진다. 이런 곳에서는 삶을 꾸릴 수가 없기에 다들 살길을 찾아 떠나는 것이다.

이주민 대부분은 키베라로 향할 것이다. 나이로비 시내 중심에 있는 키베라는 아프리카에서 가장 큰 초대형 슬럼으로, 이곳에만 100만여 명이 살고 있다. 키베라는 일종의 자생적 질서에 따라 성장했다. 골판지 모양 철판으로 대강 지은 집들이 도시 한가운데를 지나는 철길을 따라 프랙탈처럼 퍼져 있다. 적갈색 흙길이 가느다란 거미줄처럼 곳곳에 뻗어 있고, 여기저기 빨랫줄이 늘어진 길에서는 노점상들이 음식을 만들고 심SIM 카드나 플라스틱 제품을 팔고 있다. 아무 계획 없이 만들어진 이 도시 밑에는 하수 시설이 없으며, 사방이 온통 쓰레기 천지다. 기후 변화가 가져올 미래는 뉴턴이 사는 시골의 숲과 사막, 개울이 아니라 변화를 피해 키베라 같은 슬럼가로 향하는 어마어마한 이민 행렬에서 찾을 수 있다.

이곳에서 마르타를 만난다. 22세 여성인 마르타는 키베라에서 나고 자라 지금은 두 아이를 키우고 있다. 마르타의 어머니는 케냐의 시골에서 키베라로 이주해왔다.

"엄마는 키베라에서 살면 생활비가 덜 들 거라 생각하셨어요. 실은 그렇지가 않았죠. 여기서는 시골에서보다 훨씬 돈이 많이 들어요."

시골 생활에서 도시 생활로의 이행은 결코 단순한 일이 아니다. 그것은 농경과 목축으로 먹고사는 삶에서 임금을 받는 삶으로, 자급자족 경제에서 시장경제로의 이행을 뜻한다. 마르타는 두 가지 일을 한다. 주중에는 청소 일을 하고, 주말에는 축구를 해서 팀이 이기면 NGO에서 돈을 받는다. 그녀는 보통 수입의 절반 이상을 가족의 식비에 쓴다. 나머지는 아이들의 학비를 내고 화로에 쓸 연탄을 사고 단칸방의 임대료를 내는 데 쓴다. 그리고 식비는 대부분 한 가지 제품을 사는 데 쓰인다. 이곳에서는 우갈리ugali라 부르는 옥수수 가루다. 문제는 우갈리 가격이 날마다 널뛰기하듯 달라진다는 점이다.

"생활비 계획을 세우기가 어려워요. 우갈리 가격이 어떻게 될지 알길이 없으니까요."

우갈리 가격이 단돈 몇 푼만 올라도 큰 충격을 줄 수 있다. 가격이 오르면 마르타와 아이들은 밥을 굶어야 한다.

"애들이 잠이 안 오고 배가 고프다고 칭얼대면 '오늘은 이만 자고 내일 밥 먹자'고 달래요. 그럴 때마다 마음이 아프죠."

굶주림은 곧 키베라 전체로 번진다.

"그러면 사람들은 정부를 비난하기 시작해요. 정부가 돈을 빼앗아갔다고 말하죠."

그리하여 시위가 벌어진다.

나는 혼돈의 미래를 찾아 케냐로 왔지만, 키베라에서 출발점으로 되돌아간다. 물가와 수입 밀 가격 문제, 전 세계에서 식량 가격이 급등하면서 촉발된 반정부 시위가 또다시 눈앞에 나타났다. 슈워츠와 랜

달이 말한 '생각할 수 없는' 시나리오와 '위협 승수'를 다룬 CNA의 보고서를 다시 읽어봤지만, 어디에도 가격에 관한 언급은 없었다. 컬렌 헨드릭스는 이들이 처음 기후 문제를 다룬 방식을 기후-분쟁 문제에 대한 '맬서스주의*적' 접근법이라 부른다. 이들은 '필수 자원을 둘러싼 사람들의 다툼'에 주목한다. 이 같은 형태의 직접적 경쟁은 시장과 무관하게 일어난다. 케냐에서 본 가축 도난이나 〈매드맥스〉의 등장인물들이 물과 기름 몇 통을 두고 벌이는 싸움이 여기에 해당한다. 헨드릭스에 따르면, 맬서스주의적 접근법은 '절대적 희소성'을 전제한다.

"절대적 희소성은 인간이 처한 물리적 환경이 시사하는 근본적인 한계의 결과입니다."

맬서스주의 모형에서는 희소성을 두 가지 변수로 설명한다. 하나는 식량 생산량이다. 지구 기온이 1℃ 더 올라갈 때마다 전 세계 옥수수 생산량은 7.4퍼센트, 밀 생산량은 6퍼센트, 쌀 생산량은 3.2퍼센트씩 줄어든다. 다른 하나는 이 식량으로 부양해야 할 인구의 숫자다. 세계은행에 따르면, 세계 인구는 해마다 약 1.1퍼센트씩 늘어난다. 이처럼 반대 방향으로 움직이는 두 추세(줄어드는 식량 생산성과 늘어나는 인구)는 현실에 절대적 희소성을 가져오며, 따라서 지구 기온이 4℃ 상승하면 식량 공급에는 엄청난 문제가 생길 것이다. 신맬서스주의자들이

* 영국의 경제학자 토머스 맬서스가 주장한 학설. 인구는 기하급수적으로 증가하는데, 식량은 산술급수적으로 증가하므로 빈곤과 악덕이 불가피하게 초래된다는 주장이다.

기후 변화가 분쟁을 유발하리라 보는 이유가 여기에 있다.

이러한 종말론적 전망이 널리 퍼지기 시작하던 2008년, 때마침 세계 식량 위기가 닥쳤다. 이 위기는 식량과 물 공급이 부족해지리라는 우려가 사실임을 입증하는 듯했다. 치솟는 원자재 가격, 세계 곳곳에서 벌어지는 시위와 두 번의 혁명은 기후 변화를 다룬 보고서들이 전망한 연쇄 위기의 일부로 보였다.

"하지만 2008년 식량 위기를 유발한 진짜 원인이 무엇인지 조사하면서 무언가가 절대적으로 부족해야만 위기가 발생하는 것은 아님을 깨달았어요. 2007년, 세계 식량 체계는 역사상 가장 많은 식량을 생산했습니다."

헨드릭스를 비롯한 몇몇 연구자는 기후-분쟁 문제를 이리저리 따져보며 다른 접근법이 필요하다고 생각했다.

"식량 체계와 전 세계 농업에 어떤 위협이 있는지 생각하면 기후 변화, 사막화, 심각해지는 물 부족 문제를 떠올리기 쉬워요. 하지만 이보다 더 중요한 문제는 식량 시장이 어떻게 작동하며, 어떻게 작동하도록 짜여 있는지, 그리고 시장이 제대로 작동하지 않으면 무슨 일이 벌어지는지입니다."

헨드릭스의 주장은 인구가 많은데 식량이 부족해서 굶주림이 발생한다는 생각을 거부함으로써 맬서스주의 모형을 정면으로 반박한다. 앞서 영국의 현실을 논하면서 언급한 또 다른 자원, 주택을 예로 들어보자. 런던 거리에 노숙자가 많은 것은 런던에 주택이 부족해서일까? 그렇지 않다. 런던에는 세 집 중 한 집이 비어 있는 동네도 있다. 사람이 아무도 살지 않아서 거리 전체가 온종일 캄캄한 곳도 있다. 주택 위기는 자원이 절대적으로 부족해서 생긴 문제가 아니다. 주택은 차고 넘친다. 문제는 노숙자를 비롯한 수많은 사람이 주택 가격을 감당할 수 없다는 점이다. 우리는 원한다면 노숙자들에게 빈집을 제공할 수 있지만, 그렇게 하지 않는 사회를 선택했다. 우리 사회는 '가격 시스템'에 따라 주택을 배분한다. 그러므로 주택 위기는 실제 건물이 '절대적'으로 부족해서 생긴 문제가 아니라 사회가 정한 게임의 규칙에 따라 생긴 문제다. 식량과 기근 역시 마찬가지다.

인도 출신의 경제학자 아마르티야 센은 이 문제에 대해 통찰함으로써 노벨경제학상을 받았다. 센은 현대의 기근이 런던의 주택 문제와 마찬가지로 식량이 절대적으로 부족해서 벌어진 일이 아님을 입증했다. 먹을 것이 절대적으로 부족할 때 곧바로 굶주림에 빠지는 사람은 투르카나의 뉴턴처럼 농경과 목축으로 자급자족하는 이들이다. 뉴턴이 기르는 염소들이 아프거나 굶주리거나 도둑맞으면 뉴턴의 가족들은 더는 염소젖을 먹을 수 없다. 하지만 오늘날 대부분의 사람은 자급자족하지 않으며, 물건을 만들거나 서비스를 제공해 먹을 것으로 바꾼다. 그리고 대부분의 사람은 키베라에 사는 마르타처럼 가격에 따라 교환이 이루어지는 시장경제 속에서 살아간다. 마르타에게 중요한 것은 맬서스주의에서 말하는 식량 생산량이나 인구수가 아니라 지역의 식량 가격과 그녀가 팔 수 있는 노동의 가격이다. 센은 20세기에 일어난 대규모 기근이 두 가격의 조화가 깨지면서 벌어진 사태였음을 밝혀냈다. 기근이 발생할 때도 식량 자체를 구할 수 없는 경우는 드물었다. 문제는 대부분의 노동자가 받는 임금에 비해 식량 가격이 너무 비싸졌다는 점이다. 그나마도 임금을 받으며 일할 수 있는 사람은 형편이 나은 축이었다. 기근은 기후가 끼친 직접적인 충격 때문에 벌어진 일이 아니었다. 기근은 우리가 시장이라 부르는 사회적 게임의 정교한 규칙 속에서 만들어진 일이었다.

펜타곤은 기후 변화가 가져올 혼돈을 구상하면서 이 중대한 통찰을 놓쳤다. 그들이 상상한 자원 전쟁은 이미 현실에서 벌어지고 있으며 수많은 사람을 도시로 이주하도록 몰아댄다. 그리하여 도시로 밀려온 이주민들은 시장에서 식량을 사야 하며, 식량을 살 돈을 벌기 위해 임금을 주는 일자리를 구해야 한다. 기후 변화가 심각해지다 보면 결국에는 식량이 절대적으로 부족해져 사회와 시장이 무너지고, 인류가 〈매드맥스〉처럼 전쟁으로 황폐해진 세상에서 살날이 올 것이다. 그러나 향후 수십 년 사이에는 기후 변화로 시장경제에 참여하는 도시 인구가 늘어나면서 세계 시장이 무너지기는커녕 오히려 팽창할 것으로 보인다.

컬렌 헨드릭스를 비롯한 몇몇 연구자에게 기후 변화에 관한 연구는 가격에 관한 연구이기도 하다. 그들은 연구를 시작하고 얼마 지나지 않아 식량 생산성과 전 세계 식량 가격의 관계가 단순하지 않음을 깨달았다.

"이 문제를 슬쩍 들여다보면 시장에 이렇게 많은 변동성을 가져오는 근본 원인을 알고 싶어지지만, 곧 시장에 영향을 주는 명확한 기후 변화의 신호나 기상 문제를 찾기가 어렵다는 사실을 알게 돼요."

혼돈은 기후가 아니라 금융에서 비롯했다.

"정말로 어안이 벙벙해지는 발견이었죠."

"우리는 식량 체계를 세상에서 제일 큰 공장으로 여깁니다."

텔러스랩스TellusLabs의 CEO이자 설립자 데이비드 포테어의 말이다.

"지구상에서 가장 큰 공장이죠. 14억 명이 일하는 이 공장에는 지붕이 없습니다. 그리고 700킬로미터 상공에서는 위성들이 날아다니며 궤도를 따라 지구를 돌고 있죠. 위성은 구름 속을 들여다보며 인간의 지각 범위를 훨씬 넘어서는 빛깔을 포착해냅니다. 이 모든 정보가 위성의 센서로 들어와요."

텔러스랩스는 미 항공우주국NASA과 유럽우주국European Space Agency에서 위성 자료를 받아 그들이 만든 인공지능 기계에 입력한다. 텔러스랩스의 인공지능은 지난 20년간의 위성 자료를 바탕으로 모형을 만들었고, 현재 상황을 근거로 앞으로의 수확을 예측하는 데 이 모형을 사용한다.

포테어는 세 유형의 고객을 확보했다. 먼저 식품 제조업체들은 그들이 이용하는 농산물 공급망에 문제가 생기거나 급작스러운 가격 변화가 예상될 때 미리 경고해주기를 원했다. 다음으로는 작물 재배자, 종자 회사, 곡식 구매자들이 있었다.

"금융 시장 참여자, 헤지펀드, 자산 관리자도 확실한 고객이었어요. 이들은 직접 혹은 고객을 대신해 원자재 시장에 나타날 변동성에서 기회를 찾으려 하죠."

그런데 포테어는 놀랍게도 세 번째 유형의 고객들이 식품 제조업체, 농부, 작물 재배자와 달리 '실제' 수확에 큰 관심이 없다는 사실을 깨달았다. 오히려 그들은 정부의 공식 보고서가 수확에 관해 뭐라고 말할지 예측해주기를 원했다.

"우리로서는 또 한 번 눈이 휘둥그레지는 순간이었어요. 우리는 지난 몇 년간 사업을 하면서 놀라운 일을 참 많이 겪었어요. 사업을 시작하자마자 이런 말을 하는 사람들이 우리 일에 관심을 보였죠. '흥미롭네요. 올해 미국의 수확이 사상 최고 수준일지 아닐지 아는 건 기본적으로 중요한 일이죠. 그런데 당신의 예측이 맞고, 올해 사상 최대로 풍년이 든다 해도, 시장에 있는 사람 대부분이 올해 수확이 처참하다고 생각하면 우리 회사는 여기저기서 돈을 날릴 거예요. 그러니 나한테 필요한 건 나를 시장이 있는 곳으로 안내하고, 나중에는 수확 결과가 어떨지까지 알려줄 다리예요. 그리고 그 다리를 놓으려면 다른 시장 참가자들이 수확에 대해 어떻게 생각할지를 알아야 하죠. 그것이 실제로 원자재 시장을 매일 움직이는 정보니까요.' 그래서 우리는 이런 요구를 하는 고객들의 관심을 끌기 시작했어요. '매달 나오는 정부 전망에 관한 모형을 만들어줄 수 있나요? 그리고….'"

"죄송한데, 잠시만요."

그의 말을 확실히 이해하기 위해 끼어든다.

"그러니까 귀사에서는 정부의 전망을 예측한다는 뜻인가요?"

"네, 우리는 정부 전망을 예측합니다."

"그렇군요."

"우리에게는 이런 깨달음을 얻는 결정적인 순간이었어요. '그래, 고객들은 우리가 올해 수확량이 x라고 예상한다는 걸 알아. 하지만 고객들은 정부가 올해 수확을 어떻게 생각하는지, 어떤 보고서를 발표할지를 예상해서 알려주기를 바란다는 거지? 전 세계가 보는 건 우리의 전망이 아니라 정부의 전망이니까. 합리적인 시장은 정부 전망을 따라 반응하겠지.' 그래서 우리는 두 종류의 모형을 만들기 시작했어요. 하나는 전망에 관한 전망이라 부르는 모형입니다. 이것은 기본적으로 정부의 예측 시스템이 어떻게 작동할지 최대한 이해하려 애쓴 결과예요. 그리고 두 번째는 작물과 지난 20년간의 수확 결과를 분석하는 응용과학 모형입니다. 실제 작황에 관한 예측은 이 모형에 따라 나오죠. 두 모형 모두 정말 중요해요. 두 모형이 내놓는 결과의 차이는 나라마다 꽤 다를 수 있습니다."

위성 자료를 이용하는 기술은 가격을 더 정확하게 만드는 데 쓰이지 않았다. 이 기술은 투기 게임 자체를 무효화하지도 그 기반을 흔들지도 않는다. 신기술은 헤지펀드들의 무기고에 추가된 새 무기일 뿐이다. 이 무기는 헤지펀드들이 경쟁 상대보다 먼저 시장의 새로운 통념(이 사례에서는 정부가 공식적으로 발표하는 작황 보고서)을 알아채도록 돕는다. 이렇게 강력한 예측 기술을 사용할 수 있다 해도 시장이 미인을 고르는 대회나 다름없다는 사실은 케인스의 시대나 지금이나 변함이 없기 때문이다. 가격을 움직이는 것은 현실 자체가 아니라 집단이 공유하는 현실 인식이다.

위성 자료를 바탕으로 정부의 작황 보고서를 예측하는 일은 신기술을 투기용 무기로 사용하는 한 예다. 이와 비슷한 사례가 또 하나 있는데, 나는 신기술을 활용한 이 투기 전략이 앞서 살펴본 원자재 지수 투자나 추세추종처럼 식량 가격 급등을 유발한 요인들보다 잠재적으로 훨씬 위험하리라는 인상을 받았다. 이 전략은 기후 변화로 인류가 입을 피해를 더욱 키우고, 다가올 기후 전쟁에 기름을 부으려는 목적으로 특별히 설계한 것처럼 보일 정도다.

"원자재의 핵심은 관련이 있는 것과 없는 것(을 거르는 일)이에요."
RCMA자산운용의 최고투자책임자 더그 킹의 이야기다.
"트레이더의 시각에서 보면 논할 가치가 전혀 없는 것들이 너무 많아요. 오늘날 세계에서 원자재와 관련 있는 나라는 몇 군데 없어요. 가령 농산물에서는 밀을 공급하는 러시아가 있고, 북미와 남미가 있죠. 그게 다예요. 다른 곳은 볼 필요가 없어요. 이런 이야기를 많이들 해요. '와! 이거 봐. 과테말라에 가뭄이 들었나 봐. 콜롬비아도 가뭄이래.' 물론 이 나라들도 몇 가지 상품을 생산하죠. 가뭄이 주는 영향도 있긴 할 테고요. 하지만 특정 원자재가 갑자기 확 늘거나 부족해질 만큼 특별한 의미가 있지는 않을 거예요."
위성 자료의 문제점은 킹의 말대로 세계의 공급 전반에 큰 영향을 주지 않는 특정 지역의 사소한 수확 변동까지 감지한다는 점이다. 가뭄이 농산물 공급에 큰 충격을 주려면 대륙 규모의 사건이어야 하는데, 그 정도 문제라면 사건을 파악하는 데 구태여 위성을 이용할 필요가 없다. 그런데도 데이터를 기반으로 의사결정을 내리는 헤지펀드들은 상세한 위성 자료를 근거 삼아 거래한다.

"이런 퀀트 펀드들은 프로그램화할 수 있는 새로운 데이터의 원천을 찾고 있어요. 그리고 그 데이터를 활용하는 펀드가 어느 정도 많아지면, 그것은 현재 상황과 관련 있는 데이터가 되죠."

"정리하자면, 위성 자료가 실제로는 유용하지 않아도 많은 펀드가 그것을 활용하기 때문에 자기실현적 예언이 된다는 말인가요?"

"바로 그거예요."

퀀트 펀드들은 위성 자료를 근거로 거래하며 다른 펀드들도 그렇다는 것을 알기 때문에 위성 자료를 활용해 경쟁자들의 거래까지도 예측할 수 있다. 위성 자료가 정말로 실제 공급과 '관련 있는' 설명을 제공하는지 아닌지는 중요하지 않다. 이것은 이라크나 앤 해서웨이에 관한 기사를 근거로 매매하는 알고리즘과 마찬가지로 데이터가 주도하는 자기실현적 '미인 대회' 현상이다. 이 현상을 만드는 프로그램들은 전쟁이든 기후 충격이든 관계없이 현실에서 작은 소란이 일어나면 이를 증폭해 가격을 순식간에 끌어올린다.

"원자재 시장에서 전자 거래 플랫폼의 거래량과 이용자 수는 사상 최고 수준에 이르렀다고 봐요. 전체 거래 중 75퍼센트에서 80퍼센트 정도가 알고리즘 방식의 매매 전략을 따를 겁니다."

킹의 주장이다.

"흥미로운 점은 진짜 원자재 선물거래자들은 사라졌다는 거예요."

그가 말하는 '선물거래자'는 농부나 식품 생산업자처럼 실제로 원자재를 이용하는 사람을 가리킨다. 선물 시장의 본래 목적은 이들이 생산하는 상품의 미래 가격을 보장함으로써 안정을 제공하는 것이었다. 선물 시장은 본래 원자재 이용자들이 오늘의 투자를 통해 내일의 결실을 얻도록 보장해야 했다. 그러나 오늘날에는 선물 시장 자체가 불확실성의 원천이며, 실제 원자재 이용자들은 선물 시장을 떠나고 있다.

"커피나 고무를 이용하는 사람들은 선물거래를 하지 않을 거예요. 선물거래의 한쪽 면이 날아간 거죠. 예산과 공급망을 관리하기 위해 선물 시장을 활용하던 거대한 요소가 사라졌어요. 이제 남은 건 프로그램들이 벌이는 싸움뿐이에요."

전에도 이와 비슷한 디지털 전쟁을 본 적이 있다. 피터 슈워츠가 플롯을 제안한 1983년 영화 〈위험한 전쟁〉에서였다. 영화에서 미 국방부는 전쟁수행계획반응War Operation Plan Response, 줄여서 WOPR이라는 컴퓨터에 핵무기 통제권을 넘긴다. 이 컴퓨터는 미국을 핵 공격에서 보호하도록 설계된 인공지능으로 작동한다. 이 인공지능은 핵 공격 하나하나를 전략 게임의 수로 보고 가능한 모든 수와 반격 수를 고려해 최적의 대응을 하도록 훈련받았다. 하지만 당연하게도 일은 계획대로 흘러가지 않는다. WOPR은 체스나 체커 같은 게임으로 훈련했고, 미국과 소련이 서로에게 핵을 쏠 때 보이는 움직임과 기존의 게임을 구별하지 못한다. 컴퓨터가 보기에 양자는 모두 0과 1이라는 숫자와 갖가지 전략, 확률로 이루어진 게임일 뿐이다. 따라서 컴퓨터가 '세계 핵전쟁'이라 불리는 게임에서 '승리'하려 하면 혼돈이 벌어진다.

인공지능이 촉발하는 대전쟁에 관한 슈워츠의 상상은 다가올 기후 전쟁을 소름 끼치도록 정확히 내다본 예언 같다. 슈워츠는 2003년에 발표한 미 국방부 보고서에서 기후가 바뀌면 식량과 물을 둘러싸고 〈매드맥스〉식 분쟁이 벌어지리라 전망했지만, 그보다는 인공지능으로 인해 전쟁이 벌어진다는 상상이 훨씬 설득력 있다. 그가 국방부 보고서에서 전망한 자원 분쟁은 투르카나에서 보았듯 아프리카의 시골에서 이미 벌어지고 있는 일이다. 그리고 나는 뉴턴의 삶을 보며 그러한 자원 분쟁이 미래가 아닌 과거의 일임을 알게 되었다. 시골에서 벌어지는 자원 분쟁은 시골 주민들이 도시로 떠나면서 저절로 사그라지고 있다. 기후 변화는 이주를 부추기며, 기후 분쟁의 성격 자체를 바꿔놓고 있다. 기후가 장차 수억 명의 아프리카인에게 가져올 혼돈은 팽창하는 대도시에서 찾아야 한다. 대도시로 온 이주민들은 토지가 아니라 세계 시장에 의존해 생계를 이어가야 한다. 그중 대부분은 마르타처럼 임금의 절반 이상을 식량을 사는 데 쓴다. 이들은 국제 식량 가격이 조금만 올라도 빈곤과 굶주림, 폭동과 혁명이 벌어질 수 있는 혼돈의 가장자리에 살고 있다.

식량 가격을 결정하는 것은 수천 킬로미터 떨어진 곳에서 벌어지는 또 다른 분쟁, 즉 '프로그램들이 벌이는' 투기 전쟁이다. 〈위험한 전쟁〉의 WOPR 같은 알고리즘은 디지털 세상과 현실의 차이를 구별하지 못한다. 알고리즘은 눈 깜짝할 사이에 상대방의 움직임을 예측하고 반격을 가하는 것만을 훈련한다. 밀과 옥수수 가격을 둘러싼 알고리즘의 베팅은 헤지펀드들이 서로의 금고를 터는 수단일 뿐이다. 알고리즘이 수행하는 각각의 매매는 월가와 시티오브런던의 좁은 거리를 가로질러 발사된 한 발의 포격이지만, 그 포격이 일으키는 폭발은 머나면 이국의 땅을 뒤흔든다.

헤지펀드들이 사용하는 디지털 무기는 기후 혼돈을 이용하고 증폭한다. 세밀한 위성 자료를 보고 매매하는 알고리즘은 지극히 사소한 기후 변화에도 매우 예민하게 반응한다. 알고리즘 매매가 원자재 시장을 지배한다는 말은 지구 기온이 꼭 2~4°C까지 상승하지 않더라도 세계 식량 공급에 교란이 일어날 수 있다는 뜻이다. 알고리즘은 인구는 많고 식량은 적은 상황이 오지 않더라도 공급에 교란을 일으킬 수 있다. 계기는 사소한 기후 충격으로도 충분하다. 위성이 충격을 인지하면 위성 자료를 근거로 예측이 이루어져 알고리즘에 전달된다. 그러면 각 알고리즘은 다른 알고리즘들도 같은 예측을 받았으리라 예상하므로 결국 모든 알고리즘이 매매에 나설 유인이 생긴다. 이에 따라 벌어지는 디지털 전쟁은 세계 식량 가격을 끌어올리며, 급격히 팽창하는 개발도상국의 대도시들을 혼돈의 가장자리로 몰아넣는다. 수많은 이주민이 시골의 삶을 뒤흔드는 기후 분쟁을 피해 도시로 향하지만, 도시에서는 또 다른 분쟁이 그들을 기다린다. 프로그램과 프로그램이 싸우는 새로운 형태의 세계 기후 전쟁이다.

"오늘날 기후 변화로 제기되는 문제들은 앞으로 일어날 일에 비하면 아무것도 아닙니다."

2015년 9월 29일, 영란은행 총재 마크 카니가 로이드빌딩에 모인 보험 중개인들에게 말했다.

"여러분 중 선견지명이 있는 사람은 전 세계가 식량과 물 안보뿐 아니라 부동산과 이민, 정치적 안정에 이르는 광범위한 영역에서 충격을 받으리라 예상할 겁니다."

하지만 카니는 위험을 계산하는 일을 하는 청중이 고려하지 못한 다른 위험이 있다고 주장했다. 보험과 주식, 채권을 비롯한 금융 시장의 기본 요소들 역시 위협받고 있다는 것이었다. 전 세계 빈민층만이 아니라 금융 자본 또한 위험에 처해 있었다. 그날 저녁 카니는 그 자리에 모인 사람들의 발아래 설치된 폭탄이 어떻게 작동하는지 간략히 설명했다. 그 폭탄이란 이미 카운트다운이 시작된 기후-금융 종말장치doomsday device였다.

카니의 강연을 시작으로 전 세계 금융 소방관들이 앞다투어 연구에 뛰어들었다. 영란은행과 유럽중앙은행, 국제결제은행, 상품선물거래위원회의 핵심 경제학자들은 앞으로 일어날 전쟁 게임을 준비했다. 그들은 기후 변화라는 적이 변화하는 물리적 환경과 실물 경제에 이어 마법적 금융 세계에까지 공격을 가하리라 보고, 적의 공격 방향을 예측했다. 그리고 지구 온도가 2~4℃ 상승하면 무슨 일이 일어날지, 정부는 언제 개입해야 할지, 중앙은행이 기후 변화가 끼칠 악영향을 어떻게 견딜 수 있을지를 고려했다. 하지만 전쟁 계획을 세우는 기술 관료들은 뉴턴과 마르타처럼 개발도상국에서 이미 진행 중인 기후 분쟁에 휘말린 수많은 사람의 삶을 대체로 무시했다. 그들은 무형의 금융상품 가격이 어떻게 변할지, 금융상품 가격의 붕괴가 미국과 유럽을 어떻게 무너뜨릴지에 초점을 맞췄다.

다음에 벌어질 전쟁의 계획을 세우는 장군들에게는 직전에 있었던 전쟁의 그림자가 짙게 드리워져 있었다. 현대의 중앙은행 제도는 2008년 금융위기에서 얻은 교훈을 바탕으로 틀을 정비했고, 이에 따라 기후 변화에 대응한 시나리오를 세울 때도 당시의 금융위기를 촉발한 원인(주택 가격 폭락)을 중심에 뒀다. 이 시나리오에서 예상하는 사태는 지구가 따뜻해지면서 해수면이 상승하는 데서 시작한다. 해수면이 상승하면, 해안 지대의 주택 가격이 폭락하고 보험 시장이 얼어붙는다. 그러면 모기지담보부증권의 가치가 폭락하고 은행이 파산한다. 하지만 금융위기의 재판은 수많은 위기 가운데 하나일 뿐이다. 미국 해안 지역의 경제 활동에 심각한 차질이 생기면, 미국의 GDP가 대폭 줄어들 수밖에 없다. 여기에다 해안 지역을 떠나는 이주민이 늘고, 소비 지출과 농작물 수확량이 줄고, 공장과 도로가 물에 잠기고, 통신망이 끊기고, 산업용 장비가 파괴되면서 충격에 충격이 더해지면 경제는 역사상 유례가 없는 어마어마한 충격에 휩싸일 것이다. 마크 카니는 보험 중개인들에게 홍수나 가뭄과는 비교도 안 되는 충격을 고려해달라고 간곡히 요청했다.

"게다가 기후 변화는 질병이나 전염병의 이환율과 사망률을 높일 겁니다."

이렇게 여러 충격이 누적되면서 일어나는 폭발은 세계 금융 시스템이라는 모래성을 무너뜨리는 정도가 아니라 지하 깊숙이 파묻어버릴 것이다.

그러나 이는 기술 관료들이 세운 전투 계획의 첫 번째 단계에 지나지 않는다. 그들은 잠재적으로 훨씬 파괴적일 수 있는 또 다른 전선이 형성되리라 전망한다. 각국 정부는 기후 변화가 눈앞의 현실로 다가오면, 이를 막기 위해 서둘러 경제를 탈탄소화하고 화석연료 사용을 급격히 줄이거나 아예 금지할 것이다. 그러면 아직 땅에 묻혀 있는 석유와 석탄, 천연가스는 고스란히 방치될 수밖에 없다. 이러한 '좌초 자산'은 현재 가치로 약 28조 달러로 추산된다. 그런데 금융 시장에서는 이미 좌초 자산의 가치를 에너지 기업의 주식과 채권 가격에 반영하고 있다. 에너지 기업의 주식과 채권은 금융 시스템의 중추를 이루며, 전체 주식과 채권 자산 중 3분의 1이 에너지와 에너지 관련 부문에 속한다. 에너지 부문과 관련된 금융 자산은 연기금과 은행의 재무상태표를 떠받치고 있다 해도 과언이 아니다. 이 상황에서 세계 각국의 정부가 기후 변화의 물리적 영향을 막기 위해 사용하지 않은 화석연료를 땅속에 '좌초'된 채 두도록 명령한다면, 그와 관련된 금융 자산의 가치는 0이 될 것이다. 이에 따라 금융 기관들의 재무상태표에 거대한 블랙홀이 생기면서 일어나는 재앙이 기후-금융 종말장치가 일으킬 두 번째 폭발이다. 마크 카니가 경고한 대로 이는 **"성공이 곧 실패**인 역설이다."

국제결제은행은 이 종말장치의 근원이 가격에 있다고 판단한다. 지난 수 세기 동안 세계 시장은 탄소의 가격을 잘못 책정했다. 화석연료는 한마디로 너무 싸다. 화석연료 가격은 다른 시대와 다른 장소에 사는 사람들에게 전가되는 '외부' 비용을 반영하지 않는다. 그런데도 화석연료의 가격은 지금까지 경제를 조정하며 사람들에게 해야 할 일을 지시함으로써 환경을 혼돈에 빠뜨린 자생적 질서를 만들었다. 지금도 화석연료의 가격은 기후 변화를 계속 조정하면서도 그 변화를 반영하지 않고 있다. 신용평가사 스탠더드앤드푸어스 글로벌레이팅스S&P Global Ratings는 보험 산업이 기후 위험의 가격을 많게는 50퍼센트 가까이 낮게 책정한다고 추정한다. IMF에 따르면, 어떤 시장보다 효율적이라는 주식 시장도 향후 화석연료 관련 기업들이 감당해야 할 기후 비용을 반영하지 못한다. 영국 일부 지역의 홍수 보험이나 캘리포니아의 산불 보험처럼 기후 위험을 보험 가격에 반영하는 몇몇 지역에서는 보험 시장이 제 기능을 못하고 있다. 기후 위험은 너무나 거대해서 보험을 들 수조차 없다. 누구도 감당할 수 없을 만큼 비싼 보험료가 나올 것이기 때문이다. 위험을 완화하는 마법적 금융 장치들은 진짜 기후 재앙이 닥치기도 전에 고장이 났다.

기술 관료들이 내놓은 보고서는 한 가지 근본적인 오류를 범하고 있다. 이 보고서들은 금융 시스템을 수동적인 단어로 묘사하며, 움직임이 정해진 기계 속에서 생각 없이 돌아가는 톱니바퀴처럼 취급한다. 그러나 실상 금융인들은 이 이야기에서 적극적인 역할을 하는 주역이다. 유럽중앙은행은 은행들이 날로 커지는 위험을 고려하지 않은 채 화석연료와 탄소 관련 산업에 계속 돈을 빌려주었다고 밝혔다. 2016년 이후 주요 은행 60곳이 관련 부문에 투자한 금액은 3조 8000억 달러가 넘는다. 그중 가장 많은 금액을 투자한 네 곳은 월가의 은행인 JP모건 체이스(3170억 달러), 씨티은행(2380억 달러), 웰스파고(2230억 달러), 뱅크오브아메리카(1990억 달러)다. 이 은행들은 언젠가 자신들을 파괴할 기후-금융 종말장치에 자금을 대는 셈이다.

나는 기후 전쟁을 알아보기 위해 케냐로 갔지만, 어느새 다시 뉴욕과 런던으로 돌아와 있었다. 처음에 기후 변화는 기존의 분쟁을 악화할 '위협 승수'로 보였다. 그러나 곧 위협을 증대하는 승수는 금융화된 시장임을 깨달았다. 시장은 탄소의 가격을 저평가해 탄소가 계속 배출되도록 부추기고 조정한다. 시장은 기후 충격이 식량 가격에 미칠 영향을 증폭하며, 기후 혼돈을 피해 도망친 사람들을 다시 혼돈으로 몰아넣는다. 시장은 현대 경제와 화석연료를 불가분의 관계로 통합했고, 그 결과 녹색 경제를 세우려는 시도 자체가 금융위기를 가져오기에 이르렀다. 그리고 금융은 자신이 만든 위기 속에 우리를 가두었으며, 그 위기가 초래할 인적 비용을 배가한다.

기후 전쟁에는 미처 생각하지 못한 전선이 또 하나 있었다. 이 전선은 금융 시장에서 멀찍이 떨어져 있지만, 가격이 무기로 쓰인다는 점은 다르지 않다. 이곳에서 싸우는 전투원들은 얼핏 다른 나라가 아니라 다른 우주에서 활동하는 것처럼 멀게만 보였다. 그러나 그들의 존재와 전술은 가까이서 볼수록 낯이 익었다. 그들은 헤지펀드와 똑같은 전술을 사용했다. 게다가 그들은 헤지펀드를 닮았을 뿐 아니라, 같은 전쟁에서 나란히 서서 싸우고 있었다. 그들은 케냐 동쪽에 인접한 이웃 국가 소말리아에서 활동한다. 바로 테러 조직 알샤바브Al-Shabaab다.

08 차익거래
알샤바브 혹은 테러리스트 헤지펀드

비행기가 하강하자 길게 늘어선 완벽한 해변이 눈에 들어온다. 해변에는 눈부신 모래사장이 깔려 있지만, 사람의 흔적조차 보이지 않는다. 그제야 이 해변이 어떤 곳인지 생각난다. 해변은 관광객이 감히 가까이 갈 엄두도 못 낼 곳에 있다. 해변 너머로 도시의 전경이 보인다. 보통은 폭격당한 건물과 불타는 차에서 나는 연기 기둥이 함께 찍힌 사진에서 보던 풍경이다. 건물들의 옥상을 내다보지만 별다른 일은 없는 듯하다. 시계를 확인한다. 모가디슈는 오전 8시밖에 안 됐다. 알샤바브가 사건을 벌일 시간은 아직 충분하다.

호텔 직원 한 사람이 공항으로 마중을 나온다.

"최근 두 달 동안에는 테러 공격이 없었어요."

짐이 나오길 기다리는 동안 호텔 직원 데이비드와 이야기를 나눈다.

"지난주에 폭격이 세 차례 있지 않았나요?"

"맞아요. 그래도 작년에는 매일 있던 일이에요."

순간 안심했다가 계산을 해본다. 매일 있던 폭격이 이틀에 한 번으로 줄었으니 두 배로 좋아진 것이기는 하다. 하지만 데이비드가 생각하는 것만큼 위안을 주는 이야기는 아니다.

데이비드를 따라 차를 타고 모가디슈국제공항 기지MIA로 들어간다. 이곳은 해변을 따라 3킬로미터 가까이 늘어선 불규칙한 모양의 군사 기지로, 기지 안에는 유엔 사무소와 여러 나라의 대사관, 호텔 세 곳이 있다. 도로에는 커다란 검정 글씨로 'UN' 두 글자를 새겨놓은 흰색 군용 차량이 가득하다. 가시철조망이 쳐진 높은 콘크리트 담장과 기지 주민들에게 '선량한 평화유지군'이 되도록 장려하는 포스터들을 지나 정문으로 들어간다. 정문에는 자살 폭탄 테러범이 들어가지 못하도록 콘크리트 장애물들이 세워져 있다. 작년에는 트럭 한 대가 기지 벽에 도착하기 전에 폭발해 도시 주민 587명이 사망하는 일이 있었다. 정문이 시야에서 사라질 때쯤, 염소 떼가 장애물을 넘어 내 쪽으로 오는 것이 보인다. 데이비드의 말로는 염소들이 기지에 살면서 자유롭게 돌아다닌다고 한다. 문득 알샤바브가 그렇게 잔혹하다면 왜 염소를 폭탄 테러에 쓰지 않는지 의문이 든다. 사람도 신발이나 속옷에 폭탄을 숨기는 마당에 염소라고 왜 안 되겠는가?

차가 양옆에 포탑이 있는 철문 앞에 멈춰 선다. 여기가 호텔이다. 포탑에는 자동소총을 아래로 겨냥한 남자들이 서 있다. 그들이 우리를 안으로 들여보낸다.

"기지가 안전하다면, 왜 안에 다른 기지가 또 있는 거죠?"

내가 묻는다.

"모르겠어요."

데이비드가 어깨를 으쓱하며 대답한다. 호텔은 U자 모양으로 배치되어 있다. 사용하지 않는 선적용 컨테이너들을 2층으로 쌓아 호텔 객실로 개조한 곳이다. 나 말고는 손님이 없다.

한 시간 뒤, 허가를 받아 우간다인민방위군UPDF의 폴 로케치 준장과 짧게 인터뷰한다. 그는 유엔이 지원하는 소말리아평화유지군 AMISOM의 사령관이다. 커다란 소말리아 지도가 사무실 벽을 덮고 있다. 지도는 몇 개 구역으로 나뉘는데, 아프리카의 여러 나라가 각 구역의 평화 유지를 책임지고 있다.

"2구역은 케냐군이 지킵니다."

녹색 베레모와 위장색 군복을 입은 준장이 지도를 가리키며 말한다.

"3구역은 에티오피아군, 4구역은 지부티군, 5구역은 부룬디군이 담당하며, 1구역은 물론 우간다군이 지킵니다."

이 연합은 유엔의 승인하에 창설되었고, 서방 국가들이 비용을 댄다. 서방 국가들은 사실상 평화 유지라는 궂은일을 연합에 참여한 아프리카 국가들에 위탁한 셈이다. 준장은 우간다 출신이며 1구역은 모가디슈다. 준장은 2011년 2개 전투 부대를 이끌고 알샤바브의 손아귀에서 모가디슈를 수복하도록 도왔다.

준장에게 기후 전쟁의 미래를 알고 싶어 소말리아에 왔다고 말한다. 앞서 식량을 두고 어떤 싸움이 벌어지는지, 식량 가격이 어떻게 기근과 폭동을 촉발하는지를 봤다고 설명한다. 나는 알샤바브가 식량을 전쟁 무기로 사용한다는 이야기를 듣고 이곳으로 왔다. 소말리아는 이웃 국가 케냐와 마찬가지로 점점 빈번해지고 심각해지는 기후 충격을 겪고 있다. 나는 소말리아가 미래에 있을 분쟁의 윤곽을 보여주는 창인지 알아보고자 한다.

준장은 1991년 내전이 시작된 후 지금까지 이어진 소말리아의 문제는 안보 부재라고 말한다.

"소말리아 정부는 국민의 안전을 보장하는 데 실패했습니다. 국가가 모든 국민에게 안전을 제공하지 못한다면 무슨 일이 일어나겠습니까? 다들 안전을 확보할 방법을 찾는 데 매달리겠죠. 소말리아도 똑같습니다. 소말리아인들은 이 모든 문제에 노출되어 있었어요. 그러다 이후 힘의 공백이 생겼고, 그 틈을 타 극단주의자들이 득세했죠."

알샤바브는 공백 상태를 유지하는 방식으로 전쟁을 질질 끌었다.

"예를 들어 그들은 VBIED(폭발물을 가득 채운 차량)를 끌고와 시장이나 도시 한가운데서 터뜨립니다. 그러면 주민들은 공포와 불안에 사로잡히죠. 이런 식으로 사람들에게 '아니, 우리는 아직 건재해. 정부는 통제력이 없어. 정부는 군대가 있지만 우리는 저지선을 뚫고 들어갈 수 있어'라고 알리는 겁니다."

이것은 되먹임 고리였다. 알샤바브가 만든 불안정한 나라에서 사람들은 안전을 찾아 알샤바브에 의지했다.

좀 더 캐묻기로 한다. 물리적 안보에서 식량 안보로 주제를 바꿔 본다. 하지만 도네츠크에서 러시아의 지원을 받는 분리주의자들을 만났을 때와 마찬가지로 나는 군사 작전에 말려들어 있었다. 우리는 한 가지 대본만 가지고 쳇바퀴 돌 듯 같은 대화를 반복했다. 보충 설명을 들을 수도, 군사 전략이나 기후 충격에 관해 깊이 있는 질문을 할 수도 없었다. 그래도 준장은 공항 기지에 있는 폐쇄적인 군사 지역에서 나갈 기회를 준다. 장이 서는 마을로 가는 호송대를 따라가서 직접 사람들과 이야기해 보라고 한다.

오전 8시 반, AMISOM의 찰스 카보나 대위가 나를 안내하러 마중 나왔다. 그가 차에서 내리자 우간다군의 녹색 베레모와 군복이 세찬 모래바람 속에서 반짝인다. 그를 따라 AMISOM의 기지로 향한다. 대위가 방탄복과 헬멧을 건네준다. 둘 다 딱 맞지는 않지만, 서툴게나마 끈을 조절해서 미끄러져 내리지 않게 한다. 벽에 '생존제일 STAY ALIVE'이라 쓰인 포스터가 붙어 있다. 포스터를 자세히 들여다본다. 헬멧 끈을 조절하는 법과 병력수송장갑차APC에서 안전벨트를 매는 법에 관한 설명이 줄줄이 적혀 있다. 포스터에는 설명 외에도 항공기의 안전 안내서에서 볼 법한 만화 같은 그림들이 있다. 한 그림에서는 APC 한 대가 IED에 부딪쳐 폭발한다. 그 밑에는 녹색 군복을 입은 남자가 장갑차 벽에 찰싹 달라붙은 그림이 있다. 남자의 양옆에는 빨간 피가 잔뜩 튀어 있어 꼭 손바닥으로 때려잡은 파리 같다. 다른 그림에서는 총이 남자의 입으로 날아 들어오고 피가 뿜어져 나온다. 마지막 그림에서는 녹색 가방이 위에서 떨어져 남자의 머리를 시뻘건 코코넛처럼 쪼갠다. 대위에게 우리가 떠날 여정에 어떤 위험이 있는지 묻는다.

"테러리스트들은 호송대를 노리고 도로에 IED를 설치하기도 합니다. 다른 작전으로는 자살 폭탄 공격이 있죠. 물론 일반 차량이나 VBIED를 이용한 자살 폭탄 공격도 가능합니다. 차량이 폭발하면 당연히 엄청난 피해가 발생하죠."

차와 비스킷을 먹으며 세 시간을 기다린 뒤, 대위를 따라 호송대로 간다. 마침내 준비가 끝났다. APC 일곱 대가 한 줄로 늘어서 있다. 사막색의 거대한 금속 덩어리들이다. 우간다 군인들이 줄지어 차에 탄다. 나도 그중 한 대에 기어서 올라탄다. 맨 앞에는 운전병이 있고, 바로 뒤에는 기관총 포탑을 조종하는 군인이, 그 뒤에는 차량 밖으로 일어서서 쌍안경으로 망을 보는 군인이 있다. 안전벨트를 맨다.

출발을 기다린다. 대기 시간이 길어진다. 한 시간 뒤, 차에서 내리라는 명령이 떨어진다. 오늘은 출발할 수 없다고 한다. 견인 트럭에 이상이 생긴 탓이다. 견인 트럭이 없으면 호송대가 움직일 수 없다. 혹시라도 APC에 이상이 생기면 밤새 그 자리에 내버려둬야 하기 때문이다. 고장 난 APC는 알샤바브에 손쉬운 먹잇감이 될 뿐이다. 오늘은 정비사들이 트럭을 고칠 때까지 기다리기에는 너무 늦었다. 마을에 가면 해 질 무렵까지 돌아오지 못할 것이다. 내일까지는 트럭을 고칠 수 있을 거라고 한다.

나쁜 소식이 있다. 오늘도 견인 트럭이 준비가 안 되었다. 정비사들이 제시간에 수리를 끝내지 못할 거라고 한다. 수리는 내일 끝날 수도, 목요일이나 토요일, 어쩌면 다음주 월요일에 끝날 수도 있다. 지금 묵는 컨테이너 호텔 방이 비싼 데다 이번 여행은 이미 예산을 초과했다. 지금 당장이라도 떠나는 편이 좋을지도 모르겠다.

두 시간 뒤, 좋은 소식이 들린다. 트럭 수리가 끝나 대위가 나를 데리러 온다는 것이다. 카메라 장비를 챙겨 나설 채비를 한다. 다시 두 시간 뒤, 나는 헬멧과 방탄복을 착용하고 호송대와 함께 마침내 움직이기 시작한 녹슨 장갑차에 탄다. 차량 전체가 깡통처럼 덜거덕거린다. 포스터에서 경고한 대로 가방들이 공중을 날아다닌다. 아무래도 이 APC는 서스펜션이 좋지 않은 옛날 모델 같다.

왼쪽에는 위에 올라서서 기관총을 잡은 군인이 있고, 오른쪽에는 일어나서 망을 보는 군인이 있다. 맞은편에 앉은 찰스 대위는 눈에 띄게 안심한 모습이다.

"모가디슈를 둘러보고 싶으세요?"

그가 묻는다.

"그래도 되나요?"

"저쪽에 서세요."

대위가 망을 보는 자리를 가리킨다.

일어나서 비틀비틀 걸어간다. APC가 위아래로 덜컹거릴 때마다 헬멧이 지붕에 부딪히고 카메라가 어깨에서 미끄러져 내린다. 대위가 일어나서 나를 망보는 구멍까지 부축해주는 사이, 파수병이 내려온다.

구멍 밖으로 고개를 쑥 내민다. 이제야 폐쇄적인 기지를 벗어나 처음으로 진짜 소말리아를 마주한다. 호송대가 양쪽으로 늘어선 모습이 어딘가를 침공하려는 군대 같다. 도로에는 공간이 얼마 없는데도 양 옆의 길가에는 나귀와 수레가 가득하다. 내전으로 시간이 멈춰 현대 문명이 닿지 않은 듯한 광경이다. 내가 뒤돌아서 사람들을 쳐다보자 그들도 멈춰 서서 나를 쳐다본다. 카메라의 균형을 잡기 위해 구멍의 테두리에서 손을 뗀다. 차가 마구 요동친다. 튀어나온 부분에 배를 쾅 부딪친다. 한쪽 발이 돌아가면서 접질리는 바람에 찌릿한 통증이 다리를 타고 올라온다. 그래도 눈 앞에 펼쳐진 광경에서 눈을 뗄 수가 없다. 나는 지금 시간을 거슬러 온 듯한 곳에서 대열을 이뤄 민간인 사이를 헤치고 지나가는 군대와 함께하고 있다. 촬영을 멈춰서는 안 된다는 생각이 들지만, 카메라가 흔들리지 않게 잡고 있을 수가 없다.

또다시 차가 쿵 하고 흔들린다. 이제는 내려갈 수밖에 없다.

호송대가 쉬지 않고 빠르게 진군한다. 장갑판의 작은 틈으로 밖을 내다보니 이제 도시를 빠져나온 듯하다. 낙후된 시골 풍경이 보인다. 10분에 한 번씩 '국내 실향민 수용소'의 연두색과 파란색 텐트들을 지나쳐 간다. 전쟁으로 집을 떠난 사람들을 수용하는 곳이다. 한 시간 뒤, 호송대가 전방의 작전기지에 들러 더 많은 군인을 태운다. 20분 뒤, 마침내 시장이 선 작은 마을에 도착한다.

찰스 대위에 따르면, AMISOM 덕분에 이 지역은 이제 안전하다고 한다. 대위와 함께 걷기 시작하면서 뒤를 슬쩍 돌아본다. 50명의 우간다 군인과 소말리아 경찰관, 장갑차 네 대가 보인다. 옆에서 나란히 걷는 군인 한 사람은 튼튼한 우지Uzi 기관단총 같은 것을 들고 있다. 우크라이나와 이라크에서는 본 적 없는 물건이다. 이곳은 전선도 전장도 아니고 염소와 낙타를 사고파는 작은 시장 마을일 뿐이지만, 나는 사병을 거느린 것처럼 군인들에 둘러싸여 있다.

걸음을 멈추고 눈에 보이는 광경을 카메라에 담기 위해 구도를 잡는다. 하지만 곧바로 누군가가 어깨를 두드린다. 찰스 대위다.

"가만히 서 있으면 안 됩니다. 계속 걸어야 해요."

무슨 말인지 알겠다. 알샤바브의 저격수나 자살 폭탄 테러범이 군중 틈에 섞여 있을지 모른다. 가만히 서 있으면 노리기 좋은 표적이 된다. 그래서 기관총을 든 군인들과 나란히 마을로 걸어 들어간다. 주민들이 직물이나 구운 염소 고기를 파는 가판대 옆에 서서 그들을 지나쳐 가는 작은 군대와 나를 빤히 쳐다본다.

다시 APC로 돌아간다. 오늘은 결국 군복을 입지 않은 민간인과 한 마디도 나누지 못했다. 너무 위험하다는 이유였다. 나는 말 그대로 기지 밖을 나서기만 했을 뿐, 아무것도 배우지 못했다. 소말리아가 아직도 엄청나게 위험한 곳이라는 사실을 확인한 것이 전부였다. 그래도 걸어 다니는 내내 촬영을 할 수 있었다. 마을을 돌아보는 데는 총 11분이 걸렸다.

"괜찮은 장면을 많이 찍었어요."

APC가 덜커덕거리며 출발하는 동안 찰스 대위가 웃으며 말한다.

"지난번에 BBC와 왔을 때는 기회가 없었어요. 방어 부대가 대기하는 곳에서 5미터 정도 가다가 돌아왔죠."

알고 보니 우리가 출발하기 전에 벌어진 혼란이 오히려 전술적인 이점이 되었다.

"지난번에는 사람들이 우리가 오는 걸 다 알고 있었어요. 사람들의 표정에서 알 수 있었죠. 다들 우리와 대화하기를 꺼렸어요. 이번에는 우리가 깜짝 방문을 한 셈입니다."

호송대가 전진한다. 30분 뒤, 장갑차가 멈춰 선다. 잠시 기다린다. 5분, 10분이 흐른다. 날이 저물기 시작한다. 공항 기지에 도착하려면 한 시간은 더 가야 한다. 그 순간 멀리서 두두두두 하는 소리가 들린다. 기관총 소리일까? 순간 당황해서 얼굴이 빨갛게 상기된다.

"그런데 어제 자살 폭탄 테러가 있었다는 이야기는 들으셨나요?"

대위가 소음에서 관심을 돌리려 말을 건다.

"아뇨. 누가 공격당했나요?"

"이탈리아 호송대였습니다. 이동 중이던 이탈리아군 차량이었죠. 인명 피해가 있었나 봅니다. 두 명이 죽고, 네 명이 다쳤다고 하더군요. 국방부 본부 근처였습니다."

"자살 폭탄 공격이 자주 벌어지나요?"

"네. VBIED라고 합니다. 차량 탑재 급조폭발물Vehicle-Borne Improvised Explosive Device의 약자죠. 차량에 폭탄을 채워 자살 공격을 하는 거죠. 우리 같은 부대가 아니라 이동 중인 호송대를 골라서 노립니다. 누구든 표적이 될 수 있어요."

"그런데 어제는 호송대를 공격했잖아요."

그가 왜 지금 이런 이야기를 꺼내는지 이해가 가지 않는다. 우리는 지금 인적이 드문 곳에서 옴짝달싹 못 하는 데다, 밖에서는 격렬한 총격전 소리가 들리고 날은 저물어 캄캄해졌다.

"그건 우리 군이 아니었습니다!"

대위가 그 일은 지금 우리가 처한 곤경과 어떤 식으로든 관련이 없다는 듯 방어적으로 대꾸한다.

"우리 호송대가 아니었어요."

"제 말은 일반적인 호송대 얘기였어요."

대위의 방어적인 태도를 누그러뜨리려 말을 덧붙인다.

"마을에 있는 호송대에는 흔한 일이에요. 마을에 있던 다른 군대의 호송대들이 공격을 당했죠. 지금 우리 같은 호송대가 아니라요."

꼼짝 못 하는 호송대가 무슨 이유에서인지 마을에 있는 호송대보다 안전하다는 말을 들어도 안심이 되지 않는다. 하지만 다행히도 다시 시동이 걸려 30분 뒤 출발한다.

나는 세상에서 가장 위험한 지역에 와 있다. 이곳에서는 기본적으로 무언가를 알아내려는 일 자체가 위험하기 짝이 없었다. 나는 아무 것도 아닌 일에도 목숨을 걸어야 했다. 다음 날 케냐로 돌아가는 비행기를 예약했다. 케냐에서도 알샤바브에 관해 이야기해줄 소말리아 사람을 찾을 수 있을 것이다.

"오늘 소말리아에서 큰 폭발이 있었대요."

오, 누구 소행일까?

"아스날 짓이에요."

카쿠마Kakuma 난민수용소에 사는 소말리아 출신 난민 무함마드와 이야기를 나눈다.

"여기서는 알샤바브라는 이름만 꺼내면 경찰이나 다른 보안대원들이 와서 '알샤바브 이야기를 꺼내는 이유가 뭡니까? 알샤바브하고 관련 있는 것 아닙니까?'라고 따져요. 그래서 다들 알샤바브를 아스날이라 부르죠."

케냐에서도 알샤바브의 존재는 소말리아인들의 삶에 그림자를 드리우고 있다. 안전한 공간이어야 할 난민수용소에서조차 사람들은 암호를 써야 한다.

이곳에서 축구는 빼놓을 수 없는 대중문화의 한 부분이다. 무함마드는 녹슨 안테나가 달린 작은 텔레비전으로 스포츠 뉴스를 보면서 프리미어리그 경기를 단편적으로나마 접한다. 무함마드는 첼시의 팬이며 거의 매일 축구를 한다. 텔레비전은 무함마드가 피해 온 소말리아나 2012년부터 살고 있는 수용소와 무관한 바깥세상으로 통하는 문이다.

무함마드는 소말리아의 시골에서 자랐다. 그의 가족은 낙타와 소를 키우는 목축민이었다. 소말리아 내전이 19년째를 맞던 2010년, 소말리아에는 심각한 가뭄이 들었다. 유엔은 소말리아 남부에 기근이 들었다고 선언했다. 350만 명이 먹을 것이 없어 아사할 위기에 처했다. 알샤바브는 무함마드의 고향을 포함한 남부 지역 대부분을 장악하고 있었다. 어느 날 알샤바브의 군인들이 그의 가족이 운영하는 농장에 들이닥쳤다. 그들은 무함마드의 아버지에게 세금을 내고 가축을 거의 다 내놓으라고 요구했다. 이를 거부하자 군인들은 무함마드의 아버지와 무함마드를 공격했다. 그래서 무함마드는 모가디슈로 도망쳤다.

무함마드는 모가디슈에서 한 국제 구호단체에 들어가 기근과 전쟁을 피해 떠난 사람들로 북적이는 실향민 수용소에 식료품을 보내는 일을 시작했다. 그러나 알샤바브는 자신들이 통제하는 지역에 구호품을 전달하지 못하게 막았다. 구호단체들은 서방에서 보낸 첩자이며, 그들이 보내는 음식은 사람이 먹을 것이 못 된다는 것이 이유였다. 알샤바브는 호송대를 납치해 구호 식량 2000톤을 불태웠다. 그래도 많은 단체가 어떻게든 식량 호송대를 보냈다.

무함마드도 한 호송대에 있었다.

"구호품을 싣고 가던 중에 알샤바브 부대원들이 우리를 공격해서 두 사람을 살해했어요. 그러고는 차량과 실향민들에게 가져다주려던 구호품까지 싹 훔쳐갔죠."

얼마 후 무함마드의 이름은 알샤바브의 라디오 방송에서 발표하는 표적 목록에 올랐다. 알샤바브는 지지자들에게 무함마드와 다른 NGO 활동가들을 찾아서 죽이라고 선동했다. "소말리아를 떠나는 수밖에 없었어요."

"소말리아에서는 대략 7년에 한 번씩 가뭄이나 홍수가 발생합니다."

워싱턴 D.C.에 있는 전략국제연구센터에서 아프리카 프로그램을 총괄하는 저드 데버먼트를 만나 이야기를 듣는다.

"하지만 가뭄이나 홍수가 기근이나 국제적 위기로 이어지는 건 인재일 때뿐이에요."

데버먼트는 버락 오바마 행정부가 처음으로 소말리아 정부를 인정할 당시 아프리카 담당 국가정보관이었다. 데버먼트에 따르면, 카쿠마 난민수용소에서 무함마드가 말한 대로 식량 호송대를 공격하는 일은 알샤바브가 흔히 쓰는 전술이다. 알샤바브는 식량 호송대와 구호단체를 수시로 공격한다. 이 전술은 기근이 닥쳤을 때 가장 효과적이다. 그리고 2010년과 2011년 소말리아에는 기후 충격으로 50년 이래 최악의 가뭄이 닥쳤다. 알샤바브는 이 기후 위기를 기회로 활용했다.

'굶주림 무기hunger weapon'는 전쟁만큼이나 역사가 깊다. 적의 식량 보급을 끊는 것은 기원전 430년 아테네를 포위한 스파르타군부터 제2차 세계대전에서 연합군을 공격한 독일의 유보트까지 오랫동안 사용해온 군사 전술이다. 《손자병법》에는 "적이 배부르면, 굶주리게 해야 한다"라는 구절이 있다. 해상 봉쇄는 그중 한 선택지일 뿐이다. 퇴각하는 군대는 보통 농장을 파괴해 적군이 그 지역을 탈환하더라도 식량을 얻지 못하게 만든다. 농업 생산을 직접 타격하지 않더라도 전시에 도로와 철도를 파괴해 사료와 비료 같은 물자의 공급을 끊으면 수확을 방해해 사람들이 먹을 것을 얻지 못하게 만들 수 있다. 이 같은 전술에는 얼마든지 다양한 형태가 있겠지만, 모두 절대적 희소성을 유발한다는 공통점이 있다. 요컨대 이 전술은 사람들이 식량을 구하지 못하게 만듦으로써 맬서스주의적인 문제를 일으킨다. 그리고 이러한 전술이 활용되는 전쟁에서는 시장이 거의 작동하지 않으므로 체계적으로 식량을 공급하기 위해 정부가 개입해야 한다. 하지만 소말리아의 상황은 다르다. 알샤바브는 굶주림이라는 무기를 다른 방식으로 휘두른다.

소말리아에서는 제 기능을 하는 정부가 없는 상황에서도 비공식적인 시장경제가 번성하고 있다. 가축은 GDP의 최대 40퍼센트를 차지한다. 전체 가계의 60퍼센트가 농장을 운영하며, 많은 도시 주민이 가축을 거래하거나 교환하는 일로 생계를 꾸린다. 기근이 닥치면 농가들은 더 많은 비용을 부담해야 한다. 사료 가격이 오르며, 메말라가는 수원에서 물을 얻으려면 추가 운송비를 내야 할 때가 많다. 하지만 이를 지원할 정부가 없으므로, 농가들은 늘어나는 비용을 감당하기 위해 더 많은 가축을 팔아야 한다. 그리하여 가축 공급이 늘면 가격이 내려간다. 2010년에서 2011년 사이 소말리아 남부에서는 소 가격이 30~50퍼센트 떨어졌다. 알샤바브는 소말리아인들의 소득이 곤두박질치자 취약한 부분을 파고들었다. 그들은 무함마드의 가족에게 했듯 가축을 몰수하고 운송로에서 세금을 걷었다. 알샤바브는 이런 식으로 비용을 증폭했다.

"사하라 이남 아프리카에서 이데올로기적인 이유로 폭력 조직에 가담하는 사람은 거의 없습니다."

데버먼트가 유엔개발계획UNDP의 연구를 인용해 설명한다.

"예를 들어 극단주의 단체에 들어간 사람들을 대상으로 설문 조사를 해보면, 맨 먼저 고용 불안을 이야기합니다. 넓게 보면 이것은 생존 능력에 관한 문제라 볼 수 있어요. 생존할 능력이 없는 사람은 도움을 줄 만한 단체에 들어갈 확률이 더 높습니다. 실제로 알샤바브나 보코하람 같은 단체에 들어간 많은 사람이 그들이 받는 봉급에 관해 이야기했어요."

유엔의 연구에서 설문 대상자 중 절반 이상은 알샤바브에서 활동했고, 나머지는 보코하람과 IS에서 활동했다. 이 조직들은 극단주의 이데올로기로 악명이 자자하지만, 신규 조직원 대부분은 "종교 경전에 관한 지식 아예 없다"거나 "많지 않다"고 답했다. 연구원들에 따르면, "가입할 당시 '시급했던 문제'로 첫 손에 꼽힌 것은 고용"이었다. 반대로 일자리가 있고 안정적인 소득이 있는 사람들이 그런 조직에 가담하지 않은 이유는 그럴 필요가 없기 때문이었다.

많은 소말리아인이 어떻게든 살길을 찾으려 알샤바브에 가입하지만, 정작 그들을 절박한 처지로 몰아넣는 것이 알샤바브다. 사람들은 알샤바브가 가축을 빼앗고 운송에 세금을 매기고 임금 하락을 부추기는 탓에 살길이 막막해지며, 알샤바브는 그들의 절박한 처지를 이용해 조직원을 모은다. 이것은 굶주림이 폭력을 유발하고 폭력이 다시 굶주림을 유발하는 악순환이다. 그리고 이 악순환은 기후 충격을 증폭한다. 소말리아에서 보고된 분쟁 중 72퍼센트가 소 가격이 6퍼센트 이상 하락할 때부터 서서히 본격화되기 시작한 이유가 여기에 있다.

알샤바브는 가격을 조작하는 식으로 굶주림 무기를 활용했다. 그들은 절대적 희소성이라는 멜서스주의적인 문제를 유발하기보다 구식 전술을 혁신해 시장을 효율적으로 활용했다. 알샤바브를 자세히 살펴볼수록 그들이 시장에 얼마나 잘 적응하는지가 눈에 들어왔다. 알샤바브가 거두는 수익의 주 원천은 원자재 거래다. 그들은 설탕과 석탄을 이웃 국가 케냐에 밀수출해 관세를 회피하고, 가격 차이만큼 이득을 챙긴다. 이처럼 가격 차이를 이용해 수익을 올리는 것은 헤지펀드들이 흔히 사용하는 차익거래arbitrage 전략이다.

알샤바브의 전술은 보면 볼수록 많은 헤지펀드가 사용하는 전술을 똑 닮았다. 차익거래만 그런 것이 아니었다. 알샤바브와 헤지펀드는 혼돈을 개선해야 할 문제가 아니라 이용해야 할 기회로 본다. 그리고 그들은 혼돈을 이용함으로써 위기를 증폭하고 사람들이 겪는 고통을 키운다. 양자의 가장 두드러지는 차이는 규모의 차이다. 알샤바브는 아프리카의 뿔* 지역 내에서 활동하며, AK-47과 IED 같은 게릴라 부대의 무기를 사용하는 무장 단체다. 반면 헤지펀드들은 최신 인공지능부터 국제 위성 감시망에 이르는 최첨단 기술로 무장했다. 이들의 무기는 사용하는 순간 빛의 속도로 지구를 가로지른다. 이 무기들은 디지털 영역에 존재하지만, 폭발을 일으켰을 때는 인간의 삶에 지대한 영향을 끼치며 모든 사람의 생존 수단을 바꿔놓는다. 그러나 헤지펀드가 알샤바브보다 우월한 무기를 가지고 있다는 사실과 별개로, 양자의 사업 모델은 동일하다. 알샤바브는 테러리스트계의 헤지펀드였다.

알샤바브가 저지른 전쟁 범죄는 전 세계에서 규탄을 받는다. 인권 단체와 유엔, 미 국무부에서는 알샤바브가 굶주림을 무기화해 국제법을 위반한다고 비난한다. 제네바협약과 국제형사재판소에 따르면,

---

* 아프리카 대륙 동쪽에 돌출된 반도로, 코뿔소의 뿔을 닮아 '아프리카의 뿔'이라 불린다.

"계획적으로 구호품 보급을 방해하는 등 생존에 꼭 필요한 물품을 강탈함으로써 의도적으로 민간인의 굶주림을 전쟁 수단으로 이용하는 행위"는 전쟁 범죄에 해당한다. 이 같은 전쟁 규칙들은 갖가지 살인과 파괴 행위를 허용하지만, 특정 행위를 어떤 위험 상황에서도 용인할 수 없는 예외로 규정한다. 국가의 존망이 위태롭더라도 결코 사용해서는 안 되는 무기들이 있으며, 굶주림 무기도 그중 하나다. 사람들을 강제로 굶주리게 만들고 식량 공급을 차단하는 일은 어떤 이유로도 정당화할 수 없다.

그러나 알샤바브의 굶주림 무기가 발휘하는 효과는 경제 환경에 따라 달라진다. 알샤바브는 이 무기를 일상적으로 활용하지만, 그들의 전술이 가장 큰 파괴력을 발휘한 때는 2011년이었다. 많은 사람이 이를 가능케 한 핵심 조건으로 가뭄을 꼽았다. 가뭄이 경제 위기를 유발하면서 경제적 무기가 더 큰 위력을 발휘할 환경이 조성되었다는 것이다. 그런데《글로벌 푸드 시큐리티》저널에 실린 한 연구는 이렇게 주장한다.

"가뭄만큼 주목받지는 않았지만, 기근을 촉발하는 데 똑같이 중대한 영향을 끼친 요인은 가뭄이 든 시기에 가파르게 상승한 세계 식량 가격이었다."

밀, 옥수수처럼 소말리아인들이 주로 소비하는 곡물의 현지 가격은 전 세계에서 거래되는 원자재의 국제 가격이 오르면서 함께 올라갔다. 여기에 더해 때마침 발생한 가뭄으로 가축 가격이 하락하자 사람들의 소득도 줄었다. 그리하여 소말리아인들은 이중의 곤경에 빠졌으며, 알샤바브의 식량 무기와 반인도적 파괴 행위는 더 큰 위력을 발휘했다.

2010년과 2011년에 일어난 식량 가격 급등은 이 여정을 시작하면서 첫 번째로 조사한 문제다. 당시 가격을 끌어올린 것은 투기자들이었으며, 그들은 러시아에 흉작이 들고 양적 완화가 인플레이션을 유발한다는 입소문을 듣거나 가격의 상승 추세를 보면서 투기에 나섰다. 나는 앞서 당시의 식량 가격 상승이 어떻게 중동에서 폭동과 혁명을 촉발했는지를 추적했다. 하지만 소말리아에서 높은 식량 가격은 다른 효과를 발휘했다. 식량 가격이 오르자 잔혹한 내전에서 굶주림을 무기로 사용할 조건이 마련되었다. 헤지펀드와 알샤바브는 비슷한 전술을 사용할 뿐만 아니라, 힘을 합쳐 금세기에 인류가 겪은 최악의 참사를 초래했다. 헤지펀드들은 각지의 식량 가격을 끌어올려 전 세계에 영향을 끼쳤다. 알샤바브는 소말리아의 식량 가격이 오르자 사람들이 궁핍해진 상황을 기회로 삼아 더욱 잔혹한 일을 벌였다.

그러나 헤지펀드와 알샤바브 간에는 중요한 차이가 있다. 알샤바브는 민간인의 식량과 생필품을 빼앗는 전쟁 범죄를 저질렀다는 이유로 전 세계의 비난을 받았다. 반면 가격 급등을 유발한 금융 투기자들은 아무런 질책이나 비난을 받지 않았으며, 누구도 그들에게 정의를 요구하지 않았다.

하지만 이 문제를 설명할 방안이 있다 해도 아직은 여기에 집중할 때가 아니었다. 나비는 계속 날았고, 나는 나비를 쫓아야 했다. 이제 혼돈은 모든 일이 시작된 곳으로 되돌아가고 있었다. 그곳은 바로 미국이다.

09
공매
커피, 코요테, 철창에 갇힌 아이들

한 여성이 마체테를 움켜쥐고 나를 향해 다가온다. 칼날이 30센티미터는 돼 보인다. 그녀가 마체테를 들어 문과 벽 사이의 작은 틈에 밀어넣고 앞뒤로 살짝씩 움직인다.

"문은 왜 잠그셨대요? 여기는 진짜 안전한데."

나는 그녀에게서 호텔 방 열쇠를 받지 못했고, 카메라 장비를 도둑맞지 않으려 안에서 문을 잠갔다. 호텔에는 열쇠가 있으리라 생각했다.

이곳이 평범한 호텔이 아님을 진즉 알아챘어야 했다. 처음 호텔에 들어선 순간, 커다란 플라스틱 사슴 모형이 1990년대에 나온 비슷한 크기의 텔레비전 위에 얹혀 있는 광경이 눈에 띄었다. 넓은 호텔 로비는 텅텅 비었고, 사용하지 않는 탁자와 의자만 줄줄이 늘어서 있었다. 로비 가운데서는 세 여성이 두루마리 휴지를 조심스레 나누고 있었다. 그들은 호텔 화장실을 이용하는 여행객들에게 휴지를 한 장씩 떼서 팔았다. 나는 의자에 놓여 있던 지역 신문을 집어 들었다. 머리기사에는 스페인어로 '마체테로 아버지의 목을 벤 남성'이라 쓰여 있었다. 신문을 펼치니 목 없는 시신의 사진이 보였다. 한 장씩 넘겨봐도 온통 살인 사건 이야기였다. 놀랄 일은 아니었다. 이 호텔은 멕시코와 과테말라 국경 사이에 있는 무인지대에서 몇 킬로미터 떨어지지 않은 곳에 있다. 경쟁 카르텔들이 마약 거래를 장악하기 위해 이곳에서 한창 싸움을 벌이고 있다.

여성이 마체테를 들고 문과 씨름한다. 동료 직원이 와서 여성의 휴대전화로 조명을 비춘다. 5분 뒤, 마침내 문이 열린다.

아침으로 계란을 먹던 중, 불과 이틀 전에 한 남자가 이 호텔 계단에서 총에 맞아 숨졌다는 이야기를 들었다. 나도 모르는 사이에 또 다른 전쟁 지역으로 뛰어든 것일까? 하지만 이곳에 온 이유는 마약 카르텔이 가져온 혼돈을 조사하기 위해서가 아니었다. 나는 2019년 여름 피드를 뒤흔든 미국 국경 위기의 근원을 조사하러 왔다.

지난 몇 년간 줄어들던 이민자 수가 느닷없이 급증하고 있었다. 피드에는 알루미늄 포일로 몸을 감싼 아이들이 철창 안에서 바깥을 응시하는 사진들이 올라왔다. 더러운 옷을 입은 채 잠을 자고, 화장실에서 물을 마시고, 간신히 굶어 죽지 않을 정도로 밥을 먹고, 수두에 걸려 고통받는 아이들의 이야기가 퍼졌다. 남부 국경 지대에 '멋진 장벽'을 짓겠다고 공언했던 트럼프 앞에 그가 끝내겠다고 장담하던 혼돈이 불쑥 모습을 드러냈다. 트럼프는 이민자 '침략'의 책임을 돌릴 희생양

(버락 오바마, 멕시코 정부, 범죄 조직인 MS-13 등)을 차례로 거론했지만, 남 탓을 해봐야 소용없음을 알았다. 트럼프는 보좌관들에게 이렇게 소리쳤다.

"당신들이 나를 바보로 만들고 있어! 내가 이걸 얼마나 강조했는데. 이건 내 문제라고!"

그는 서둘러 해결책을 찾아 나섰다.

"트럼프 대통령은 사석에서 국경 장벽을 강화하기 위해 해자를 파 물을 채우고 뱀이나 악어를 풀어놓자는 이야기를 꺼내곤 했다."

《뉴욕타임스》의 보도다.

"대통령은 장벽에 전기를 흐르게 하고 사람의 살갗을 꿰뚫을 수 있는 못을 박기를 원했다. (…) 나중에는 (군인들이) 이민자들의 다리에 총을 쏴 속도를 늦추자고 제안했다."

트럼프가 벌인 잔혹극을 둘러싸고 열띤 논쟁이 벌어졌지만, 이민자가 물밀듯 밀려들기 시작한 원인이 무엇인지 궁금해하는 사람은 많지 않았다. 하지만 이민자가 이렇게 급증한 것은 이상한 일이었다. 그전까지만 해도 이민자 수는 점점 줄고 있었다. 미국에서는 경기 침체로 이민 노동자 수요가 감소했다. 온두라스와 엘살바도르에서 끊이지 않던 폭력 범죄는 미국으로의 이민을 부추기는 또 다른 요인이었지만, 이마저도 줄어드는 추세였다. 게다가 이번에는 전통적인 마약 국가가 아닌 과테말라에서 가장 많은 이민자가 건너오고 있었다. 이 대규모 이민을 유발한 원인은 대체 무엇이었을까?

살인이 일어난 호텔에서 북쪽으로 몇 킬로미터 떨어진 출입국 관리소로 향한다. 중앙아메리카의 이민자들이 탄 버스가 이곳을 거쳐 멕시코로 들어간다. 이곳에는 장벽이 없다. 도로 옆에 있는 작은 건물이 전부다. 위장색 군복을 입고 반자동 소총을 든 군인 네 명이 보인다. 관리소 직원은 흰색 티셔츠를 입고 빨간색 모자를 쓴 중년 남성이다. 관리소의 분위기는 편안하다. 버스가 들어오면 직원이 들어가 버스 안을 둘러본다. 버스들 틈에서 그가 이민자를 알아보는 법을 알려준다. 중앙아메리카 사람들은 멕시코인과 억양이나 생김새가 다르며 키가 더 작은 편이라고 한다. 이러한 특징에 맞는 사람이 보이면 그는 몇 가지 질문을 한다. 어디로 가는지, 어디서 왔는지, 멕시코의 국경일 이름을 댈 수 있는지 등을 묻는다. 질문을 받은 사람이 말을 더듬거리면 서류를 요구한다.

커다란 버스 한 대가 멈춰 선다. 직원이 그가 검사하는 모습을 보여줄 테니 함께 들어가자고 한다. 그가 나란히 앉은 두 젊은 남성에게 다가간다. 한 명은 빨간 모자를 쓰고 있다.

"두 분은 어디 출신이죠?"

"어… 우리는 툭스… 여기 사람이에요."

모자를 쓴 남자가 대답한다.

"신분증 좀 보여주시겠어요?"

"안 가지고 왔어요."

"어디서 오셨어요?"

"저쪽에 그… 거기 이름이 뭐라고 했지?"

"북쪽이에요."

같이 있던 친구가 말한다.

"티후아나?"

빨간 모자를 쓴 남자가 머뭇머뭇 말한다.

"어디 봅시다. 어느 쪽이 북쪽이죠?"

"그러니까 사실, 솔직히 말씀드리면 저는…."

"잠깐 버스에서 내리시죠. 짐은 챙기시고요."

직원이 두 사람을 길가에 있는 작은 흰색 유치장으로 데려간다. 철창에 갇힌 모자 쓴 남자가 이름을 밝힐 수는 없어도 자기 이야기를 들려주겠다고 한다. 남자는 과테말라 출신이다. 그의 계획은 멕시코를 가로질러 티후아나로 가서 미국 국경을 건너는 것이었다. 그는 '아메리칸드림'을 좇아 왔다. 가족은 가난하고 아버지는 커피 농사를 짓지만, 고향에서는 커피 산업이 무너졌다.

"돈이 한 푼도 없어요. 돈이 되는 건 커피뿐이니까요."

커피가 없으면 그의 가족은 입에 풀칠조차 하기 힘들다.

"집안에 빚도 있어요. 그래서 가족들을 도우려 집을 떠나기로 했죠."

가족들은 그가 떠나기를 바라지 않았지만, 그는 하나님께서 지켜주시리라며 길을 나섰다.

"집에 돌아갈 수 있을지 없을지도 모른다는 게 슬퍼요. 하나님만이 아시겠죠. 오늘이나 내일, 모레 돌아갈지, 아니면 영영 못 돌아갈지요. 아니면 트럭에서 죽을 수도 있죠. 모르겠어요."

그의 일행은 미국에 가족을 둔 친구다. 두 사람은 위험이 따르더라도 제힘으로 국경을 건널 생각이다. 둘 다 밀입국을 돕는 브로커(코요테)를 고용할 돈이 없다. "일을 구해서 먹고살려고 왔는데, 그런 꿈도 물거품이 돼버렸네요."

나는 그가 떠나온 여정을 거슬러 올라가 과테말라의 커피 플랜테이션으로 향한다. 국경을 건너 우에우에테낭고로 간 다음, 토도스 산토스 쿠추마탄에 있는 한 커피 협동조합으로 간다. 차가 굽이진 산길을 타고 올라가 길가의 나무를 뒤덮은 하얀 안개 속으로 들어간다. 고도가 높아지면서 공기는 희박해지는데, 산을 오를수록 안개는 더 짙어져 시야가 흐려진다. 뿌연 구름 너머로 산비탈에 줄줄이 서 있는 커피나무가 보인다. 포도알 크기의 빨간 커피 열매가 이곳의 경제를 움직이는 원동력이다.

차에서 내려 흙길을 따라 걷는다. 비가 내리기 시작해 빗방울이 뺨을 타고 흐른다. 한 농부를 만나 그의 집에서 이야기를 나눈다. 마흔여섯 살의 가스파르 라미레스 토레스는 이곳에서 아내와 세 아이와 살고 있다. 우리는 지금 방 한 칸짜리 집 앞의 지붕 덮인 처마 밑에 앉아 있다. 그의 주변에는 물에 흠뻑 젖은 커피콩이 가득 든 커다란 양동이들이 놓여 있다. 커피콩은 나중에 바짝 말려야 한다. 지금처럼 비가 오면 커피콩이 상할 수 있다.

"비가 이렇게 오는 건 생전 처음 봐요."

토레스가 이야기한다.

그는 8년 전쯤부터 기후가 변하는 것을 알아챘다고 한다. 날씨가 변하면서 커피나무에 곰팡이균이 들러붙어 잎이 말라 죽는 커피 녹병이 발생하기 시작했다.

"지금은 아무리 약을 쳐도 매년 병이 생겨요. 해마다 녹병 때문에 커피 농사를 망치고 있어요."

토레스는 그렇지 않아도 커피 농사에 쓸 돈을 마련하기 위해 비싼 이자를 내고 지역 대부업체에서 돈을 빌렸는데, 이제는 커피나무에 뿌릴 농약 비용까지 대야 했다. 그는 집과 토지를 담보로 돈을 빌렸고, 한 달에 10퍼센트, 연 120퍼센트의 이자를 낸다.

그러다 2018년에는 이윤조차 남기지 못하게 되었다. 커피 가격이 농사에 드는 비용보다도 낮아진 것이다. 2019년에도 상황은 달라지지 않았다. 여기에다 대출 이자가 복리로 붙으면서 빚은 걷잡을 수 없이 불어났다. 빚을 갚지 못하면 집과 땅을 잃을 처지다.

"그래서 한번은 미국으로 간 적도 있어요. 커피 가격이 너무 낮으니까요. 우리는 이곳을 떠나 트럭을 탔고, 기차로 갈아타서 국경까지 갔어요."

토레스는 일곱 살짜리 아들과 함께 가면 미국에 입국할 수 있다는 이야기를 들었다. 하지만 두 사람은 붙잡혀서 보름 동안 구금 시설에 갇혔다. 그들은 밖에서 잠을 잤고, 식사는 하루에 한 끼만 나왔다.

"꽤 힘든 생활이었지만, 아들이 아직 어리니까 함께 참고 견뎠어요."

두 사람은 과테말라로 돌아왔고, 토레스의 빚은 그대로 남아 있다.

"커피 가격이 계속 그대로면 빚을 갚으러 다시 국경을 넘어야겠죠."

환경공학자이자 컨설턴트인 세바스티안 차르찰락을 만난다. 그는 일을 시작한 후 줄곧 토레스처럼 커피 농사를 짓는 농부들에게 조언하고 기후 변화에 적응하도록 도왔다.

"보통은 이렇게 비가 오면 안 돼요."

그와 이야기하는 동안에도 이 산마을에는 온통 폭우가 쏟아진다.

"지금은 농부들이 커피를 말려야 할 시기예요. 농부들은 이때쯤 마당에서 커피를 말리기 시작하죠. 대개 콘크리트를 바른 지붕에다 커피를 말리는데, 예기치 못한 비가 내리면, 글쎄요, 아무도 바라지 않는 일이죠. 그러다 비가 며칠씩 계속 오면 문제가 심각해져요. 농부들은 큰 피해를 볼 수 있고, 심하면 농사를 완전히 망칠 수도 있어요."

문제는 이뿐만이 아니다. 커피나무가 꽃을 피우는 시기에 서리가 내렸고, 바람도 작물에 피해를 줬다. 그리고 토레스의 말대로 가장 심각한 문제는 커피 녹병이다. 날씨가 따뜻했다가 추웠다가, 건조했다가 습했다가 하며 변화가 심해지면 곰팡이균이 자라기 좋은 환경이 된다.

"이 모든 변화가 날로 심해지고 있어요. 기후 변화가 끼치는 영향을 이보다 더 잘 보여주는 사례가 또 어디 있겠어요."

지금 들은 이야기는 케냐에서 들은 이야기와 놀랍도록 비슷하다. 두 지역에서는 날씨 변화로 생계를 잇기가 어려워지면서 사람들이 도시로 향하고 있다. 아프리카에서는 이러한 추세에 따라 국내 대도시가 점점 커지고 있다면, 과테말라에서는 사람들이 해외로 떠난다. 이주민들이 도시로 몰려들면서 노동력 공급은 늘고 임금은 떨어지기 때문이다. 그리하여 사람들은 생활에 필요한 최소한의 임금이라도 벌고자 나라 밖에서 기회를 찾는다. 기후 변화로 인한 이민은 앞으로 수십 년 사이에 어마어마한 규모에 이를 것으로 보인다. 2050년까지 미국

과 유럽으로 향할 기후 난민의 수가 최대 10억 명에 달하리라는 전망
도 나온다.

이 같은 대규모 이민은 과테말라에서 이미 벌어지고 있는 현실이
다. 어디를 가나 '미국 옷'을 파는 가게와 미국 비자를 광고하는 포스
터가 보이고, 먹고살 만하게 해준 나라에 감사를 표하기 위해 별과 가
로줄 무늬를 그려넣은 집과 묘지가 눈에 띈다. 길을 따라 작은 언덕을
오르니 새 건물들을 짓는 광경이 보인다. 안전모를 쓴 사람들이 드릴
로 구멍을 뚫고 망치질을 하는 사이 콘크리트 뼈대가 땅에서부터 올
라간다. 차르찰락의 말로는 이 건물들은 미국에 사는 사람들이 보낸
돈으로 짓는다고 한다. 그들이 보낸 돈은 과테말라 경제를 떠받치는
버팀목 역할을 하는 동시에 경제를 더 취약하게 만들었다.

차르찰락이 산마테오 익스타탄이라는 마을을 구경시켜주겠다며
차를 타고 과테말라 북부의 시골 깊숙한 곳으로 안내한다. 집들이 타
자기의 키처럼 산비탈에 띄엄띄엄 흩어져 있다. 하얀 구름이 건물들
주위를 맴돈다. 일부는 아직 콘크리트 뼈대뿐이고, 일부는 파스텔 색
조의 빨간색과 노란색 페인트가 칠해져 있다. 건물을 따라 난 길은 대
부분 텅 비어 있다. 이곳의 건물들은 미국에서 보낸 돈으로 지었기 때
문에 이 마을에는 '뉴욕의 유령 마을'이라는 별명이 붙었다.

그래도 거리 한쪽은 천으로 짠 전통복을 입고 아이와 함께 시장에
나온 여성들로 북적인다.

"사람들은 보름에 한 번씩 만나요. 미국에서 보낸 돈이 보름마다 대
행사를 통해 전해지거든요."

차르찰락의 설명이다.

"사람들은 그 돈으로 식료품을 사느라 식습관도 바뀌었어요. 이제는 포장 제품을 많이 사고, 요리에 주로 쓰던 채소도 기르지 않아요."

이민은 지역 경제를 마비시켰다.

"유령 마을이란 일할 남자가 없어서 농업 활동이 중단된 지역 공동체예요."

이곳에서는 여성들이 결혼할 남성을 찾기 힘들다. 마을은 점점 쇠퇴하고 있다. 외국으로 나간 사람들은 굳이 돌아올 이유가 없다. 그들은 새집 지을 돈을 보냈지만, 그 집이 완공되지 않거나 버려지더라도 신경 쓰지 않는다.

"이민이 정상적인 사회의 의미를 왜곡하고 있어요."

모술과 도네츠크, 카라카스에서 그랬듯, 뒤에 남겨진 사람들은 분열된 삶을 살고 있다.

기후 변화는 장기적인 추세다. 과테말라의 기후는 지난 20년 사이에 급격히 바뀌었다. 세계기후위험지수에 따르면, 과테말라는 2010년부터 세계에서 두 번째로 기후 변화에 취약한 국가로 꼽혔다. 그렇다면 왜 2019년이 되어서야 미국으로 가는 이민자 수가 급증했을까?

커피를 생산하는 데 드는 비용은 기후 변화로 해마다 조금씩 올랐다. 하지만 커피 가격은 2018년에 갑작스레 폭락했다. 농부들은 커피 농사로 적자를 보았다. 대출금을 갚지 못하게 되자 수십만 명의 농부가 빚을 갚고 땅을 지키는 데 필요한 돈을 벌겠다는 희망을 안고 미국으로 떠났다.

이 같은 사실은 또 다른 의문을 불러일으켰다. 커피 가격은 왜 그토록 급작스럽게 떨어졌을까? 조사를 시작하자 가장 널리 알려진 설명이 먼저 눈에 들어왔다. 브라질과 베트남에서 더 많은 커피를 생산했고, 이로 인해 커피 공급이 늘면서 가격이 떨어졌다는 이야기다. 그러나 로버트 실러의 설명이나 지금껏 살펴본 식량과 원유 가격의 급등에서 알 수 있듯, 어떤 이야기가 경제의 기초 여건에 토대를 두더라도 이야기를 풀어내는 내러티브는 그 이야기의 영향을 증폭해 현실의 작은 변화를 거대한 가격 충격으로 바꿀 수 있다. 실제로 커피 가격이 급락하기 시작할 당시, 《파이낸셜타임스》에서는 투기자들이 커피 가격 하락을 주도하고 있다고 지적했다.

커피 시장은 기록적인 약세 포지션을 구축한 헤지펀드들의 '대규모 공매도'로 어려움에 빠져 있다. 세계 최대 커피 생산국인 브라질에서 커피가 기록적인 풍작을 이루리라는 전망과 커피 수입국들의 높은 재고가 고품질 원두인 아라비카 가격을 짓누르고 있다. 지난주 아라비카 가격은 2년 내 최저치인 파운드당 1.153달러까지 떨어졌다가 반등했지만, 여전히 대다수 커피 농장의 생산 비용보다 훨씬 낮은 수준이다. 헤지펀드와 다른 투기자들은 지난해 중순부터 아라비카에 대한 공매도를 점점 늘리며 많은 시장 참가자를 놀라게 하고 있다. 원자재 중개업체 마렉스 스펙트론Marex Spectron의 농산물 분야 공동대표 제임스 헌은 약세 포지션의 규모가 '비정상적'이라며 "대체 언제까지 이럴 건지 모르겠습니다"라고 불만을 표했다.

경제학자들은 오래전부터 커피 시장에 거품이 생겼다고 보았다. 커피 시장에서 투기자들은 근본적인 수요 공급과 관계없이 커피 가격을 밀어 올렸다. 그러나 2018년에는 전 세계에서 커피 공급 과잉이 나타나리라는 이야기가 퍼지며 헤지펀드들이 커피 가격을 필요 이상으로 눌렀다. 종전의 거품이 가격을 밀어 올렸다면, 이번 거품은 가격을 끌어내렸다. 2014년에 목격한 것과 같은 역거품 현상이었다. 2014년에도 셰일오일 호황과 사우디의 증산, 중국의 수요 감소로 원유 시장에 공급 과잉이 발생하리라는 이야기가 빠르게 퍼졌다. 이 모든 이야기는 현실에 뿌리를 두었지만, 시장이라는 기구는 가격 변동을 완만한 조정에서 끝내지 않고 급격하고 파괴적인 충격으로 증폭했다.

그리하여 나비는 마침내 국경 지역의 혼돈이라는 형태로 미국에 돌아왔다. 나비는 클린턴 행정부가 원자재 시장의 규제를 없앤 20여 년 전 여정을 시작했다. 나비의 날갯짓은 세계 구석구석까지 혼돈의 파도를 밀어 보냈지만, 미국에 위기를 일으킨 적은 한 번도 없었다. 그러나 2018년에는 달랐다. 투기자들은 커피 가격을 끌어내림으로써 이미 혼돈의 가장자리에 있던 과테말라가 임계점을 넘도록 몰아붙였다. 게다가 과테말라의 경제를 떠받치는 커피 산업은 기후 변화로 더 불안정하고 취약해졌으며, 국제 커피 가격에 가해지는 작은 충격에도 더 민감하게 반응할 수밖에 없는 상황이었다. 생존에 필요한 임금을 찾아 떠나는 이민자가 급증한 것은 자명한 결과였다.

하지만 2015년과 2016년 세계 난민 위기가 유럽을 뒤흔들 당시에도 그랬듯, 피드에서는 혼돈을 촉발한 금융 투기자들의 이미지를 찾아볼 수 없었다. 그 대신 피드에는 사진만으로도 눈길을 사로잡는 이민 카라반caravan*의 이미지가 올라왔다. 이 이미지들은 이민자들을 국경을 향해 위협적으로 진격하는 침략자이자 미국 내의 오랜 문화 전쟁에 가담할 새로운 무기로 묘사했다. 트럼프는 이민 행렬을 근거로 지나치게 느슨한 이민법을 강화해야 한다고 주장했다. 반대로 트럼프를 비판하는 쪽에서는 아이들을 철창에 가두는 잔혹한 대처를 비난하며, 이는 이민법이 엄격할 뿐 아니라 비인간적이기까지 하다는 점을 보여주는 근거라 주장했다. 하지만 유럽에서도 그랬듯, 사람들은 이민자가 급증한 진짜 원인을 주목하거나 조사하지 않았다. 가격이 이민 문제를 촉발했고, 뉴욕과 런던에 사는 투기자들이 가격을 결정했다는 사실을 아는 사람은 거의 없었다.

그러나 나는 멕시코에서 한 국가의 경제 전체가 이민 위기에서 가격이 하는 역할에 따라 섬세하게 조율된다는 사실을 알았다. 멕시코 경제는 그중에서도 특히 사람을 거래하는 가격에 맞춰 조정되고 있었다.

"그 남자는 작물과 땅, 집까지 전부 두고 떠났어요."

---

* 대규모로 무리 지어 이동하는 이민자 행렬.

멕시코 출신의 한 코요테를 만나 최근에 그를 찾은 고객에 관한 이 야기를 듣는다.

"한평생 커피를 키워 먹고살았지만, 최근에는 그가 살던 과테말라 지역의 기후가 바뀌면서 다들 어쩔 수 없이 고향을 떠난다더군요. 남 자는 서럽게 울면서 앞으로 잘 될지 어떨지도 모르는 채 고향을 떠나 미국으로 가야 하는 처지를 한탄했어요."

이민 문제를 가격 전쟁으로 보는 시각은 코요테들에게 전혀 새롭지 않다.

"먹고살 방도가 있고 필요한 것을 살 최소한의 임금이라도 받았다 면, 사람들은 이민을 갈 필요가 없었을 거예요."

이 코요테는 지난 2년간 밀입국을 도와달라며 그를 찾는 이민자 수 가 급증하는 광경을 코앞에서 지켜보았다.

"이민자들이 안전하게 국경을 건너게 하려면 옷을 적절히 갈아입히 고 목욕을 시키고 검문을 받을 때 혼자서 이야기할 수 있도록 멕시코 사람의 버릇을 어느 정도 가르쳐야 해요. 코요테들은 가끔 이민자를 자기 아내로 보이게 여장을 시키기도 하죠."

그는 이민자와 함께 버스를 타고 검문소를 통과하도록 돕는다. 하 지만 그가 하는 가장 중요한 일은 뇌물을 주는 것이다. 멕시코 국경 지 역에서는 한때 그곳을 통제하던 카르텔들이 와해되면서 멕시코 국가 방위군과 경찰이 문지기 역할을 대신하고 있다.

"예전에는 국경을 장악한 로스 세타스와 걸프 카르텔에 돈을 줬다 면, 지금은 멕시코 당국에 뇌물을 줘야 해요."

그는 형편이 어려워 자신처럼 국경을 안전하게 건너도록 도울 코요테를 고용하지 못하는 사람들을 걱정한다. 그런 사람들은 토레스와 그의 아들처럼 베스티아La Bestia(야수)라 불리는 화물열차의 지붕에 올라타기도 한다.

"많은 이민자에게 야수는 십자고상처럼 수난을 상징해요. 멕시코에는 그 괴물 같은 기차에서 떨어져 불구가 된 사람이 수두룩해요."

이민자들은 갱단과 마약 카르텔의 먹잇감이기도 하다. 그들은 당국에 도움을 요청할 가족이 없으므로 납치에 쉽게 노출된다. 게다가 여성 이민자는 성폭행을 당하거나 카르텔에 붙잡혀 성매매를 강요당할 위험까지 있다.

코요테를 고용하는 데는 꽤 많은 돈이 든다. 지금 이야기를 나누는 코요테는 한 사람당 4000달러를 받으며, 그중 절반 정도를 뇌물과 다른 경비를 마련하는 데 쓴다. 코요테 일이 그의 주업은 아니며, 그는 건설 현장, 농장, 배관 공사장 등에서도 일을 하지만, 주 수입원은 사람을 밀수하는 일이다. 그는 코요테로 일하며 1년에 3만 달러를 벌지만, 이는 그에게도 큰 위험이 따르는 일이다. 코요테는 카르텔 간의 전쟁에 휘말리거나 소규모 갱단의 표적이 될 수 있으며, 당연히 멕시코 당국에 붙잡힐 위험도 있다. 그는 군이나 경찰관들에게서 뇌물을 주지 않으면 그가 하는 일을 폭로하겠다고 협박하는 전화를 자주 받는다. 보통은 쓰던 전화를 버리고 새 전화를 마련하지만, 늘 그렇게 할 수 있는 것은 아니다.

"나는 아이와 가족, 가정이 있는 가장이고, 그 점 때문에 걱정도 많아요. 어느 날 갑자기 아이들을 고아로 만들고 싶지는 않으니까요. 하지만 아이들을 키우면서 먹고살아야 하니까 이 일을 할 수밖에 없어요. 멕시코에서는 최저임금만 가지고는 필요한 것을 사고 생활비를 댈 수 없어요."

그는 이민자들과 마찬가지로 해야 할 일을 알려주는 가격의 명령을 따르고 있었다. 커피 가격, 과테말라와 멕시코의 임금, 버스를 타고 뇌물을 주는 데 드는 비용, 불법 이민자들이 미국에서 받는 임금은 모두 '사람들에게 해야 할 일을 지시'한다. 이 가격들은 한데 모여 과테말라에서 미국으로 향하는 대규모 이민을 조정한 자생적 질서를 이룬다. 트럼프와 오바마는 중앙아메리카에서 임금이 하락하면 현지의 값싼 노동력을 이용하려는 외국인이 투자를 늘릴 것이라며 대안적 질서를 제시했지만, 그런 일은 아직 일어나지 않았다. 장기적으로는 그렇게 될지도 모르지만, 중앙아메리카인 대다수는 기다릴 여유가 없다. 토지를 담보로 잡고 코요테를 고용해 국경을 건너는 편이 훨씬 빠르다. 인간을 밀수하는 자생적 질서는 외국에서 새로운 자본이 들어오기도 전에 빠르게 생겨났다. 허약한 정치적 장애물로는 경제적 질서가 발휘하는 힘을 막아낼 도리가 없다.

"미국은 앞으로도 계속 이민자를 필요로 할 테고, 인간 밀수를 막을 방법은 없을 거예요. 도널드 트럼프의 정책은 말장난이나 다름없죠. 트럼프는 이민을 막지 못해요."

코요테의 말이다.

"저는 몇 년 전 세계경제포럼의 다보스 회의에 참석했어요."

소로스펀드매니지먼트Soros Fund Management의 전 전무이사이자 신경제사고연구소의 소장인 로버트 존슨의 회상이다.

"참석자들 사이에서는 극단적 불평등이 더 지속하기 어렵고 취약한 사회를 만들며, 승자에 대한 분노를 키운다는 인식이 팽배했어요. 포럼이나 패널이 아니라 비공식 만찬 자리에서는 이렇게 말하는 사람도 있었죠. '상황이 안정 궤도를 벗어나는 것 같아요. 갈수록 무서워요.'"

존슨과 만찬을 함께한 사모펀드와 헤지펀드 종사자들(1년에 10억 달러 이상을 버는 사람들)이 두려워한 것은 기후 재난이나 가난, 굶주림이 아니었다.

"그 사람들 대부분은 뭐랄까요, 사회 전반이 붕괴하는 상황이 닥치면 다른 사람들이 자신을 호의적으로 보지 않으리라는 사실을 알았어요."

그들은 지평선 너머에서 쇠스랑을 든 사람들의 그림자가 아른거리는 광경을 보고 있었다.

"자신과 가족의 안위를 걱정해서 탈출 계획을 세우는 사람도 있었어요."

다보스 포럼의 연회장에서 존슨은 우주의 지배자들이 곧 들고일어날 폭도의 손에서 자신을 지킬 최선의 방안이 무엇일지 의견을 주고받는 이야기를 들었다. 어떤 사람은 코네티컷주에 있는 대저택에 거대한 창고를 갖춘 벙커를 지었고, 창고에는 현금이 쓸모없어지는 상황을 대비해 면도날과 탐폰처럼 '거래하기 쉬운' 물품들을 채워넣었다. 또 어떤 사람은 피터 틸의 뒤를 이어 뉴질랜드에 거대한 땅을 사서 활주로를 갖춘 요새를 지으려 했다. 뉴욕이나 샌프란시스코에 일반적인 전용기를 준비해두는 것으로는 충분치 않았다. 존슨은 평범한 전용기가 아니라 '조종사의 가족 전부를 태울 수 있을 만큼 큰 비행기'가 필수라는 말을 들었다. 전용기를 타러 갔다가 자기 가족도 피난처로 데려가라 요구하는 조종사에게 인질로 잡히는 최악의 불상사는 피해야 하기 때문이다. 따라서 비행기뿐만 아니라 요새의 시설도 두 가족을 수용할 수 있을 정도로 커야 했다.

존슨은 그들의 체념한 태도에 충격을 받았다. 우주의 지배자들은 아무것도 할 수 없다는 생각에 젖어 있는 듯했다. 하지만 이러니저러니 해도 그들은 자기 뜻대로 세상을 움직이는 데 익숙한 권력가들이었다.

"서글픈 광경이었어요. 나는 부와 권력을 가진 사람들이 사회 전체가 더 번영하도록 자기 책무를 다하려는 모습을 보고 싶었으니까요. 사회에도 비극적인 일이지만, 사실은 그 사람들에게도 비극적인 일이라는 생각이 들더군요. 부가 있으면 자유로이 할 수 있는 일이 많다고 느껴야 하는 시대에 그들은 오히려 잔뜩 움츠러들었어요. 일종의 심리적인 방공호 안으로 들어가는 셈이었죠. 내가 슬펐던 건 어느 정도는(그들 중에는 내 친구와 이웃도 있었어요) 이런 생각 때문이기도 했어요. '세상에, 당신들은 유령의 집에 사는 거야.'"

기후 변화와 금융 자본주의가 가져온 결과를 피해 달아나는 사람은 과테말라의 가난한 커피 농부만이 아니다. 기이하게도 이 시스템의 승자로 여겨지는 사람들 역시 그로부터 달아나고 있다. 그들은 오늘날 경제 체제의 중심에 혼돈이 있고, 자신에게 그 혼돈을 만든 책임이 있다는 사실을 너무나도 잘 알고 있다. 하지만 그들은 말 그대로 구름 위에 편히 앉아 있으면서도 선택할 수 있는 유일한 대안이 비행기를 타고 안전한 곳으로 달아나는 것이라 생각한다. 그들 역시 도움을 바라며, 비행기를 운전할 코요테를 찾아 가격을 지불해야 한다. 그러나 이 두 유형의 이민자 사이에는 빈부 격차 외에도 하늘과 땅만큼의 불평등이 존재한다. 과테말라 이민자들의 여정은 범죄로 취급받으며, 이로 인해 그들은 갱단과 카르텔의 손아귀에 들어가거나 위험천만한 열차에 올라타거나 성노예로 전락하는 처지가 된다. 가까스로 미국 국경에 도착한 운 좋은 사람들은 함께 온 자녀가 끌려가서 철창에 갇히는 모습을 지켜봐야 한다.

우주의 지배자 중에는 혼돈을 달아나야 할 대상으로 보지 않는 사람도 있다. 그들은 혼돈을 돈을 벌 기회로 본다.

"나는 수익이 곧 피난처라고 봅니다."

유니버사인베스트먼트의 최고투자책임자 마크 스피츠나겔의 말이다.

"어떤 사람은 피난처를 숨을 장소로 생각하지만, 나한테 피난처는 수익이에요."

스피츠나겔은 뉴질랜드의 요새가 아니라 혼돈이 분출할 때의 위험을 헤지하는 투자에 관해 이야기한다. 일례로 2008년 금융위기로 시장이 붕괴할 당시, 그의 헤지펀드는 막대한 돈을 벌었다. 그는 유니버

사인베스트먼트의 저명 과학고문Distinguished Scientific Advisor 나심 탈레브와 함께 금융위기 같은 파괴적인 블랙스완*이 시장에 자업자득으로 돌아오는 상황에 베팅했다. 스피츠나겔은 이 베팅으로 번 돈으로 로스앤젤레스의 부촌 벨에어에서 제니퍼 로페즈가 살던 저택을 매입했다. 그가 존경하는 로널드 레이건의 저택 바로 옆에 있는 집이었다.

스피츠나겔의 피난처는 파생상품으로 지어졌다.

"파생상품은 대량살상무기예요. 당신이 나와 반대편에서 투자한다면 그렇죠. 하지만 다른 한편에서, 즉 스피츠나겔과 같은 편에서 보면 파생상품은 시장이 붕괴할 때 완충 장치나 안전망 역할을 합니다."

파생상품에 베팅하는 사람 대부분은 이 점을 제대로 이해하지 못한다.

"폭발성explosiveness이란 가까이에 있지만, 대개는 가까이 있다는 사실조차 모르는 것을 가리켜요. 줄타기를 할 때 밑에다 깔아두는 그물 같은 거죠. 드물게 일어나지만 엄청난 피해를 주는 사건에 대비하는 장치예요. 폭발성은 중요하며, 폭발성이야말로 블랙스완 헤지가 제힘을 발휘하게 만듭니다."

"무슨 말씀인지 잘 이해가 안 가네요."

전문 용어 탓에 혼란스럽다.

---

* 도저히 일어날 법하지 않은 일이 실제로 일어나는 현상을 이르는 말. 경제 분야에서는 세계 경제가 예상하지 못한 사건으로 위기를 맞을 수 있다는 의미로 쓰인다. 나심 탈레브가 동명의 책을 출간하면서부터 널리 쓰이기 시작했다.

"블랙스완이 일어날 때 당신이 버는 돈이 폭발성이 있다는 뜻인가요, 아니면 블랙스완 자체가 폭발성이 있다는 뜻인가요?"

"블랙스완이 벌어질 때 헤지로 버는 돈을 말해요. 고통스러운 사건이 벌어지는 동안, 당신이 해놓은 작은 투자가 폭발을 일으키며 깨어나 자본수익률 면에서 어마어마한 완충 작용을 하는 거죠."

"하지만 블랙스완 자체도 폭발성이 있지 않나요?"

"그것도 그렇죠. 폭발성에는 부정적 폭발성과 긍정적 폭발성이 있다고 할 수 있겠군요. 양자는 서로를 상쇄하게 되어 있습니다. 블랙스완 헤지의 긍정적 폭발성은 블랙스완이 벌어졌을 때 당신의 포트폴리오에 일어나는 부정적 폭발성을 줄이기 위해 존재합니다."

그런데 정확히 무엇이 '폭발'한다는 말일까? 그가 말하는 현실 세계의 위험에 관해 더 자세히 묻는다.

"위험이라고 하면 먼저 이례적인 위험을 떠올릴 수 있어요. 그러면 우리는 자칫 잘못하면 개인적인 피해를 줄 수 있는 여러 이례적인 일을 꼽겠죠. 다음으로는 시스템 전체와 관련 있는 위험을 생각해볼 수 있어요. 많은 영역에 충격을 주는 금융위기 같은 위험이죠. 물론 후자는 전자를 포함합니다. 시스템 전체에 위험이 생기면 모든 것이 엉망이 되며, 예를 들면 모든 상관관계가 한순간에 헝클어져서 세상이 전혀 다르게 보이죠. 따라서 우리는 시스템적인 위험을 헤지함으로써 이례적인 위험도 헤지할 수 있습니다."

달리 말하면, 금융의 세계는 카드로 지은 집이나 다름없으므로 우리는 그중 어느 카드가 먼저 떨어져 결국에는 카드 더미 전체를 무너뜨릴지 알 필요가 없다는 것이다. 그래서 스피츠나겔은 카드 더미라는 '시스템' 자체가 붕괴하는 데 베팅한다.

"위험 완화란 계획을 세우고 만일의 사태에 대비책을 세워둔 다음, 무슨 일이 벌어질지 알 수 없다는 태도로 상황에 대처하는 것이라 봅니다."

기후 재난이 닥치든, 쇠스랑을 든 사람들이 들고일어나든, 상상도 못 한 블랙스완이 벌어지든 상관이 없다. 스피츠나겔과 그의 고객들은 어떤 난국이든 견뎌낼 것이다.

"내 태도는 니체가 말한 아모르파티*에 가까워요. 어떤 운명이 펼쳐지든 주어진 운명에 만족하는 거죠. 그게 바로 우리의 목표예요."

---

* amor fati. '운명을 사랑하라'는 뜻의 라틴어.

PRICE WARS

4부
———

상상의
산물

코로나19
기후-금융 종말장치의 폭발

2020년 2월 24일, 나는 가슴이 덜컥 내려앉는 충격을 받았다. 휴대전화로 피드를 돌아보던 중 이탈리아의 텅 빈 슈퍼마켓을 찍은 사진들이 눈에 들어왔다. 베네수엘라에서 본 것과 똑같은 광경이었다. 나는 베네수엘라의 텅 빈 진열대에서 나라를 집어삼킨 혼돈을 보았다. 사람들은 줄을 서고, 사재기와 투기를 하고, 자포자기에 빠졌다. 이탈리아에서 유행하는 바이러스가 무엇이든 곧 런던까지 퍼지리라는 확신이 들었다. 동네의 슈퍼마켓에서 필요한 물건을 잔뜩 사놓고 친구들에게 문자를 보냈다. 다음은 우리가 봉쇄와 물자 부족, 텅 빈 진열대를 경험할 차례이며, 그 뒤에는 무슨 일이 벌어질지 모른다고 말했다. 친구들은 내 말을 믿지 않았다. **여기**는 별일 없을 거야, 라는 반응이었다. 나는 이라크와 우크라이나, 베네수엘라에서도 같은 대답을 들었다고 말했다. 재앙을 불러오는 묵시록의 기사들이 눈앞에 들이닥치는

데도 가만있었던 이유가 무엇이냐고 물을 때마다 사람들의 대답은 한결같았다.

"이런 일이 벌어지리라고는 꿈에도 생각 못 했어요."

부시 행정부의 국방장관이었던 도널드 럼즈펠드가 다큐멘터리 〈언노운 노운The Unknown Known〉에서 한 말이 떠올랐다. 그는 미국이 9·11테러나 진주만 공격을 예측하는 데 완벽히 실패한 원인을 '상상력의 실패' 탓으로 돌렸다. 비록 럼즈펠드는 같은 잣대로 자신의 참담한 경력을 평가할 만큼의 자기 인식을 보이지는 못했지만, 그의 통찰에는 울림이 있었다. 우리는 핵무기가 폭발해 버섯구름이 피어오르는 광경을 보면서도 곧 밀어닥칠 후폭풍을 막아줄 보호막이 있으리라 믿는다.

하지만 우리를 지켜주는 '정상성'이라는 보호막은 이미 에볼라바이러스와 사스SARS에 뚫린 적이 있었다. 새로운 바이러스의 출현은 상상력을 동원해야 할 새삼스러운 일조차 아니었다. 2008년, 《네이처》에 실린 한 보고서는 동물 개체군에 서식하던 바이러스들이 인간에게 전파되는 스필오버spillover 현상이 잦아진다고 경고했다. 오랫동안 박쥐 사이에서 유행하던 바이러스들이 돼지, 낙타, 천산갑 같은 매개 동물을 통해 인간에게 전파되고 있다. 생물종을 가르는 자연의 장벽이 서서히 무너지면서 '스필오버 사건'이 점점 늘고 있다. 신도시와 기반시설이 들어서고 기후가 바뀜에 따라 동물들은 새 거주지를 찾아 이주하며 낯선 종과 접한다. 중국에서는 인류 역사상 가장 빠른 도시화가 진행되고 있으며, 이로 인해 박쥐 서식지가 파괴되고 한때 고립되어 있던 숲에 도로가 깔렸다. 이처럼 스필오버가 언제 일어나도 이상하지 않은 상황에서 2019년 가을, 제2형 중중급성호흡기증후군 코로나바이러스SARS-Cov-19가 출현했다.

2020년 3월, 팬데믹은 영란은행 총재 마크 카니가 예견한 기후-금융 종말을 촉발했다. 2015년, 카니는 "기후 변화는 질병이나 전염병의 이환율과 사망률을 높"이고 금융 시장에 혼돈을 가져오리라 경고했다. 아직 우리는 코로나19의 기원을 정확히 알지 못하지만, 코로나19야말로 지구 온난화가 어떤 형태의 자연적 충격을 가져올지 잘 보여주는 예다. 그 이유는 기후 변화가 새로운 바이러스를 만들어내기 때문이 아니다(기후 변화가 홍수나 가뭄 자체를 만들어내지 않는 것과 마찬가지다). 기후가 바뀌면 새 바이러스가 더 자주 출현하면서 팬데믹 같은 사건이 평범해지는 세상이 올 것이기 때문이다. 카니는 위험을 계산하는 보험 중개인들에게 이처럼 빠르게 증가하는 위험을 시장 가격에 반영해야 한다고 호소했다. 하지만 카니의 경고에도 금융 시장은 그때나 지금이나 자연이 주는 충격에 취약했다.

그리하여 위기가 눈사태처럼 커지기 시작했다. 봉쇄에서 시작한 연쇄 위기는 대규모 실업과 전례 없는 정부 개입으로 이어졌다. 각국 정부는 돈을 마련하기 위해 세계 금융 시스템의 기반인 미국 국채를 팔았다. 현실 세계에서 가난과 굶주림이 급증하는 가운데, 급작스러운 국채 매도가 이어지며 마법적 금융 세계는 붕괴 직전에 몰렸다. 금융 시스템의 내부에서 파열이 일어나면서 전 세계인들에게 해일처럼 밀어닥친 고난은 잠깐이면 지나갈 파도가 아니라 10년간 이어질 대홍수가 될 조짐을 보였다.

"부유한 미국인들이 팬데믹 탈출 계획에 시동을 걸다. 뉴질랜드의 벙커를 향한 관심 급증."

당시 블룸버그 뉴스에 실린 한 기사 제목이다. 우주의 지배자들이 몸을 피할 곳을 찾아 떠나려 하면서 전용기 공급이 부족해졌다. 마크 스피츠나겔의 블랙스완 프로텍션 프로토콜 펀드에 투자한 사람들은 3월 한 달에만 자그마치 3612퍼센트의 수익을 올렸다. 스피츠나겔이 베팅한 파생상품은 또다시 '폭발'을 일으켰고, 반대 전략을 택한 경쟁 투기자들에게서 어마어마한 돈을 거둬들였다. 스피츠나겔은 4월 7일 투자자들에게 보낸 글에서 이렇게 말했다.

"아마 여러분께서는 저희에게 투자를 맡기며 예상한 수익보다 훨씬 큰 수익을 올리셨을 것입니다. 유니버사에 건전하면서도 '전술적'으로 자산을 배분하신 여러분께 영광을 돌립니다."

지금껏 파란만장했던 2010년대를 조사하며 몇 번이고 확인했듯, 헤지펀드 간의 전쟁은 위기 속에서 더 격해졌으며 위기를 더 심화했다. 기후 충격, 혼돈을 증폭하는 금융 장치, 우주의 지배자들이 세운 탈출 계획과 그들이 거둔 폭리가 별자리처럼 하나로 이어졌다. 지난 10년간 벌어진 혼돈에 어울리는(비록 종말적이지만) 결말이 다가오는 듯했고, 내 여정도 여기서 끝이라는 생각이 들었다.

그러나 이야기의 한 조각이 들어맞지 않았다. 2020년 한 해 동안 평범한 사람들이 겪은 경제적 고통은 두말할 것도 없이 진짜였지만, 마크 카니가 말한 기후-금융 종말장치는 역설적이게도 폭발하는 동시에 폭발하지 않은 듯했다. 금융 시장에 분명 폭발이 일어났는데도 그 여파로 서구의 금융이 붕괴하는 일은 일어나지 않았다.

세계 시장이라는 미로에 내가 이해하지 못한 면이 있을지 모른다는 의문이 들었다. 나는 종전에 일어난 폭발들이 정부를 무너뜨리고, 전쟁에 자금을 대고, 난민의 대이동을 유발하는 광경을 보았다. 하지만 이 모든 일은 어디까지나 세계 금융 중심지의 바깥에서 일어났다. 마치 전 세계를 아우르는 미로가 서구에서는 다른 규칙에 따라 다른 구조를 띠는 것처럼 보였다.

나는 폭발이 금융 중심지를 혼란에 빠뜨리지 않은 이유를 알기 위해 밀턴 프리드먼이 말한 시장 속 '게임의 규칙'과 '정해진 규칙을 해석하고 집행하는 심판(들)'을 파고들었다. 알고 보니 심판들의 존재와 그들이 내리는 해석은 규칙 자체보다 훨씬 강력했으며, 그들의 판결은 경제적 폭탄이 폭발할지, 폭발한다면 누가 그 폭발에 휘말릴지를 결정했다. 나는 게임의 규칙이 처음 만들어진 때로 거슬러 올라가 기후 충격이 벌어진 직후인 17세기부터 조사를 시작했다.

"나는 매일 새로운 소식, 전쟁과 전염병, 화재, 홍수, 절도, 살인, 학살, 유성, 혜성, 빛의 띠, 영재, 유령, 프랑스, 독일, 튀르키예, 페르시아, 폴란드의 점령당한 마을과 포위당한 도시에 관한 일상적인 소문을 듣는다."

영국 출신 작가 로버트 버턴은 《우울증의 해부》에서 이렇게 말했다. 이 대목에서 그는 1638년 당시의 피드, 즉 책과 팸플릿, 코란토

coranto*와 입소문을 통해 매일 전해지는 "방대한 혼란"을 묘사한다. 버턴 역시 전쟁과 기근, 전염병, 각종 공포가 세상을 뒤흔드는 파란만장한 시기를 살았다. 이 혼돈의 배경에는 전 세계의 수확을 망친 기후 충격이 있었다(이 충격은 오늘날 소빙하기Little Ice Age로 일컬어진다). 20년간 세계 각지에서 농작물이 얼어붙고 물에 잠겨 결실을 맺지 못하는 상황이 이어졌다. 물가가 치솟으면서 기근이 뒤따랐고, 폭동이 일어나 군주가 끌려 내려왔으며, 길고도 잔혹한 전쟁이 벌어졌다. 난민들이 먹을 것과 안전을 찾아 새로운 곳으로 떠나면서 그들이 가지고 있던 질병도 함께 퍼졌다. 굶주림에 시달리던 사람들은 썩거나 설익은 농작물로 만든 '구황 음식'을 먹었고, 이는 많은 사람의 건강에 기아만큼이나 악영향을 끼쳤다. 거대한 재앙이 죽음과 질병을 몰고 다니며 세계를 휩쓸었다. 유럽에서는 사람들이 희생양을 찾아 나서면서 마녀사냥의 광기가 들불처럼 번졌다. 이 혼돈을 피해 달아난 난민 중에는 토머스 홉스도 있었다. 영국 내전을 피해 프랑스로 망명한 홉스가 삶은 "고독하고 가난하고 불결하고 잔인하고 짧다"는 결론을 내린 것도 당연했다.

17세기는 오늘날과 많은 면에서 비슷한 시기였다. 기후 충격은 가격 충격으로 이어졌고, 가격 충격은 눈사태처럼 커지는 연쇄 위기를 촉발했다. 이 위기는 오늘날 '17세기의 일반 위기'라 불린다. 또한

---

* 1620년 암스테르담에서 영국 순례자들이 발행한 최초의 영자 신문.

4부 상상의 산물

17세기는 가격 혁명이 일어난 시기였으며, 우리가 막 지나온 10년간의 혼돈은 바로 이 가격 혁명에서 유래했다. 이 혁명의 배경에는 계몽주의가 있었다. 토머스 홉스를 비롯한 사상가들은 17세기의 격동 속에서 계몽주의의 토대를 놓았다. 계몽주의가 나타나면서 유럽에서는 마녀사냥이 정점을 찍고 사라지기 시작했다. 어쩌면 멀쩡한 사람을 장작더미에 던져 넣는 것은 아무짝에도 쓸모가 없는 일 아닐까? 혼돈은 초자연적인 원인이 아니라 물질적인 원인, 즉 인간이 스스로를 조직한 방식에 따른 결과가 아닐까? 이러한 의문을 품은 지식인들은 점차 미신을 과학으로 대체해 나갔다.

17세기 말이 되자 일부 계몽주의 지식인은 문제의 원인을 가격으로 보고 가격에서 해결 방안을 찾기 시작했다. 소빙하기가 끝났는데도 물가가 여전히 꺾이지 않았기 때문이다. 유럽의 인구는 1720년부터 늘어났지만, 농업 생산량은 늘어나는 식량 수요를 간신히 충족하는 수준에 머물렀다. 특히 프랑스는 혼돈의 가장자리에 서 있었고, 기후가 약간만 변해도 식량 가격이 급등해 폭동이 일어날 수 있는 상황이었다.

"국왕 폐하 만세! 단, 빵 가격이 떨어진다면 말입니다!"

1774년 7월, 파리 시내를 거닐던 젊은 마리 앙투아네트에게 한 행인이 외쳤다. 국왕은 물론 그 누구도 날씨를 통제할 수는 없었기에 앙투아네트는 울분을 터뜨리는 대중을 보며 불안에 떨었다. 앞서 살펴본 대로 마리 앙투아네트와 루이 16세가 결국 어떤 운명에 처했는지를 생각하면 그녀가 불안을 느끼는 것도 당연했다. 하지만 앞에서 우리는 루이 16세가 식량 가격 문제를 해결하기 위해 어떤 시도를 했는지는 살펴보지 않았다. 루이 16세는 이 문제를 두고 저명한 관리 자크 튀르고에게 도움을 청했다. 그는 신하들에게 이렇게 명했다.

"지금 당장 튀르고를 재정총감으로 임명한다고 전하시오. (…) 그에게 내일 곡물에 관한 보고서를 가지고 나를 찾아오라 이르시오."

튀르고는 보르도 동쪽의 낙후된 지방 리무쟁의 행정관이었다. 1769년, 리무쟁은 가뭄과 기근, 투기에 시달렸고, 튀르고는 이듬해 곡물 거래를 다룬 일련의 편지(혹은 '보고서')를 작성했다. 이 글에서 그는 곡물 거래를 몇 개의 지역 시장으로 나누어 규제하는 프랑스의 제도와 빵 가격을 의무적으로 규제하는 정부 정책을 날카롭게 비판했다. 튀르고는 국왕에게 '최후의 빵 공급자' 역할을 맡기는 중세적 '게임의 규칙'을 바꾸기를 바랐다. 이에 따라 그는 사회계약을 파기하고, '자유 정책'을 도입해 시장에 자유를 부여하고 가격이 시장을 지배하도록 하는 새 규칙을 구상했다. 중세적 규제를 폐지하고 그가 구상한 규칙을 도입한다면 곡물은 프랑스 전체와 국경 너머로 자유롭게 유통될 것이었다. 여기에 더해 그는 흉작이 들면 곡물 가격이 오르면서 유럽 각지의 곡물 상인들을 불러 모으는 시스템을 구상했다. 그렇게 되면 상인들은 프랑스인들이 먹을 신선한 곡물을 공급하는 동시에 이익을 챙길 수 있을 것이었다. 또 튀르고는 가격이 안정되면 농업 생산력이 상승해 장기적으로 국가 전체의 곡물 공급이 늘고 농부들도 이득을 보리라 생각했다. 자유방임주의laissez-faire가 탄생한 순간이었다.

튀르고의 구상은 지난 70년간 기후 충격과 기근, 군주제의 운명 사이의 딜레마를 다룬 계몽사상을 집약했다. 자유주의자들은 우월하고 안정적인 가격의 지배를 통해 홉스가 묘사한 악몽 같은 혼돈을 물리칠 수 있으리라 생각했다. 자유방임주의는 순식간에 자유주의자들의 기본 신념으로 자리매김했다. 당대의 자유주의자 중 가장 유명한 인물은 애덤 스미스로, 그의 저서 《국부론》은 영어권 국가에 자유 시장이라는 발상을 널리 알렸다. 하지만 조지프 슘페터는 《경제분석의 역사》에서 애덤 스미스보다 덜 알려진 튀르고를 진정한 혁신가로 꼽았다. 튀르고는 스미스와 달리 관리로서 자신의 발상을 실제로 시험할 수 있었다는 이유에서였다.

1774년, 튀르고는 자신에게 주어진 새로운 권한을 활용해 정부 규제를 폐지하고 상인들에게 자유를 부여했다. 하지만 그가 내린 지시는 오래가지 않았다. 1775년 3월, 폭동이 일어났다. 수확량이 줄면서 곡물 가격이 치솟자 절박해진 농민들은 무리 지어 빵집, 수도원, 곡창, 상인의 집을 습격해 곡물을 훔쳤다. 그들에게는 두려울 것이 없었다. 사태를 지켜보던 한 구경꾼의 말대로 "굶어 죽거나 처형을 당하거나 그들에게는 매한가지"였다. 늘 그랬듯, 농민들은 최후의 빵 공급자인 왕이 관리들을 시켜 빵 가격을 합당한 수준으로 낮추고, 곡식 창고를 조사해 투기꾼의 사재기를 막아달라고 호소했다. 그러나 튀르고는 농민들의 요구를 묵살하도록 지시했다. 그러자 4월에는 파리에서 300건의 폭동이 일어났고, 5월에는 군중이 빵집 1200곳을 습격했다. 이에 튀르고는 혼란을 막기 위해 직접 군대를 이끌고 나서서 시위를 진압했고, 그가 내세운 '자유 정책'은 폭력으로 물들었다. 왕이 머물던 베르사유궁전 앞에는 군중 8000명이 진을 쳤다. 마리 앙투아네트는 루이 16세에게 그날 예정되어 있던 사냥 여행을 취소하라고 눈물로 호소했고, 왕은 파리의 빵 가격을 낮추겠다고 약속했다. 화가 난 튀르고가 왕의 명령을 거부하자 루이 16세는 그를 해임했다. 튀르고가 그리던 자유 시장 유토피아는 현실과 충돌했다. 정부에 맞서 들고일어난 대중은 자신들의 저항을 밀가루 전쟁guerre des farines이라 불렀다. 이것은 자유 시장이 빚은 최초의 가격 전쟁이었다.

루이 16세는 프랑스의 곡물 문제를 끝내 해결하지 못했다. 1787년, 기상 이변으로 식량 가격이 치솟으면서 물가가 정점에 이르자 혁명 세력이 바스티유 감옥을 습격했고, 루이 16세는 곧 권좌에서 끌려 내려왔다. 튀르고의 구상이 그가 상상한 대로 전 세계에서 본격적으로 실현된 것은 19세기가 훌쩍 지나서였다. 증기선과 전보의 발명으로 세계는 비로소 하나의 시장으로 연결될 수 있었고, 영국은 제국의 힘을 이용해 튀르고의 상상을 현실로 만들었다.

튀르고의 생각은 타당해 보였다. 자유 무역이 이루어지면 곡물은 가장 가격이 높은 곳으로 이동할 것이었고, 목적지는 대부분 유럽의 중심에 있는 산업 도시들이었다. 런던에서는 곡물 공급이 급증하면서 곡물 가격이 전례 없는 수준으로 떨어졌다. 1870년에서 1913년 사이 런던의 밀 가격은 35퍼센트 하락했다. 외국에서 값싼 수입 농산물이 밀려 들어오자 노동자들의 실질 임금이 상승했다. 영국, 독일, 벨기에, 이탈리아, 스위스의 사회주의 정당들은 자유 무역을 옹호했다. 당시 영국 노동당이 발행한 한 전단에서는 관세가 "'보호받는' 자본가에게 유리하며, 노동자에게는 피해"를 준다고 주장했다. 튀르고가 구상한 자유 시장은 마침내 유럽에 질서를 가져왔다. 18세기의 가격 전쟁이 몰고온 혼돈은 사라지고, 기근은 먼 옛날의 일이 되었다. 이제 가격이 모든 것을 지배했다.

반면 인도에서는 튀르고가 구상한 유토피아가 쉽사리 실현되지 못했다. 인도는 1869년 수에즈 운하가 개통되면서 세계 시장에 합류했지만, 기근이 사라지기는커녕 더 잦아지고 혹독해졌다. 1873년, 영국령 인도 제국의 총독 노스브룩 경은 기근을 막기 위해 곡물을 수입했다. 인도는 참사를 면했고, 기근으로 인한 공식 사망자는 23명에 불과했다. 하지만 후임 총독이었던 리튼 경은 1876년 또다시 기근이 닥치자 비용이 덜 드는 방법을 택했다.

"튀르고는 지금 우리의 행동을 이끄는 사고방식과 똑같은 견해를 구상하고 발전시켰으며, 엄청난 반대에 직면해서도 자신의 견해를 실행에 옮겼다."

리튼 경의 주장이었다. 인도 정부는 외국에서 곡물을 수입하지 않기로 했다. 그 대신 정부는 노동자들을 압박해 기근 완화 기금을 걷었고, 그 돈으로 철도를 건설해 곡물 무역을 원활히 하고자 했다. 리튼 경은 인도가 프랑스와 같은 길을 가리라 생각했다.

"인도는 프랑스처럼 곡물 부족으로 인한 최악의 참사에서 완전히 해방될 것이다. 지금 인도의 대부분 지역에서처럼 100년 전만 해도 프랑스에서 그런 일이 가능하리라고 생각하기 어려웠지만, 이제는 기근에서 자유롭다."

그 결과 550만 명에서 1000만 명에 달하는 사람이 기근으로 목숨을 잃었다. 영국의 한 언론인은 인도의 도시 첸나이로 가는 도로가 "전쟁터를 방불케 했고", "길가에는 시신과 죽어가는 사람, 지금 막 공격을 당한 사람들이 널브러져 있었다"고 기록했다. 이 '전쟁터'는 새로운 유형의 가격 전쟁을 보여주었다. 이것은 튀르고가 미처 생각하지 못한 전쟁이었다. 세계가 하나의 시장으로 연결되면서 인도의 노동자들은 런던의 노동자들과 밀 공급을 놓고 경쟁해야 했다. 런던의 곡물 가격은 뭄바이, 첸나이, 델리보다 늘 높았고, 이에 따라 곡물은 런던으로 흘러 들어갔다. 철도는 상인들이 곡물을 인도에서 유럽으로 실어 나르는 비용을 낮출 뿐이었다. 자유 시장은 의도한 대로 작동하고 있었다. 다만 그 시장은 인도인들에게 곡물을 공급하는 쪽으로 작동하지 않았을 뿐이다.

인도에 재앙을 가져온 영국의 자유주의 통치 시기는 훗날 '기근과 전염병의 시대'로 알려졌다. 17세기의 일반 위기 때와 마찬가지로 인도인들은 굶어 죽지 않으려 '구황 음식'을 먹고 살 곳을 찾아 헤맸으며, 여기에다 영양실조가 만연하면서 설사병과 콜레라, 천연두가 유행했다. 홉스가 말한 악몽 같은 세상이 되살아나지 않게 막는다던 계몽주의는 정작 한 대륙을 여태 보지 못한 새로운 악몽으로 몰아넣었다. 인도는 1869년에서 1910년까지 스무 차례의 대규모 식량 위기를 겪었고, 이로 인해 1800만 명에서 2200만 명에 이르는 사망자가 발생했다. 그러는 와중에도 인도는 매년 유럽에 곡물을 수출했다.

1914년, 가격의 지배가 흐트러지기 시작했다. 제1차 세계대전으로 국제 무역이 멈췄다. 세계 최대의 밀 수입국이었던 영국은 1916년 독일의 유보트가 곡물을 실어 나르는 상선을 집요하게 공격하자 굶주림에 못 이겨 항복할 뻔했다. 세계대전이 끝난 후에도 전쟁에 못지않은 혼돈이 이어졌다. 유럽 국가들은 무역 전쟁을 벌이며 싸웠다. 1924년, 영국 출신의 촉망받는 지식인 존 메이너드 케인스는 '자유방임주의의 종언'을 선언했다. 1929년, 월가에서 주가가 대폭락하고 뒤이어 대공황이 일어나자 19세기 자유주의가 남긴 모든 유산은 설 자리를 잃었다. 경제적 혼돈이 어떻게 전쟁, 혁명, 파시즘, 공산주의 같은 정치적 혼돈을 유발하는지 목격한 케인스는 안정을 위해 새로운 틀을 제시하고자 했다. 그 중심에는 평화와 번영의 필수 요소인 완전 고용이 있었다. 케인스는 일하고 싶은 사람은 누구나 일자리를 구할 수 있도록 경제에 개입하는 것이야말로 정부가 해야 할 일이라 주장했다.

제2차 세계대전은 시민과 국가의 관계를 근본적으로 바꿔놓았다. 연합국은 전쟁에서 이기기 위해서라면 국가가 경제를 조정할 수 있음을 입증했다. 이제 사람들은 정부가 모든 국민에게 일자리와 빵을 나눠주는 세상을 상상할 필요가 없었다. 정부가 이미 그렇게 할 수 있다는 것을 보여주었기 때문이다. 그리고 국가를 위해 막대한 희생을 치른 시민들은 국가가 앞으로도 기본 필수품을 제공해주기를 기대했다. 지난 수십 년간 삶을 송두리째 흔들던 변덕스러운 가격에서 사람들을 지켜줄 새로운 사회계약이 출현한 것이다. 이는 서구권 국가들만의 일이 아니었다. 식민 열강에 맞서 독립을 이끌었던 혁명 지도자들도 가격의 지배를 끝내겠다고 약속했다. '민족주의'를 내세운 인도의 네루, '아랍 사회주의'를 내세운 이집트의 나세르를 비롯한 혁명가들은 식량 보조금을 지급하고 임금을 보장하는 정책을 동시에 활용해 식량 가격이 지나치게 비싸지는 일이 다시는 일어나지 않도록 보장하려 했다. 전 세계 정치인들이 새로운 사회계약을 이행하기 위해 케인스와 유망한 '케인스주의' 경제학자들을 찾았다. 서구권과 대부분의 비공산권 세계에서는 경제를 지배하는 게임의 규칙과 그 규칙에 따라 정해지는 정치적 가능성이 바뀌었다.

그러나 한편에는 케인스주의적 합의에 불만을 품은 이들도 있었다. 여기에는 다양한 성향을 지닌 사람들이 섞여 있었다. 프리드리히 하이에크도 그중 한 사람이었다. 하이에크는 오스트리아-헝가리제국의 전성기에 태어났지만, 그가 성년이 되면서 제국은 서서히 허물어져 자원이 없는 내륙 국가로 전락했다. 하이에크는 어릴 적 본 전성기 시절의 제국을 본보기 삼아 '이중 정부'를 가진 새로운 경제 제국을 구상했다. 그는 종속 국가들을 자유주의에 기반한 자유 무역으로 묶으면서도 각국의 문화를 자유에 맡기는 연방을 상상했다. 이 외에도 컬럼비아대학의 보수 경제학자 아서 번스는 미국에서 첫째가는 케인스의 비판자를 자처했다. 그리고 그를 열렬히 따르던 제자 중에는 젊은 앨런 그린스펀이 있었다. 당시 그린스펀은 그가 존경하던 소설가 아인 랜드*를 만나 '장의사'라는 별명을 얻었고, 아인 랜드의 추종자 모임인 콜렉티브The Collective에 참가했는데, 이 모임은 그가 한평생 정부라는 개념 자체에 반대하는 데 영향을 끼쳤다. 그린스펀은 또한 컬럼비아대학에서 번스의 강의를 들으며 자신의 자유지상주의 철학을 뒷받침할 경제적 근거, "과도한 정부 지출은 인플레이션을 일으킨다"는 원칙을 배웠다. 밀턴 프리드먼 역시 번스의 제자였으며, 훗날 번스는 프리드먼이 첫 저서를 쓰도록 연구비를 지원했다.

케인스주의를 비판하는 이들은 종종 서로 다투거나 견해 차이를 보이곤 했다. 하지만 그들에게는 전후 사회계약에 반대한다는 공통점이 있었다. 그들의 반발에 사상적 기초를 제공한 책은 하이에크의 저서 《노예의 길》이었다. 프리드먼은 이 책을 읽으며 학계의 경제학자에서 급진적인 정치 운동가로 변모했다. 국가가 대중에게 일자리와 먹을 것을 보장하는 새로운 사회적 급여는 얼핏 자비롭고 유익해 보인다. 하지만 하이에크는 이를 보장하는 과정에서 국가는 점점 비대해질 수밖에 없으며, 그 결과 개인의 힘이 사라지면서 대중이 '노예'로 전락하기에 이를 것이라 보았다. 하이에크는 이렇게 국가가 힘을 키우면서 자연스레 전체주의로 향하는 상황을 막으려면 19세기 자유주의가 제시한 자유 시장 원칙으로 되돌아가야 한다고 주장했다. 새로운 사회계약에 반발하는 이들이 '신자유주의자'로 자처한 이유가 여기에 있다. 프리드먼은 사회계약을 완전히 없애고, 국가가 제공하는 사회적

---

* Ayn Rand. 미국의 소설가. 이성과 철저한 개인주의를 강조했으며, 미국의 자유주의 우파에 사상적 틀을 제공한 인물로 평가받는다.

급여를 영국령 인도 제국에서 버튼 경이 제공하던 수준으로 축소해야 한다고 생각했다.

"제국의 전성기에 영국 정부의 지출은 국민소득의 10퍼센트였다. (…) 나는 10퍼센트면 분명 꽤 괜찮은 수준이라는 결론을 얻었다."

신자유주의자들이 상상한 유토피아는 큰 관심을 끌지 못했다. 세계 경제가 호황을 누리고 있었기 때문이다. 케인스주의에 따른 정부 개입은 양차 세계대전 사이 세계를 뒤흔들었던 대규모 실업 문제를 해결했다. 인도에서는 치명적인 기근과 전염병이 사라졌다. 1965년, 시사 주간지 《타임》은 케인스를 '올해의 인물'로 선정했다.

"케인스가 세상을 떠난 지 20여 년이 지난 오늘날, 그의 이론은 세계의 자유 경제에 어떤 이론보다 큰 영향을 끼치고 있다."

《타임》의 설명이다.

"워싱턴에서 미국의 경제 정책을 수립하는 관료들은 케인스주의 원칙을 활용해 전쟁 이전 시대에 되풀이되던 폭력의 악순환을 끊었을 뿐 아니라, 경이적인 경제 성장과 놀라울 정도로 안정적인 물가를 달성했다. (…) 이제 우리는 모두 케인스주의자다."

하지만 모든 국가가 번영을 누린 것은 아니었다. 1970년, 칠레에서는 살바도르 아옌데가 사회주의 공약을 내세워 대통령에 당선되었다. 얼마 뒤 칠레의 경제는 혼돈에 빠지고 물가는 걷잡을 수 없이 치솟았으며, 아옌데의 사회주의 정권은 육군 총사령관 아우구스토 피노체트의 쿠데타로 막을 내렸다. 1976년, 밀턴 프리드먼은 한 강의에서 《노예의 길》을 인용하며 사회적 지출이 어떻게 전체주의적 공산주의로 확대되는지 설명했다.

"칠레 정부가 끊임없이 영향력을 확대한 끝에 아옌데 정권은 칠레를 좌파적 전체주의로 몰아갔습니다. 이후 칠레는 경제적·사회적으로 혼돈에 빠졌고, 결국 현재 칠레를 통치하는 군부 세력이 군사 정변을 일으키기에 이르렀습니다."

프리드먼은 정부 지출 자체를 경제적 혼돈의 핵심 원인으로 꼽았다. 그의 주장에 따르면, 칠레의 "정부 지출은 심각한 인플레이션을 일으키지 않고는 비용을 댈 수 없을 만큼 비대"해졌다. 프리드먼은 어떤 정치인도 이러한 상황을 바라지는 않는다고 강조한다.

"칠레에서 자유가 쇠퇴한 것은 악한 사람들이 악을 행하려 했기 때문이 아닙니다. 칠레에서는 선한 일을 행하려던 선한 사람들이 잘못된 방식을 택했기에 자유가 사라졌습니다."

그러나 여기서 프리드먼은 미국이 아옌데 정권에 반대해 경제 전쟁을 일으켰고, CIA가 피노체트의 쿠데타에 개입했다는 사실을 언급하지 않는다. 아옌데가 대통령으로 당선되자 리처드 닉슨 대통령은 참모들에게 '칠레 경제가 비명을 지르도록 만들 계획'을 세우라고 지시했고, 국무장관 헨리 키신저가 그 일을 맡았다. 미국은 칠레 정부의 은행 계좌를 동결하고 달러 차관을 막았으며, 미국과 유럽으로의 수출을 봉쇄하고, 칠레로 가는 식량 선적을 취소시키고, 칠레의 광업에 필수적인 제조업 부품이 칠레로 수출되지 못하게 하는 등 여러 경제적 무기를 동원했다(이는 2017년 트럼프 행정부가 '사회주의' 베네수엘라를 제재한 방식과 다르지 않다). 이에 따른 칠레 경제의 혼돈은 '선한 일을 행하려던 선한 사람들' 탓에 일어난 일이 아니라, 외세가 자원의 저주에 걸린 정권을 무너뜨리려 한 결과였다. 칠레는 구리 자원이 풍부하지만, 아옌데가 칠레의 구리광산을 국유화하기 전까지는 미국계 기업들이 채굴 사업을 장악하고 있었다. 요컨대 칠레는 지정학적 가격 전쟁과 미국이 자국의 이익을 위해 일으킨 경제적 충격의 희생양이었지, 국내의 경제 문제로 흔들린 것이 아니었다. 그런데도 사회적 지출이 인플레이션을 유발하고, 인플레이션이 혼돈을 가져온다는 주장이 이후 몇 년 사이 경제를 설명하는 중요한 내러티브로 떠올랐다. 게다가 이번에는 전 세계를 뒤흔든 경제 전쟁이 발발하면서 이러한 주장은 더욱 힘을 얻었다.

유대교의 최대 명절 욤키푸르Yom Kippur가 있던 1973년 10월 6일 오후 2시, 이스라엘의 상공에 이집트와 시리아의 전투기가 나타났고, 지상에서는 육군의 포격 소리가 울려 퍼졌다. 이로써 제4차 중동전쟁이 발발했고, 이스라엘은 곧 수세에 몰렸다. 사우디아라비아는 닉슨 대통령에게 궁지에 몰린 이스라엘에 물자 수송기를 보내지 말라고 경고했다. 소련은 아랍 국가들을, 미국은 이스라엘을 지원했다는 점에서 이 전쟁은 냉전의 대리전이기도 했다. 사우디의 경고는 공허한 위협이 아니었다. 미국은 최근 들어서 원유를 본격적으로 수입하기 시작했고, 사우디는 신생 원유 카르텔 OPEC을 이끌었다. 한 가지 의문이 미국 정부를 짓누르기 시작했다. OPEC이 전쟁에서 이기기 위해 '원유 무기'를 사용할까? 대답에 따라 세계 경제가 위기에 빠질지도 모르는 상황이었다.

"그 망할 사우디 대사를 불러들여야 해요."

키신저가 국무차관에게 말했다.

"사우디가 더는 미친 짓을 못하도록 막아야죠."

하지만 사우디 대사는 키신저를 만나지 않았다. 며칠 뒤 OPEC은 유가를 두 배로 올렸고, 한 달 뒤에 다시 두 배로 올렸다. 당시 31세의 젊은 '혁명평의회의 의장'이었던 무아마르 카다피는 "우리는 당신들과 아랍 세계 간의 무역만이 아니라 당신들의 산업까지 파괴할 것"이며, "미국을 공격할 각오가 되었다"고 선언했다.

OPEC은 키신저가 3년 전 칠레를 상대로 벌인 경제전을 고스란히 미국에 되돌려주었다. 석유 부족을 우려한 미국인들은 주유소로 몰려들었다. 줄이 길게 늘어서면서 긴장이 고조되었고, 주유소 직원이 차에 치이거나 살해당하는 일까지 벌어졌다. 한 주유소 직원은 이렇게 말했다.

"이 사람들은 먹이를 찾아다니는 짐승이나 다름없어요. (…) 기름을 못 판다고 하면 직원을 때리거나 차로 들이받고 주유소를 엉망으로 만들어요."

닉슨 정권하의 미국은 아옌데 정권하의 칠레와 비슷한 모습을 보이기 시작했다. 전 세계 주식 시장은 1929년 이후 최악의 폭락을 겪었다. 세계 경제에 거대한 구멍이 뚫렸다.

케인스가 제안한 도구들은 더는 통하지 않았다. 인플레이션과 실업률이 동시에 상승했다. 역사상 전례가 없는 일이었다. 이 현상을 가리키는 말로 '스태그플레이션'이라는 신조어가 나왔다. 스태그플레이션은 케인스가 내린 처방으로는 다스릴 수 없는 문제로 보였다. 1973년 말, 전설적인 케인스주의 경제학자 월터 헬러는 이렇게 고백했다.

"지금은 분명 경제학자들의 재검토가 필요한 때입니다. (…) 우리가 까맣게 모르고 있는 문제가 정말 많습니다."

케인스주의의 위기는 프리드먼에게 기회였다. 프리드먼은 칠레를 두고 했던 이야기를 그대로 반복했다.

"인플레이션은 워싱턴에서 정부가 만드는 것입니다. (…) 정부는 인플레이션을 유가를 올린 아랍 통치자들이나 노조 지도자들 탓으로 돌립니다. (…) 하지만 이들은 모두 핑곗거리이자 희생양일 뿐이며, 인플레이션과는 아무 관계가 없습니다."

프리드먼의 주장은 사고의 대전환을 뜻했지만, 정치인들은 정치 성향과 관계없이 혼돈을 끝낼 수 있다면 지푸라기라도 잡으려 들었다. 전후 새로운 사회계약을 시행한 정당의 정치인들도 앞장서서 계약을 폐지하고 케인스주의 경제학에 등을 돌렸다. 1976년, 노동당 출신의 영국 총리 제임스 캘러헌은 생각이 바뀌었음을 인정했다.

"우리는 정부가 지출을 늘리면 불황을 극복할 수 있다는 생각에 익숙해졌습니다. (…) 그 선택지는 더는 존재하지 않는다고 솔직하게 말씀드려야겠습니다."

캘러헌은 프리드먼의 주장이 옳으며 정부 지출은 인플레이션을 유발할 뿐이라 믿고, 기존에 내세우던 사회주의적 공약들을 포기했다. 다음은 미국 대통령 지미 카터의 차례였다. 카터는 정부의 일자리 보

장과 보편적 의료 서비스를 추진하던 민주당 의원들의 계획을 무산시
켰다. 또한 지출을 줄이고 예산의 균형을 맞추려 안간힘을 썼으며, 항
공산업과 화물 운송, 금융 관련 규제를 완화했다.

이제 대중을 가격의 지배에서 지켜주던 사회계약의 토대가 무너졌
다. 사람들은 더는 과거와 같은 안정을 누릴 수 없으며, 인플레이션 통
제라는 더 중요한 문제를 위해 안정을 포기해야 한다는 주장이 널리
퍼졌다. 프리드먼의 예언은 현실이 되는 듯했다. 복수심에 불타는 인
플레이션 신을 달래기 위해서는 일자리 창출, 복지, 식량과 에너지 보
조금에 들어가는 정부 지출을 모조리 갖다 바쳐야 할 판이었다. 재정
적자를 절대 악으로 악마화하는 새로운 통념이 등장한 것이다.

기이하게도 사람들은 새로운 통념이 사실과 다르다는 점에는 관심
을 두지 않는 듯했다. 스태그플레이션의 시작은 재정 적자나 정부 지
출의 증가와 관련이 없었다. 스태그플레이션은 1973년과 1979년 미
국, 서유럽, 일본의 선진 경제를 동시에 강타했는데, 이 두 시기는 아
랍-이스라엘 전쟁과 이란 혁명으로 두 차례 '오일쇼크'가 발생한 해였
다. 고유가는 인플레이션을 부추겼다. 유가는 상품 운송부터 공장과
기계 운영, 플라스틱과 비료에 들어가는 화학 성분에 이르기까지 거
의 모든 분야에 비용으로 반영되기 때문이다. 케인스의 처방은 정부
지출에 손을 대 수요를 조작하는 식으로 성장과 인플레이션을 통제하
므로 유가를 잡는 데는 효과가 없었다. 치솟는 유가는 외국에서 발생
한 공급 충격이 국내 경제에 영향을 끼친 결과였으므로, 국내의 정책
결정자들은 이 문제에 영향력을 발휘할 수 없었다. 1983년, 유가가 하

락하자 선진국의 인플레이션도 함께 떨어진 이유가 여기에 있다. 재정 적자는 인플레이션과 아무런 관계가 없었다. 오히려 로널드 레이건 정부하에서는 재정 적자가 급증하는 와중에도 인플레이션이 떨어졌다. 그런데도 재정 적자가 인플레이션을 유발한다는 생각은 이러한 사실과 관계없이 널리 받아들여졌다.

프리드먼의 이론은 이후 수십 년간 전 세계인의 상상력을 제한했다. 그의 이론은 국가와 사회, 자본과 노동의 관계를 규정하는 새로운 게임의 규칙을 공고히 했다. 그러나 프리드먼의 이론을 추종하는 사람들은 이 규칙을 시행하면서 한 가지 고질적인 문제에 맞닥뜨렸다. 규칙이 인기가 없다는 점이었다. 적자를 줄인다는 것은 곧 전후의 사회계약을 파기한다는 뜻이었다. 튀르고는 전제 군주 루이 16세에게서 권한을 위임받았기에 자유 시장을 실험할 수 있었다. 마찬가지로 인도에서는 누구도 리튼 경에게 투표하지 않았지만, 수천 킬로미터 떨어진 곳에 있는 제국의 통치자가 그에게 총독의 권한을 주었다. 반면 카터와 캘러헌은 프리드먼이 제시한 길을 따랐지만, 두 사람 모두 인기가 없었고, 대중이 자신의 견해를 이해하도록 설득하지도 못했다. 하지만 그렇다 해도 문제 될 것은 없었다. 머지않아 민주주의 정치 자체가 주변화되었기 때문이다. 각국의 총리와 대통령은 그들이 통제할 수 없는 힘에 '지배'당하는 처지로 전락했다. 이제 그 힘은 전후의 사회계약을 땅에 파묻고 다시 한번 가격이 모든 것을 지배하도록 만들 것이었다.

"저는 젊은 아내가 있고, 자본이 필요합니다."

1974년, 시티은행의 회장 월터 리스턴은 재무장관직을 거절하면서 이렇게 말했다. 시티은행은 분명 어마어마한 자본을 벌어들이고 있었다. 시티은행의 사우디아라비아 지점은 월가에서 선망의 대상이었다. 리스턴은 OPEC이 유가를 충격적인 수준까지 끌어올리며 벌어들인 막대한 돈을 유치했고, 라틴아메리카를 비롯한 개발도상 지역에서 돈을 빌리는 데 혈안이 된 고객을 발견했다. 개발도상국들은 급증하는 원유 수입 비용을 달러로 지불하느라 어떻게든 달러를 빌려야 했다. 시티은행의 선례를 본 영국과 미국의 은행들은 OPEC이 벌어들인 달러를 예금으로 받아 제3세계에 대출하는 일에 앞다투어 뛰어들었다. 이것은 수익성이 엄청난 사업이었으며, 시티은행은 곧 수익의 절반을 대출 사업에서 올렸다. 리스턴은 '국가가 파산할 리는 없다'고 생각했다.

하지만 현실은 그렇지 않았다. 1976년, 페루가 위기에 빠졌다. 페루 정부가 대출 이자를 내지 못하자 은행들은 공포에 휩싸였다. 대출을 받은 나라들이 채무 불이행 상태가 되면 무슨 일이 벌어질지 몰랐다. 자칫하다가는 은행들만이 아니라 미국의 금융 시스템 전체가 무너질 수 있었다. 당시 연준 의장은 프리드먼과 그린스펀을 가르친 반케인스주의 보수주의자 아서 번스였다. 그는 월가를 구하기 위해 나섰고, 질서를 되찾겠다고 약속했다. 1977년 2월, 번스는 이렇게 공언했다.

"우리는 이 분야에 법의 지배를 정착시켜야 하며, 이를 위한 유일한 수단은 IMF입니다. (…) 법의 지배가 없다면 혼돈이 벌어질 것입니다."

그리하여 IMF는 영국과 미국의 은행을 위해 채무를 집행하는 국제기구로 변모했다.

번스는 이것이 모두에게 득이 되는 일이라 주장했다.

"적자에 허덕이는 국가들이 구조조정 정책을 더 성실히 추진하기를 바라는 사람은 은행가들만이 아닙니다. (…) 전 세계가 하루속히 더 건강하고 발전적인 경제 여건을 갖추어야 한다고 믿는 수많은 경제학자와 사려 깊은 시민이 이 문제를 관심 있게 지켜보고 있습니다. 세계 경제와 민간 대출 기관의 이해관계가 일치한다는 사실은 IMF가 훨씬 더 적극적으로 나서야 한다는 뜻입니다."

번스는 OPEC이 유가를 터무니없이 끌어올린 탓에 여러 나라가 막대한 부채에 시달린다는 사실을 인정하면서도 채무국들은 "자의로든 타의로든 재정적·통화적 규제를 시행해야 한다"고 말했다. 그 말인즉 채무국은 무슨 일이 있어도 뉴욕과 런던의 은행에 돈을 갚아야 한다는 뜻이었다. 은행과 은행 주주들의 이익을 훼손하면서까지 대출을 재협상하는 일은 기대할 수 없었다. 채무를 이행하려면 고통스러운 긴축 조치를 시행하고, 복지 제도를 없애고, 사회계약을 파기해야 한다 해도 상관없었다. 번스는 금융계의 이해관계와 보수적 긴축 정책을 긴밀하게 연결하는 새로운 게임의 규칙을 만들었다.

1979년, 이란 혁명으로 제2차 오일쇼크가 발생하자 연준의 새 의장 폴 볼커Paul Volcker는 인플레이션 상승을 막기 위해 금리를 공격적으로 인상했다. 1982년 미국의 금리는 20퍼센트에 달했다. 달러로 돈을 빌린 사람은 엄청난 이자를 부담해야 했다. 석유를 수입하기 위해 시티은행을 비롯한 월가의 금융 기관에서 달러를 빌린 많은 개발도상국 역시 마찬가지였다. 이들이 부채를 갚지 못하면서 제3세계 부채 위기로 알려진 전 세계적 채무 불이행 사태가 벌어졌다.

번스의 구상대로 IMF는 질서를 회복하기 위해 여러 개발도상국에 차례로 개입했다. IMF는 국가 예산을 대폭 삭감하도록 요구하며 정부가 일자리를 보장하거나 식량과 연료 보조금을 지급하지 못하게 했다. IMF의 개입으로 사회계약이 깨지자 정치적 혼돈이 벌어졌다. 1976년부터 1992년까지 세계 각지에서 긴축에 반대하는 대규모 폭동이 146차례 일어났다. 폭동은 대부분 과격하게 진압되었지만, 많은 정권이 이로 인해 무너지거나 치명상을 입었다. 페루, 브라질, 아르헨티나, 멕시코, 자메이카, 베네수엘라, 필리핀, 파나마, 수단, 아이티에서는 정권이 선거로 교체되거나 전복되었다. 빵 폭동이 중동을 휩쓸면서 수단에서는 정부가 무너지고 튀니지에서는 부르기바 정권이 심각한 타격을 입었다. IMF가 프리드먼이 주장한 '신자유주의'를 세계 각국에 강요하면서 19세기 자유주의가 촉발했던 가격 전쟁이 다시 시작되었다.

궁지에 몰린 정치인들은 사회계약을 되살리고 IMF의 압박으로 삭감했던 보조금을 다시 지급하려 했다. 그러나 이러한 시도가 어느 정도 성공을 거두더라도 사회적 급여를 예전 수준으로 되돌릴 수는 없었다. IMF가 정부에 맞설 수 있는 강력한 견제 장치를 정부 조직 안에 심어두었기 때문이다. IMF는 '구조조정' 프로그램을 도입하면서 정부가 기존의 중앙은행을 정치인의 입김에서 자유로운 '독립' 기관으로 만들도록 요구했다. 당시만 해도 중앙은행은 개별 국가의 정부 조직에 통합되어 있었고, 정부는 기반 시설과 개발 계획에 자금을 조달하고 완전 고용을 보장하는 데 중앙은행을 활용했다. 그러나 새로이 독립한 중앙은행은 인플레이션을 막고 '물가 안정'을 보장한다는 한 가지 임무만을 맡았다.

새로운 규칙에 따르면, 중앙은행은 순수하게 기술관료의 힘으로 움직이는 기관이어야 했다. 요컨대 중앙은행은 인플레이션을 억제하고 이를 통해 시장에 신뢰를 주기 위해서라면 유권자나 포퓰리스트 독재자의 뜻조차 무시할 수 있어야 했다. 그리고 프리드먼이 주장했듯, 정부 지출은 인플레이션을 유발하므로 정부 지출과 복지 제도는 축소해야 마땅했다. 전후의 사회계약은 경제에 악영향을 가져올 뿐이기에 더는 꿈도 꾸지 말아야 했다. 그리하여 이제 "대안은 없다"라는 말이 새 시대를 대변하는 격언이 되었다. 정부가 경제적 현실을 규정하는 '불편한 셈법unpleasant arithmetic'을 부인하려 한다면, 중앙은행은 금리를 올려 성장률을 낮추고 대출 부담을 높이는 식으로 정부에 벌을 줌으로써 자애로운 심판 역할을 할 수 있었다.

이 같은 급진적 변화를 옹호하는 사람들은 새로운 사회 구조를 통화 우위monetary dominance라 불렀다. 하이에크는 한때 경제적 연방이 '문화적' 독립성을 유지하는 종속 국가들을 다스리는 '이중 정부'를 구상했다. 하지만 새로운 사회 구조하에서 이중 정부는 한 국가의 내

4부 상상의 산물

부에 존재했다. 이제 중앙은행이 정부가 따라야 할 규칙을 정할 수 있게 된 것이다. 이처럼 정부 안에 또 다른 정부를 만드는 구조가 전 세계로 퍼진 것은 IMF의 강요 때문이기도 했지만, 때로는 토니 블레어와 고든 브라운 같은 정치인들이 나서서 이 구조를 열렬히 받아들이기도 했다. 두 사람은 1997년 각각 총리와 재무장관직에 오르면서 영란은행을 통제할 권한을 자발적으로 포기했다. 이들은 새로이 권한을 위임받은 기술관료들이 인플레이션을 억제하고 투자를 장려하면 자연스레 경제적 번영이 뒤따르리라 진심으로 믿었다.

하지만 뜻밖의 인물이 이 구조를 비판하고 나섰다. 바로 밀턴 프리드먼이었다. 프리드먼은 기술관료나 행정관료들이 경제를 현명하게 이끌 수 있으리라고 전혀 기대하지 않았다. 오히려 그는 IMF를 없애고 연준 의장을 컴퓨터로 대체해야 한다고 주장하기까지 했다. 프리드먼은 '독립적인' 중앙은행이라는 발상 자체를 혐오했고, "민주주의 하에서 정치의 직접적·효과적 통제를 전혀 받지 않는 조직에 그토록 많은 권력을 집중하는" 일은 위험하다고 생각했다. 그는 이익단체, 그 중에서도 특히 금융계가 중앙은행을 장악하리라 보았다. 은행가이자 행정가인 중앙은행의 관료 자리는 십중팔구 금융계 출신 인물들이 차지할 것이었다. 중앙은행의 관료들은 시장을 관리하는 중립적인 심판이 아니었다. 프리드먼은 IMF가 채무국에 빌려주는 돈을 월가에 은밀히 지급하는 보조금으로 여겼다. 그는 《뉴스위크》에 기고한 글에서 이렇게 말했다.

"은행들은 수익성이 있다고 생각한 조건으로 채무국에 돈을 빌려줬다. (…) 일이 잘 풀렸다면 은행은 수익을 올렸을 것이다. 따라서 대출이 부실화될 때 손실을 감당해야 하는 사람은 납세자가 아니라 은행(즉 은행의 주주)들이다."

프리드먼이 꿈꾸던 진정으로 중립적인 자유 시장이라는 이상향은 점점 멀어지고 있었다.

"저는 작은 주에서 12년 동안 주지사로 일했습니다."

1992년, 미국 대선 토론에서 나이에 비해 앳된 얼굴을 한 빌 클린턴이 말했다.

"저는 부유층이 세금을 감면받는 동안 중산층이 받는 혜택은 줄어드는 광경을 보곤 합니다. 사람들이 직장을 잃으면 제게는 그들의 이름을 알 기회가 생깁니다. 공장이 문을 닫으면 그 공장을 운영하던 사람들을 알게 됩니다."

클린턴은 이렇게 침체에 빠지던 미국에 '당신의 고통을 이해합니다'라는 공감의 메시지를 던졌다. 또 그는 로널드 레이건을 지지한 민주당원들의 표심을 되찾기 위해 포퓰리스트를 자처했다. 클린턴 진영은 중산층의 세금을 10퍼센트 감면하는 계획을 핵심 공약으로 내세웠으며, '문제는 경제야, 바보야'라는 선거 구호를 내걸었다.

그러나 월가는 클린턴의 승리에 냉담하게 반응했다. 채권 트레이더들이 미국 국채를 팔기 시작하면서 정부 부채의 장기 금리가 상승했다. 1983년, 프랑스의 대통령이었던 프랑수아 미테랑은 사회주의적 계획을 내세우다 채권 트레이더들의 투기 '공격'을 받았고, 결국에는 친시장 정책으로 돌아섰다. 같은 해, 에드워드 야데니라는 월가의 경제학자는 미테랑을 공격한 트레이더들이 초법적인 방식으로 선행을 했다며 그들을 '채권 자경단'이라 칭했다. 훗날 야데니는 정부가 인플레이션을 유발할 정도로 지출을 늘리려 한다면 "자경단이 시장과 경제에 법과 질서를 되찾아오기 위해 개입할 수 있다"고 주장했다. 그리고 이제 자경단은 경제적 포퓰리스트이자 1981년 이후 12년 만에 민주당 출신으로 대통령에 오른 클린턴을 목표로 삼았다.

시장에는 불안한 기운이 감돌았다. 연준 의장 앨런 그린스펀은 대통령 당선인을 만나기 위해 아칸소로 향했다. 그린스펀은 채권 가격이 대통령직의 운명을 결정할 수 있다고 설명했다. 단기 금리는 연준이 결정하지만 모기지, 자동차 대출, 사업 대출과 관련 있는 장기 금리를 결정하는 것은 채권 트레이더들이었다. 클린턴이 경제를 성장시키기를 원한다면 장기 금리를 낮게 유지해야 하며, 이를 위해서는 트레이더들의 신뢰를 얻어야 했다. 트레이더들은 그린스펀, 아서 번스와 마찬가지로 정부 지출이 인플레이션을 유발한다고 믿었으며, 정부가 인플레이션을 억제하지 못하면 대통령은 그들의 신뢰를 잃을 것이었다. 그린스펀은 클린턴에게 지출을 줄이고 예산 균형을 맞춰 채권 트레이더들을 달래는 수밖에 없다고 말했다. 클린턴이 그렇게 한다면 금리가 떨어지고 경기가 호황을 맞겠지만, 그렇게 하지 않는다면 자경단이 금리를 끌어올려 침체를 유발할 것이었다. 그린스펀은 중립적인 경제관료이자 대통령에게 경제학을 가르치는 과외 교사로 자처했다. 그린스펀의 조언은 경제적 삶의 냉혹한 진실이자 클린턴이 따라야 할 게임의 규칙이었다. 이제 클린턴은 함부로 상상력을 발휘해서 는 안 됐다. 그에게는 대안이 없었다.

클린턴의 관료들은 두 파로 나뉘었다. 노동부 장관 로버트 라이시 와 선거본부의 참모였던 제임스 카빌은 중산층에 제시한 포퓰리즘 공 약을 밀어붙일 것을 권했다. 카빌은 클린턴에게 이렇게 말했다.

"저는 늘 이렇게 질문합니다. 개는 왜 자기 성기를 핥을까? 답은 '그 렇게 할 수 있어서'입니다. 그러면 우리는 왜 예산의 균형을 맞추지 않 을까요? '그렇게 할 수 없어서'입니다."

정치 전략가인 카빌이 보기에 그린스펀의 요구는 정치적으로 불합 리했다. 그러나 다른 관료들은 그린스펀의 편을 들었다.

"채권 시장을 지원합시다. 표를 준 유권자들을 상처입히더라도요."

클린턴은 낙심하면서도 이렇게 결정을 내렸다. 레이건과 부시 정권 에서는 군비를 조달하고 감세를 시행하느라 막대한 재정 적자를 냈어 도 채권 자경단이 분노하지 않았지만, 이를 근거로 그린스펀의 주장 에 반대하는 의견은 전부 무시당했다. 그린스펀의 승리였다. 그는 클 린턴의 관료들이 새 예산안의 초안을 짜도록 도왔고, 예산 삭감을 직 접 감독했다. 반면 카빌은 이렇게 한탄했다.

"나는 다시 태어날 수 있다면 대통령이나 교황, 4할을 치는 타자로 태어나고 싶다고 생각하곤 했다. 하지만 이제는 채권 시장으로 태어 나고 싶은 심정이다. 채권 시장은 세상 모든 사람을 위협할 수 있으니 말이다."

클린턴은 포퓰리즘 정책을 철회한 데 채권 시장이 긍정적으로 반응

　　　　　　　　　　4부 상상의 산물

했다는 소식을 듣고 방송에 나와 "누구보다 보수적이고 회의적인 비판자라 할 수 있는 금융 시장의 관리자들"에게 승리했다고 큰소리쳤다. 이후 클린턴은 일종의 이념적인 스톡홀름 증후군에 빠진 것처럼 자신을 인질로 삼았던 금융 시장을 열렬히 포용했다. 《뉴욕타임스》는 "채권 트레이더가 되기에 더할 나위 없는 시절이 왔다"라고 보도했다. 클린턴은 "최근에 집권했던 대통령들과 비교할 수 없을 만큼 채권 시장에 큰 관심을 보였다." 금융 시장은 그의 상상력을 억누르는 존재에서 그의 생각을 움직이는 존재로 변모했다. 1993년 세계무역센터에 폭탄 테러가 벌어진 다음 날, 사람들은 누가 이런 어처구니없는 일을 저질렀는지 궁금해했다. 이란인들일까? 세르비아인들일까? 파블로 에스코바르일까? 하지만 클린턴은 다른 생각에 사로잡혀 있었다. 그는 《월스트리트 저널》의 기자에게 이렇게 물었다.

"채권 시장에 영향이 있을까요?"

그때부터 클린턴은 시장에 더 많은 권한을 주기 위해 최선을 다했다. 북미자유무역협정NAFTA을 체결하고, 복지를 줄이고, 그린스펀의 도움을 받아 파생상품 시장의 규제를 완화하고, 투자은행의 규모를 제한하는 규제를 없앴다. 통화 우위가 국민의 뜻보다 위에 있음을 여실히 보여주는 놀라운 행보였다. 그린스펀은 투표로 선출된 정치인들에게 영향을 끼쳤을 뿐 아니라, 직접 힘을 발휘할 수단을 가지고 있었다. 그는 공격적으로 금리를 인하해 급등하는 주식 시장에 불을 붙였고, 금융 시장이 흔들릴 때마다 금리를 내려 통화량을 늘렸다. 월가에서는 이러한 정책을 그린스펀 풋옵션*이라 불렀다. 금융 자산의 가격을 효과적으로 보장해주는 그의 정책을 금융 용어로 빗댄 표현이었다. 그린스펀은 스승이었던 아서 번스의 뒤를 이어 가격이 대중을 지배하도록 내버려두면서도 연준은 직접 금융 시장에 개입하는 정책을 폈다.

흔히 그린스펀을 가리켜 미국 자본주의를 재창조하는 대단한 업적을 이뤘다는 뜻에서 '거장', '마법사'라고도 부른다. 하지만 전 세계의 중앙은행장들을 살펴볼수록 그린스펀이 그리 특별한 인물은 아니라는 생각이 들었다. 실제로 여러 연구에 따르면, 그린스펀의 닮은 꼴들은 세계 어디를 가나 있다. 그들은 그린스펀과 마찬가지로 통화 우위를 활용해 시장 규제를 완화하고 금융 분야에 보조금을 지급하고 정부 지출을 줄이도록 선출직 정치인들을 압박했다. 하지만 그들이 모든 정부 지출을 줄이도록 한 것은 아니었다. 그들은 주로 좌파 정부가 부를 재분배하고 불평등을 바로잡고 기본적인 경제 안정을 보장하기 위해 지출을 늘리려 할 때, 그 시도를 막아 세웠다. 그린스펀과 채권 자경단은 레이건과 아버지 부시가 군비를 확충하기 위해 대규모 적자 재정을 운용하는 상황을 잠자코 용인했으며, 세계 79개국의 중앙은행장들 역시 우파 정부의 차입을 눈감아줬다. 반대로 좌파 정부가 들

---

* 자산을 시장 가격과 관계없이 특정 시점에 특정 가격으로 팔 수 있는 권리를 말한다. 풋옵션에는 최소한의 판매가치를 보장함으로써 자산 가격의 하락을 방지하는 효과가 있기에, 당시 시장에서는 금리를 인하해 주가 하락을 막은 그린스펀의 정책을 풋옵션에 비유했다.

4부 상상의 산물

어서면 각국 중앙은행은 금리를 올려 경제를 둔화시키고 차입에 따른 비용을 높임으로써 정부가 사회 복지 계획에 돈을 쓸 수 없게 만들었다. 요컨대 그린스펀은 전 세계에서 널리 받아들여지는 규범에 따라 클린턴이 집권 초기에 추진한 좌파 포퓰리즘 정책을 제지한 것이다.

중앙은행장들은 인플레이션을 막는 데만 집중하는 공정한 심판이 아니었다. 그들은 시장의 규칙을 금융에 유리한 쪽으로 해석해 보수적 긴축 예산을 선호하고 좌파 정부의 기반을 무너뜨렸다. 프리드먼이 1962년에 우려했던 대로 중앙은행장들은 자신에게 일자리를 주는 금융 기관의 이해관계에 따라 움직였다. 민간은행과 중앙은행 사이에는 회전문 인사가 성행했고, 은행가이자 관료인 중앙은행장들은 그들의 전 고용주이자 미래의 고용주인 금융 기관의 눈치를 볼 수밖에 없었다. 그린스펀 밑에서 연준 부의장을 지내고 일생 학계에 몸을 담았던 앨런 블라인더는 월가에서 경력을 쌓는 데 관심이 없는 사람이라도 금융 시장의 비위를 맞추려 조심하게 된다고 인정했다.

"중앙은행장은 한낱 인간일 뿐입니다. 자신에게 점수를 매기는 모든 사람에게서 좋은 점수를 받고 싶어 하죠. (…) 시장은 중앙은행의 성과를 실시간으로 감시하고 공개적으로 평가하는 거대한 바이오피드백biofeedback** 장치와 같습니다. 따라서 중앙은행장들이 당장 좋

** 자발적으로 제어할 수 없는 생리 활동을 기계나 도구로 측정해 알려줌으로써 신체 기능을 조절하도록 유도하는 기법.

은 평가를 받으려면 시장의 눈치를 볼 수밖에 없죠. 그렇게 하지 않으면 시장이 나쁜 평가를 적어 얼굴에다 집어던질 겁니다."

중앙은행은 민주 정치에서 '독립'했을 뿐, 자신이 다스려야 할 시장에는 오히려 종속하는 셈이다.

2008년 주택 시장이 붕괴하자 그린스펀의 세계도 끝이 났다. 그는 파생상품의 규제를 풀고 금리를 인하해 자산가격을 떠받치는 데 적극 앞장섰고, 이로써 부동산 시장의 거품을 키웠다. 세계에서 가장 악명 높은 중앙은행장이 중앙은행의 유일한 목표인 '물가 안정'을 달성하지 못한 것이다. 이후 버락 오바마는 미국인들에게 더 나은 미래를 상상하는 대담함을 갖자고 독려함으로써 압도적인 승리를 거뒀다. 그는 "네, 우리는 할 수 있습니다!"라는 구호를 내걸었다.

투표 결과가 나온 직후, 피터 오재그라는 인물이 시카고에 있던 대통령 당선인을 찾아갔다. 그는 클린턴 행정부의 경제자문위원회에서 일한 민주당의 베테랑 경제학자였다. 정확히 16년 전 그린스펀이 아칸소에서 클린턴을 만나 경제적 삶의 냉혹한 진실을 설명했듯, 오재그도 그와 똑같은 이야기를 하기 위해 새 대통령을 방문했다. 그는 오바마에게 재정 적자를 늘리면 인플레이션이 상승하고 채권 자경단이 공격을 시작하면서 또다시 침체가 뒤따를 것이라 말했다. 세계 경제가 무너지면서 실업률이 치솟고 물가가 떨어져 인플레이션이 일어날 낌새조차 보이지 않던 당시 상황을 고려하면 이상한 이야기였다. 조지 W. 부시는 전쟁과 감세 비용을 충당하기 위해 적자를 늘렸어도 채권 자경단의 공격을 받지 않았고, 인플레이션이 발생하거나 금리가 급등하지도 않았다. 그런데도 오재그는 그린스펀과 똑같은 이야기를 했다. 오바마는 상상력을 제한해야 하며, 시장은 오바마에게 '아니, 당신은 할 수 없어'라고 말할 것이라는 이야기였다.

금융위기 속에서 각국 정부는 재정 적자를 어떻게 생각하는지에 관계없이 양자택일의 기로에 섰다. 선택지는 은행에 구제금융을 제공하거나 대공황의 위험을 감수하거나 둘 중 하나였다. 각국 정부가 은행의 손실을 보전하기 위해 서둘러 빌린 돈은 제2차 세계대전 이후 전례가 없는 규모였다. 이에 따라 세계 각지에서는 재정 적자가 급증했다. 채권 자경단이라는 용어를 만든 유명 경제학자 야데니는 투기 공격이 임박했으며 금리가 오를 것이라 경고했다. 오재그는 채권 자경단에 맞설 준비를 했다.

그러나 우려했던 공격은 일어나지 않았다. 연준과 영란은행은 국채를 매입해 정부 부채를 떠안았다. 채권 트레이더들은 분노로 치를 떨었다. 중앙은행이 그들의 역할을 대신했고, 그들은 중앙은행을 이길 수 없었다. 이후 트레이더들은 '연준에 맞서지 마라'는 말을 새로운 격언으로 삼았다. 야데니는 "자경단이 제 역할을 하기란 거의 불가능해졌다"며 불평했다. 이것은 새로운 수법이 아니었다. 연준은 세계대전 시기에도 채권을 매입해 장기 금리를 조절한 적이 있었다. 일본은행은 2002년에도 같은 정책을 쓰면서 여기에 일본어를 그대로 옮긴 어색한 명칭을 붙였다. 바로 양적완화quantitative easing라는 이름이었다.

다들 무슨 일이 벌어지고 있는지 이해하지 못해 어리둥절했다. 수십 년간 정부를 쥐고 흔들던 시장이 한순간에 무력화되었다. 연준 의장 벤 버냉키가 탐사 보도 프로그램 〈60분〉에 출연했을 때, 그를 인터뷰하던 진행자는 경제적 삶의 냉혹한 진실이 그토록 쉽게 무너질 수 있다는 사실에 당혹했다.

"여러분이 시중 은행에 계좌를 가지고 있는 것처럼 은행들도 연준에 계좌를 가지고 있습니다."

버냉키가 설명했다.

"은행에 돈을 빌려줄 때 연준은 컴퓨터로 그 은행의 연준 계좌 규모를 늘리기만 하면 됩니다. 정확히 똑같지는 않지만, 돈을 빌려주는 것보다는 찍어내는 것에 훨씬 가까운 일입니다."

그러니까 버냉키가 버튼 하나만 누르면 돈이 나온다는 뜻이었다. 그리고 연준은 이 돈으로 정부 부채를 떠안거나 휴지 조각이 된 모기지담보부증권을 매입할 수 있었다. 1998년 그린스펀이 브룩슬리 본과 대결한 청문회에서 설명했듯, 금융상품의 이점은 현실 세계에 존재하지 않는다는 것이다. 그린스펀은 "정부 증권은 손쉽게 재발행할 수 있다"고 말했다. 정부 증권도 결국은 종잇조각이나 컴퓨터 화면의 작은 점에 불과하기 때문이다. 다만 버냉키와 달리 그린스펀은 정부 증권을 재발행하거나 돈을 찍는 버튼을 누르는 선택을 하지 않았을 뿐이다. 월가의 투기자들이 우주의 지배자였다면, 중앙은행장은 그 지배자들의 지배자였다. 적자 지출은 언제든 가능한 일이었다.

그러나 유럽중앙은행 총재였던 장클로드 트리셰는 영란은행이나 연준과 달리 유럽연합 회원국 정부에 협력하지 않았다. 오히려 그는 돈을 찍는 버튼을 누르는 대신 긴축 정책을 시행하라 요구하며 벼랑 끝 전술을 폈다. 2011년 여름, 트리셰는 소위 '자경단'들이 어려움에 빠진 유로존 국가들을 유린하는 모습을 보며 버튼을 만지작거렸다. 이탈리아에서는 자경단이 국채를 투매하면서 국가 부도 위험이 아랍의 봄 혁명을 겪고 있던 이집트보다도 높아졌다. 트리셰는 이탈리아, 아일랜드, 스페인의 총리에게 비밀리에 요구 사항을 담은 편지를 보냈는데, 그중 이탈리아 총리 실비오 베를루스코니에게 보낸 편지가 언론에 유출되었다. 편지에서 트리셰는 "대규모 사영화", "2013년에는 지출 삭감을 중점에 두고 균형 예산을 편성할 것", 연금 축소, 노조 약화, 공공 부문 일자리의 "임금 축소", "자동적으로 적자를 줄이도록 하는 조항을 넣을 것"을 요구했다. 이어 트리셰는 이탈리아 정부가 민주적 절차를 거치지 않고 위의 요구 사항을 "최대한 신속히 긴급법령으로" 제정하고, 이후 "개헌을 통해 엄격한 재정 준칙을 도입"해 개혁 조치가 민주적 책임 때문에 무위로 돌아가지 않도록 보호해야 한다고 주장했다. 유로존의 부채 위기는 이 같은 선택에 따라 일어난 위기였으며, 유로화 자체의 건전성이 위협받는 상황에 이르러서야 끝이 났다. 컬럼비아대학의 저명한 경제사학자 애덤 투즈는 당시의 위기를 이렇게 설명한다.

"당시 채권 시장이 한 역할은 자유분방한 자경단이라는 말로는 다 표현할 수 없다. ECB와 유럽연합을 이끄는 독일과의 관계를 고려하면, 채권 시장은 자경단이라기보다 국가에서 승인한 준군사조직에 가까웠고, 채권 시장이 한 일은 경찰이 지켜보는 가운데 구타로써 벌을 가하는 것이나 다름없었다."

영란은행 총재였던 머빈 킹도 2010년 선거를 앞두고 비슷한 방식으로 공개적인 위협을 가했다. 그는 "재정 정책에도 변화가 필요"하며, "향후 적자를 줄일 방법을 보여주는 명확한 계획"을 수립해야 한다고 선언했다. 하지만 킹은 채권 시장 같은 준군사조직을 동원할 필요가 없었다. 긴축 정책을 펴는 데 뜻을 같이했던 데이비드 캐머런이 선거에서 이겼기 때문이다. 오바마도 긴축 대열에 합류했다. 2010년 1월, 오바마는 두 번째 국정 연설에서 재정 적자 축소를 일자리 문제보다 우선하겠다고 밝혔다. 그리고 2014년, 버냉키는 실업률이 여전히 역사적인 수준에 머무는 와중에도 월가가 더는 양적완화로 득을 보지 못하자 돈을 찍어내는 버튼에서 손을 뗐다.

월가, 시티오브런던, 중앙은행장들은 바라던 바를 이뤘다. 은행들은 구제를 받고 주식 시장은 다시 한번 급등했으며, 정부는 긴축 정책을 시행했고, 임금은 낮게 유지되었다. 하지만 이들의 승리에는 막대한 비용이 따랐다. 중앙은행은 가진 패를 전부 내보여야 했다. 이제 책임은 중앙은행에 있으며, 채권 자경단은 중앙은행의 손아귀 안에 있는 준군사조직일 뿐이라는 사실이 드러났다. 중앙은행장들 역시 자신이 정치적으로 중립적인 기술관료도, 냉혹한 진실을 전하는 경제학자도 아님을 보여주었다. 중앙은행의 핵심 역할이 인플레이션에 맞서 '물가 안정'을 이루는 것이라는 말은 옛날이야기가 되었다. 인플레이션은 수십 년간 문제가 되지 않았다. 오재그와 그린스펀이 오바마와 클린턴에게 했던 경고와 달리, 적자 지출을 크게 늘린다 해서 금리가 급등하고 경기가 침체에 빠지는 일은 일어나지 않았다. 정부의 차입이 기록적인 수준에 이르렀는데도 금리는 '0'에 가깝게 유지되었다. 전후의 사회계약을 파기하도록 이끈 '불편한 셈법'은 더는 앞뒤가 맞지 않았다. 서구의 유권자들은 다른 대안이 있을지도 모르며, 정부가 금융인들의 이익을 챙기기보다 임금을 올리려고 노력하는 미래를 다시 한번 그려볼 수 있다는 희망을 품기 시작했다.

그리고 2016년이 되자 그런 미래를 만들 수 있다고 공언하는 인물이 대거 등장하기 시작했다(그중 상당수는 등장 당시만 해도 그야말로 듣도 보도 못한 독특한 인물이었다). 좌파 진영에서는 버니 샌더스와 제레미 코빈이 1970년대 중반 그들이 속한 정당에서 포기했던 전후 사회계약을 복원하겠다고 약속했다. 트럼프는 중국과 무역 전쟁을 벌여 미국 중서부 지역에 양질의 제조업 일자리를 되살리겠다고 공언했다. 보리스 존슨과 나이젤 패러지는 유럽연합을 탈퇴하면 이민이 줄고 임금이 오르고 생활비 부담이 줄어들 것이라 주장했다.

그리고 이 전환의 시기에 때를 맞춰 그린스펀이 부추긴 원자재 시장의 또 다른 거품들이 혼돈을 불러일으켰다. 내가 2년간 세계를 돌며 추적한 이 거품들은 상대적으로 덜 알려졌지만, 유권자들이 장차 어떤 정치인에게 투표할지 결정하는 데 막대한 영향을 끼쳤다. 세계 난민 위기로 서구가 다시 혼돈에 빠졌을 때, 유권자들의 호응을 얻은 것은 우파 포퓰리스트들이 상상한 미래였다. 긴축 정책과 세계적인 은행들, 오만한 엘리트 계층을 향한 분노가 피드를 뒤덮은 외부 '침략자들'의 이미지와 만나 폭발을 일으켰다. 트럼프는 무역 전쟁을 시작했고, 보리스 존슨은 영국의 유럽연합 탈퇴를 이끌었다. 하지만 트럼프와 존슨 모두 골드만삭스 출신의 금융인에게 재무장관직을 맡긴 데서 알 수 있듯, 그들 정부 역시 금융계와 뗄 수 없는 관계에 있었다. 가격은 여전히 세상을 지배했다.

"그건 곧 해결될 문제라고 봅니다."

2020년 2월 25일, 트럼프는 뉴델리에서 열린 기자회견에서 이렇게 말했다. 새로운 코로나바이러스가 전 세계로 퍼지면서 팬데믹은 기정사실로 받아들여지고 있었다.

"그보다는 어제 하루에만 주가 지수가 1000포인트 떨어졌다는 게 더 중요한 문제겠죠."

빌 클린턴이 세계무역센터에 폭탄 테러가 일어난 것을 보고 채권시장의 반응을 물었듯, 트럼프도 가격이라는 프리즘을 통해 위기를 바라보고 있었다. 앞서 언급했듯이 앨런 블라인더는 중앙은행장들이 시장의 움직임을 보며 자신의 성과를 평가한다는 점을 지적한 적이 있는데, 이는 곧 기술관료부터 트럼프에 이르는 통치 엘리트들의 상상력이 그만큼 왜곡되어 있다는 이야기였다. 트럼프 행정부는 공중보건보다도 시장을 우선시했다. 그들은 팬데믹 관련 뉴스가 "시장에 공포를 조성"할 것을 우려해 대규모 검사를 조직하거나 산소호흡기를 사는 등의 초기 대응을 서두르지 않았다. 주지사들이 봉쇄령을 내렸을 때도 트럼프는 최대한 빨리 경제 활동을 재개하도록 거세게 밀어붙였다. 그는 3월 23일 백악관 브리핑에서 이렇게 말했다.

"다들 보셨겠지만 오늘 다우지수가 2100포인트 급등했습니다. (…)

가장 큰 이유는 투자자들이 하루속히 나라를 정상화하기를 바라기 때문이라 생각합니다."

이는 트럼프만의 문제가 아니었다. 다른 포퓰리스트 지도자들 역시 트럼프와 다르지 않았다. 2월 3일, 보리스 존슨은 코로나19의 위험성이 부풀려졌으며 경제를 봉쇄하는 나라들이 불필요한 대처를 한다고 비판했다. 존슨은 영국 정부는 봉쇄 조치를 내릴 계획이 없으며, 가짜 위기가 끝나면 독보적인 우위를 점한 영국은 "클라크 켄트처럼 안경을 벗고 공중전화 부스로 뛰어든 다음 치렁치렁한 망토를 걸친 슈퍼맨의 모습으로 나타날 것"이라 말했다. 존슨의 최측근이자 정부의 실세로 불리던 도미닉 커밍스는 사석에서 영국 정부의 전략을 이렇게 묘사했다.

"집단 면역을 키우고 경제를 보호해야 하며, 이 과정에서 노령층 사망자가 나오는 건 안타깝지만 어쩔 수 없는 일입니다."

브라질의 자이르 보우소나루 대통령 역시 경제 활동을 제한하는 정책을 거부하면서 브라질인들은 "어떤 병에도 걸리지 않을 것"이라 말했다.

"여러분은 지금 어떤 사람이 더러운 물에 뛰어든 뒤, 물 위로 올라왔다가 다시 잠수하는 광경을 보고 있습니다. 그 사람에게는 아무 문제도 없어요."

나는 이들의 진술에서 지난 2년간 쫓아온 것들을 발견했다. 가격의 지배, 시장을 향한 두려움, 투기자들이 벌일 일에 대한 두려움이었다. 공중보건에 비상사태가 벌어지면 경제가 제대로 돌아가지 않으리라는 것은 처음부터 자명했다. 노동자들은 아프고 소비자들은 지출을 꺼릴 수밖에 없었다. 하지만 현실 세계와 금융 세계가 이렇게 연결되어 있다는 사실은 잊힌 지 오래였다. 현실의 시장을 구성하는 인간의 존재는 시장에서 지워졌다. 모든 것이 £(파운드)나 €(유로) 같은 기호가 붙은 아라비아숫자로 환원되면서 우리는 다른 사람의 존재를 상상하지 않게 되었다. 이러한 왜곡은 결국 재앙을 몰고왔다.

계몽주의부터 영국 제국, 월가의 대폭락, 금융 위기에 이르는 사례들에서 거듭 확인했듯이 가격의 지배는 혼돈을 가져온다. 그리고 2020년 3월 혼돈이 찾아왔을 때, 정책 결정자들은 며칠 전까지만 해도 상상조차 할 수 없던 정책, 2008년 금융 위기라는 최악의 시기에도 끝내 거부한 정책을 택할 수밖에 없었다. 각국 정부는 기본 소득을 보장하기 위해 개입을 시작했다. 소득을 보장하고 실업 수당을 늘리고 정부가 직접 기업의 인건비를 부담하는 정책은 '전시 공산주의'라 불릴 만큼 막대한 비용이 드는 일이었다. 이로써 1970년대 중반 이후 처음으로 전후의 사회계약이 복원되었다. 국가는 다시 한번 안정을 보장하기 위해 나섰다.

아니나 다를까, 중앙은행장들은 이 같은 특별 조치 역시 게임의 규칙을 따라야 한다고 선언했다. 영란은행 총재 앤드루 베일리는 2020년 4월 5일 《파이낸셜타임스》에 기고한 글에서 정부와 독자들에게 위기 속에서도 경제적 삶의 냉혹한 진실을 피할 수는 없다고 강조했다. 그는 영란은행은 정부의 새로운 지출 계획을 지원하기 위해 돈을 찍지 않으리라 공언했다. 양적완화를 넘어서서 정부가 직접 돈을

4부 상상의 산물

찍어내 재정을 조달하는 정책을 '통화적 자금조달monetary financing'이라고 하는데, 베일리는 이러한 정책을 사용하면 물가가 걷잡을 수 없이 치솟는 '악성 인플레이션'이 오리라 경고했다. 영국 경제가 300년 이래 최악의 침체에 빠지는 와중에도 베일리는 중앙은행의 유일한 "목표는 인플레이션 목표치를 달성할 수 있는 선에서 차입 비용과 지출을 유지하는 것"이라 단언했다. 영국에서는 하루 1000명에 가까운 사망자가 나왔다. 실업률이 치솟고, 빈곤이 심각해졌으며, 수백만 명이 굶주렸다. 그런데도 베일리는 수십 년간 영국에서 일어난 적 없는 보이지 않는 위기를 우려하고 있었다. 도무지 믿기지 않는 이야기였다. 그는 40년간 영국과 전 세계의 중앙은행장들을 사로잡은 신화에서 벗어나지 못하고 있었다. 중앙은행장들은 엄청난 재난이 세계를 덮친 상황에서도 OPEC의 유령과 싸우고 있었다. 하지만 신화는 오랫동안 현실에 맞설 수 없었고, 고작 4일 만에 무너졌다. 《파이낸셜 타임스》는 이렇게 보도했다.

"영국은 지금 당장 코로나바이러스에 맞서는 데 필요한 비용을 마련하기 위해 최초로 통화적 자금조달에 나선 국가가 되었다."

실업과 굶주림이라는 현실 세계의 위기는 중앙은행장들이 나서서 싸워야 할 전선 중 하나일 뿐이었다. 그들이 생각하기에 훨씬 크고 위험한 전선은 따로 있었다. 바로 베일리의 전임 총재인 마크 카니가 2015년에 경고한 금융-기후 종말장치의 폭발이었다. 2020년 3월, 코로나19 위기는 세계 금융 시스템의 기반인 미국 국채 시장에 폭발을 일으켰다. 처음에는 각국 정부가 달러 현금을 마련하기 위해 만기 1년

미만의 단기 국채Treasury Bill를 팔면서 전 세계에서 '현금 쏠림' 현상
이 나타난 것이 혼돈의 원인으로 꼽혔다. 그러나 4월, 국제결제은행은
투기적 '베이시스거래basis trade'로 손실을 본 헤지펀드들이 국채를 대
거 매도했다고 밝혔다. 베이시스거래는 본래 국채의 현물과 선물 가
격 차이를 이용해 이익을 노리는 거래다. 변동성이 낮은 국채는 보통
그 차이가 크지 않기에 헤지펀드들은 대규모 차입 투자로 큰 이윤을
남겼다. 그러나 이번에는 현금 쏠림으로 국채 가격이 급락하면서 헤
지펀드들이 베이시스거래로 엄청난 손실을 보았다. 그러자 은행들은
담보를 설정하라고 요구했고, 마지못해 국채를 매도하는 헤지펀드들
탓에 국채 가격이 더 떨어졌으며, 이를 본 은행들이 추가로 담보를 요
구하는 악순환이 이어지면서 채권 시장은 파국으로 치달았다.

금융 투기자들은 이번에도 역시 금융 시장 깊숙이 종말장치를 심어
두었고, 그 장치는 충격을 재난으로 증폭했다. 그리고 지난 위기에도
그랬듯, 중앙은행들은 금융 시장이 무너지지 않도록 떠받치고 투기자
들을 구하는 일에는 게임의 규칙을 적용하지 않았다. 게다가 이번에
는 전과는 비교도 안 될 만큼 엄청난 규모의 개입이 이루어졌다. 연준
의장 제롬 파월은 돈을 찍는 버튼을 '바주카포'로 업그레이드해 무제
한 양적완화QE Infinity를 시행했고, 시장을 지탱하기 위해 무제한 자
산 구매를 약속했다. 그는 연준이 "시간이 얼마나 걸리든 할 수 있는
모든 일"을 할 것이라고 선언했다. 3월 말까지 연준은 1조 달러 상당
의 국채를 매입했고, 시장은 안정을 되찾았다.

금융이 종말을 피할 수 있었던 이유는 금융의 종말이 디지털 세상

4부 상상의 산물

안에서 일어나는 일이기 때문이다. 1770년대 프랑스나 1870년대 인도의 밀 위기, 1970년대의 석유 위기는 실물 원자재의 공급이 한정적이기 때문에 벌어진 일이었다. 전 세계에 공급되는 밀과 석유의 양에는 늘 한계가 있었다. 하지만 내가 이 책을 쓰면서 한 가지 배운 점은 금융의 연금술은 물리적 세계의 제약을 받지 않는다는 것이다. 금융은 이론상으로만 존재하는 차용증서를 가지고 벌이는 사회적 게임이며, 본디 노동, 토지, 원자재, 공산품 같은 실물의 흐름을 더 효율적으로 조직하는 것을 목적으로 한다. 마크 카니가 말한 금융-기후 종말장치는 어디까지나 이 형태 없는 금융 세상 안에 존재한다. 그리고 그 장치는 금융 시장을 감독하는 심판들이 게임의 규칙을 엄격히 따를 때만 폭발을 일으킨다. 카니의 후임 총재인 앤드루 베일리는 폭발이 일어나 버섯구름이 피어오르는 와중에도 그 규칙을 지키려 했다. 하지만 금융 시장의 심판들이 2008년에 깨달았듯, 폭발의 후폭풍을 견디는 것보다는 규칙을 바꾸는 편이 훨씬 쉬웠다. 그리하여 그들은 다시 한번 게임의 규칙을 신속히 폐기하고 돈을 찍어내 국채를 매입했다. 폭탄을 해체하는 일은 간단했다. 해체는 그저 심판들이 마음먹기에 달린 일이었다.

중앙은행장들은 최대의 적인 인플레이션에 맞서야 한다는 명분을 내세우며 폭탄을 해체하기를 망설였다. 인플레이션이라는 괴물을 억제하기 위해서는 규칙을 따를 필요가 있다는 이야기였다. 그러나 중앙은행이 정부 지출을 지원하고 기업을 구제하기 위해 양적완화와 통화적 자금조달을 시행해도 '악성 인플레이션'은 일어나지 않았다. 미국과 서유럽, 일본에서는 2020년 내내 인플레이션율이 목표치인 2퍼센트 밑에서 꿈쩍도 하지 않았다. 각국 중앙은행은 실질 금리를 마이너스로 끌어내렸고, 채권 자경단에 특별히 돈을 빌려주는 대가로 마이너스 금리에 따른 비용을 정부에 지불하도록 했다. 인플레이션이 일어나지도 금리가 치솟지도 않자, IMF마저 경제적 삶의 냉혹한 진실이 더는 정부 지출을 가로막지 않는다고 인정해야 했다. 긴축은 필수가 아니라 선택이라는 사실이 드러난 것이다.

보수주의자들은 이 위협을 즉각 인지했다. 역설적이게도 그들이 경제에 개입하면서 거둔 성공은 그들의 통치 철학을 뒤흔들었다. 영국의 한 보수당 관계자의 말을 빌리자면, 보수당 정권은 유권자들이 "현재의 정책에 중독"되기 전에 기를 쓰고 긴축으로 돌아가려 했다. 재무장관이었던 리시 수낙은 팬데믹의 2차 유행이 시작되자 서둘러 일자리 지원 정책을 중단했다. 그 대신 수낙은 실직한 발레 무용수들에게 재교육을 받아 '사이버' 일자리를 구하도록 권하는 홍보 캠페인을 시작했다. 그러나 며칠 뒤 전국에 봉쇄 조치를 내려야 할 만큼 2차 유행이 심각해지자 수낙은 방침을 바꿔야 했다. 영란은행이 지원한 정부 지출이 효과를 발휘한다는 사실이 수낙에게는 오히려 골칫거리였다.

"정부의 차입이 모든 문제의 해답이고 부채가 늘어나도 괜찮다고 생각한다면, 우리는 노동당과 다를 바 없습니다."

수낙은 보수 성향의 주간지 《스펙테이터》와의 인터뷰에서 이렇게 고충을 털어놓았다. 그는 자신이 시행한 정책을 깎아내릴 이유를 찾으려 애썼고, 납세자들에게 영란은행이 찍어낸 돈을 갚아야 하는 '신성한 의무'가 있다는 둥 말도 안 되는 주장을 폈다.

미국의 보수주의자들은 이 같은 위협에 세상이 끝장나기라도 할 것처럼 반응했다. 공화당의 상원의원 린지 그레이엄은 2조 2000억 달러 규모의 경기부양책인 코로나바이러스 원조·구호·경제안정법CARES Act의 지원을 연장하는 방안을 두고 "목숨을 걸고라도 이 법이 재승인 되지 않도록 막겠다"고 말했다. 공화당은 추가적인 소득 지원책을 막는 것을 최우선 과제로 삼았다. 여름이 지나가고 대선이 다가오면서 공화당 의원들이 왜 위기에 빠진 사람들을 지원하는 인기 있는 정책에 기를 쓰고 반대하는지 모르겠다며 의문을 표하는 여론이 거세졌다. 정치적 이득이나 공중보건, 경제적 현실을 넘어서는 무언가가 그들을 움직이고 있었다. 그들은 도덕 원칙이 당장 땅에 떨어지기라도 할 것처럼 반응했다. 막말 방송으로 유명한 라디오 진행자 글렌 벡은 대중에게 안정을 제공하는 정책을 그의 애국심을 모욕하는 일로 받아들였고, 자신은 코로나19에 걸리더라도 정부 지원을 받아서 "나라를 망치느니 차라리 죽겠다"고 말했다. 또 다른 막말 방송인 러시 림보는 미국의 초기 정착민들은 살기 위해 "인육을 먹는" 고난을 겪으면서도 "그러한 현실을 불평하지 않았다"며 칭송했다. 진짜 재난이 나라를 휩쓸고 있는데도 오지 않은 종말에 관한 걱정을 늘어놓는 모습이 외부자들의 눈에는 기괴해 보였다. 정치이론가 프레드릭 제임슨의 말대로 이 보수주의자들에게는 "자본주의의 종말보다는 세상의 종말을 상상하는 것이 더 쉬운" 일인지도 모른다.

그런데 그들은 대체 무엇이 '종말'에 이르렀다고 생각한 것일까? 전 세계 어떤 정부도 막대한 부유세를 걷거나 국유화를 단행하지 않았다. 일자리를 제공하고 생계를 보장하기 위해 시장경제에 적절히 개입하는 정책은 제2차 세계대전 이후 수십 년간 자본주의와 병존했다. 다만 이 같은 개입 정책에는 가격의 힘을 줄이는 효과가 있었다. 소득 지원책이 시행되면 가격은 '사람들에게 해야 할 일을 알려주는' 역할을 하지 못했다. 굶주리거나 살 곳을 잃을 위험이 줄면 사람들은 시장 규율에서 조금씩이라도 자유로워졌다.

시장 규율은 영미의 보수주의자들이 생각하는 도덕의 핵심이다. 시장은 선한 자에게 보상을, 그럴 자격이 없는 자에게 벌을 준다. 시장은 불평등한 사회 질서를 유지하는 동시에 그 질서를 정당화하는 원리다. 시장 시스템이 흔들리면, 패자가 보상을 받고 승자가 누려야 할 정당한 보상을 빼앗길 위험이 커진다. 따라서 시장이 흔들린다는 것은 곧 도덕 관념 자체가 흔들리는 일이다.

2020년 8월 28일, 보수주의자들이 우려하던 일이 벌어졌다. 제롬 파월은 연준에서 연준의 권한을 재고하고 있다고 발표했다. 경제의 심판인 연준이 위기에 대처하기 위해 규칙을 일시적으로 바꾼 데 이어, 규칙에 영구적인 수정을 가하고 있었다.

"40년 전 우리 경제가 맞닥뜨린 최대 문제는 높이 치솟는 인플레이션이었습니다."

파월이 기자회견에서 말했다. 하지만 이제 미국과 다른 선진국들이 맞닥뜨린 문제는 인플레이션이 낮은 수준에서 꿈쩍도 하지 않는다는

4부 상상의 산물

것이었다. 파월은 이제 목표 인플레이션율을 최대 2퍼센트가 아니라 평균 2퍼센트로 설정하겠다고 발표했다.

"연준이 인플레이션을 부추기려 한다는 이야기를 들으면 많은 사람이 쉽게 납득하지 못할 것입니다. 그러나 인플레이션이 너무 낮은 수준에 머물러도 경제에 심각한 위험을 초래할 수 있습니다."

게다가 당시 미국의 가장 큰 골칫거리였던 실업 문제를 해결하기 위해서는 위험을 무릅쓸 필요가 있었다.

"개정된 지침*에서는 완전 고용이 광범위하고 포괄적인 목표임을 강조합니다. 이 같은 변화는 노동시장이 튼튼하면 특히 저소득층과 중간소득 계층에 속한 많은 사람이 혜택을 받는다는 사실을 연준이 인정한다는 뜻입니다."

파월의 한마디 한마디가 보수주의 정치에는 사망 선고나 다름없었다. 연준이 인플레이션은 이제 위협이 아니라고 인정하면서 긴축을 시행할 명분이 사라졌다. 또 연준은 완전 고용을 강조함으로써 노동자에게 안정과 의미 있는 선택지를 제공하도록 노동시장에서 적극적인 역할을 하겠다고 약속했다. 그리고 아마도 보수주의자들은 연준이 저소득층, 즉 시장 게임의 '자격 없는' 패배자들을 도울 뜻을 내비쳤다는 데서 가장 큰 충격을 받았을 것이다. 보수주의자들은 긴축이라는 생존 게임에서 함께 민주주의에 맞서던 동맹군을 잃었다.

* 연준의 통화정책 목표와 전략을 성문화한 '장기 목표 및 통화정책전략 지침'을 말한다.

1977년 이후 아서 번스, 폴 볼커, 앨런 그린스펀은 유권자와 정치인 모두의 선택(실제 선택과 상상할 수 있는 선택)을 제한하는 금융 미로의 주 설계자로 일했다. 그들은 권좌 뒤에 숨은 실세로서 보수적인 긴축 예산을 짜고 노동시장의 규제를 풀면서 금융에 지원을 아끼지 않았다. 그 결과 40년간 불평등과 금융 불안정이 부쩍 심각해졌다. 폭발적인 호황과 불황이 더 자주, 더 격하게 반복되었다. 그때마다 심판 역할을 하는 중앙은행장들은 규칙을 고쳐 폭발의 후폭풍에서 금융을 보호했다. 반면 금융계 밖의 모든 사람, 특히 세계 금융 중심지의 외부에 사는 사람들은 폭발이 일으킨 버섯구름에 고스란히 노출되었다. 연준과 IMF가 강요한 1980년대의 제3세계 부채 위기부터 그린스펀이 만든 거품과 파란만장했던 2010년대를 거치는 동안, 세계 시장의 미로는 혼돈을 부추기는 이들의 이익을 보호하는 방향으로 거듭 재건되었다. 폭발하는 동시에 폭발하지 않는 기후-금융 종말장치의 역설은 이 불평등한 구조가 만들어낸 결과다. 그러나 코로나19 위기가 계속되면서 새로운 규칙이 변화를 가져왔다. 보수주의자와 금융인, 중앙은행 간의 오랜 동맹 관계에서 보수주의자들이 뒷전으로 밀려난 것은 사상 처음 있는 일이었다.

소수의 특권층이 주도하는 궁정 정치가 이렇게 급격한 변화를 겪는 광경을 보며 나는 이집트에서 일어난 아랍의 봄 혁명을 떠올렸다. 당시 이집트의 대통령이었던 호스니 무바라크는 1981년에 권력을 잡은 뒤, 권좌 뒤의 실세인 군부의 뜻에 따라 나라를 통치했다. 2011년 군부의 장군들은 빵 폭동으로 나라가 흔들리자 마음을 바꿔 무바라크가

4부 상상의 산물

몰락하도록 내버려뒀다. 전 세계 사람들은 자유와 민주주의를 쟁취한 이집트가 중동의 변화를 이끌기를 기대했다. 하지만 그 꿈은 오래가지 않았다. 새로 선출된 정부가 수렁에 빠지자 군부의 장군들이 다시 권력을 잡고 대통령을 감옥에 가뒀다. 게임의 본질은 바뀌지 않았다. 그들은 한순간도 통제권을 놓친 적이 없었다.

혁명은 괴물을 물리치는 이야기다. 우리는 혁명이 벌어지는 동안 잔혹한 괴물이 아니라 자비로운 존재가 권력을 잡기를 꿈꾼다. 그러나 혁명의 이야기는 곧잘 비극으로 흘러가곤 한다. 혁명 이전의 악몽 같은 세상을 낳은 구조 자체는 변함이 없다는 사실이 드러난다. 미로를 이루는 벽은 조금도 바뀌지 않았다. 팬데믹이 유행하는 동안 뚜렷한 변화가 일어나기는 했지만, 우리는 여전히 선거로 선출되지 않는 중앙은행의 심판들이 지배하는 세상에 살고 있다. 그들은 지금도 권좌의 뒤에서 비민주적인 권력을 휘두르면서도 아무런 책임을 지지 않는다.

그들이 보수적 통념을 버린 이유가 무엇인지는 아직 불분명하다. 하지만 파월이 2020년 8월 28일 기념비적인 연설을 한 직후 주식 시장이 반등했다는 사실에 주목할 필요가 있다. 중앙은행은 코로나19 위기가 벌어지는 내내 금융의 이해관계에 발을 맞추면서도 통화정책으로 돈을 풀기를 멈추지 않았다. 로버트 존슨이 말한 대로 어쩌면 금융인들은 긴축이 가져올 영향과 그로 인한 사회 불안정을 두려워하는지 모른다. 조 바이든 대통령의 취임식이 있던 날, 금융 시장은 서민 소득 지원책을 담은 1조 9000억 달러 규모의 코로나19 구제 법안이 통과되리라는 기대로 반등했다. 금융인들은 혼돈에서 이익을 얻지만, 그들의 안전을 지켜주는 사회 구조를 위협할 정도로 혼돈이 커지는 것을 원하지는 않는다. 적절한 안전망이 갖춰져 있다면 그들은 비 내리는 뉴질랜드의 요새가 아니라 햇빛이 잘 드는 벨에어의 고급 주택에 머물려 할 것이다. 그들은 생존 게임이 베벌리힐스* 바깥에서 벌어지기를 바란다.

---

* 캘리포니아에 있는 미국의 대표적인 부촌.

결론
시장과 광기

한 가지 이야기가 줄곧 머릿속을 맴돈다. 화물신앙 연구를 시작한 인류학자 중 한 사람인 피터 워슬리가 남긴 이야기다. 워슬리에 따르면, 식민지의 백인 주민들은 멜라네시아인들이 현대의 경제 관념을 거부하는 이유가 섬 바깥의 세상을 본 적이 없기 때문이라 생각했다. 멜라네시아인들은 그들이 즐기는 통조림과 담배가 공장에서 만들어지는 광경을 본 적이 없었다. 전 세계를 잇는 광대한 공급망에서 떨어져 사는 사람들이 그런 것이 존재한다고 상상할 수 있을 리 없었다. 그러나 워슬리는 멜라네시아인의 '문제'가 백인들의 생각과 정반대였다고 말한다. 멜라네시아인들이 거대한 세계 경제를 가격이 지배한다는 이야기를 믿지 않으려 한 것은 그 경제를 경험하지 못해서가 아니라 경험했기 때문이었다.

멜라네시아에서는 많은 남성이 코코넛 열매를 키워 코프라copra를 만드는 일을 했다. 코프라는 코코넛 열매의 과육을 말린 것으로 코코넛 기름이나 가축의 사료를 만드는 데 쓰인다. 코프라는 국제적으로 거래되던 원자재였는데, 당시 코프라 가격은 낮게는 2파운드에서 높게는 70파운드까지 널뛰기했다. 코프라 가격의 급격한 변화는 멜라네시아의 섬 지역에 혼돈을 가져왔다. 코프라 가격이 높은 시기에 청년들은 연장자들보다 더 많은 돈을 벌어 마을의 위계에 도전할 수 있었다. 반대로 코프라 가격이 낮아지면 청년들은 일자리를 잃고 궁핍해졌다. 주민들이 통제할 수 없는 가격의 힘이 멜라네시아 사회의 운명을 결정한 것이다.

워슬리에 따르면, 주민들은 이처럼 절대적인 힘을 발휘하면서도 제멋대로 변하는 숫자가 섬 사회를 좌우하는 현실을 보며 "백인 사회를 더욱 신비하고 비합리적인 곳으로 여겼다." 인간이 의도적으로 만든 시스템이 인간의 운명을 쥐고 흔든다는 것은 도무지 믿기지 않는 이야기였다. 그렇기에 멜라네시아인들은 인간이 그처럼 혼돈을 불러일으키는 장치를 설계했다는 말을 받아들이지 않았다. 그들이 생각하기에 그만한 혼돈을 불러오는 힘은 초자연적인 존재로부터 나와야 마땅했다.

"유럽 사회의 근원에 자리한 비합리성은 엄청난 고통을 유발했을 뿐 아니라 합리적인 활동을 향한 신뢰를 떨어뜨리고 좌절을 낳았으며, 생산 과정에 관한 단순한 무지보다도 사람들의 의욕에 더 큰 악영향을 끼쳤다."

멜라네시아의 화물신앙은 잘못된 믿음의 대표적인 사례로 여겨진다. 화물신앙 숭배자들은 너무도 어처구니없는 생각에 사로잡혀 있었기에 외부자들은 그들이 집단 광기에 빠졌다고 믿었다. 그러나 워슬리의 설명을 읽다 보면 그들이 제정신이었을 뿐만 아니라 줄곧 옳았다는 생각이 든다. 아마 멜라네시아인들은 오랫동안 가격이 지배하는 세상만을 보고 살아온 우리와는 다른 방식으로 현실을 바라보았을 것이다.

여정을 계속하는 동안 나는 가격을 세상의 지배자로 만든 신화 속으로 더 깊숙이 들어갔다. 그리고 급진적인 지식인들이 어떻게 전능한 숫자를 기반으로 작동하는 합리적 시스템을 만들려 했는지를 살펴보았다. 이 시스템은 만지고 쥐고 태우고 먹을 수 있는 평범한 사물에 가격을 매기는 데서 출발해 형체가 있는 사물의 미래 가격을 정하며, 나아가 형체가 없는 대상에 가격을 매겨 상품으로 묶고, 보험을 들고, 차입과 공매도, 차익거래까지 할 수 있게 만드는 초월적인 능력을 발휘한다. 나는 이 수학적 마법이 '평화와 조화'로 가득한 질서 잡힌 세상을 가져오리라는 이야기를 듣고 또 들었다. 그러나 금융의 질서가 큰 힘을 발휘할수록 세상은 더 혼돈에 빠졌고, 괴물들이 마구 날뛰며 종말이 닥칠 듯한 공포가 퍼졌다.

혼돈이 남긴 잔해는 신의 분노를 떠올리게 한다. 그 신은 가공할 힘을 휘둘러 손바닥 뒤집듯 나라를 기근과 혁명, 전쟁에 빠뜨린다. 인간이 이해할 수 없는 기질을 가진 그 신은 일부러 '불투명성'으로 몸을 숨겨 자신이 인간의 어떤 죄악에 분노했는지 추측하게 만든다. 우리는 끝 모를 두려움에 빠져 어떻게든 '시장을 달래려' 하며, 필요하다면 인간을 공물로 바쳐서라도 신의 총애를 되찾으려 한다. 이렇게 기도를 드리면 신은 다시 한번 화물을 보내줄 것이다.

하지만 멜라네시아인들은 이야기에서 한 가지 중요한 부분을 착각했다. 가격 시스템을 다스리는 마법적 힘은 초자연적이지 않다. 시장의 중심에는 신이 아니라 인간이 만든 가격만이 존재한다. 겉으로 보이는 가격의 비합리성은 '대중의 망상', '비이성적 과열', '군중의 광기' 같은 인간의 결점을 드러내는 특성이 아니다. 가격의 비합리성은 합리적으로 이익을 챙기는 수단이다. 시장의 피라미드 꼭대기에 앉은 계층은 이를 활용해 다른 계층의 부를 가져간다. 가격은 비효율적이고 부정확한 면모와 조작하고 숨기고 증폭하고 이야기를 만드는 능력이 있기에 비로소 부를 가져다주는 장치이자 혼돈을 불러일으키는 장치로 작동한다. 가격이 가진 폭발성은 폭발적인 이윤을 얻을 기회와 만나면서 세상에 폭발을 일으킨다.

아마도 멜라네시아인들은 비슷한 신화에 사로잡혀 있었기에 이 점을 착각했을 것이다. 화물신앙을 퍼뜨리는 사람들은 평신도의 부를 예언자에게 이전하고, 그 과정에서 공동체의 부를 파괴하는 방식으로 사업을 벌였다. 멜라네시아인들 역시 눈앞에서 무슨 일이 벌어지는지 알지 못했다. 화물신앙 숭배자들은 화물을 가득 실은 비행기가 오지 않아도 의례가 성공했다고 선언했다. 그들은 외부인(식민지를 지배한 백인)이 도중에 화물을 가로챈 탓에 비행기가 오지 않았다며 비난의 화살을 돌렸다.

시장의 신화를 만드는 사람들은 똑같은 전술을 사용해 왔다. 지금까지의 여정에서 거듭 확인했듯, 이민자의 존재는 개혁을 꿈꾸는 이들을 가로막는 데 결정적인 역할을 했다. 피드는 이민자를 '강간범 무리',

'침략자 행렬'로 묘사함으로써 노리기 쉬운 희생양을 제공하며, 사람들의 시선을 복잡한 금융의 연금술에서 '문 앞의 야만인들'을 찍은 생생한 사진으로 돌린다. 그러나 이민자들의 등장은 우연이 아니었다. 그들은 시장이 불러일으킨 혼돈의 산물이었다.

시장이 만든 모든 혼돈이 시장의 지배를 강화하는 것은 아니다. 다보스포럼에 모인 사람들은 날로 심각해지는 불평등과 금융 불안정, 기후 변화가 결국에는 우리 모두를 혼돈의 가장자리로 몰고 가리라는 사실을 알았다. 그 가장자리는 포퓰리스트들이 이용하고 중앙은행이 해결하는 위기와는 차원이 다른 사건의 지평선event horizon이다. 이 문턱을 한 번이라도 넘어간다면 우리는 탈출구가 없는 블랙홀로 끌려 들어갈 것이다. 우주의 지배자들은 그 지평선의 존재를 분명히 인식하고 있으며, 자신들만이라도 달아나기 위해 계획을 세운다. 이러한 계획은 그들이 누리는 부의 기반이 화물신앙과 별반 다르지 않다는 사실을 드러낸다. 그들이 부를 쌓는 기반은 모두에게 부를 가져다주리라 공언하면서 우리가 소중히 여기는 모든 것을 파괴하는 방향으로 나아가는 시스템이다.

시장의 신화에는 우주의 지배자들이 아직도 맹목적으로 따르는 믿음이 있다. 지구가 인간이 살 수 없는 곳이 되더라도 £와 € 같은 기호가 찍힌 종잇조각은 가치를 잃지 않으리라는 믿음이다. 이러한 믿음은 그들의 합리성 안에 있는 근본적인 비합리성을 드러낸다. 이것이야말로 세계의 미로 한가운데 있는 괴물 미노타우로스이자 시장의 진정한 광기다.

후기
거물과 힘없는 사람들

2022년 3월 8일, 중국의 세계적인 니켈 제조업체 칭산홀딩그룹(이하 칭산)의 회장이자 원자재 트레이더인 샹광다가 니켈 가격을 뚫어져라 쳐다보고 있었다. 원자재 시장의 거물Big Shot인 그는 몇 달 전 런던금속거래소(이하 LME)에서 니켈에 '대규모 공매도'를 걸었다. 그는 칭산이 니켈 생산을 늘리면 전 세계에 공급이 늘어나 니켈 가격이 톤당 2만 5000달러까지 떨어질 것이라 장담했다. 그러나 2월 24일 블라디미르 푸틴이 우크라이나를 침공했다. 그러자 금수 조치로 러시아산 주석 수출이 막힐 것이라 우려한 경쟁 원자재 투기자들이 니켈 가격을 톤당 10만 달러까지 끌어올렸다.

3월 8일, 샹광다가 공매도로 입은 손실은 100억 달러에 이르렀다. 그를 파산으로 이끌 배팅에 자금을 댄 은행가 50명이 그의 사무실로 몰려왔다. 샹광다는 대체 어떻게 할 작정인가? 그는 "이 상황을 이겨

낼 자신이 있다"며 은행가들을 안심시켰다.

당시만 해도 망상처럼 들렸을 그의 확신은 근거 없는 자만이 아니었다. 그날 LME는 니켈 거래를 중단하고 중단 직전에 이루어진 거래를 모두 취소했다. LME는 이 같은 전례 없는 조치로 니켈 가격을 톤당 4만 8000달러까지 인위적으로 낮췄다. 그런데도 샹광다는 매도 포지션을 청산하고 수십억 달러의 손실을 떠안으라는 은행들의 요구를 받아들이지 않았다. 그는 은행과 거래소 측에 니켈 가격이 3만 달러까지 떨어지면 매도 포지션을 줄이겠다고 말했고, 그들은 이를 받아들였다.

샹광다는 잘못된 방향에 베팅했지만, 고작 10억 달러의 손실만 보고 위기를 모면했다. 반면 샹광다와 반대로 '옳은' 방향에 베팅했던 경쟁 투기자들은 결국 이익이 아니라 손실을 입었다. 그중에는 월가의 유명한 투자자들도 있었다. 하지만 거래소는 그들이 우주의 지배자가 아니라고 판단했다. 그들은 우주의 지배자와는 다른 규칙을 적용받는 힘없는 사람들이었다.

그러나 손실을 본 투기자들은 위계의 꼭대기에서 멀리 떨어져 있을지라도 주머니 사정은 넉넉했다. 그들은 LME를 상대로 수억 달러 규모의 소송전을 벌이고 있으며, LME의 조치가 '자의적'이고 '불법적'이라 주장한다. 2008년 마이클 매스터스가 그랬듯, 그들은 원자재 시장이 혼돈에 빠졌다고 외치고 있다. 원자재 가격이 수요와 공급이라는 경제의 기초 요건을 반영하지 않고 현실에서 동떨어져 있다는 것이다.

우크라이나 전쟁과 원자재 가격 충격, LME의 거래 중지는 이 책의 양장본이 출간된 지 불과 몇 주 뒤 한꺼번에 터져 나왔다. 지난 몇 년간 혼돈을 가져오는 장치를 조사했지만, 그 장치가 이토록 격렬하게 폭발을 일으키리라고는 꿈에도 생각지 못했다. 하지만 무엇보다 우려스러웠던 것은 위기가 엄청난 속도로 연달아 벌어진다는 점이었다. 2010년대만 해도 몇 년에 걸쳐 일어나던 일들이 이제는 고작 몇 주 사이에 벌어졌다. 현실의 혼돈과 시장의 혼돈 사이의 되먹임 고리는 예전처럼 낮게 웅웅거리는 것이 아니라 굉음을 내며 미칠 듯한 속도로 돌아가고 있었다. 가격 전쟁이 사방에서 벌어지고 있었다.

우크라이나 침공이 시작되고 며칠 뒤,《뉴욕포스트》는 "푸틴이 '편집증'에 빠져 분별을 잃었다는 우려가 나온다"고 보도했다. 평화로운 이웃 국가를 침공하는 터무니없는 만행이 벌어지자 그에 걸맞게 기괴한 설명들이 쏟아져나왔다. 피드는 러시아 전문가들의 이야기로 넘쳐났다. 그들은 푸틴이 오랫동안 코로나19를 앓은 탓에 브레인 포그 brain fog*에 시달린다거나 팬데믹으로 2년간 고립되어 있던 동안 민족주의적 역사관에 사로잡혔다거나 오래전부터 제정 러시아 시절의 차르들과 같은 반열에 오르길 꿈꿨다는 이야기를 했다. 요컨대 푸틴의 과대망상과 편집증, 착각이 한데 뭉쳐 상상도 못 한 형태의 제국주의적 광기를 낳았다는 말이었다. 그렇게 본다면 전쟁은 푸틴이 현실

* 머리에 안개가 낀 것처럼 멍하고 집중력이 떨어지는 증상.

과 단절되면서 벌어진 필연적인 결과였다.

이 모든 이야기는 사실일지도 모른다. 푸틴을 비롯한 모든 인간의 진정한 동기가 무엇인지는 알 수 없는 법이다. 인간의 마음은 원리를 알 수 없는 기계 장치나 다름없으며, 우리는 자신의 마음조차(어쩌면 자신의 마음은 특히 더) 이해하지 못한다. 그러나 전쟁을 일으킨 수단은 알 수 있을 뿐 아니라 정량화할 수 있다. 푸틴이 마음대로 쓸 수 있는 물질적·전술적 수단은 2021년 한 해 동안 급격히 늘어났으며, 이듬해 푸틴은 2014년에 처음 우크라이나를 침공했을 때보다 더 많은 이점을 누리게 되었다.

원유는 푸틴 정권의 물질적 기반이다. 유가는 8년간 두 자릿수대에서 낮게 유지되었고 팬데믹이 발생하자 마이너스까지 떨어지기도 했지만, 2021년에는 꾸준히 상승했다. 유가 상승이 산유국을 교만하게 만든다는 컬렌 헨드릭스의 예측대로 유가가 오르자 러시아의 대대전술단**이 우크라이나의 국경 지대에 모습을 드러냈다. 그리고 러시아 군이 국경 지대에 주둔한다는 사실이 알려지자 투기자들은 '지정학적 위험 프리미엄'을 반영해 유가를 끌어올렸고, 추세추종 알고리즘은 유가의 상승세를 더욱 부채질했다.

가격은 정확히 이 책에서 설명한 방식대로 작동하고 있었다. 가격은 혼돈을 유발하는 장치이자 현실의 혼돈과 시장의 혼돈이 커지며

** 러시아군에서 채택한 부대 편성 체계.

서로를 증폭하게 만드는 되먹임 고리였다. 시장은 푸틴의 교만을 부추겼고, 유가가 날로 상승하자 교만해진 푸틴에게 오히려 막대한 수입이라는 보상을 안겼다. 1979년에 아프가니스탄을, 2008년에 조지아를, 2014년에 우크라이나를 침공했을 때와 마찬가지로 러시아의 군국주의는 유가가 정점에 이르자 다시 한번 불을 뿜었다. 러시아와 우크라이나가 7년간 돈바스 지역에서 지지부진한 교착 상태에 빠져 있던 이유는 단순히 그동안 유가가 낮았기 때문이라고도 볼 수 있다. 장기간 이어진 유가 하락이 푸틴을 우리 안으로 돌려보낸 셈이다. 하지만 그것도 잠시, 2021년 유가 상승으로 미로의 벽이 무너지면서 푸틴은 다시 한번 마음껏 날뛸 기회를 얻었다.

유가와 더불어 천연가스 가격이 치솟으면서 러시아 정부는 막대한 물질적 보상을 받았다. 그런데 이번에는 천연가스가 가진 전술적 가치가 어느 때보다 커졌다. 중국은 2021년 한 해 심각한 석탄 부족에 시달렸다. 탈탄소화 정책으로 중국 내 석탄 생산이 줄고, 제로 코로나 정책으로 몽골과의 국경을 폐쇄하면서 몽골산 석탄 수입이 중단되며, 정부가 또 다른 석탄 수출국인 호주와 무역 전쟁을 벌이는 등 다양한 요인이 겹친 탓이었다. 석탄 부족이 얼마나 심각한지 깨닫고 충격에 빠진 중국 정부는 석탄과 대체재인 천연가스를 닥치는 대로 사들여 가격을 밀어 올렸다. 반면 전 세계 액화천연가스 가격이 오르는 것을 보고 당황한 유럽의 에너지 기업들은 천연가스 비축량을 보충하지 않기로 했다. 그러던 와중에 겨울이 다가오자 러시아는 돌연 유럽으로 가는 천연가스 공급을 줄였다. 러시아 정부는 자국 내의 비축량을 채워야 한다는 이유를 댔지만, 다른 나라들은 무슨 속셈이 있으리라 의심했다. 천연가스에 의존하는 유럽 국가들은 비축해둔 가스가 없는 가운데 아시아의 수요가 급증하는 상황에 유달리 취약했기 때문이다. 블룸버그의 에너지와 원자재 분야 애널리스트 리암 데닝은 그해 10월 "푸틴이 이전에도 천연가스를 무기로 쓴 전적이 있으며, 국내의 반대 세력을 감옥에 가두고 이웃 국가를 침략하는 등 구시대적인 방식을 특히 선호한다는 점을 고려하면 다양한 가능성을 염두에 두어야 한다"고 주장했다.

그러나 푸틴은 '다양한 가능성' 중에서 가장 과격한 목표를 택했다. 나라 전체를 차지하기 위한 전면전을 일으킨 것이다. 그리고 그 과격한 목표를 달성할 수 없게 되자 푸틴은 2014년에 우크라이나에서 빼앗은 두 지역을 더욱 공고히 지배하려 했다. 바로 천연가스가 풍부한 돈바스와 크림반도다.

푸틴은 약해진 유럽을 상대로 주저하지 않고 천연가스 무기를 사용했다. 천연가스 가격은 원유와 같은 방식으로 측정했을 때 배럴당 800달러까지 치솟았다. 유럽의 전력 생산에서 천연가스가 차지하는 비중이 높은 만큼, 인플레이션은 유럽인들에게 곧바로 엄청난 충격을 줬다. 가계의 에너지 요금 상승률이 세 자릿수에 육박하면서 많은 사람이 난생처음 식량과 연료 중 하나를 선택해야 하는 '생활비' 위기에 처했다. 독일은 오래전부터 그리스, 아일랜드, 포르투갈, 이탈리아, 스페인이 재정을 낭비한다며 질책했지만, 이제는 바로 그 나라들에 용서를 구하며 독일 정부가 러시아에 대한 의존에서 벗어나 에너

지원을 다양화하자는 주장을 오랫동안 거부한 대가를 함께 짊어지자고 요청했다.

유럽이 이처럼 곤경에 빠진 데에는 천연가스라는 원자재가 가진 유별난 특성이 영향을 끼쳤다. 천연가스는 파이프라인이 없으면 운송이 어렵다. 운반이 가능한 '액체' 형태의 천연가스는 아직 국제 시장에서 활발히 거래되지 않는다. 반면 밀과 원유는 대다수 원자재와 마찬가지로 운송 비용이 저렴하므로 지역 간의 가격 차이가 크지 않다. 그리고 다른 사례들에서 거듭 확인했듯, 이 두 원자재는 진정으로 전 세계를 혼돈에 빠뜨릴 수 있다. 이후 몇 달 동안 식량과 연료 가격이 치솟으면서 7100만 명이 심각한 빈곤에 내몰렸다. 아르헨티나, 칠레, 키프로스, 그리스, 기니, 가나, 에콰도르, 인도네시아, 이란, 케냐, 레바논, 팔레스타인, 페루, 수단, 튀니지에서는 고물가가 시위를 촉발했다. 스리랑카는 고물가로 인한 폭동과 부채 위기를 동시에 맞았고, 총리와 대통령이 사임했다. 미국도 예외가 아니었다. 휘발유 가격이 급등하자 바이든의 지지율은 바닥으로 떨어졌다. 가격 전쟁이 돌아온 것이다.

그렇다면 물가 상승에는 합리적인 이유가 있었을까? 샹광다의 대규모 공매도와 처참한 실패는 널리 보도되었지만, 언론은 이 사건을 시장의 기능에 이상이 있다는 경고 신호가 아니라 이례적이고 비정상적인 일로 치부했다. 피드는 원자재 **위기**에 관한 이야기로 가득했다. 봉쇄된 항구와 항구에 쌓인 밀, 확대되는 금수 조치를 다룬 기사가 피드를 장악했다. 러시아와 우크라이나가 수출하는 밀은 전 세계 수출량의 약 25퍼센트를 차지한다. 따라서 전 세계의 밀과 원유 공급에 충격이 있으리라는 점은 자명해 보였다. 경제의 기초 여건이 바뀐 것이다. 물가는 오르는 것이 당연했고, 실제로도 올랐다.

하지만 이 문제를 설명하는 다른 내러티브도 있다. 많은 전문가가 시장의 회복탄력성을 거론하며 우려를 가라앉히려 했다. 2021년에 밀 가격이 오르는 것을 본 농부들은 밀 생산을 늘렸고, 2022년 3월이 되자 밀 재고는 풍족해졌다. 전 세계 밀의 대다수는 각국이 자체적으로 생산하므로 밀 수출과 관련한 통계는 오해의 소지가 있다. 전쟁으로 수출이 막힌 밀의 양은 전 세계에서 생산하는 밀의 0.9퍼센트에 지나지 않는다. 게다가 수십 년에 걸친 마약 전쟁이 실패로 끝났다는 사실에서 알 수 있듯, 실물 원자재 거래자들은 장벽이 생기더라도 놀라울 만큼 빨리 극복한다. 국경이나 전쟁, 해적, 미국 마약단속국은 원자재의 이동을 막을 수 없다. IS 역시 큰 어려움 없이 국제 시장에 원유를 밀수출했다. 실제로 우크라이나인들이 강을 따라 루마니아의 항구로 가는 경로를 되살리고 러시아의 밀수업자들이 훔친 곡물을 흑해로 운송하면서 수출은 계속해서 이루어졌다.

결국 수요가 있으면 공급도 따라오기 마련이다.

원유 공급이 부족해진다는 이야기는 미심쩍은 점이 더 많았다. 금수 조치는 허점투성이에다 지리적으로 한쪽에 치우쳐 있었다. 러시아는 가격을 다소 할인하더라도 아시아, 아프리카, 남아메리카에 자유롭게 원유를 팔 수 있었다. 이라크의 사례에서 보았듯, 전쟁으로 기반시설과 무역로가 실제로 파괴되지 않는 한 전 세계의 공급이 중단되는 일은 일어나지 않는다. 갈등이 벌어지면 가격이 오른다는 기존의 통념은 명백히 잘못되었다. 시장이 완전히 금융화되고 투기자들의 내러티브가 실물 거래자들의 베팅을 좌우하기 전에는 전쟁을 반드시 가격 상승과 관련지어 생각하지 않았다. 전쟁이 벌어지는 와중에도 원유 공급은 멈추지 않는다. 2003년 3월 미국이 이라크를 침공했을 때 유가가 오히려 하락한 이유가 여기에 있다.

로버트 실러가 말했듯, 가격에 반영되는 이야기는 '과학적인' 이야기가 아니라 '입소문'이다. 러시아가 우크라이나를 침공한 이후 몇 달 동안 위기에 관한 이야기는 회복탄력성에 관한 이야기를 압도했다. 그리고 상장지수펀드ETF 같은 파생상품이 나온 덕분에 평범한 개인 투자자들도 월가가 운영하는 원자재 카지노에 칩을 걸 수 있었다. 2021년 게임스톱 주가 폭등 사태가 벌어졌을 때와 마찬가지로, 미국의 거대 커뮤니티 사이트 레딧Reddit의 게시판에서는 위기를 과장하고 일확천금을 노리는 투기 광풍에 뛰어들도록 이용자들을 부추겼다. 2022년 3월, 농업 관련 ETF들에는 한 주 만에 45억 달러가 쏟아져 들어왔다. 교과서적인 투기 거품이었다. 위기로 인해 가격이 오른다는 이야기가 돌면 투기자들이 가격을 끌어올려 이야기를 사실로 '확정'하고, 이를 본 새로운 투기자들(헤지펀드든 레딧 이용자든)이 몰려들면서 가격이 더욱 올라간다. 기관투자자들은 2010년에도 그랬듯 원자재 선물에 돈을 쏟아부어 다가올 인플레이션에서 자신을 지키려 했다. 이러한 '인플레이션 헤지' 전략은 원자재의 수요·공급과 전혀 관계가 없으며, 원자재 전반의 가격이 오를 때 투자자의 포트폴리오를 지키는 한 방법일 뿐이다. 원자재 가격은 이미 현실과 관계가 끊어진 지 오래였다.

2022년 6월 중순, 거품이 터지면서 밀과 원유 가격이 폭락했다. 7월 4일이 되자 밀 가격은 전쟁 이전 수준으로 되돌아갔고, 8월 5일에는 유가가 그 뒤를 따랐다. 시장의 '조정'은 투기자들이 실수를 저질렀음을 인정하는 일이었다. 언론을 떠들썩하게 했던 맬서스주의적 악몽은 현실로 일어나지 않았다. 오히려 전 세계 수많은 지역에서는 물가 상승이 진짜 악몽을 만들었다. 그러나 한편에서는 전쟁이 끝날 줄을 모른 채 계속되고 있었다. 무엇이 달라졌을까?

6월 15일, 연준은 그들만이 할 수 있는 이야기를 내놓았다. 연준에서는 금리를 0.75퍼센트 올림으로써 시장에 메시지를 전했다. 이제 파티는 끝났다는 뜻이었다. 10년간 저금리로 경제에 돈을 풀던 정책은 끝이 났다. 불타는 우크라이나 도시의 이미지는 이미 사람들의 기억에서 잊히고 있었다. 제롬 파월이 말한 금리 인상은 '흥미를 끄는 입소문'이 아니라 진짜 이야기였다. 그것은 실업률이 오르고 세계 경제가 침체에 빠질 것이라는 우울한 이야기였다. 시장의 분위기가 180도 달라졌다. 이제 투기자들은 붕괴에 베팅했다.

그러자 비트코인과 기술주가 폭락했다. 월가의 카지노 칩으로 전락한 모든 자산의 가격이 하락했다. 여기에는 원자재도 포함되어 있었다. 밀 가격은 비트코인과 메타의 주가를 따라 함께 떨어졌다. 몇 주 전만 해도 많은 애널리스트가 유가가 200달러를 넘어서리라 예측했지만, 이제 시티그룹은 유가가 2023년 말까지 45달러 수준으로 떨어질 것으로 전망했다.

이것은 식량과 연료가 어떻게 금융 자산이 되는지를 한눈에 보여주는 사건이었다. 이 말은 곧 식량과 연료의 가격이 금융 자본의 흐름에 따라 '대체로 정해진다'는 뜻이다. 물론 여기저기서 벌어지는 전쟁이나 기후 충격은 예민한 투자자나 프로그램들이 그와 관련한 최신 기사를 근거로 거래를 하면서 시장에 충격을 줄 것이다. 그러나 번성에서 붕괴로 순식간에 넘어가는 거대한 변화는 곡물이나 원유의 실물이 아니라 채권, 암호화폐, 주식을 따라 일어난다. 위법한 전쟁을 시작한 것은 푸틴이었지만, 고통을 전 세계로 퍼뜨린 것은 시장이었다.

2020년, 중앙은행들은 높은 인플레이션이 지나간 문제라고 선언했다. 연준과 ECB는 미국과 유럽이 초인플레이션에 빠진 베네수엘라가 아니라 스태그플레이션에 빠진 일본처럼 될까 봐 우려했다. 이전에 나는 중앙은행의 기술관료들이 2010년대에 원자재 시장에서 벌어진 혼돈이 서구 금융 자본의 본산에까지 이르지 않도록 막아낸 과정을 보며 경탄한 적이 있었다. 그렇기에 연준이 인플레이션을 2퍼센트 수준에서 막겠다고 발표한 지 고작 몇 달 만에 인플레이션이 목표치를 훌쩍 넘어서는 광경을 보면서 바로 그 중앙은행의 관료들과 마찬가지로 놀랄 수밖에 없었다. 나는 시한폭탄을 눈앞에 둔 중앙은행들이 2009년, 2011년, 2020년에 그랬듯 규정집을 찢어버리고 폭탄을 제거하리라 생각했다.

연준과 영란은행은 2021년 내내 인플레이션 상승은 일시적인 문제라고 설명했다. 팬데믹이 전 세계 공급망을 교란했고, 금리를 올리는 것으로는 공급망 문제를 해결할 수 없었다.

"통화정책은 반도체 칩의 공급을 늘리지도, 바람이 더 많이 불게 하지도(그건 정말로 있을 수 없는 일이죠), 대형 트럭 기사의 수를 늘리지도 못할 것입니다."

2021년 9월, 영란은행 총재 앤드루 베일리는 이렇게 설명했다.

그러자 원자재 가격이 오르기 시작했다. 중국의 제로 코로나 정책이 공급망에 계속 악영향을 끼치면서 인플레이션은 더욱더 심각해졌다. 물가가 소비자의 기대 수준을 '벗어나자' 기업들은 불확실성을 이용해 가격을 올려 막대한 이윤을 거뒀다. 원자재 가격은 이번에도 일종의 상징 역할을 했다. 도로를 달리면 어디서나 볼 수 있는 휘발유 가격은 누구나 인플레이션을 한눈에 확인할 수 있게 했다. 휘발유 가격은 지금도 어느 나라에서나 사회계약의 필수 요소인 만큼, 미국에서도 휘발유 가격이 치솟자 바이든의 지지율이 떨어졌다. 인플레이션은 순식간에 정치적인 문제로 탈바꿈했고, 정부는 어떻게든 조치를 취해야 했다. 하지만 뚜렷한 수가 있을 리 없었다. 서방 국가들은 문제를 러시아 탓으로 돌렸다. 심지어 일부 정치인은 서방 국가들의 금수조치를 원인으로 지목하면서 그에 따른 인플레이션은 모든 사람이 애국을 위해 감당해야 할 대가라고 주장하기도 했다. 미국에서는 전략비축유를 풀고 프래킹을 허용했으며, 액화천연가스를 유럽으로 수출했다. 이제 탄소 중립 이야기는 쏙 들어가고 '팝시다, 여러분, 팝시다 Drill, baby, dril*'라는 구호가 다시 등장했다.

달리 말하자면, 선출직 정치인들은 맬서스주의적인 위기 내러티브를 믿었다. 그들은 원자재 시장이 치우침 없이 본래 해야 할 일을 한 결과 경제의 기초 여건이 바뀌면서 물가가 올랐다고 가정했다. 그렇기에 정치인들은 현실 세계의 공급을 조작해 가격을 움직이려 했지만 소용이 없었다. 반면 중앙은행의 관료들은 정치인들보다 상황을 더 잘 이해했다. 그들은 사람들의 '기대'가 가격을 움직이며, 자신들에게 그 기대를 바꿀 힘이 있다는 사실을 익히 알고 있었다. 그리하여 중앙은행이 실물 시장이 아닌 금융 시장에 관한 인식을 바꾸자 그제야 원자재 가격이 떨어졌다.

중앙은행이 택한 전략에는 막대한 비용이 따랐다. 금리 인상은 곧 고용의 감소를 뜻했다. 게다가 제한된 공급이 여전히 인플레이션에 영향을 주는 상황에서 금리를 올리면 공급 문제를 해결하는 데 필요한 투자가 줄어들 수밖에 없었다. 미국의 금리 인상은 자국민을 빈곤하게 만들 뿐 아니라 전 세계 여러 국가를 부채 위기로 몰아가며, 지금도 40여 개 국가가 달러 가치의 급등으로 파산 직전에 몰려 있다. 사람들의 인식은 추상적인 힘일지 모르지만, 통화정책으로 그 인식을 바꾸자 많은 개발도상국에서 심각한 인도주의적 위기가 발생했다.

그러나 금리 인상이 유일한 선택지는 아니었다. 중앙은행의 관료들

---

* 2008년 미국 공화당 전당대회의 슬로건으로 미국 내의 화석연료 개발을 지지하는 구호.

은 원자재 시장을 다시 규제하는 쪽으로 방향을 바꿀 수도 있었다. 가령 그들은 선물 시장에서 투기자가 체결할 수 있는 미결제 약정의 비율을 20퍼센트로 제한하고 투기 거품이 생기자마자(혹은 생기기 전에) 터뜨리던 루스벨트 시절의 규제를 되살릴 수도 있었다. 원자재 시장의 거물이 런던금속거래소를 대놓고 마비시킨 사건은 조용히 묻히지 않았다. 실제로 영란은행이 발간한 보고서에서는 원자재 시장의 "취약성"과 "규제받지 않는 특성", 전례 없는 수준의 "변동성"을 나열하면서 이 모든 요인이 결합해 "거시경제의 스트레스를 증폭하는 되먹임 고리"를 형성할 수 있다고 언급했다. 그런데도 연준과 영란은행은 원자재 시장의 혼돈을 통제하려 나서지 않았다.

오히려 중앙은행들은 원자재 시장의 거물들을 보호하는 쪽을 택했다. 그 거물들은 전쟁이 시작된 이후 몇 달 동안 막대한 이윤을 챙겼다. 월가의 100대 은행은 2022년 1월부터 9월까지 원자재 거래로 180억 달러를 벌어들였으며, 이는 종전의 최고 기록인 2009년의 수익을 훌쩍 넘어서는 수치다. 정치인과 중앙은행들은 금융 카지노의 중심에 있는 룰렛이 쉬지 않고 돌아가도록 만들었다. 중앙은행의 심판들은 금리 인상이 인플레이션의 근본 원인을 없애는 데 방해가 될 수 있다고 인정하면서도 금리를 인상해 인플레이션을 해결하는 길을 택했다. 그들은 사람들을 실업과 압류, 부채의 늪에 빠뜨려 더 빈곤하게 만들고 가난한 나라들을 파산과 붕괴, 혁명과 전쟁 상태로 몰아가는 방식으로 인플레이션을 해결하기로 한 것이다. 인플레이션의 대가는 이번에도 힘없는 사람들의 몫이었다.

감사의 말

이 책은 각지에서 만난 협력자들의 너그러운 협조 없이는 세상에 나올 수 없었다. 협력자 한 사람 한 사람과 그들을 만나 소통할 수 있게 도와준 통역사와 안내자들에게 먼저 감사하다는 말을 전하고 싶다. 그리고 몇몇 위험하고 정신 나간 장소에서도 생기를 잃지 않고 또렷한 정신을 유지하게 도와준 헬렌 스푸너와 제이콥 쿠시너, 시종일관 아낌없는 지지를 보내준 인디아 우즈에게도 감사를 전한다. 이그나시오 마린과 함께 일하지 않았다면 방문하지 못한 곳이 많았을 것이다. 그의 도움에 감사를 전한다.

오랜 친구 두 사람의 한결같은 지지가 없었다면 이 프로젝트를 시작하지도 마치지도 못했을 것이다. 카밀라 홀은 가장 먼저 금융의 미로를 탐색하도록 이끌어주었으며, 윌리엄 샐러먼은 이 책에서 다룬 모든 주제를 부지런히 조사해주었다. 정치경제학의 세계를 탐색하는 길

잠이가 되어준 요르겐 주엘 앤더슨, 제럴드 엡스틴, 라나 포루라, 데블린 쿠예크, 테드 슈미트, 러셀-더들리 스미스, 퀸 슬로보디안, 애덤 투즈에게도 감사를 전한다.

끝으로 첫 번째 책을 완성할 수 있게 도와준 바이덴필드앤드니콜슨 출판사의 편집자 제니 로드와 더블데이 출판사의 편집자 크리스 푸오폴로, 에이전트 앤드류 고든과 조지 루카스에게 감사를 전한다.

이 책의 모든 오류는 당연히 저자의 책임이다.

주

서론: 괴물과 미로

9 "브렉시트 그 이상" Lizzie Dearden, 'Donald Trump Says Election Victory Would Be "Brexit plus plus plus" in final push for voters', *Independent*, 8 November 2016, www.independent.co.uk.

10 "지금은 전설이 된 '혼돈이론가들'은…" 여기서는 혼돈에 관한 로버트 메이의 논의를 참고했다. 2장을 참고하라.

14 "가격은 여러 대륙과 문화를 아우르는 공급망이…" 물론 이는 내가 독자적으로 내린 정의가 아니다. 완벽한 정보와 완벽한 경쟁이라는 조건 아래서 가격이 수행하는 이상적인 역할을 달리 표현한 것이다. 자세한 내용은 2장을 참고하라.

1장 혼돈: 사회는 왜 210도에서 끓는가

24 "문제는 수천 명의 불법 이민자들이…" Alexander Stille, 'How Matteo Salvini Pulled Italy to the Far Right', Guardian, 9 August 2018, www.theguardian.com.

24 "수백만 명의 이민자가 유럽으로 몰려들며…" UNHCR, 'Global Trends Forced Displacement in 2015', www.unhcr.org.

24 "우익 포퓰리스트들은 난민의 물결을 두고…" Melissa Eddy, 'German Lawmaker Who Called Muslims "Rapist Hordes" Faces Sanctions', *New York Times*, 2 January 2018, https//www.nytimes.com/; Karolina Tagaris, 'Far-Right Golden Dawn Exploits Darker Side of Greece's Discontent', Reuters, 11 September 2015, https//www.reuters.com; Enes Vayrakli and Farid Hafex, 'European Islamophobia Report 2017', *European Islamophobia Report*, 2017, http//www.islamophobiaeu-rope.com; 'Wilders Tells Dutch Parliament Ref-

412

ugee Crisis Is "Islamic Invasion"", *Newsweek*, 10 September 2015, https//www.
newsweek.com/.

24 "무슬림이 미국으로 오는 것을 원천 봉쇄"   Jenna Johnson, 'Trump Calls for
"Total and Complete Shutdown of Muslims Entering the United States"',
Washington Post, 8 December 2015, https//www.washingtonpost.com/.

24 "브렉시트를 지지한 '탈퇴에 투표를Vote Leave' 캠페인은…"   Amanda Garrett,
'The Refugee Crisis, Brexit, and the Reframing of Immigration in Britain',
Europe Now, https//www.europenowjournal.org, 2021년 1월 14일 확인.

25 "프랑스를 돌려내, 젠장!"   Anne-Sylvaine Chassany and Harriet Agnew, 'Le
Pen Steps Up Anti-Immigration Rhetoric Ahead of French Election', *Financial Times*, 18 April 2017, https//www.ft.com/.

25 "그리고 이런 이미지에 달린 제목은 이민자를…"   Esther Greussing and Hajo
Boomgaarden, 'Shifting the Refugee Narrative? An Automated Frame Analysis of Europe's 2015 Refugee Crisis', *Journal of Ethnic and Migration Studies*,
43(11) (August 2017).

25 "우익 선동가들이 내놓는 외국인 혐오 성향의 메시지가…"   난민과 이민이 우
익 포퓰리즘의 발흥에 끼친 영향을 다룬 양적 연구로는 다음 자료들을 참고하라.
Dominik Hangartner, Elias Dinas, Moritz Marbach, Konstantinos Matakos
and Dimitrios Xefteris, 'Does Exposure to the Refugee Crisis Make Natives More Hostile?', *American Political Science Review*, 113(2) (May 2019), pp.
442-455; Elias Dinas, Konstantinos Matakos, Dimitrios Xefteris and Dominik
Hangartner, 'Waking Up the Golden Dawn Does Exposure to the Refugee
Crisis Increase Support for Extreme-Right Parties?', *Political Analysis*, 27(2)
(April 2019), pp. 244-254; Andreas Steinmayr, 'Did the Refugee Crisis Contribute to the Recent Rise of Far-right Parties in Europe?', *ifo DICE Report*,
15(4) (2017), pp. 24-27; Matthew Goodwin and Caitlin Milazzo, 'Taking Back
Control? Investigating the Role of Immigration in the 2016 Vote for Brexit',
The British Journal of Politics and International Relations, 19(3) (August 2017), pp.
450-464.

26 "마테오 살비니는 이탈리아의 난민수용소들을 폐쇄했지만…"   Lorenzo Tondo
and Angela Giuffrida, 'Vulnerable Migrants Made Homeless after Italy Passes
"Salvini Decree"', *Guardian*, 7 December 2018, http//www.theguardian.com.

31 "이 이론은 1961년의 어느 평범한 겨울날…"   이 이론에 관한 설명은 다음 자료
들을 참고했다. Edward Lorenz, *The Essence of Chaos* (Seattle University of Wash-

ington Press, 1993. 한국어판은《카오스의 본질》(파라북스, 2006). James Gleick, *Chaos Making a New Science* (London Sphere Books, 1987). 한국어판은《카오스》(동아시아, 2013).

35 "포퓰리스트들은 유럽으로 온 난민을 비난하는 집회를 열었고, 페이스북, 트위터 같은 알고리즘 기반 소셜미디어와 언론은…" Max Schaub and Davide Morisi, 'Voter Mobilisation in the Echo Chamber Broadband Internet and the Rise of Populism in Europe', *European Journal of Political Research*, 59(4) (December 2019), pp. 752-773.

41 "박과 바이센펠트, 창은 이 현상을…" Per Bak, Chao Tang and Kurt Wiesenfeld, 'Self-Organized Criticality', *Physical Review A*, 38(1) (1988), p. 364.

41 "이 이론을 적용해 큰 결실을 이룬 대표적인 분야가 바로 지진이다." Zeev Olami, Hans Jacob Feder and Kim Christensen, 'Self-Organized Criticality in a Continuous, Nonconservative Cellular Automaton Modelling Earthquakes', *Physical Review Letters*, 68(8) (February 1992), pp. 1244-1247.

43 "2005년에서 2008년 사이 세계 식량 가격은…" Anuradha Mittal, 'The 2008 Food Price Crisis Rethinking Food Security Policies', in *G-24 Discussion Paper Series*, 56(1) (UNCTAD, June 2009), https//unctad.org/.

43 "2008년 한 해에만 1억 5500만 명이 빈곤으로 내몰렸고, 8000만 명이 기근에 빠졌다." Rafael De Hoyos and Denis Medvedev, *Poverty Effects of Higher Food Prices A Global Perspective* (Washington World Bank, 2009). USDA, *Food Security Assessment, 2008-2009* (US Department of Agriculture Economic Research Service, 2009), https//www.ers.usda.gov/; Raj Patel and Philip McMichael, 'A Political Economy of the Food Riot', *Review* (Fernand Braudel Center), 32(1) (2009), pp. 9-35.

45 "튀니지의 한 블로거가…" Marwan Kraidy, *The Naked Blogger of Cairo* (Cambridge, MA Harvard University Press, 2016), p. 33.

45 "벤 알리 대통령 가족은 현금, 서비스, 토지, 부동산, 요트까지…" Wikileaks, 'Corruption in Tunisia What's Yours Is Mine', 23 June 2008, https//wikileaks.org/.

45 "식사에는 생선, 스테이크, 칠면조, 문어, 생선 쿠스쿠스를 비롯해…" Wikileaks, 'Tunisia Dinner with Sakher El Materi', 27 July 2009, https//wikileaks.org/.

46 "굶주리는 사람이 날로 늘어나고 있었다." 갤럽 월드 폴Gallup World Poll의 조사에 따르면, 요르단, 이집트, 튀니지에서는 끼니를 잇는 데 어려움을 겪는 사람이 날로 증가했다. Joana Silve, Victoria Levin and Matteo Morgandi, 'Inclusion

and Resilience The Way Forward for Social Safety Nets in the Middle East and North Africa', 2012, https//worldbank.org.

46 "사람들은 바게트를 머리 위로 휘두르며…" Roula Khalaf, 'Tunisia After the Revolution', *Financial Times*, 6 May 2011, https//www.ft.com.

46 "경찰이 시위대에 실탄을 쏘았고…" Baguette‑Wielding Superhero Is Facebook Sensation', 19 July 2011, https//www.france24.com.

46 "더 많은 사람이 격분하여 거리로…" Jane Harrigan, *The Political Economy of Arab Food Sovereignty* (Basingstoke Palgrave Macmillan, 2014), p. 108.

46 "빵이든 뭐든 다 필요 없다…" Mark Tran, Matt Wells and Paul Owen, 'Tunisia Crisis As It Happened', *Guardian*, 14 January 2011, https//www.theguardian.com/.

47 "페이스북에서는 한 시위자의 시신 사진에…" Kraidy, *The Naked Blogger of Cairo*, p. 46.

47 "처음에는 '트와트 엘코브즈thwart el-Khobz(빵 혁명)'라 불리던…" Ibid., p. 47.

47 "요르단에서는 '분노의 날'을 선포한 시위대가…" Canadians for Justice and Peace in the Middle East, 'Factsheet 111 Protests in Jordan', February 2011, https//www.cjpme.org. Harrigan, p. 108; 'Jordan Rally Targets Government', BBC News, 22 January 2011, https//www.bbc.co.uk.

47 "예멘에서는 시위대가…" Washington Post Foreign Service, 'Inspired by Tunisia and Egypt, Yemenis Join in Anti‑Government Protests', *Washington Post*, 27 January 2011.

48 "이들은 2008년과 2010년에서 2011년 사이에 일어난 두 차례의 격변을…" Marco Lagi, Yavni Bar‑Yam, Karla Z. Bertrand and Yaneer Bar‑Yam, 'The Food Crises A Quantitative Model of Food Prices Including Speculators and Ethanol Conversion', *arXiv1109.4859*, 21 September 2011.

49 〈그림1-1〉 폭동과 식량 가격 다음 자료를 재구성. Marco Lagi, Yavni Bar‑Yam, Karla Z. Bertrand and Yaneer Bar‑Yam, 'The Food Crises A Quantitative Model of Food Prices Including Speculators and Ethanol Conversion', *arXiv1109.4859*, 21 September 2011.

50 "이러한 사회계약은 권위주의적 합의의 일환이었으며…" Eva Bellin, 'The Robustness of Authoritarianism in the Middle East Exceptionalism in Comparative Perspective', *Comparative Politics*, 36(2) (January 2004), pp. 139-157.

50 "빵의 민주주의…" Larbi Sadiki, 'Towards Arab Liberal Governance From the Democracy of Bread to the Democracy of the Vote', *Third World Quarterly*,

18(1) (March 1997), pp. 127-148.

50 "중동과 북아프리카 사람들은 하루에 섭취하는 열량의 35%를…" Harrigan, *Political Economy of Arab Food Sovereignty*, p. 19.

51 "많은 사람이 수입의 35퍼센트에서 55퍼센트를 식비로…" Ronald Albers and Marga Peeters, 'Food and Energy Prices, Government Subsidies and Fiscal balances in South Mediterranean Countries', *Economic Papers*, 437 (Brussels European Commission, 2011).

51 "1970년대 말부터 1980년대 중반…" This is discussed in detail in Chapter 10.

51 "그리고 2010년, 실업률은 치솟고…" Mehran Kamrava, 'The Rise and Fall of Ruling Bargains in the Middle East', in *Beyond the Arab Spring The Evolving Ruling Bargain in the Middle East*, ed. Mehran Kamrava (London Hurst & Company Limited, 2014), pp. 17-45.

51 "카이로의 제빵사들은…" Annia Ciezadlo, 'Let Them Eat Bread', *Foreign Affairs*, 23 March 2011.

51 "독재자들은 앞다투어 새 보조금과…" World Bank, 'Investing for Growth and Jobs', *Middle East and North Africa Region Economics Developments & Prospects, September 2011* (Washington World Bank, 2011), https//openknowledge. worldbank.org/

52 "하지만 그중 살아남은 것은…" Jack Goldstone, 'Bringing Regimes Back In Explaining Success and Failure in The Middle East Revolts of 2011', in *The Arab Revolution of 2011 A Comparative Perspective*, ed. Saï d Amir Arjomand (Albany, NY SUNY Press, 2015), pp. 53-74.

54 "1000만 명이 넘는 난민이 발생했으며…" 다음 사이트들의 자료를 참고했다. www.unrefugees.org, https//www.unicef.org/, https//www.crf.org.

55 "농민들은 보통 소득의 절반을…" Richard Brace, 'The Problem of Bread and the French Revolution at Bordeaux', *The American Historical Review*, 51(4) (1946), pp. 649-667.

55 "그러던 와중에 전해진 연회 소식은…" Antonia Fraser, *Marie Antoinette* (London Weidenfeld and Nicolson, 2002), p. 348. 한국어판은 《마리 앙투아네트》(현대문학, 2006).

56 "죽여라, 죽여! 왕비의 목을…" Nancy Barker, '"Let Them Eat Cake" The Mythical Marie Antoinette and the French Revolution', *The Historian*, 55(4) (1993), pp.709-724.

56 "'10월 행진'은 혁명의 전환점이었으며…"   Ian Davidson, *The French Revolution From Enlightenment to Tyranny* (London Profile Books, 2016), p. 46.

56 "왕비는 대개 탐욕스러운 야수…"   Barker, "'Let Them Eat Cake'", p. 718.

56 "그녀는 감옥에서도 레즈비언 애인들을…"   Ibid., p. 723.

57 "막시밀리앙 로베스피에르는 식료품에 '최고maximum' 가격을…"   R.B. Rose, '18th-Century Price-Riots, the French Revolution and the Jacobin Maximum', *International Review of Social History*, 4(3) (December 1959), pp. 432-445.

57 "이후 단두대로 끌려가는 로베스피에르를 보며…"   Ibid.

57 "프랑스의 빵 문제는 한 개인이…"   Louise A. Tilly, 'The Food Riot as a Form of Political Conflict in France', *The Journal of Interdisciplinary History* 2(1) (1971), pp. 23-57; Louise A. Tilly, 'Food Entitlement, Famine, and Conflict', *The Journal of Interdisciplinary History* 14(2) (1983), pp. 333-349. Steven L. Kaplan, *Bread, Politics and Political Economy in the Reign of Louis XV* (2nd edn, London Anthem Press, 2015).

59 〈그림1-2〉 식량 생산과 식량 가격   UNFAO, http//www.fao.org/.

60 "실제로 당시 세계 식량 생산량은…"   FAO Food Production Index, https//data.worldbank.org/.

2장 마법: 동화, 금융의 연금술, 그리고 화물신앙

61 "1억 명이 기근에 시달렸으며…"   Olivier de Schutter, *The State of Food Insecurity in the World* (New York and Geneva FAO, 2009). Harvey Morris, 'UN Task Force to Tackle Global Crisis', *Financial Times*, 29 April 2008, https//www.ft.com/.

65 "여기 연필 한 자루가 있습니다…"   PBS, 'Free to Choose Part 1 of 10 The Power of the Market', https// www.youtube.com/watch?v=D3N2sNnGwa4, 2021년 1월 18일 확인.

66 "하이에크는 가격을 정보를 취합하는 장치로…"   Friedrich Hayek, 'The Use of Knowledge in Society', *The American Economic Review*, 35(4) (1945), pp. 519-530.

66 "가격의 기능은 사람들에게…"   Friedrich Hayek, 'Nobel Prize-Winning Economist Oral History Transcript', *Oral History Program* (University of California, Los Angeles, 1983), http//archive.org/.

67 "머지않아 효율적 시장 가설은 한낱 '가설'을 넘어…"　다음 자료는 경제학계에서 효율적 시장 가설이 주류로 올라선 과정을 알기 쉽게 요약한다. Justin Fox, *The Myth of the Rational Market A History of Risk, Reward, and Delusion on Wall Street* (London HarperCollins, 2009). 한국어판은《죽은 경제학자들의 만찬》(알에이치코리아, 2010).

67 "투표로 결정하는 정치 제도는…"　Milton Friedman, 'The Fragility of Freedom', in *Milton Friedman in South Africa*, ed. Meyer Feldberg, Kate Jowell and Stephen Mulholland (Cape Town and Johannesburg Graduate School of Business of the University of Cape Town, 1976), pp. 3-10.

68 "물론 자유 시장이 존재한다 해서…"　Milton Friedman, 'Capitalism and Freedom', in *Essays on Individuality*, ed. Felix Morley (Philadelphia University of Pennsylvania, 1958), pp. 168-182.

70 "누가 저더러 '당신 얼굴에 주먹을 날릴 생각입니다'라고…"　아래의 공식 회의록에 실린 증언을 인용. US House of Representatives, 'H.R. 4062 — THE FINANCIAL DERIVATIVES SUPERVISORY IMPROVEMENT ACT OF 1998 AND H.R. 4239', 17 July 1998, http//commdocs.house.gov.

71 "이 새로운 금융상품의 명목 가치는 1994년에서 1997년 사이…"　Commodity Futures Trading Commission, 'Concept Release CFR Parts 34 and 35, Over-the-Counter Derivatives' (Washington CFTC, 1998).

71 "제 사무실에 은행가 열세 명이 찾아와서…"　Manuel Roig-Franzia, 'Brooksley Born, the Cassandra of the Derivatives Crisis', *Washington Post*, 26 May 2009, https//www.washingtonpost.com/.

71 "19세기 중반 시카고가 북미 곡물 시장의 중심지로…"　이에 관한 설명은 다음 자료를 참고했다. Ted Schmidt, *The Political Economy of Food and Finance* (London Routledge, 2015).

73 "1875년 일간지 〈시카고 트리뷴〉은…"　William Cronon, *Nature's Metropolis Chicago and the Great West* (New York W.W. Norton & Company, 2009), p. 126.

73 "투기자들은 밀, 귀리, 돼지고기 등의 공급을 독점해…"　Thomas Hieronymus, *Economics of Futures Trading* (New York Commodity Research Bureau, 1971).

75 "그린스펀은 래리 서머스와 함께…"　Lawrence Summers, Alan Greenspan, Arthur Levitt and William Rainer, *Over-the-Counter Derivatives Markets and the Commodity Exchange Act* (Washington US Department of the Treasury, 1999), www.treasury.gov.

76 "결함이 있었습니다…"　Brian Naylor, 'Greenspan Admits Free Market Ideology Flawed', *NPR*, 24 October 2009, https//www.npr.org.

76 "금융의 대량살상무기"   Warren Buffet, '2002 Annual Report', *Berkshire Hathaway Inc.*, 2002, p. 15, http//www.berkshirehathaway.com.

76 "모기지의 대폭락을 부채질한 '신용부도스와프'는…"   James Crotty, 'Structural Causes of the Global Financial Crisis A Critical Assessment of the "New Financial Architecture"', *Cambridge Journal of Economics*, 33(4) (July 2009), pp. 563-580.

77 "행동경제학자들은 누구나 가지고 있는 심리적 편향이…"   행동경제학을 이해하기 쉽게 소개한 자료는 다음을 참고하라. Michael Lewis, *The Undoing Project A Friendship That Changed Our Minds* (New York W.W. Norton & Company, 2017). 한국어판은《생각에 관한 생각 프로젝트》(김영사, 2018).

78 "이 '광기'는 특정 지역에서만 나타나지 않으며…"   N.M. Bird, 'Is There Danger of a Post-War Flare-Up Among New Guinea Natives?', *Pacific Islands Monthly*, 16(4) (November 1945), pp. 69-70.

78 "주기적으로 광기를 들끓게 한 것은…"   Peter Lawrence, 'Cargo Cult and Religious Beliefs among the Garia', in *Melanesia Readings on a Culture Area*, ed. L.L. Langness and John C. Weshler (London Chandler Publishing Company, 1971), pp. 295-314.

78 "한 전형적인 사례에서는 필로라는 소녀가…"   Peter Worsley, *The Trumpet Shall Sound A Study of 'Cargo' Cults in Melanesia* (2nd edn, London Macgibbon & Kee, 1968), p.112.

79 "싹이 트지 않으면 사람들은…"   Lawrence, 'Cargo Cult and Religious Beliefs among the Garia'.

79 "유럽인들이 시드니에서 물건을 보냈다고 말하자…"   Peter Lawrence, 'Cargo Cults and Politics', in *Papua New Guinea Prospero's Other Island*, ed. Peter Hastings (Sydney Angus & Robertson, 1971) pp. 106-120.

80 "이 같은 설명을 읽다 보면, 가리아 원주민을…"   이는 인류학 저술의 고질적인 문제와도 관련이 있다. 오랫동안 인류학에서는 '외국' 사회를 일종의 획일적인 덩어리로 간주하고, 그 구성원들을 (서양)인류학자와 달리 비판 능력이 없는 '문화적 얼간이cultural dope'로 묘사했다. 하지만 최근의 인류학 연구들은 문화와 정체성이 끊임없이 부딪히며, '문화', '계층'이라 일컬어지는 것들이 실제로는 협상과 도전, 끝없는 변화 속에 있다는 점을 강조한다. 이 책에서는 화물신앙이라는 현상을 해석하면서 '문화' 내의 경쟁과 그 경쟁에서 비롯하는 착재와 착취의 전략에 초점을 맞춘다.

80 "칼리나의 카움은 자신이 경찰서 유치장에서…"   Lawrence, 'Cargo Cult and

Religious Beliefs among the Garia'.

84 "금융위기가 닥치기 전, 에든버러대학교의 경제사회학자…" Donald MacKenzie and Taylor Spears, "'The Formula That Killed Wall Street' The Gaussian Copula and Modelling Practices in Investment Banking', *Social Studies of Science*, 44(3) (2014), pp. 393-417; Donald MacKenzie and Taylor Spears, "'A Device for Being Able to Book P&L' The Organizational Embedding of the Gaussian Copula', *Social Studies of Science*, 44(3) (2014), pp. 418-440.

86 "퀀트 공식은 주택 가격이 상승하면…" Scott Patterson, The Quants *The Maths Geniuses Who Brought down Wall Street* (London Random House, 2012), p. 197.

87 "은행이 버는 수익 대부분이…" Adam Goldstein and Neil Fligstein, 'Financial Markets as Production Markets The Industrial Roots of the Mortgage Meltdown', *Socio-Economic Review*, 15(3) (2017), pp. 483-510.

90 "예일대학교 출신의 두 경제학자가 2006년에 발표한 논문" Gary Gorton and K. Geert Rouwenhorst, 'Facts and Fantasies about Commodity Futures', *Financial Analysts Journal*, 62(2) (1 March 2006), pp. 47-68.

91 "한 연구는 원자재 인덱스 펀드 투자자들이…" Yiqun Mou, 'Limits to Arbitrage and Commodity Index Investment Front-Running the Goldman Roll', *Social Science Research Network*, 2010.

92 "원자재 선물 계약에서 또 하나 기이한 점은…" For a detailed account of the economics of the 'cash and carry' trade see Ted Schmidt, *The Political Economy of Food and Finance* (London Routledge, 2015).

92 "2000년대에 원자재가 갑작스레 유행하는 동안…" Saule T. Omarova, 'The Merchants of Wall Street Banking, Commerce, and Commodities', *Minnesota Law Review*, 98 (2014), pp. 266-355.

92 "예를 들어 모건스탠리는…" US Senate, 'Wall Street Bank Involvement with Physical Commodities' (Washington Committee Reports, US Government Printing Office, 2014).

93 "금융화는 원자재 가격이 금융상품 가격의 무리 안으로…" Ke Tang and Wei Xiong, 'Index Investment and the Financialization of Commodities', *Financial Analysts Journal*, 68(6) (2012), pp. 54-74.

94 〈그림2-1〉 금융화된 자산 가격 다음 자료를 재구성. Marco Lagi, Yavni Bar-Yam, Karla Z. Bertrand and Yaneer Bar-Yam, 'The Food Crises A Quantitative Model of Food Prices Including Speculators and Ethanol Conversion', *arXiv1109.4859*, 21 September 2011.

95 **"추세추종 상품거래자문"** 상품거래자문CTA이란 규제기관에 등록하고 원자재 선물, 옵션, 스왑을 매매하는(현금, 헤지펀드, 뮤추얼펀드 등을 운용하면서) 개인이나 단체를 가리킨다. 경제학자와 금융 분석가들은 CTA가 시장에서 벌이는 활동에 관한 보고서를 투기자, 즉 실물 원자재를 인수하지 않는 사람들의 활동을 보여주는 대용물로 활용하곤 한다. CTA들은 다양한 매매 전략을 활용하는데, 추세추종은 그중 가장 역사가 길고 일반적인 전략이다.

97 **"추세추종은 고객과 매니저들에게 큰 부를…"** G. Meyer, 'Diversification adds to funds' appeal', *Financial Times*, 25 November 2009, https://www.ft.com.

97 **"이는 전혀 새로운 일이…"** 주가를 추세와 관련지어 분석한 초기 연구로는 다음을 참고하라. Robert Edwards and John Magee, *Technical Analysis of Stock Trends* (Springfield, MA Stock Trend Service, 1948).

99 **"그 '혼돈 이론가'라는 작자는…"** Robert Kahn, 'Prospects for Nonlinear Education Reflections from Lord (Robert) May', in *Chaos, Complexity, Curriculum and Culture A Conversation*, ed. M. Jayne Fleener, William E. Doll, Donna Trueit and John St Julien (New York Peter Lang, 2005), p. 183.

100 **"로버트 메이는 티라노사우루스와 골드블럼 같은 관계에…"** Robert May, 'Simple Mathematical Models with Very Complicated Dynamics', *Nature*, 261(5560) (1976), pp. 459-467.

101 **〈그림2-2〉 되먹임과 번성-붕괴 성질** 다음 자료를 재구성. James Gleick, *Chaos Making a New Science* (London Sphere Books, 1987).

103 **"투기가 보통 불안정을 초래한다고 주장하는…"** Milton Friedman, *Essays in Positive Economics* (Chicago University of Chicago Press, 1953).

104 **"토끼의 유일한 천적인 육식성 유대류…"** David Peacock and Ian Abbott, 'The Role of Quoll (Dasyurus) Predation in the Outcome of Pre-1900 Introductions of Rabbits (Oryctolagus Cuniculus) to the Mainland and Islands of Australia', *Australian Journal of Zoology*, 61(3) (2013), pp. 206-280.

104 **"새로운 포식자로 고양이, 여우…"** David Peacock and Ian Abbott, 'The Mongoose in Australia Failed Introduction of a Biological Control Agent', *Australian Journal of Zoology*, 58(4) (2010), pp. 205-227.

104 **"경제학자와 그의 동료들은 소로스처럼…"** J. Bradford De Long, Andrei Shleifer, Lawrence H. Summers and Robert J. Waldmann, 'Positive Feedback Investment Strategies and Destabilizing Rational Speculation', *The Journal of Finance*, 45(2) (1990), pp. 379-395; Andrei Shleifer and Lawrence

H. Summers, 'The Noise Trader Approach to Finance', *Journal of Economic Perspectives*, 4(2) (1990), pp. 19-33. Fox, *The Myth of the Rational Market*.

105 "투기자들은 연준이 채권을 매입해…"   Ted Schmidt, 'Financialization of Commodities and the Monetary Transmission Mechanism', *International Journal of Political Economy*, 46(2-3) (2017), pp. 128-149.

106 "추세추종 자본은 언제든 이러한 추세를 증폭할…"   Marco Lagi, Yavni Bar-Yam, Karla Z. Bertrand and Yaneer Bar-Yam, 'The Food Crises A Quantitative Model of Food Prices Including Speculators and Ethanol Conversion', *arXiv1109.4859*, 21 September 2011.

106 "전 세계에서 밀 공급이 부족해지는 일도 없었다."   Maximo Torero, Tolulope Olofinbiyi, Heidi Fritschel, Doris Wiesmann, Yisehac Yohannes, Tololupe Olofinbiyi, Lilly Schofield and Constanze von Oppeln, *The Challenge of Hunger Taming Price Spikes and Excessive Food Price Volatility* (Washington International Food Policy Research Institute, 2011).

3장 인식: IS가 벌인 침략의 가격은 얼마인가

114 "심리학자들은 어떤 사건의 사망자가 많을수록…"   Paul Slovic, David Zionts, Andrew K. Woods, Ryan Goodman and Derek Jinks, 'Psychic Numbing and Mass Atrocity', in *The Behavioral Foundations of Public Policy*, ed. Eldar Shafir (Princeton Princeton University Press, 2013), pp. 126-142.

124 "1000개의 독립 민병대와 3250개의 소규모 부대로…"   Christopher Phillips, *The Battle for Syria International Rivalry in the New Middle East* (New Haven and London Yale University Press, 2016), p. 127.

125 "미국이 이끈 연합군은…"   이에 관한 설명은 다음 자료를 참고했다. Joby Warrick, *Black Flags The Rise of ISIS* (London Transworld, 2015).

126 "모술은 수니파가 다수라는 사실을 전략적 기회로…"   Tallha Abdulrazaq and Gareth Stansfield, 'The Enemy Within ISIS and the Conquest of Mosul', *Middle East Journal*, 70(4) (2016), pp. 525-542.

127 "IS의 잠복 조직들이 도시 곳곳에서 폭탄을…"   Warrick, *Black Flags*.

128 "내전이 벌어진 곳에서 민병대가 이렇게 끔찍한 잔학 행위를…"   Barbara Walter, 'The New New Civil Wars', *Annual Review of Political Science*, 20 (2017), pp. 469-486.

129 "하루에 100만에서 200만 달러를…" David E. Sanger and Julie Hirschfeld Davis, 'Struggling to Starve ISIS of Oil Revenue, U.S. Seeks Assistance From Turkey', *New York Times*, 13 September 2014, https//www.nytimes. com.

130 "정치학자와 경제학자들은 무수한 연구를 통해…" Michael L. Ross, 'What Have We Learned about the Resource Curse?' *Annual Review of Political Science*, 18(1) (2015), pp. 239-259.

132 "이라크의 폭력 사태가 급등하는 유가에…" Neil Hume, 'Iraq Violence Lights Fuse to Oil Price Spike', *Financial Times*, 20 June 2014, https//www. ft.com.

133 "2003년 부시가 이라크를 전면 침공했을 때조차 유가에는 큰 변화가 없었다." Robert E. Looney, 'Oil Prices and The Iraq War Market Interpretations of Military Developments', *The Journal of Energy and Development*, 29(1) (2003), pp. 25-41.

133 "지금 유가는 못해도 100달러는 되어야 한다." 빈 라덴의 발언은 다음 자료를 참고했다. Mark S. Williams and Paul Williams, 'The Weaponization of Oil in the Messages of Osama Bin Laden', *Journal of Military and Strategic Studies*, 10(2) (Winter 2007-2008).

133 "빈 라덴은 유가가 1979년 정점에 달한 뒤에도…" Mahmoud A. El-Gamal and Amy Myers Jaffe, *Oil, Dollars, Debt, and Crises The Global Curse of Black Gold* (Cambridge Cambridge University Press, 2009), p. 67.

136 "실러는 경제의 거품에 관한 연구로 노벨경제학상을…" 실러의 이론에 관한 자세한 내용은 다음 자료를 참고하라. Robert Shiller, *Narrative Economics How Stories Go Viral and Drive Major Economic Events* (Princeton Princeton University Press, 2019). 한국어판은 《내러티브 경제학》(알에이치코리아, 2021)

140 "1973년 어느 여름날, 마샬 애플화이트와 보니 네틀스는…" 이에 관한 설명은 다음 자료를 참고했다. Robert W. Balch, 'Waiting for the Ships Disillusionment and the Revitalization of Faith in Bo and Peep's UFO Cult', in *The Gods Have Landed New Religions from Other Worlds*, ed. James Lewis (New York State University of New York Press, 1995), pp. 137-166.

142 "정경正經의 종결…" Max Weber, *Economy and Society An Outline of Interpretive Sociology*, ed. Guenther Roth and Claus Wittich, vol. 1 (Berkeley University of California Press, 1978), p. 459.

145 "앤 해서웨이가 아카데미 시상식의 진행자로 나선 날…" Dan Mirvish, 'The

Hathaway Effect How Anne Gives Warren Buffett a Rise', *The Huffington Post*, 3 February 2011, https//www.huffpost.com.

149 "2013년, 옐가말은 아랍의 봄이 부추긴 유가 거품이…" Mahmoud El-Gamal and Amy M. Jeff, 'Oil Demand, Supply, and Medium-Term Price Prospects A Wavelets-Based Analysis', Institute of Transportation Studies, Working Paper Series (Davis, CA Institute of Transportation Studies, UC Davis, 2013); Hany Abdel-Latif and Mahmoud El-Gamal, 'Financial Liquidity, Geopolitics, and Oil Prices', *Energy Economics*, 87 (2019).

152 "야니어 바얌과 그의 동료들은 10년간 원자재 시장에서…" Roozbeh Daneshvar, Marco Lagi and Yaneer Bar-Yam, 'The Impact of Speculation on Oil Prices A Quantitative Model' (Cambridge, MA New England Complex Systems Institute, 2014).

4장 전염: 유로파이터 타이푼에서 일대일로까지

153 "저는 지난주 트리폴리와…" David Cameron, 'Prime Minister's First Speech to the UN General Assembly' (United Nations, New York, 22 September 2011), https//www.gov.uk/government/speeches/prime-ministers-first-speech-tothe-un-general-assembly.

154 "다른 페르시아만 연안 국가들에 100대를 더…" Christopher Hope and Angela Monaghan, 'David Cameron Promotes Typhoon Fighter Jets in Middle East', *Daily Telegraph*, 5 November, 2012, https//www.telegraph.co.uk.

154 "우리는 자기방어를 위한 군사 장비 판매와 관련해…" Nicholas Watt and Ian Black, 'David Cameron Arrives in Gulf on Arms Trade Trip', *Guardian*, 5 November 2012, https//www.theguardian.com.

155 "그들은 낙타 고기와 우유를 먹는다…" Boris Johnson, 'We Can't Afford to Ignore Our Dynamic Friends in the East', *Daily Telegraph*, 21 April 2013, https//www.telegraph.co.uk.

156 "2012년 재선에 나선 베네수엘라의 우고 차베스가…" Rory Carroll, Comandante Hugo Cházez's Venezuela (London Penguin Books, 2014), p. 283. Raul Gallegos, *Crude Nation How Oil Riches Ruined Venezuela* (Lincoln, NB University of Nebraska Press, 2016), p. 160.

156 "돈을 빼돌리고, 지지자에게 보상을 주고, 군사력을 키우려는…" Jørgen Juel

Andersen, Niels Johannesen, David Dreyer Lassen and Elena Paltseva, 'Petro Rents, Political Institutions, and Hidden Wealth Evidence from Offshore Bank Accounts', *Journal of the European Economic Association*, 15(4) (1 August 2017), pp. 818-860. Jørgen Juel Andersen and Silje Aslaksen, 'Oil and Political Survival', *Journal of Development Economics*, 100(1) (2013), pp. 89-106. Egil Matsen, Gisle J. Natvik and Ragnar Torvik, 'Petro Populism', *Journal of Development Economics*, 118 (2016), pp. 1-12; Keisuke Okada and Sovannroeun Samreth, 'Oil Bonanza and the Composition of Government Expenditure', *Economics of Governance* 22 (2021), pp. 23-46.

156 "과거 제국의 전성기 시절부터 외국의 부를 약탈하면서 …" Vanessa Ogle, '"Funk Money" The End of Empires, The Expansion of Tax Havens, and Decolonization as an Economic and Financial Event', *Past & Present* 249(1) (2020), pp. 213-249; Vanessa Ogle, 'Archipelago Capitalism Tax Havens, Offshore Money, and the State, 1950s-1970s', *The American Historical Review*, 122(5) (2017), pp. 1431-1458.

157 "이렇게 디지털 공간에서 돈이 춤추듯 움직이는 동안, 산유국들은 …" Mahmoud A. El-Gamal and Amy Myers Jaffe, *Oil, Dollars, Debt, and Crises The Global Curse of Black Gold* (Cambridge Cambridge University Press, 2009).

157 "교육, 의료 수준이 더 낮은…" Lara Cockx and Nathalie Francken, 'Extending the Concept of the Resource Curse Natural Resources and Public Spending on Health', *Ecological Economics*, 108 (2014), pp. 136-149; Lara Cockx and Nathalie Francken, 'Natural Resources A Curse on Education Spending?' *Energy Policy*, 92 (2016), pp. 394-408, Simon Wigley, 'The Resource Curse and Child Mortality, 1961-2011', *Social Science & Medicine*, 176 (2017), pp. 142-148.

157 "폭격이 시작된 지 일주일이 채 지나기 전…" David Wearing, 'A Shameful Relationship UK Complicity in Saudi State Violence' (London Campaign Against the Arms Trade, April 2016), https// www.caat.org.uk/.

158 "분명히 말씀드리겠습니다. 유럽연합 탈퇴는…" Read David Cameron's Full Referendum Announcement', Independent, 20 February 2016, http//www.independent.co.uk.

159 "영국 전체의 주택 가격이 19퍼센트 상승했고…" Filipa G. Sa, 'The Effect of Foreign Investors on Local Housing Markets Evidence from the UK', *CEPR Discussion Paper* no. DP11658 (November 2016).

159 "시민들이 소유한 주택의 가치가 적게는…"   Rowena Mason and Hilary Osborne, 'House Prices Could Fall by 18% If Britain Quits EU, Says George Osborne', *Guardian*, 21 May 2016, https//www.theguardian.com.

159 "저게 무슨 미친 소리야…"   Tim Shipman, *All Out War The Full Story of How Brexit Sank Britain's Political Class* (London William Collins, 2016), p. 246.

160 "이민자들이 임대주택 입주를 기다리는 줄에 끼어드는 바람에…"   Martin Robinson, 'Woman in Brexit Row Says Her Mother Was Rejected for SIX Bungalows', *Daily Mail*, 27 May 2016, https//www.dailymail.co.uk/.

160 "영국을 지리적으로 잘게 나눠 분석한 결과…"   Ben Ansell, 'Housing, Credit and Brexit', *Conference on Europe and the Credit Crisis, April 2017*, (7 April 2017). Ben Ansell and David Adler, 'Brexit and the Politics of Housing in Britain', *Political Quarterly*, 90 (2019), pp. 105-116.

161 〈그림4-1〉브렉시트와 주택 가격   다음 자료를 재구성. Ben Ansell and David Adler, 'Brexit and the Politics of Housing in Britain', *Political Quarterly*, 90 (2019), pp. 105-116.

162 "주택 소유가 이와 비슷하게 안정을 주는 원천 역할을…"   Ben Ansell, 'The Political Economy of Ownership Housing Markets and the Welfare State', *American Political Science Review*, 108(2) (2014), pp. 383-402; John S. Ahlquist and B.W. Ansell, 'Taking Credit Redistribution and Borrowing in an Age of Economic Polarization', *World Politics*, 69(4) (2017), pp. 640-675.

162 "집값이 날로 오른다는 사실은 무주택자에게…"   Ahlquist and Ansell, 'Taking Credit', pp. 640-675.

162 "안셀과 동료 연구자 데이비드 애들러David Adler는 미국에서도…"   David Adler and Ben Ansell, '"I Love Bad Markets" Housing and the Politics of Place in the 2016 Presidential Election', 미출간 원고.

162 "주택 가격을 끌어올린 자금은 대부분…"   원자재 가격과 급증한 자본 유입에 관한 연구는 다음 자료를 참고하라. Carmen M. Reinhart, Vincent Reinhart and Christoph Trebesch, 'Global Cycles Capital Flows, Commodities, and Sovereign Defaults, 1815-2015', *American Economic Review*, 106(5) (2016), pp. 574-580. 유가, 오일달러, 주택 가격 상승에 관한 연구는 다음을 참고하라. Mahmoud A. El-Gamal and Amy Myers Jaffe, *Oil, Dollars, Debt, and Crises The Global Curse of Black Gold* (Cambridge Cambridge University Press, 2009). 무역 불균형과 주택 가격에 관해서는 다음을 참고하라. Ben W. Ansell, Lawrence Broz and Thomas Flaherty, 'Global Capital Markets, Housing Prices, and Partisan

Fiscal Policies', *Economics & Politics*, 30(3) (2018), pp. 307-339.

164 "터보프롭 비행기 한 대가…" Michael McDonald, 'Can Timber Rebuild Harvard's Endowment?', Bloomberg, 20 September 2012, https//www. bloomberg.com.

165 "은행, 헤지펀드, 대학기금, 연기금, 국부펀드는…" US Senate, 2014.

166 "산에 메아리치는 낙타 종소리가 들리고…" Xi Jinping, 'Promote Friendship Between Our People and Work Together to Build a Bright Future', Speech at Nazarbayev University, Kazakhstan, 7 September 2013, https//www. fmprc.gov.cn.

167 "시진핑은 카자흐스탄에 이어 다른 중앙아시아 국가들을…" Qishloq Ovozi, 'How Far Will China Go in Central Asia', *Radio Free Europe*, 8 June 2015, https//www.rferl.org.

167 "중국의 자본은 아시아를 넘어 아프리카로까지…" David Pilling, 'Chinese Investment in Africa Beijing's Testing Ground', *Financial Times*, 13 June 2017, https//www.ft.com.

167 "중국의 투자를 받는 지역에서는 그 투자가 식민 권력을…" Nick Van Mead, 'China in Africa Win-win Development, or a New Colonialism?', *Guardian*, 31 July 2018. Anthony Kleven, 'Belt and Road Colonialism with Chinese Characteristics', *The Interpreter*, 6 May 2019, https//www.lowyinstitute.org.

168 "하버드대학은 어디를 가나 혼돈을…" 이 부분은 다음 자료를 참고했다. GRAIN and *Rede Social de Justiça e Direitos Humanos*, 'Harvard's Billion-Dollar Farmland Fiasco,' September 2018, https//www.grain.org.

168 "심지어 미국에서도 캘리포니아의 농장주들이…" Michael McDonald, 'Harvard Spent $100 Million on Vineyards. Now It's Fighting With the Neighbours', Bloomberg, 15 November 2018, https//www.bloomberg.com/.

168 "2011년, 세계은행은 브라질에서…" World Bank, 'Project Document, Piaui Pillars of Growth and Social Inclusion Project' (P129342), December 2015, http//documents.worldbank.org.

168 "브라질은 세계에서 토지 강탈과 관련한 살인이…" At What Cost? Irresponsible business and the murder of land and environmental defenders in 2017', Global Witness, 2018.

168 "중앙아시아에서는 지금도 중국에 반대하는 시위가…" Abdujalil Abdurasulov, 'Kazakhstan's Land Reform Protests Explained', BBC News, 28 April 2016, https//www.bbc.co.uk. 'China-led $280 Million Kyrgyzstan Project

Abandoned After Protests', Reuters, 18 February 2020, reuters.com, https//
www.reuters.com/.

168 "파키스탄에서는 발루치족 반군이…"   Boone and Kiyya Baloch, 'A New
Shenshen? Poor Pakistan fishing town's horror at Chinese plans', *Guardian*, 4
February 2016.

168 "중국의 '투자금' 대부분은 투자를 받은 나라들이…"   Iain Marlow and Dan-
dan Li, 'How Asia Fell Out of Love with China's Belt and Road Initiative',
Bloomberg, 10 December 2018, https//www.bloomberg.com.

169 "그중 가장 극단적인 사례는 스리랑카였다…"   Maria Abi-Habib, 'How Chi-
na Got Sri Lanka to Cough Up a Port', *New York Times*, 25 June 2018, https//
www.nytimes.com.

169 "중앙아시아와 중국 본토를 잇는 신장 지역은…"   Frances Eve, 'China is
Committing Ethnic Cleansing in Xinjiang - It's Time for the World to Stand
Up', *Guardian*, 3 November 2018, https//www.theguardian.com.

5장 번성: 푸틴의 교만과 우크라이나 침공

176 "수르코프는 어디서나 볼 수 있는 선전원이…"   Peter Pomerantsev, *Nothing
Is True and Everything Is Possible Adventures in Modern Russia* (London Faber &
Faber, 2017).

177 "이 반대 시위대는 유럽을 지지하는 마이단 시위가…"   J. Feder, 'The Russian
Plot to Take Back Eastern Europe at the Expense Of Gay Rights', *BuzzFeed
News*, 9 November 2013, https//www.buzzfeednews.com.

177 "이후 소셜미디어에는 그들이 가짜임을…"   '"Gay-titushki" Organized
"LGBT Community" Pride', *National LGBT Portal of Ukraine*, 11 January
2014, https//www.lgbt.org.ua.

177 "우크라이나군의 조사에 따르면…"   Daniel McLaughlin, 'Kiev Blames Putin
Aide for Maidan Square Killings by Snipers', *Irish Times*, 21 February 2015,
www.irishtimes.com.

178 "군복은 비슷한 게 많다…"   Timothy Snyder, *The Road to Unfreedom Russia,
Europe, America* (London Tim Duggan Books, 2018), p. 183. 한국어판은 《가짜 민
주주의가 온다》(부키, 2019)

182 "그런 이야기가 시청률에 도움이 된다고…"   Peter Pomerantsev, 'How Vlad-

imir Putin Is Revolutionizing Information Warfare', *The Atlantic*, 9 September 2014, https//www.theatlantic.com/.

188 "(푸틴은) 7, 8년 전⋯"   Fox News Channel, 3 March 2014.

189 "훗날 역사가들은 몇 주 동안⋯"   Evan Osnos, David Remnick and Joshua Yaffa, 'Trump, Putin, and the New Cold War', *New Yorker*, 6 March 2017.

189 "푸틴은 동독에서 KGB 요원으로 활동하며⋯"   Snyder, *The Road to Unfreedom*, p. 44.

190 "예고르 가이다르는⋯"   Yegor Gaidar, *Collapse of an Empire Lessons for Modern Russia*, translated by Antonina W. Bouis (Washington Brookings Institution Press, 2010).

191 "천연가스와 원유를 저렴한 가격에 공급하는 파이프라인 망을⋯"   이 대목은 다음 자료를 참고했다. from Randall Newnham, 'Oil, Carrots, and Sticks Russia's Energy Resources as a Foreign Policy Tool', *Journal of Eurasian Studies*, 2(2) (2011), pp. 134-143.

192 〈그림5-1〉 러시아의 파이프라인   다음 자료를 재구성. Samuel Bailey, 'Map of the Major existing and Proposed Russian Natural Gas Transportation Pipelines in Europe' (15 November, 2009), under the Creative Commons Attribution 3.0 Unported license. https//commons.wikimedia.org/wiki/ FileMajor_russian_gas_ pipelines_to_europe.png.

194 "천연가스를 공짜나 다름없는 가격에⋯"   벨라루스는 막대한 보조금을 받으면서 할인된 가스 요금조차 지불하지 않았다. 2007년, 루카셴코는 러시아에 갚아야 할 가스 요금 13억 달러를 내지 않겠다고 선언했고, 푸틴은 이 빚을 탕감해주었다.

194 "그러나 2000년대 들어 푸틴은 양국 정권과⋯"   Newnham, 'Oil, Carrots, and Sticks'.

195 "러시아는 유럽연합이 사용하는 천연가스의 39퍼센트를⋯"   Szilvia Batkov, 'Russia's Silent Shale Gas Victory in Ukraine', *Euractiv*, 2 September 2015, https// www.euractiv.com/.

195 "러시아는 이 매장지의 채굴권을 두고⋯"   Stanley Reed, 'Ukraine Signs Drilling Deal with Shell for Shale Gas', *New York Times*, 24 January 2013.

195 "우크라이나는 2020년 무렵이면 유럽에 천연가스를 공급하는⋯"   Batkov, 'Russia's Silent Shale Gas Victory'.

200 "헨드릭스는 유가가 높을수록⋯"   Cullen S. Hendrix, 'Oil Prices and Interstate Conflict', *Conflict Management and Peace Science*, 34(6) (2017), pp. 575-596.

201 〈그림5-3〉 분쟁과 유가　다음 자료를 재구성. Cullen S. Hendrix, 'Oil Prices and Interstate Conflict', *Conflict Management and Peace Science*, 34(6) (2017), pp. 575-596.

203 "러시아는 원유 수출로 연간 530억 달러를…"　Adnan Vatansever, 'Energy Sanctions and Russia What Comes Next?' (Washington Atlantic Council, 2015), https//www.atlanticcouncil.org.

204 "야니어 바얌은 2002년에서 2012년까지…"　Roozbeh Daneshvar, Marco Lagi and Yaneer Bar-Yam, 'The Impact of Speculation on Oil Prices A Quantitative Model' (Cambridge, MA New England Complex Systems Institute, 2014).

204 "외부의 지원이 없다면 아무리…"　Anton Zverev, 'Moscow Is Bankrolling Ukraine Rebels Ex-Separatist Official', Reuters, 5 October 2016, https// www.reuters.com/.

206 "러시아의 원유 생산량은 제재와 상관없이 꾸준히 늘어났고…"　Bud Coote, 'Impact of Sanctions on Russia's Energy Sector' (Washington Atlantic Council, 2018), https//www.atlanticcouncil.org.

210 "GRU(러시아의 정예 첩보부대) 소속 특수 부대…"　Snyder, *The Road to Unfreedom*, p. 169.

6장 붕괴: 베네수엘라의 프랙털 재앙

225 "이야기를 들어보니 그녀는 정말로…"　Reuters in Caracas, 'Venezuela Crisis Sterilizations Soar as Couples Count the Cost of Children', *Guardian*, 3 August 2016, http//www.theguardian.com.

227 "역逆금융거품"　Den Fantazzini, 'The Oil Price Crash in 2014/15 Was There a (Negative) Financial Bubble?' *Energy Policy*, 96 (September 2016), pp. 383-396.

227 "하버드대 기금은 원자재 투자로 10억 달러를…"　Michael McDonald and Tatiana Freitas, 'Harvard Blew $1 Billion in Bet on Tomatoes, Sugar, and Eucalyptus', Bloomberg, 1 March 2018, https//www.bloomberg.com/.

236 "이 논문에 따르면, 영국의 해안선 길이는 무한할 수 있다…"　Benoit Mandelbrot, 'How Long Is the Coast of Britain? Statistical Self-Similarity and Fractional Dimension', *Science*, 156(3775) (1967), pp. 636-638.

238 "나는 자원의 저주가 어떻게…" Michael Bruno and Jeffrey Sachs, 'Energy and Resource Allocation A Dynamic Model of the 'Dutch Disease'', *Review of Economic Studies*, 49(5) (1 December 1982), pp. 845-859. 다음 자료도 참고하라. Jeffrey D. Sachs, Jeffrey and Andrew M. Warner, 'The Curse of Natural Resources', *European Economic Review*, 45(4) (1 May 2001), pp. 827-838.

239 "농경지는 이미 황폐해졌지만…" Marta Kulesza, 'Inflation and Hyperinflation in Venezuela (1970s-2016) A Post-Keynesian Interpretation', working paper (Berlin Institute for International Political Economy, 2017).

240 "오래전부터 좌파 포퓰리즘을 가장 효과적으로…" 일례로 다음 자료를 참고하라. Naomi Klein, *The Shock Doctrine The Rise of Disaster Capitalism* (London Macmillan, 2007). 한국어판은 《쇼크 독트린》(살림Biz, 2008)

240 "가장 최근의 사이클은 1973년…" 이에 관한 설명은 다음 자료를 참고했다. Raul Gallegos, *Crude Nation How Oil Riches Ruined Venezuela* (Lincoln, NE University of Nebraska Press, 2016).

240 "그러다 1980년대 초 유가가 급락하자…" Kulesza, 'Inflation and Hyperinflation in Venezuela (1970s-2016)'.

242 "그는 석유의 위험성을 경고했으며…" Hugo Chávez, *'Discurso del Comandante Presidente Hugo Chávez ante la 54 Asamblea Anual De Fedecámaras'*, transcript from http//www.todo-chavez.gob.ve.

242 "차베스는 매우 야심 찬 의제를 논하기에…" Clifford Krauss, 'New Chief to Battle Venezuela's "Cancer"', *New York Times*, 3 February 1999.

243 "클린턴 행정부는 특히…" Diana Jean Schemo, 'Venezuelan Leader Plans to Cut Spending to Pare Deficit', *New York Times*, 18 February 1999.

243 "각하께서는 경제 분야에 있는…" Rory Carroll, *Comandante Hugo Chávez's Venezuela* (London Penguin Books, 2014), p. 70.

244 "미국 정부가 차베스 정권을 상대로 쿠데타를…" Jon Lee Anderson, 'The Revolutionary', *New Yorker*, 3 September 2001.

245 "이들은 '대통령궁에 있는 원숭이'를…" Christopher Marquis, 'Bush Officials Met with Venezuelans who Ousted Leader', *New York Times*, 16 April 2002. Juan Forero, 'Documents Show C.I.A. Knew of a Coup Plot in Venezuela', *New York Times*, 3 December 2004. Ed Vulliamy, 'Venezuela Coup Linked to Bush Team', *Guardian*, 21 April 2002.

246 "그는 마침내 PDVSA를 장악했고…" Carroll, *Comandante*, p. 102.

246 "이제 차베스는 '사회주의자'로 자처하기…" Cristina Marcano and Alberto

Barrera Tyska, *Hugo Chávez*, translated by Kristina Cordero (New York Random House, 2004), p. 22.

246 "그러나 차베스의 사회 복지 프로그램 미시오네스를…" Michael Penfold-Becerra, 'Clientelism and Social Funds Evidence from Chávez's Misiones', *Latin American Politics and Society* 49(4) (2007), pp. 63-84. 차베스 지지자들이 보상을 받았다면, 야당 지지자들은 경제적으로 제재를 당했다. 예를 들어 다음 자료를 참고하라. ChangTai Hsieh, Edward Miguel, Daniel Ortega and Francisco Rodriguez, 'The Price of Political Opposition Evidence from Venezuela's Maisanta', *American Economic Journal Applied Economics*, 3(2) (2011), pp. 196-214.

247 "'후견주의'라 불리는 이러한 전략은…" Allen Hicken, 'Clientelism', *Annual Review of Political Science*, 14(1) (2011), pp. 289-310.

247 "관리자가 노동자를 감시하면서…" Timothy Frye, Ora John Reuter and David Szakonyi, 'Vote Brokers, Clientelist Appeals, and Voter Turnout Evidence from Russia and Venezuela', *World Politics*, 71(4) (2019), pp. 710-746.

247 "푸틴과 정권에 유착하는 세력들이…" Philip Hanson, *Reiderstvo Asset-Grabbing in Russia* (London Chatham House, 2014).

247 "1000억 달러에 달하는 돈을 걷어 국고에…" Stephen Kalin and Katie Paul, 'Saudi Arabia Says It Has Seized over $100 Billion in Corruption Purge', Reuters, 30 January 2018, https//www.reuters.com.

249 "베네수엘라 국민의 몸무게는…" Vivian Sequera, 'Venezuelans Report Big Weight Losses in 2017 as Hunger Hits', Reuters, 21 February 2018, https//www.reuters.com.

249 "미국의 제재로 인해 2017년 한 해에만 4만 명이…" Mark Weisbrot and Jeffrey Sachs, 'Economic Sanctions as Collective Punishment The Case of Venezuela' (Washington Center for Economic and Policy Research, 2019).

250 〈그림6-1〉 베네수엘라와 콜롬비아의 원유 생산량 다음 자료를 재구성. Mark Weisbrot and Jeffrey Sachs, 'Economic Sanctions as Collective Punishment The Case of Venezuela' (Washington Center for Economic and Policy Research, 2019).

260 "500만 명이 베네수엘라를 떠났고…" International Organization for Migration, 'Venezuelan Refugee and Migrant Crisis', 10 October 2019, https//www.iom.int/venezuelarefugee-and-migrant-crisis.

7장 증식: '위험한 게임'부터 '매드 맥스'까지, 케냐의 기후 혼돈

266 "동아프리카는 본래라면 점점 습해져야…" David P. Rowell, Ben B.B
Booth, Sharon E. Nicholson and Peter Good, 'Reconciling Past and Fu-
ture Rainfall Trends over East Africa', *Journal of Climate*, 28(24) (2015), pp.
9768-9788.

267 "습격은 점점 빈번해지는…" Carol R. Ember, Teferi Abate Adem, Ian
Skoggard and Eric C. Jones, 'Livestock Raiding and Rainfall Variability in
Northwestern Kenya', *Civil Wars*, 14(2) (2012), pp. 159-181.

268 "기온이 상승하면 자연에는 온갖 혼돈이…" David Wallace-Wells, *The Unin-
habitable Earth A Story of the Future* (London Penguin, 2019).

268 "최근《네이처Nature》에 실린 한 설문 연구에…" K.J. Mach, C.M. Kraan,
W.N. Adger, H. Buhaug, M. Burke, J.D. Fearon, C.B. Field, C.S. Hendrix,
J.F. Maystadt, J. O'Loughlin, P. Roessler, J. Scheffran, K. Schultz and N.
von Uexkull, 'Climate as a Risk Factor for Armed Conflict', *Nature*, 571
(2019), pp. 193-197.

271 "자원이 날로 줄어들면서 인류는 자원을 둘러싼 끝없는 투쟁이…" eter
Schwartz and Doug Randall, 'An Abrupt Climate Change Scenario and Its
Implications for United States National Security,' (2004) www.iatp.org.

272 "이미 취약한 지역에서는 식량 생산이 줄고…" *National Security and the
Threat of Climate Change* (Washington Center for Naval Analyses, 2007).

273 〈그림7-1〉아프리카의 분쟁과 강수량 다음 자료를 재구성. Cullen S. Hen-
drix and Idean Salehyan, 'Climate Change, Rainfall, and Social Conflict in
Africa', *Journal of Peace Research*, 49(1) (2012), pp. 35-50.

274 "강수량을 근거로 분쟁이 발생할 가능성을 예측할 수 있는지…" Cullen S.
Hendrix and Idean Salehyan, 'Climate Change, Rainfall, and Social Conflict
in Africa', *Journal of Peace Research*, 49(1) (2012), pp. 35-50.

278 "지구 기온이 1℃ 더 올라갈 때마다 전 세계 옥수수 생산량은…" Chuang
Zhao, Bing Liu, Shilong Piao, Xuhui Wang, David B. Lobell, Yao Huang,
Mengtian Huang, Yitong Yao, Simona Bassu and Philippe Ciais, 'Tempera-
ture Increase Reduces Global Yields of Major Crops in Four Independent
Estimates', *Proceedings of the National Academy of Sciences*, 114(35) (2017), pp.
9326-9331.

278 "세계 인구는 매년 약 1.1퍼센트씩…" World Bank, 'Population Growth

(Annual %)' (Washington World Bank Group). 다음의 페이지에서 검색했다. https://data.worldbank.org/indicator/SP.POP.GROW.

280 "센은 현대의 기근이 런던의 주택 문제와 마찬가지로…" Amartya Sen, 'Famines as Failures of Exchange Entitlements', *Economic and Political Weekly*, 11(31/33) (August, 1976), pp. 1273-1280.

284 "이렇게 강력한 예측 기술을 사용할 수 있다 해도 시장이 미인을 고르는 대회나 다름없다는 사실은…" 3장을 참고하라.

289 "오늘날 기후 변화로 인해 제기되는 문제들은…" Mark Carney, 'Breaking the Tragedy of the Horizon - Climate Change and Financial Stability', Speech at Lloyd's of London, 29 September 2015.

290 "카니의 강연을 시작으로 전 세계 금융 소방관들이…" Patrick Bolton, Morgan Després, Luiz Awazu Pereira da Silva, Frédéric Samama and Romain Svartzman, *The Green Swan* (Basel Bank of International Settlements, 2020). Robert Litterman, Clark E. Anderson, Nathaniel Bullard, Ben Caldecott, Martina L. Cheung, John T. Colas, Robert Coviello, Peter W. Davidson, Jeffrey Dukes and Hervé P. Duteil, *Managing Climate Risk in the US Financial System* (Washington Commodity Futures Trading Commission, 2020).

291 "미국의 GDP가 대폭 줄어들…" Litterman, Anderson, Bullard et al., *Managing Climate Risk in the US Financial System*.

291 "게다가 기후 변화는 질병이나 전염병의…" Carney, 'Breaking the Tragedy of the Horizon'.

292 "'좌초 자산'은 현재 가치로 약 28조 달러로…" Adam Tooze, 'Why Central Banks Need to Step up on Global Warming', *Foreign Policy*, 20 (2019), https://foreignpolicy.com/.

292 "성공이 곧 실패인 역설" Mark Carney, 'Resolving the Climate Paradox', Arthur Burns Memorial Lecture, Berlin, 22 September 2016.

293 "보험 산업이 기후 위험의 가격을 많게는 50퍼센트 가까이…" S&P Global Ratings, 'Effects of Weather Events on Corporate Earnings Are Gathering Force', *Resilience Economics*, 11 June 2018, pp. 1-23.

293 "IMF에 따르면, 어떤 시장보다 효율적이라고 하는 주식 시장도…" International Monetary Fund, *Global Financial Stability Report* (Washington International Monetary Fund, 2020).

293 "영국 일부 지역의 홍수 보험" Bret Christophers, 'The Allusive Market Insurance of Flood Risk in Neoliberal Britain', *Economy and Society*, 48(1) (2

January 2019), pp. 1-29.

293 "유럽중앙은행은 은행들이 날로 커지는 위험을…"   European Central Bank,
'Financial Stability Review, November 2020', 25 November 2020, https//
www.ecb.europa.eu.

293 "주요 은행 60곳이 관련 부문에 투자한 금액은…"   *Banking on Climate Change
Fossil Fuel Finance Report 2021* (San Francisco Rainforest Action Network, 2021),
https//www.ran.org/.

8장 차익거래: 알샤바브 혹은 테러리스트 헤지펀드

306 "350만 명이 먹을 것이 없어…"   Daniel Maxwell and Merry Fitzpatrick,
'The 2011 Somalia Famine Context, Causes, and Complications', *Global
Food Security*, 1(1) (2012), pp. 5-12; Ken Menkhaus, 'No Access Critical
Bottlenecks in the 2011 Somali Famine', *Global Food Security*, 1(1) (2012), pp.
29-35.

308 "'굶주림 무기hunger weapon'는 전쟁만큼이나…"   J. Cribb, 'War and Hun-
ger', in *Food or War* (Cambridge Cambridge University Press, 2019), pp. 26-31.

309 "가축은 GDP의 최대 40퍼센트를…"   Jean-François Maystadt and Olivier
Ecker, 'Extreme Weather and Civil War Does Drought Fuel Conflict in
Somalia through Livestock Price Shocks?', *American Journal of Agricultural
Economics*, 96(4) (2014), pp. 1157-1182.

309 "데버먼트가 유엔개발계획…"   UNDP, *Journey to Extremism in Africa Drivers,
Incentives and the Tipping Point for Recruitment* (New York Regional Bureau for
Africa United Nations Development Programme, 2017).

310 "소말리아에서 보고된 분쟁 중 72퍼센트가…"   Maystadt and Ecker, 'Extreme
Weather and Civil War'.

312 "계획적으로 구호품 보급을 방해하는 등…"   Statute of the International
Criminal Court, adopted by the UN Diplomatic Conference of Plenipoten-
tiaries on the Establishment of an International Criminal Court, Rome, 17
July 1998, UN Doc. A/CON.183/9, Article 8(2)(b)(xxv).

312 "가뭄만큼 주목받지는 않았지만…"   Maxwell and Fitzpatrick, 'The 2011
Somalia Famine'.

312 "여기에 더해 때마침 발생한 가뭄으로…"   Maystadt and Ecker, 'Extreme

Weather and Civil War'.

9장 공매: 커피, 코요테, 철창에 갇힌 아이들

316 "당신들이 나를 바보로 만들고…"   Michael D. Shear and Julie Hirschfeld Davis, 'Shoot Migrants' Legs, Build Alligator Moat Behind Trump's Ideas for Border', *New York Times*, 1 October 2019, https//www.nytimes.com.

316 "트럼프 대통령은 사석에서…"   Ibid.

316 "그전까지만 해도 이민자 수는 점점 줄고 있었다"   UNDOC Staff, 'Global Study on Homicide,' (Vienna United Nations Office on Drugs and Crime, 2019). 이 밖에도 다음 자료를 참고하라. World Bank Data, data.worldbank.org.

321 "이주민들이 도시로 몰려들면서 노동력 공급은 늘고…"   Mathilde Maurel and Michele Tuccio, 'Climate Instability, Urbanisation and International Migration', *Journal of Development Studies*, 52(5) (3 May 2016), pp. 735-752.

322 "미국과 유럽으로 향할 기후 난민의 수가 최대 10억 명에…"   Anouch Missirian and Wolfram Schlenker, 'Asylum Applications Respond to Temperature Fluctuations', *Science*, 358(6370) (December 2017), pp. 1610-1614.

323 "세계기후위험지수에 따르면, 과테말라는…"   Research Program on Climate Change, Agriculture, and Food Security, 'Guatemala', https//ccafs.cgiar.org/regions/latin-america/guatemala.

324 "커피 시장은 기록적인 약세 포지션을…"   Emiko Terazono, 'Coffee Market Struggles under "Big Short" Position', *Financial Times*, 25 April 2018, https//www.ft.com.

325 "경제학자들은 오래전부터 커피 시장에 거품이…"   Kai-Hua Wang, Chi-Wei Su, Ran Tao and Lin-Na Hao, 'Are There Periodically Collapsing Bubble Behaviours in the Global Coffee Market?', *Agrekon*, 59(1) (2020), pp. 65-77.

333 "스피츠나겔은 이 베팅으로 번 돈으로…"   Antoine Gara, 'How a Goat Farmer Built a Doomsday Machine that Just Booked a 4,144% Return', *Forbes*, 13 April 2020, https//www.forbes.com.

10장 코로나19: 기후-금융 종말장치의 폭발

340 "2008년, 《네이처》에 실린 한 보고서는…" Kate E. Jones, Nikkita G. Patel, Marc A. Levy, Adam Storeygard, Deborah Balk, John L. Gittleman and Peter Daszak, 'Global Trends in Emerging Infectious Diseases', *Nature*, 451(7181) (2008), pp. 990-993.

340 "'스필오버 사건'이 점점 늘고…" Colin J. Carlson, Gregory F. Albery, Cory Merow, Christopher H. Trisos, Casey M. Zipfel, Evan A. Eskew, Kevin J. Olival, Noam Ross and Shweta Bansal, 'Climate Change Will Drive Novel Cross-Species Viral Transmission', *BioRxiv*, January 2020.

340 "중국에서는 인류 역사상 가장 빠른 도시화가…" Andreas Malm, *Corona, Climate, Chronic Emergency War Communism in the Twenty-First Century* (London and New York Verso Books, 2020), p. 65. 한국어판은 《코로나, 기후, 오래된 비상사태》(마농지, 2021)

341 "팬데믹은 영란은행 총재 마크 카니가 예견한…" 7장을 참고하라.

341 "기후 변화는 질병이나 전염병의 이환율과 사망률을…" Mark Carney, 'Breaking the Tragedy of the Horizon - Climate Change and Financial Stability', Speech at Lloyd's of London, 29 September 2015.

341 "기후가 바뀌면 새 바이러스가 더 자주 출현하면서…" Caroline Buckee, Elena Shevliakova, Andrew J. Tatem, William R. Boos, Daniel M. Weinberger and Virginia E. Pitzer, 'Identifying Climate Drivers of Infectious Disease Dynamics Recent Advances and Challenges Ahead', *Proceedings of the Royal Society*, 284 (August 2017), p. 20170901.

342 "부유한 미국인들이 팬데믹 탈출 계획에…" Olivia Carville, '"We Needed to Go" Rich Americans Activate Pandemic Escape Plans', Bloomberg, 19 April 2020, https//www.bloomberg.com.

342 "…전용기 공급이 부족해졌다." Rupert Neate, 'Super-Rich Jet off to Disaster Bunkers Amid Coronavirus Outbreak', *Guardian*, 11 March 2020, http// www.theguardian.com.

342 "3612퍼센트의 수익" Antoine Gara, 'How a Goat Farmer Built a Doomsday Machine that Just Booked a 4,144% Return', *Forbes*, 13 April 2020, https// www.forbes.com.

342 "아마 여러분께서는 저희에게 투자를 맡기며…" Ibid.

343 "나는 폭발이 금융 중심지를 혼란에 빠뜨리지 않은…" 이 문제는 2장에서 다루

었다.

343 "나는 매일 새로운 소식, 전쟁과 전염병…" Robert Burton, *The Anatomy of Melancholy* (Project Gutenberg, 2004), https//www.gutenberg.org.

344 "이 혼돈의 배경에는 전 세계의 수확을 망친…" David D. Zhang, Harry F. Lee, Cong Wang, Baosheng Li, Qing Pei, Jane Zhang and Yulun An, 'The Causality Analysis of Climate Change and Large-Scale Human Crisis', *Proceedings of the National Academy of Sciences*, 108(42) (October 2011), pp. 17296-17301.

344 "20년간 세계 각지에서 농작물이 얼어붙고…" Geoffrey Parker, *Global Crisis War, Climate Change and Catastrophe in the Seventeenth Century* (New Haven and London Yale University Press, 2013), p. 9.

344 "고독하고 가난하고 불결하고 잔인하고 짧다" Thomas Hobbes, *Leviathan* (London Penguin Classics, 1982). 한국어판은 《리바이어던》(동서문화사, 2016)

344 "기후 충격은 가격 충격으로 이어졌다…" Parker, *Global Crisis*.

345 "일부 계몽주의 지식인은 문제의 원인을 가격으로 보고…" Karl Gunnar Persson, *Grain Markets in Europe, 1500–1900 Integration and Deregulation* (Cambridge Cambridge University Press, 1999).

345 "농업 생산량은 늘어나는 식량 수요를 간신히…" David Hackett Fischer, *The Great Wave Price Revolutions and the Rhythm of History* (Oxford Oxford University Press, 1996), p. 120.

345 "기후가 약간만 변해도 식량 가격이 급등해…" Cédric Chambru, 'Environmental Shocks, Religious Struggle, and Resilience A Contribution to the Economic History of Ancien Régime France', PhD thesis (Geneva University of Geneva, 2019).

345 "국왕 폐하 만세! 단, 빵 가격이…" Steven L. Kaplan, *Bread, Politics and Political Economy in the Reign of Louis XV* (2nd edn, London Anthem Press, 2015), p. 661.

346 "지금 당장 튀르고를 재정총감으로…" Ibid.

346 "자유 정책" A.R.J. Turgot, 'Extracts from "Letters to the Contrôleur-Général (Abbé Terray) on the Grain Trade" (1770)', in *The Economics of A.R.J. Turgot*, ed. P.D. Groenewegen (The Hague Springer Netherlands, 1977), pp. 164-188.

347 "조지프 슘페터는 《경제분석의 역사》에서…" Joseph Schumpeter, *History of Economic Analysis* (London G. Allen & Unwin, 1955), p. 238. 한국어판은 《경제분

438

석의 역사》(한길사, 2013)

347 "굶어 죽거나 처형을 당하거나…" Cynthia Bouton, *The Flour War Gender, Class, and Community in Late Ancien Régime French Society* (University Park Penn State Press, 2010).

347 "그러자 4월에는 파리에서 300건의 폭동이 일어났고…" Ibid.

348 "화가 난 튀르고가 왕의 명령을 거부하자…" George Rudé, *The Crowd in History A Study of Popular Disturbances in France and England, 1730–1848* (New York Wiley, 1964), p. 27.

348 "대중은 자신들의 저항을 밀가루 전쟁guerre des farines이라…" Bouton, *The Flour War*, p. xx.

348 "물가가 정점에 이르자 혁명 세력이 바스티유 감옥을 습격했고…" Fischer, *The Great Wave*, p. 147.

348 "1870년에서 1913년 사이 런던의 밀 가격은 35퍼센트…" Kevin O'Rourke, 'The European Grain Invasion, 1870-1913', *Journal of Economic History*, 57(4) (1997), pp. 775-801.

348 "영국, 독일, 벨기에, 이탈리아, 스위스의 사회주의 정당들은…" Paul Bairoch, 'European Trade Policy, 1815-1914', in *The Cambridge Economic History of Europe*, ed. Peter Mathias and Sydney Pollard (Cambridge Cambridge University Press, 1989), p. 136.

349 "기근으로 인한 공식 사망자는 23명에…" Rune Møller Stahl and Mikkel Thorup, 'The Economics of Starvation Laissez-Faire Ideology and Famine in Colonial India', in *Intellectual History of Economic Normativities* (New York Palgrave Macmillan, 2016), pp. 169-184.

349 "튀르고는 지금 우리의 행동을 이끄는 사고방식과…" Lady Betty Balfour, *The History of Lord Lytton's Indian Administration, 1876 to 1880* (London Longmans, 1899), pp. 235-236.

349 "정부는 노동자들을 압박해 기근 완화 기금을…" Stuart Sweeney, 'Indian Railways and Famine 1875-1914 Magic Wheels and Empty Stomachs', *Essays in Economic & Business History*, 26(1) (2012).

349 "인도는 프랑스처럼 곡물 부족으로 인한…" Balfour, *The History of Lord Lytton's Indian Administration*, p. 235.

350 "550만 명에서 1000만 명에 달하는 사람이…" Mike Davis, *Late Victorian Holocausts El Niño Famines and the Making of the Third World* (London and New York Verso Books, 2002), p. 7.

350 "전쟁터를 방불케 했고…" William Digby, *The Famine Campaign in Southern India 1876–1878* (London Longmans, Green and Co., 1878), p. 26.

350 "철도는 상인들이 곡물을 인도에서…" Ajit Kumar Ghose, 'Food Supply and Starvation A Study of Famines with Reference to the Indian Sub-Continent', *Oxford Economic Papers*, 34(2) (1982), pp. 368-389.

350 "1800만 명에서 2200만 명에 이르는 사망자가…" Arup Maharatna, *The Demography of Famines An Indian Historical Perspective* (Delhi Oxford University Press, 1996).

351 "세계 최대의 밀 수입국이었던 영국은…" Margaret Barnett, *British Food Policy During the First World War (RLE The First World War)* (London Routledge, 2014).

351 "유럽 국가들은 무역 전쟁을 벌이며…" Adam J. Tooze, *The Deluge The Great War, America and the Remaking of the Global Order, 1916–1931* (London Viking, 2014). 한국어판은 《대격변》(아카넷, 2020)

351 "자유방임주의의 종언" John Maynard Keynes, 'The End of Laissez-Faire', in *Essays in Persuasion*, ed. J.M. Keynes (London Palgrave Macmillan, 2010), pp. 272-294.

351 "경제적 혼돈이 어떻게 전쟁, 혁명, 파시즘, 공산주의 같은 정치적 혼돈을…" Zachary D. Carter, *The Price of Peace Money, Democracy, and the Life of John Maynard Keynes* (New York Random House Publishing Group, 2020). 한국어판은 《존 메이너드 케인스》(로크미디어, 2021)

352 "하이에크는 오스트리아-헝가리 제국의 전성기에…" Quinn Slobodian, *Globalists The End of Empire and the Birth of Neoliberalism* (Cambridge, MA Harvard University Press, 2018).

352 "미국에서 첫째가는 케인스의 비판자로…" Wyatt C. Wells, *Economist in an Uncertain World Arthur F. Burns and the Federal Reserve, 1970–78* (New York Columbia University Press, 1994), p. 12.

353 "과도한 정부 지출은 인플레이션을 일으킨다" Justin Martin, *Greenspan The Man Behind Money* (New York Basic Books, 2001), p. 29.

353 "학계의 경제학자에서 급진적인 정치 운동가로…" Milton Friedman and Rose D. Friedman, *Two Lucky People Memoirs* (Chicago University of Chicago Press, 1999), p. 333.

353 "국가가 대중에게 일자리와 먹을 것을 보장하는 새로운 사회적 급여는…" Frederick A. Hayek, *The Road to Serfdom* (London Routledge & Kegan Paul,

1962). 한국어판은《노예의 길》(자유기업원, 2018)

353 "새로운 사회계약에 반발하는 이들이 '신자유주의자'로 자처한…" Milton Friedman, 'Neo-Liberalism and its Prospects', *Farmand*, 17 February 1951, pp. 89-93.

354 "제국의 전성기에 영국 정부의…" Milton Friedman, 'The Milton Friedman View', in *Milton Friedman in South Africa*, ed. Meyer Feldberg, Kate Jowell and Stephen Mulholland (Cape Town and Johannesburg Graduate School of Business of the University of Cape Town, 1976), pp. 42-52.

354 "1965년, 시사 주간지《타임Time》은…" Nicholas Wapshott, *Keynes Hayek The Clash That Defined Modern Economics* (London W.W. Norton & Company, 2011), p. 239. 한국어판은《케인스 하이에크》(부키, 2014)

355 "칠레 정부가 끊임없이 영향력을…" Milton Friedman, 'The Fragility of Freedom', in *Milton Friedman in South Africa*, ed. Feldberg, Jowell and Mulholland, pp. 3-10.

355 "칠레 경제가 비명을 지르도록 만들 계획" Jussi M. Hanhimaki, *The Flawed Architect Henry Kissinger and American Foreign Policy* (Oxford Oxford University Press, 2004), p. 103.

355 "미국은 칠레 정부의 은행 계좌를 동결하고…" Steven L. Spiegel, *The Other Arab-Israeli Conflict Making America's Middle East Policy, from Truman to Reagan* (Chicago University of Chicago Press, 2014), p. 255.

357 "그 망할 사우디 대사를…" TELECON, Cisco/Kissinger, 11 October 1973.

357 "우리는 당신들과 아랍 세계 간의 무역만이 아니라…" Rü diger Graf, 'Making Use of the "Oil Weapon" Western Industrialized Countries and Arab Petropolitics in 1973-1974', *Diplomatic History*, 36(1) (2012), pp. 185-208.

357 "이 사람들은 먹이를 찾아다니는 짐승이나…" Allen J. Matusow, *Nixon's Economy Booms, Busts, Dollars, and Votes* (Lawrence, KS University Press of Kansas), p. 263.

358 "지금은 분명 경제학자들의 재검토가…" Soma S. Golden, 'Federal Policies Puzzle Economists', *New York Times*, 29 December 1973.

358 "인플레이션은 워싱턴에서 정부가…" Milton Friedman, 'Is Inflation a Curable Disease?', Alex C. Walker Memorial Lecture, 5 December 1974.

358 "우리는 정부가 지출을 늘리면 불황을…" James Callaghan, 'Leader's Speech', Blackpool Labour Party Conference 1976, http//www.britishpoliticalspeech.org/.

358 "다음은 미국 대통령 지미 카터의 차례였다…" Daniel Stedman Jones, *Masters of the Universe Hayek, Friedman, and the Birth of Neoliberal Politics* (Princeton, NJ Princeton University Press, 2014).

359 "스태그플레이션의 시작은 재정 적자나…" Michael Bruno and Jeffrey Sachs, *Economics of Worldwide Stagflation* (Cambridge, MA Harvard University Press, 1985).

361 "저는 젊은 아내가 있고…" Nomi Prins, *All the Presidents' Bankers* (New York Nation Books, 2015), p. 293.

361 "시티은행의 사우디아라비아 지점은…" Phillip L. Zweig, *Wriston Walter Wriston, Citibank, and the Rise and Fall of American Financial Supremacy* (New York Random House Value Publications, 1997).

361 "시티은행은 곧 수익의 절반을…" Raúl L. Madrid, *Overexposed US Banks Confront the Third World Debt Crisis* (London Routledge, 1992), p. 46.

361 "국가가 파산할 리는 없다" Judith Stein, *Pivotal Decade How the United States Traded Factories for Finance in the Seventies* (New Haven and London Yale University Press, 2010), p. 94.

361 "우리는 이 분야에 법의 지배를…" Barbara Stallings, *Banker to the Third World US Portfolio Investment in Latin America, 1900–1986* (Berkeley, CA University of California Press, 2018), p. 283.

362 "적자에 허덕이는 국가들이 구조조정 정책을…" Arthur F. Burns, 'The Need for Order in International Finance,' (New York Columbia University Graduate School of Business, April 12 1977).

363 "1976년부터 1992년까지 세계 각지에서는 긴축에 반대하는…" John K. Walton and David Seddon, *Free Markets and Food Riots The Politics of Global Adjustment* (Hoboken, NJ John Wiley & Sons, 2008); John Walton and Charles Ragin, 'Global and National Sources of Political Protest Third World Responses to the Debt Crisis', *American Sociological Review*, 55(6) (1990), pp. 876-890; John Bohstedt, 'Food Riots and the Politics of Provisions in World History', *IDS Working Papers* no. 444 (2014), pp. 1-31.

364 "IMF는 '구조조정' 프로그램을 도입하면서 정부가 기존의 중앙은행을…" Andreas Kern, Bernhard Reinsberg and Matthias Rau-Göhring, 'IMF Conditionality and Central Bank Independence', *European Journal of Political Economy*, 59 (2019), pp. 212-229.

364 "당시만 해도 중앙은행은 개별 국가의 정부 조직에…" Gerald Epstein, 'Central Banks as Agents of Economic Development,' *WIDER Research Paper No. 2006/54*, (Helsinki the United Nations University World Institute for Development Economics Research, 2006).

364 "통화 우위monetary dominance"　Thomas J. Sargent and Neil Wallace, 'Some Unpleasant Monetarist Arithmetic', *Federal Reserve Bank of Minneapolis Quarterly Review*, 5(3) (1981), pp. 1-17.

365 "민주주의하에서 정치의 직접적·효과적 통제를…"　Milton Friedman, 'Should There Be an Independent Central Bank?', in *Dollars and Deficits Inflation, Monetary Policy and the Balance of Payments* (Englewood Cliffs, NJ Prentice Hall, 1968).

365 "은행들은 수익성이 있다고 생각한 조건으로 채무국에…"　Milton Friedman, '"No" to More Money for the IMF', *Newsweek*, 14 November 1983.

366 "저는 작은 주에서 12년 동안 주지사로…"　Presidential candidate debate, 'Presidential Candidates Debates', *C-SPAN*, 15 October 1992, https//www.c-span.org/.

366 "채권 트레이더들이 미국 국채를 팔기 시작하면서…"　Victor F. Zonana, 'Bond Market Packs a Punch Clinton Is Already Feeling', *Los Angeles Times*, 21 November 1992, https//www.latimes.com.

367 "자경단이 시장과 경제에 법과 질서를…"　Ibid.

367 "연준 의장 앨런 그린스펀은 대통령 당선인을…"　Bob Woodward, *Agenda Inside the Clinton White House* (London Simon & Schuster, 1994).

368 "저는 늘 이렇게 질문합니다…"　Ibid.

369 "누구보다 보수적이고 회의적인 비판자라…"　Jonathan Fuerbringer, 'Clinton Plan's Economic Drag Cited', *New York Times*, 5 August 1993.

369 "채권 트레이더가 되기에 더할 나위 없는…"　Floyd Norris, 'Bond Traders Love Clinton, and Vice Versa', *New York Times*, 14 March 1993.

369 "최근에 집권했던 대통령들과 비교할 수 없을 만큼…"　Jonathan Fuerbringer, 'Bond Market Shows Doubt Over Clinton', *New York Times*, 28 April 1993.

369 "그는《월스트리트 저널》의 기자에게 이렇게 물었다…"　Norris, 'Bond Traders Love Clinton, and Vice Versa'.

370 "통화 우위를 활용해 시장 규제를 완화하고 금융 분야에 보조금을 지급하고…"　Cristina Bodea and Masaaki Higashijima, 'Central Bank Independence and Fiscal Policy Can the Central Bank Restrain Deficit Spending?', *British Journal of Political Science*, 47(1) (2017), pp. 47-70. 이 현상을 보여주는 다른 근거로

는 다음 자료를 참고하라. Thomas R. Cusack, 'Partisanship in the Setting and Coordination of Fiscal and Monetary Policies', *European Journal of Political Research*, 40(1) (August 2001), pp. 93-115.

371 "민간은행과 중앙은행 사이에는 회전문 인사가…" Christopher Adolph, *Bankers, Bureaucrats, and Central Bank Politics The Myth of Neutrality* (Cambridge Cambridge University Press, 2013).

371 "중앙은행장은 한낱 인간일…" Alan S. Blinder, *Central Banking in Theory and Practice* (Cambridge, MA MIT Press, 1999), p. 61.

372 "중앙은행의 유일한 목표인 '가격 안정'을…" 연준을 비롯한 일부 중앙은행은 하나 이상의 공식 목표를 설정한다. 연준은 물가 안정과 완전 고용을 양대 책무로 삼지만, 폴 볼커가 의장으로 재임한 이후 물가 안정을 가장 중요한 목표로 내세웠다. 그 이유는 연준이 대다수 '독립적인' 중앙은행과 마찬가지로 물가 안정을 경제 성장과 완전 고용을 이룰 열쇠로 간주하기 때문이다.

372 "피터 오재그라는 인물이 시카고에 있던 대통령 당선인을…" Reed Hundt, *A Crisis Wasted Barack Obama's Defining Decisions* (New York Rosetta Books, 2019), p. 27.

373 "투기 공격이 임박했으며…" 'Return of the Bond Market Vigilantes', *Wall Street Journal*, 29 May 2008, https//www.wsj.com.

373 "오재그는 채권 자경단에 맞설 준비를 했다." Ron Suskind, *Confidence Men Wall Street, Washington and the Education of a President* (New York Harper Collins, 2012).

373 "그러나 우려했던 공격은…" 이 책을 쓰며 애덤 투즈에게서 많은 도움을 받았다. 이 절은 그의 저작 중에서도 특히 다음 자료를 참고했다. Adam Tooze, 'Notes on the Global Condition Of Bond Vigilantes, Central Bankers and the Crisis, 2008-2017', 7 November 2017, https//adamtooze.com.

374 "여러분이 시중 은행에 계좌를 가지고 있는 것과 비슷하게 은행들도…" CBS, 'Interview with Ben Bernanke', *60 Minutes*, December 3 2009.

375 "편지에서 트리셰는…" Trichet e Draghi Un'azione Pressante per Ristabilire La Fiducia Degli Investitori', *Corriere Della Sera*, https//www.corriere.it, 2020년 7월 14일 확인.

375 "당시 채권 시장이 한 역할은…" Tooze, 'Notes on the Global Condition'.

376 "재정 정책에도 변화가 필요…" Neil Irwin, *The Alchemists Inside the Secret World of Central Bankers* (London Headline, 2013), p. 233.

376 "오바마는 두 번째 국정 연설에서…" Adam Tooze, *Crashed How a Decade of*

Financial Crises Changed the World (London Penguin, 2019), p. 351. 한국어판은 《붕괴(Crashed)》(아카넷, 2019)

376 "버냉키는 실업률이 여전히 역사적인 수준에⋯" Juan Antonio Montecino and Gerald Epstein, 'The Political Economy of QE and the Fed Who Gained, Who Lost and Why did it End?', in *The Political Economy of Central Banking* (Cheltenham Edward Elgar Publishing, 2019), Chapter 19.

378 "그건 곧 해결될 문제라고 봅니다⋯" The White House, 'Remarks by President Trump at a Business Roundtable, New Delhi, India', 25 February 2020, https//www.whitehouse.gov. Edward Luce, 'Inside Trump's Coronavirus Meltdown', *Financial Times*, 14 May 2020.

379 "클라크 켄트처럼 안경을 벗고⋯" Boris Johnson, 'PM Speech in Greenwich', 3 February 2020, https//www.gov.uk.

379 "집단 면역을 키우고 경제를 보호해야⋯" Caroline Wheeler and Tim Shipman, 'Coronavirus Ten Days That Shook Britain - and Changed the Nation for Ever', *The Times*, 22 March 2020, https//www.thetimes.co.uk.

379 "어떤 병에도 걸리지 않을 것⋯" Tom Phillips, 'Jair Bolsonaro Claims Brazilians "Never Catch Anything" as Covid-19 Cases Rise', *Guardian*, 27 March 2020, https//www.theguardian.com.

380 "영란은행 총재 앤드류 베일리는 2020년 4월 5일⋯" Andrew Bailey, 'Bank of England Is Not Doing "Monetary Financing"', *Financial Times*, 5 April 2020, https//www.ft.com.

381 "영국은 지금 당장 코로나바이러스에⋯" Philip Georgiadis and Chris Giles, 'Bank of England to Directly Finance UK Government's Extra Spending', *Financial Times*, 9 April 2020, https//www.ft.com.

382 "그러나 4월, 국제결제은행은⋯" Andreas Schrimph, Hyun Song Shin and Vladyslav Sushko, 'Leverage and Margin Spirals in Fixed Income Markets During the Covid-19 Crisis', *BIS Bulletin* no. 2 (2 April 2020), www.bis.org.

382 "연준 의장 제롬 파월은 돈을 찍는 버튼을⋯" J.J. Kinahan, '"Whatever We Can, For as Long as It Takes" Fed Committed to Long-Term Economic Support With Low Rates', *Forbes*, 10 June 2020, https//www.forbes.com.

384 "IMF마저 경제적 삶의 냉혹한 진실이⋯" Chris Giles, 'IMF Says Austerity Is not Inevitable to Ease Pandemic Impact on Public Finances', *Financial Times*, 14 October 2020, https//www.ft.com.

384 "수낙은 실직한 발레 무용수들에게⋯" Dying Swan or Lame Duck? Why

"Fatima" the Ballerina's Next Job Was Tripping up the Government', *Guardian*, 13 October 2020, http//www.theguardian.com.

384 "그러나 며칠 뒤 전국에 봉쇄 조치를 내려야 할 만큼…" Chris Giles, 'Rishi Sunak Steps up Efforts to Avert Mass Unemployment', *Financial Times*, 22 October 2020, https//www.ft.com.

384 "정부의 차입이 모든 문제의 해답이고…" Fraser Nelson and Katy Balls, "'It's Not Morally Right to Keep Borrowing at These Levels" Rishi Sunak's Plan to Fix the UK Economy', *Spectator*, 19 December 2020, https//www.spectator.co.uk.

385 "신성한 의무" 'Rishi Sunak Vows to "Balance Books" Despite Pandemic', BBC News, 5 October 2020, https//www.bbc.com.

385 "목숨을 걸고서라도 이 법이…" Kayla Epstein, "'Over Our Dead Bodies" Lindsey Graham Vows Congress Won't Extend Additional $600 Coronavirus-Related Unemployment Benefits, as US Death Toll Crosses the 60,000 Mark', *Business Insider*, 30 April 2020.

385 "나라를 망치느니 차라리 죽겠다" hauncey Devega, 'Trump's Death Cult Finally Says It Time to Kill the "Useless Eaters" for Capitalism', *Salon*, 27 March 2020, https//www.salon.com.

385 "인육을 먹는…" Rush Limbaugh Americans Should "Adapt" to Coronavirus, like Famous Pioneers Who "Had to Turn to Cannibalism"', *Media Matters for America*, 14 July 2020, https//www.mediamatters.org.

386 "제롬 파월은 연준에서 연준의 권한을…" Jerome Powell, 'New Economic Challenges and the Fed's Monetary Policy Review', 28 August 2020, https//www.fed.gov.

결론: 시장과 광기

392 "워슬리에 따르면, 식민지의 백인 주민들은…" Peter Worsley, *The Trumpet Shall Sound A Study of 'Cargo' Cults in Melanesia* (2nd edn, London Macgibbon & Kee, 1968).

후기: 거물과 힘없는 사람들

396 "중국의 세계적인 니켈 제조업체…" Alfred Cang, Jack Farchy and Mark Burton, 'Tycoon Whose Bet Broke the Market Walks Away a Billionaire', Bloomberg, 7 July 2022.

396 "3월 8일, 샹광다가 공매도로…" Alfred Cang, 'Jane Street Follows Elliot in Suing LME Over Nickel Trades', Bloomberg, 7 June 2022.

400 "중국은 2021년 한 해 심각한 석탄 부족에…" 'China Raises Coal and Gas Imports to Counter Energy Crisis', Bloomberg, 13 October 2021.

400 "그러던 와중에 겨울이 다가오자…" Mike Fulwood, 'Surging 2021 European Gas Prices. Why and How?', The Oxford Institute for Energy Studies, January 2022.

401 "푸틴이 이전에도 천연가스를 무기로…" Liam Denning, 'There's a Hole at the Heart of Europe's Gas Supply', Bloomberg, 8 October 2021.

402 "이후 몇 달 동안 식량과 연료 가격이 치솟으면서 7100만 명이…" Aya Batrawy, 'Inflation Pushed 71 Million People into Poverty Since War in Ukraine Began', AP, 7 July 2022.

402 "언론은 이 사건을 시장의 기능에 이상이 있다는…" 'Factbox: Surging Prices Fuel Protests Across Developing World', Reuters, 9 June 2022.

403 "2021년에 밀 가격이 오르는 것을 본 농부들은…" Sarah Taber, 'Panicky Markets Are the Greatest Danger to the Global Food Supply', *Foreign Policy*, 12 April 2022.

403 "전쟁으로 수출이 막힌 밀의 양은" Alisson Nicole Smith, Tarso Veloso Ribeiro and Kim Chipman, 'Climbing World Wheat Reserves May Help Temper Chaos in Black Sea', Bloomberg, 9 March 2022.

403 "국경이나 전쟁, 해적, 미국 마약단속국은…" Rupert Russell, 'The War on Drugs Was a Failure. It's Not Too Late for the War on Oil', *Time*, 9 February 2022.

403 "실제로 우크라이나인들이 강을 따라…" Alandra Radu, 'Romanian Port Becomes Key Transit Hub for Ukrainian Grain', Al Jazeera, 16 June 2022. Chris Cook and Polina Ivanova, 'Ships Going Dark: Russia's Grain Smuggling in the Black Sea', *Financial Times*, 29 June 2022.

403 "이라크의 사례에서 보았듯…" Robert Looney, 'Oil Prices and the Iraq War: Market Interpretations of Military Developments', *Strategic Insights*, 2(4)

(April 2003).

404 "그리고 상장지수펀드ETF 같은 파생상품이…" Emily Fitter, 'A Market Mystery: The "Wheat Whale" That Came Out of Nowhere', *New York Times*, 9 April 2022.

404 "2022년 3월, 농업 관련 ETF들에는…" 'Commodity ETFs Pull in 4.5 Billion, Topping Equity Fund Flows', Bloomberg, 8 March 2022.

404 "기관투자자들은 2010년에도 그랬듯…" Ted Schmidt, 'Financialization of Commodities and the Monetary Transmission Mechanism', *International Journal of Political Economy*, 46(2-3) (2017).

404 "이러한 '인플레이션 헤지' 전략은…" Adrienne Klasa, 'Commodity Funds Stage Revival as Investors Seek Inflation Hedges', *Financial Times*, 24 May 2022.

405 "이제 시티그룹은 유가가 2023년 말까지…" Serene Cheong, 'Citi Says Oil May Collapse to 65 by the Year-End on Recession', Bloomberg, 5 July 2022.

407 "통화정책은 반도체 칩의 공급을…" Andrew Bailey, 'The Hard Yards', speech published 27 September 2021, www.bankofengland.co.uk.

407 "물가가 소비자의 기대 수준을 '벗어나자'…" Tom Perkins, 'Revealed: Top US Corporations Raising Prices on Americans even as Profits Surge', *Guardian*, 27 April 2022.

408 "지금도 40여 개 국가가…" Nikhil Kumar, '"Debt Bomb" Risks: More Than 40 Nations Are at Risk of Default. and That's a Problem for Us All', *Grid*, 2 August 2022.

409 "실제로 영란은행이 발간한 보고서에서는…" Financial Policy Committee, 'Financial Stability Report', Bank of England, July 2022.

409 "월가의 100대 은행은 2022년 1월부터…" William Shaw and Jack Farchy, 'Wall Street's Commodity Traders on Track to Break Profit Records', Bloomberg, 9 September 2022.